U0902764

为什么高管爱读德鲁克

王鹏 著

天津出版传媒集团
天津人民出版社

图书在版编目（CIP）数据

为什么高管爱读德鲁克 / 王鹏著. --天津：天津人民出版社，2021.9

ISBN 978-7-201-17525-6

Ⅰ.①为… Ⅱ.①王… Ⅲ.①企业管理 Ⅳ.①F272

中国版本图书馆 CIP 数据核字（2021）第 151236 号

为什么高管爱读德鲁克

WEISHENME GAOGUAN AIDU DELUKE

王鹏 著

出　　版 天津人民出版社
出 版 人 刘　庆
地　　址 天津市和平区西康路 35 号康岳大厦
邮政编码 300051
邮购电话 （022）23332469
电子邮箱 reader@ tjrmcbs. com

责任编辑 王昊静
策划编辑 贺　君
装帧设计 仙　境

印　　刷 河北宝昌佳彩印刷有限公司
经　　销 新华书店
开　　本 710 毫米×1000 毫米　1/16
印　　张 27
字　　数 456 千字
版次印次 2021 年 9 月第 1 版　2021 年 9 月第 1 次印刷
定　　价 128.00 元

前　言

1

英国的一家毛料纺织厂，有 200 个员工，公司老板是个工作狂，每天都早来晚走，为企业殚精竭虑。企业里面分成几个车间，每个车间有一个负责人，负责人管理几个部门主管，由这几个部门主管再去管理工人。同时，还有会计和销售人员受各自部门领导。组织结构采取等级分明的金字塔结构。

这家企业似乎很普通，我们的身边比比皆是，不普通的是，这家企业距今已经 380 多年——它存在于 1633 年！

令人啼笑皆非的是，在企业管理领域，多数企业仍然在延续着 1633 年以来（甚至更早）的传统管理模式——严格的自上而下的“一言堂”“胡萝卜加大棒”式的管理模式、无处不在的监管和控制。今天，我们已经来到了新的时代，但传统管理模式巨大的影响力仍然让人感到无力——相对于接受技术革新的速度来说，我们接受管理观念的变革要滞后得多。

有人说技术上的创新难，但我敢说，即使是电灯泡这种难度级别的发明创新，其难度也未必比让经理们改变他们日复一日的那套管理模式大。人们总期望用技术进步改变一切，解决眼前的问题。殊不知，这完全是两码事。互联网、自动化、移动电话、家用电器让物质更丰富、生活更便利的同时，对人类在企业组织内的生存似乎并无益处。相反，随着信息技术和交通工具的日益便捷，员工几乎没有了自己的个人空间，每个人所承受的工作压力和精神负担越来越大。

我们认为属于今天这个时代的新管理方法，包括员工持股、TQM（全面质量管理）、利润分享、扁平化、价值观管理，甚至是最新的敏捷开发、小组制、透明化管理等，在 20 世纪中期乃至早期就已经存在。今天我们看到的只是经过重新演绎和包装的“新瓶旧酒”而已。想真正深入认识一件事，推行企业管理进步，需要静下来阅读经典的书籍。

企业组织之中，管理者面临的最大危险就是看问题太浅，对眼前的业务问题、团队问题、人才问题的认识表面化。一个看问题太浅的高层管理者会疲于应付眼前的工作，一个看问题太浅的总经理是企业衰败的主因。

从管理的第一性出发，剥开纷繁无比的现实表象，企业家和高管才能“一眼看到底”发现企业面临的“真”问题。

2

六十多年前，一本名为《管理的实践》的书籍出版，未引起太多人的关注（多年后这本书被公认为管理学的奠基之作）。20 年后，《管理：使命、责任、实务》出版，这本书是《管理的实践》的加长版，全书超过 800 页。令人吃惊的是，这样一本大部头居然极为畅销，全球的企业管理者争相购买，销量居然超过了同时代的热卖书《性爱圣经》，成为西方世界最畅销的书籍之一。

这两本书的作者是彼得 · 德鲁克，一个奥裔美籍犹太人。在德鲁克的年代，政治学和经济学是显学，一个优秀学者去企业研究管理，就和现在的牙医放弃大好前途却去研究修脚一样。但德鲁克义无反顾地一头扎进企业，去研究管理是什么以及管理到底在发挥着什么样的作用！

凡是以变革为己任的企业家和管理者多是德鲁克的拥趸，其中既有张瑞敏、格鲁夫、韦尔奇等顶尖企业家，也有全球众多企业组织的负责人。细读《管理的实践》，你会惊讶地发现，这本六十多年前的书一点也不过时，书中谈的很多都是后工业时代的话题，很多内容能够直接指导企业实践，而且不少观点与我们的时代恰好匹配（甚至略有超前）。书中概念涵盖了今天知识经济下管理理论和实践的方方面面——从组织的性质到对利润的看法，从目标管理到决策管理，从管理管理者到管理员工，从战略管理到绩效管理，从董事长到总经理的职责，从组织架构到股权激励，少有遗漏。难怪欧洲管理学者汉迪说：“凡是现在当红的管理概念，彼得 · 德鲁克大概都早就讨论过了，随你任选一个例子，很可能早在你出生之前德鲁克就已经写过有关那个观念的文章。”

企业家和高层管理者作为站在时代潮头的人，最重要的品质或者特性就是深入思考，最好的方法则是跟上德鲁克的步伐去思考社会、企业和管理，从而把握住时代的脉搏，用实践打造辉煌的未来。

3

作为引领时代的思考者，德鲁克有着庞大而深邃的思想体系。读德鲁克的书，经常会出现两种情况。一种情况是有所得，自己长期思索的问题在此找到了答案，或者被深深触动，从此成为德鲁克的拥趸者；另一种情况，与很多西方经典著作有所不同，由于德鲁克不刻意建构自己的理论体系——按照波兰诗人米沃什的说法是没有将自己的知识“庸俗化”——仅仅是描述现实，而不是明明白白地用某一种理论解释一切。加之德鲁克的著述过于宏大、庞杂，读者容易迷失在思想的丛林之中。

为了让更多的管理者更轻松地阅读和理解，本书将用时代视角和鲜活的案例对《管理的实践》进行详细的剖析和解读。本书不对原著进行逐字逐句的解读，而是以原著为核心，围绕企业管理者，尤其是高层管理者绕不开的十五个核心问题展开：

○ 管理者和管理层的概念由来（第一章～第三章）
○ 管理的职能和背后的有什么样的人性假设（第四章～第七章）
○ 新技术给管理带来了什么（第八章）
○ 如何创建一家企业（第九章～第十章）
○ 企业的本质是什么（第十一章～第十二章）
○ 企业的事业法则和战略（第十三章～第十五章）
○ 如何理解目标管理和生产管理（第十六章～第十九章）
○ 股份公司的前世今生（第二十章）
○ 如何对管理者的工作和绩效进行管理（第二十一章～第二十四章）
○ 怎样做好董事长、总经理和中高层干部（第二十五章～第二十七章）
○ 如何搭建企业的组织架构（第二十八章～第三十章）
○ 从千万到百亿，企业凭什么能够成长（第三十一章）
○ 怎样对员工的工作和绩效进行管理（第三十二章～第三十六章）
○ 如何成为卓有成效的管理者（第三十七章）

○ 如何做好决策（第三十八章）

希望通过这本书，能让企业高层管理者有机会在更高的层面俯瞰管理学，面对变幻的时代和模糊的未来，能够找到确定的方向感。一个人，穷其一生，都未必能有大师的经历，解读经典就如同和大师一起漫步在幽静的乡间小路，得以体味他的精彩思想和精彩人生。人生有幸，幸何如之！

王鹏　北京三味管理研究院

目录

第一章
管理者是赋予企业生命的角色

在现代社会中，我们看到企业的兴盛和衰落周而复始，商业巨子几起几落，社会秩序从稳定走向混乱，又从混乱回归稳定。在短短的几十年中，企业作为一种组织对社会，以及对每一个人的影响都极为深远和巨大。

企业到底是怎么回事？是谁赋予了企业生命，给企业带来这么大的活力？又是什么样的因素导致某些巨大的企业帝国轰然崩塌，到底有没有办法让企业长存？

德鲁克告诉我们：**“在每个企业中，管理者都是赋予企业生命、注入活力的要素，如果没有管理者的领导，生产资源永远只是资源，永远不会转化为产品……”**①

拿创建企业举例——办一家企业需要什么？如果要建设一家传统的工厂，首先需要生产资源，具体包括工人、资金和设备。但如果只是这三者的组合，缺少了做计划、组织、领导和协调的管理者——想象一下这个画面——工厂里面原材料、机器、工人都有了，但是没有管理者、没有牵头人，没人做计划，没人做协调，没人带着大家一起搞生产、一起找客户，这个工厂一定是一盘散沙，很难产生经济效益。

也就是说，企业不仅需要生产资源，还需要管理者这个特别的资源要素。别的资源是死的，只有管理者这个资源是活的。从另一个角度来看，我们的生命也是一样，如果只有肉体，没有灵魂，就变成了“行尸走肉”，一旦拥有了灵魂，生命才变得有意义。

对于企业而言，普通的生产资源是肉体，管理者才是灵魂。

委内瑞拉的国营化灾难

自2015年开始，委内瑞拉开始通货膨胀，到2018年，通胀水平达到百分之170万。这是什么概念呢？一只母鸡在当地售价大约15元人民币，折算成当地货币玻利瓦尔达到了1460万，需要一箱子比母鸡体积要大得多的钱（这些钱在委内瑞拉通货膨胀之前能买一套房子）。通货膨胀导致民

① 本书中的黑体字均摘自德鲁克《管理的实践》。德鲁克其他著作中的原文摘录不显示为黑体字。

不聊生，数百万人背井离乡，没有离开的委内瑞拉人为了果腹，不得不在街上翻垃圾桶捡食物。

要知道，委内瑞拉是石油出产国，不说和中东一样富有，但也不会落到这般田地（委内瑞拉的石油储备量世界第一，比沙特阿拉伯还要多。2014 年委内瑞拉已探明的石油储备量达到 2980 亿桶，差不多相当于伊朗和伊拉克两国储量之和，是俄罗斯的三倍）。很多媒体报道，石油价格下跌导致委内瑞拉国内经济崩溃。实际上，在油价未下跌之前，委内瑞拉的经济就已经出了巨大问题（物资紧缺和通货膨胀已经来了），油价只是压倒骆驼的那根稻草。

真正的原因是内因，一部分是委内瑞拉国内产业体系不健全，工业品、食品、药品几乎全靠进口；另一部分是委内瑞拉采取了完全国营化的策略。石油开采一直是委内瑞拉的经济支柱，查韦斯上台后，开始实施国营化改革，想把委内瑞拉建设成一个乌托邦。出乎查韦斯预料的是，在国营化策略之下，不但石油开采数量急剧下降，成本还不断上涨，员工人数比国营化之前增加了一倍之多。最终，石油开采业的收益连自己的成本都弥补不了，几年下来，委内瑞拉国家石油公司自身的负债就达到 900 亿美元。产业过于单一，支柱产业缺乏能给企业带来生命和财富的管理者，使委内瑞拉陷入一场巨大的灾难之中。

企业是社会的经济器官，企业的管理者必须始终把创造经济效益的责任放在首位，并在每一项决策和每一项行动中体现出来，才能在市场竞争中存活和发展。委内瑞拉政企不分的现象极为严重，其石油部长同时兼任国家石油公司总裁，随意挪用企业利润为政府开支买单，这使得占据管理者岗位的人成为政府官员。真正能够为企业着想的管理者在企业中失去话语权，难以有所作为。从某种程度上说，委内瑞拉的国有企业已经失去了存在的价值。

管理者的素质是企业唯一拥有的有效优势

在 20 世纪 80 年代，全球最牛的企业是丰田、通用、福特、克莱斯勒等汽车企业；不过区区十年，英特尔、IBM 和微软又开始引领风潮，从 2000 年开始，谷歌、亚马逊、Facebook、阿里巴巴等互联网企业风头一时无两。“你方唱罢我登场”，大量的企业如潮水一般蜂拥而至，又悄然而亡。

从总体经济的角度看，一批企业失败并不是坏事，如果把社会看作一个有机体，它也需要新陈代谢。而企业是社会的经济器官，是社会新陈代谢的重要领域。凡是一个有活力的社会，必然会有企业倒闭，同时又有企业创立——全球当前企业倒闭数量和比例最高的地方是位于美国旧金山湾区的硅谷，与此同时，硅谷也是全球科技和创新活力最强的地方。

关键的问题是：究竟是什么因素导致了某家企业的兴盛和衰亡？为什么企业在十几年内就会更新换代，为什么有的企业就能浴火重生，而有的企业就一蹶不振？

德鲁克认为：“**在竞争激烈的经济体系中，企业能否成功，是否长存，完全要视管理者的素质和绩效而定，因为管理者的素质是企业唯一拥有的有效优势。**”

笔者有短暂做投资经理的经历，曾负责过几家中小企业的兼并收购事宜。表面上看，一家中小企业的价值体现与财务报表密切相关，企业的业务如何、发展如何、当前成本和利润的情况都决定了它的价值。不过真正的关键要素却是被并购企业的管理层，他们的价值观、品格、处事方式、管理能力、业务敏感、未来潜力等决定了最终的交易是否能够达成。同理，一些天使投资人，也就是投资给早期创业者的人，主要是投向创业者团队而非投向商业计划书。

大型企业同样如此，大企业失败的主要原因是组织的僵化禁锢了管理者的头脑、束缚了管理者的手脚，造成企业整体创新不足，不足以支撑企业庞大的体量——越强壮的有机体就越需要强大的灵魂。这直接导致了世界500强企业的寿命并没有我们想象中那么长。据《财富》杂志报道，世界500强企业平均寿命仅有40年左右，世界1000强企业的平均寿命仅为30年，只有2%的企业能够活到50年。

摆在我们面前的是一个快速变化的时代，各类创新和发明的速度越来越快，每一项创新或发明都会带来产业的变化，带来新的产业和新的企业。在今天，对社会有重大影响的创新都出自企业组织（纯科研组织由于缺乏产业化能力，如果外部协同体系未能建立，实验室到商用之间存在巨大鸿沟，因此相对影响较小）中的知识工作者，知识的应用带来了创新。这些创新不仅仅是科技创新，还包括社会创新、文化创新、组织创新、管理创新和商业模式创新。正是这些创新让我们的生活发生了翻天覆地的变化。

集装箱的发明是一个很好的例子，它不但包含管理创新和商业模式创新，而且包括社会创新和文化创新。

20 世纪 30 年代至 50 年代，全球航运业遇到危机，航运成本居高不下，整个行业束手无策——航运公司只知道买更大的货船、雇佣更少的船员，希望以此提高航运效率，却发现于事无补。当时航运都是卡车到码头，再把货物一件件卸下来，做好登记工作，再放到码头的中转货仓中，等运货船来了，清点后由码头工人搬上船。这样的运作使轮船不得不在港口等待卸货装货，致使效率很低、成本极高（要知道轮船非常昂贵，闲置的成本极高）。

麦克莱恩（Malcolm McKellen）早年是一名卡车司机，后来成立了自己的货运公司，他非常有商业头脑，在美国“二战”的大背景下，很快就把陆地运输的生意做得有声有色。随着国际贸易的发展和陆路运输交通拥堵日益严重导致陆运效益下滑，麦克莱恩的目光放到了海运业。

通过摸索和实践，麦克莱恩逐渐认识到要降低海运成本，需要的不仅仅是一只只铁皮箱（集装箱并非由他发明，而是早已存在），而是一套新的物流系统。在这套物流系统中，集装箱是核心但也只是环节之一，它需要各个环节之间进行匹配，包括货车设计、港口码头的规划、装卸工人新的管理办法，甚至包括起重机设计和客户发货人员培训等。为了搭建一个新系统，麦克莱恩自己买了港口和海运公司，试着用新系统来进行业务运作。即使麦克莱恩做对了所有的事情，但由于社会协同系统尚未建立，客户的观念也未能扭转，比如货品标准化程度不足、集装箱空间利用不足、客户不适应新的运输模式等，最初几年新系统一直在亏损。在麦克莱恩的坚持和不断努力下，新系统开始逐渐成为航运业的标准，最终使得航运总成本下降了 60%，整个航运业都因为新的集装箱储运系统起死回生。

一个颠覆性的创新非常不容易，因为其价值显现并不是像我们想象得那样立竿见影，只有相应的社会协同系统建立起来，产业链上下游的观念逐渐改变，它的价值才会被发现从而逐渐普及。而这些工作，完全有赖于企业管理者的创新和坚持。

管理者是企业中最珍贵的资源，但由于物性导致人的观念游移不定，加之人的身体比较脆弱（最好的时间仅有20年），所以这种资源脆弱而且需要持续补充。德鲁克说："建立一支管理队伍需要多年的时间，但由于管理不当等原因却可以在很短的时间里垮台。"①

上面的例子似乎给了我们一些答案：管理者的故步自封导致企业衰亡；管理者的锐意进取推动了企业的兴盛；管理者的更新换代导致企业更新换代；管理者的重生导致企业的重生。

还有一个问题：管理者的素质为什么是企业唯一拥有的有效优势？

很多人会说，管理者重要不假，但不会是唯一的优势！难道独特的矿产资源不算是优势吗？难道资本不算优势吗？企业的专利技术不是优势吗？

要解释清楚这个问题，首先我们要知道企业拥有的优势来自它的核心能力。一般来讲，企业的核心能力可以分为三个方向，与梁漱溟先生的"人生三路向"相对，我称之为"企业三路向"。第一个核心能力是技术能力。把技术做到领先，把产品做到最先进、最优秀，紧紧抓住顾客的眼球和心灵。第二个核心能力是顾客关系能力。就是对顾客的需求了解得非常清楚，和顾客的黏性非常强，能够比竞争对手更好地满足顾客的需求。第三个核心能力是成本能力。制造同样的东西，在同等质量的条件下，成本和价格比竞争对手低。我国很多制造业企业都拥有这个核心能力。

几乎所有的企业都是在"企业三路向"之中选其一，极少有企业能够同时选两个道路和方向作为自己的核心。比如华为就是以技术能力为核心，而联想是以顾客关系能力为核心。

与"管理"能力相对，这三个核心能力都属于"业务"能力。但是，所有的"业务"或经营活动都需要被"管理"，"管理"能力是洒在"业务"能力之上的那一撮凝结剂或催化剂，管理者是企业"业务"经营的枢纽——再好的资源，也只是企业经营成功的充分条件，只有优秀的管理者，才是企业经营成功的必要条件。正如华为总裁任正非与员工对话时说："所有公司都是管理第一，技术第二。没有一流的管理，领先的技术就会退化，有一流的管理即使技术二流也会进步。"同样，我们还可以这么说——没有一流的管理，成本会逐渐上升，有一流的管理，成本就会下降；没有一流的管理，客户满意度就会下降，有一流的管理，客户关系会越来越好。

---

① 彼得·德鲁克（Peter F. Drucker），管理：使命、责任、实务［M］. 北京：机械工业出版社，2006年。

任何组织的成功，除了具有清晰的使命和发展策略外，起决定性作用的就是管理层或者说是管理者的素质。

管理者是赋予企业生命的角色，如果我们把时间跨度拉大，从企业长存的角度来看，企业的根本优势只有一个，就是拥有优秀的管理者。

第二章
企业管理层的出现是个大事件

“管理层逐渐成为企业中独特而必需的领导机构是社会史上的大事。自从20世纪初以来，很少见到任何新的基础机构或新的领导团体，像管理层一样在如此短的时间内快速诞生。在人类历史上，也极少看到任何新的机构这么快就变得不可或缺；甚至更加罕见的是，这个新的机构在形成过程中遇到这么小的阻力、这么少的干扰，引发这么少的争议。”

上面这段是德鲁克的原话，以下我们接着他的思路来探讨一下管理层究竟是怎么回事，管理层出现的背景、管理层为什么能够顺利崛起，以及管理层的崛起对社会的意义。

世界历史上的任何一个阶层在社会上诞生和崛起，都会受到非常大的阻力。拿中国历史上的庶族士子阶层的崛起举个例子。在中国历史上，自东汉以来门阀阶层就极为强大，拿东晋时期来说，当时的门阀势力不把皇族司马家放在眼里，朝政被当时的氏族门阀王家、恒家、谢家等把持，由于门阀阶层完全把持了朝廷官吏的晋升渠道，导致寒门子弟只能以务农为生，阶层完全固化。

隋朝统一后，隋文帝、隋炀帝看到了这个问题的严重性，要从制度上消除对于社稷的潜在威胁，于是采用公开考试的方式选拔官员，这就是我们都很熟悉的科举制度。这直接导致庶族士子阶层的崛起，引发氏族门阀阶层剧烈反弹，这也是隋帝国二世而亡的一个重要原因。

企业管理层的出现

企业的管理层是一个新事物。今天的各国媒体上，除了政府要员之外，最耀眼的就是企业家和企业高级管理层。从收入角度看，企业管理层的年薪至少是社会平均年薪的两倍以上。其中，优秀企业的管理层收入非常高，与国外传统贵族阶层相比也毫不逊色。同时，管理层的群体比之前的贵族阶层数量要大得多、范围要广得多。

企业管理层包括一条从上到下的指挥链和专业的职能部门。最早的时候，英国和美国用合伙制的方式组建的纺织厂，基本上只有一个全职经理人，就是厂长（或者叫财务长），由他直接管理工头，指挥链非常短，企业中也没有职能部门（有会计，没有财务部门）。中国古代也是这样，比如宋朝的手工作坊，就是一个人管理一群雇工，如果规模稍大一些，下面也会有一些工头。在这种组织模式下，管理层出现的外部条件还不成熟。

管理层真正出现是在19世纪的最后五十年，第一次工业革命开始大规模地改造人类社会，企业组织发生了深层次的变化。1851年，世界上第一届世界博览会在英国伦敦召开；1853年，第二届世博会在美国纽约召开。在这两次世博会上，美国生产出的工业产品震惊了世界。

在世界博览会上，最令参观者叹为观止的不是哪个产品，而是生产这些产品的方式，即所谓的美国制造系统——这个系统源于美国东部马萨诸塞州的斯普林菲尔德军工厂。这家军工厂是美国第一座国家兵工厂，于1794年成立。最初这个工厂聚拢了一批能工巧匠主要制造枪械，在那个时代，造枪完全是一门手艺，虽然枪的基本构造相同，都有枪托、枪管和闭锁机构，但没有两支枪是完全相同的。比如M1795燧发式滑膛枪，是兵工厂建立之后第二年生产的武器，40名工人一年总共造了245支滑膛枪，每一个零件都是手工打造的。

到了1815年，退役军人李（Roswell Lee）担任斯普林菲尔德军工厂厂长，在他的领导下，军工厂的生产和管理方式发生了重大变化。具体来说，就是标准化生产和流水线作业，李按照枪支零件的尺寸设计出一套专用的机器和工艺流程，用这套方法生产出的零件的尺寸基本符合公差要求，实现了“零件可互换”的标准化生产要求和初步的流水线生产工艺。以制造滑膛枪枪托为例，如果手工操作，一个人需要10小时才能完成一个，而机器生产10小时内可生产450个。美国企业史学家雷恩（Daniel Wren）对此评价：斯普林菲尔德军工厂率先使用的制造原理，为后来制造斧头、铁铲、缝纫机、钟、锁、表、蒸汽机、收割机等产品奠定了基础。

斯普林菲尔德军工厂的最大贡献不是发明流水线作业及标准化（英国海军部1905年在英国朴次茅斯创办的滑块厂才是源头），而是出现了一个真正的“有薪管理层”——有明确的指挥链条（厂长—军械师—领班—组长—技工），以及有明确的参谋部门。军械师是副厂长，他直接管理下属负责采购、销售、财务、质检、运输的职能员工。同时，军工厂内设置内部晋升系统，让熟练技工可以一级级晋升到组长、领班、检察员、助理军械师和军械师，厂长什么时间退休或者病休，军械师随时可以顶上来。换句话说，斯普林菲尔德军工厂的管理序列已经成型。

斯普林菲尔德军工厂中的领班、检察员、军械师，以及负责采购、销售、财务等职能人员，最主要的特点是不用参与生产。也就是说，这些人都属于管理层，他们的主要工作是管理而非操作。

为什么会出现“有薪酬、不用动手的经理人阶层”，是因为标准化生产催生了分工。以制造滑膛枪为例，如果是手工制作，每个人从头到尾来完成一支枪，产量小、沟通少，不需要太多管理的介入。如果是批量标准化生产，稍有疏忽就会导致巨大的损失——没有计划职能，就会出现各部件节拍不一致、原材料供应不上、生产出来卖不出去、机器坏了无人修理等问题；没有组织和协调职能，现场就会一片混乱——当生产批量进一步扩大，计划、采购、质量、物流、财务等职能就必须从具体生产中独立出来，协调管理的重要性大大提升，管理层的崛起势不可当。

可以用晋商做一个类比。晋商是中国现代企业的雏形，同样出现了专门的经理阶层。但由于晋商的主营业务是传统金融票号（以埠际汇兑为主营业务）和贸易业务，其分工协调的难度并不大，因此经理人员的数量并不多。尽管晋商大盛魁早于斯普林菲尔德军工厂，经营规模也更大（高峰时6000人以上），但其真正意义上的管理层数量更少、管理序列更加简单。

管理层对于世界利害攸关

和庶族士子阶层的崛起改变了社会面貌、改变了无数人的生活一样，管理层的大规模出现同样对社会产生了巨大的影响。

第一个影响是创造了巨量财富。

管理层的出现推动了生产方式的变革。一方面从订单式生产改变为备件式生产（预先生产），提升了生产效率；另一方面推动大规模生产方式（mass product）的出现，极大地提高了社会生产力水平，普通人的生活发生了巨大改变。1913年，福特（Henry Ford）和他的团队在美国Highland Park（高地公园）整车厂推出了全球第一条流水生产线，将原来涉及3000个组装部件的工序简化为84道工序，将每辆车的生产时间由原来的12小时减少为一个半小时，福特T型车售价在很短的时间内从850美元降低到

300 美元以下。汽车从此成为普通人也能享有的大众产品。和汽车一样，照相设备、吸尘器、冰箱等产品以普通人能接受的价格进入了寻常百姓家，人类社会的生活品质大大提高。

人类社会长期受马尔萨斯陷阱（人口与资源的关系）的影响，人均 GDP 千年以来始终徘徊不前。但是自 19 世纪中期以后，人类社会完全绕过了马尔萨斯陷阱，在人口数量快速增长的同时，人均 GDP 却不断上升，人类种群的生活质量得到前所未有的提高。19 世纪的英国思想家穆勒(John Stuart Mill）没有看到管理层的出现和作用，他在《政治经济学原理》一书中，对工业品价格的下降归因于“过去七八十年的机器发明”，直到 20 世纪中期，学者熊彼特（Joseph Alois Schumpeter)、德鲁克、舒尔茨（Theodore WSchultz）等人才发现人力资本与创新的重要性。

第二个影响是加速了科技进步。

管理层直接推动了企业创新的大幅提升，推动人类进入有组织地将知识转化为生产力的阶段，这是近现代科技腾飞的主要原因。自第二次工业革命至今，除了战争科技的巨大投入和应用转化，绝大多数科技进步都是在企业内部出现的。比如美国杜邦公司从 1927 年开始，每年投入 25 万美元（在当时是一笔巨资）进行不间断的研发，直至 1938 年，尼龙（nylon）被发明出来。没有这样一种机制，第二次工业革命乃至后来的科技爆发都不可能出现。

第三个影响是维持了新的社会秩序，使我们的世界不至于滑入深渊。

工业社会的出现彻底改变了社会面貌，摧毁了原有的社会秩序。在此之前，农业和手工业生产是以家庭为中心，多数人的活动区域是家庭和家族，维系社会生存的是家族伦理和血亲关系。而工业社会彻底摧毁了以家庭为中心的社会秩序——工业社会的生产方式要求大量劳工和资本聚集，人们不得不走出家庭，来到企业或者其他组织，适应陌生人的社会和新的伦理关系。正是由于管理层的出现，使得人群能够逐渐适应新的环境，并使得企业组织和非营利组织的效率不断提升，维持了新的社会秩序。

第二次世界大战的硝烟还未散去，北美大陆各经济学派之间还在争论不休，德鲁克已经预见到旧的社会构型行将解体，新的社会即将到来——未来的社会是一个由组织实体，而非个人构成的社会。所以，他对所有人大声疾呼，让大家能够理解未来社会的新问题是“提高组织的管理绩效”，唯有这样，新社会才能形成稳定结构。在《管理的实践》成书期间，西方国家的劳资冲突剧烈升级，工会势力前所未有地膨胀，成为渗透工业社会各个阶层的大赢家，德鲁克却对此不以为然（他在《新社会》一书中甚至提出“工会组织能否长久存在”，在当时是反潮流而行），反而提出未来管理层和“知识工作者”的重要性，并预言管理层和知识工作者阶层才是未来最重要的阶层。

理解了这些内容，我们才会明白为什么德鲁克在《管理的实践》的第一章发出这样的感慨：**“管理层的能力、技能和职责对整个自由世界利害攸关。”**

管理者、知识工作者、服务工作者、专业人员和蓝领工人

1957 年，德鲁克出版了他的社会学著作《已经发生的未来》（Landmarks of Tomorrow）。在这本书中，他指出，区别于体力工作者，知识工作者是“使用信息、数据、主意工作，并同样产生新的信息、数据、主意，并对企业的最终结果产生影响的人”。

但这样来表达这个问题，仍然是不清楚的。德鲁克的各类著述中有大量关于管理者（manager）、知识工作者（knowledge worker）、服务工作者（service worker）、专业人员（professional employee）、蓝领工人（worker）的论述，把这些概念厘清是重要的。

知识工作者和服务工作者的范围很广，它包括销售人员、科研人员、人力专员、外科医生、政府官员，也包括商场售货员、艺术家、护士、记者，还包括我们非常熟悉的物流快递人员、社区清洁工等。他们的主要产出物不是实物或体力，而是信息、数据、方案或服务。

我们可以从产出物和成果的角度对知识工作者和服务工作者进行细分。

○　知识工作者：能够将知识运用于知识。从称谓可以看出来，知识工作者与体力工作者是相对的关系。知识工作者的主要成果不是实物或体力，而是思想、想法、观念、信息和构想，主要输出包括文本、邮件、会谈、演讲、设计方案、会议讨论或其他形式的产出物。典型工作包括企业管理者、教师、建筑设计师、科研人员等。

○　“知识型”服务工作者：能够将知识运用于服务工作。主要产出物和成果是销售服务、沟通服务、医务服务、统计服务或其他形式的成果。典型工作包括销售员、投诉接待员、医院护士等。

○　“生产型”服务工作者：不需要太多知识的运用。归属于现代服务业的各行业，产出物和成果是可以用数量衡量的各类服务。典型工作包括物流快递员、美容护理员、按摩师、档案管理员、社区清洁工等。

绝大部分管理者属于知识工作者或“知识型”服务工作者，具体而言，管理者（manager）的定义是：**“如果一位知识工作者能够凭借其职位和知识，对该组织负有贡献的责任，因而能实质地影响该组织的经营能力及达成的成果，那么他就是一位管理者。”**政府和各类组织中的职能管理部门，其中多数都是知识工作者。例如，财务部门中有出纳和成本会计，出纳一般属于“知识型”服务工作者，提供统计服务；而成本会计则是知识工作者，也是管理者之一，可以通过核算、预算、分析等方法降低产品成本，对组织作出贡献。从凭借知识为组织作出贡献的角度来看，部分“知识型”服务工作者是管理者。例如，一位医院的护士，通过自己的医务知识和爱心，提升了所在医院的运营水准和声誉，那么她就是管理者①。“生产型”服务工作者也可以是管理者，例如，某位清洁工通过改造清洁设备，提高了某外包清洁公司的绩效，很显然，他也是不折不扣的管理者。

管理者的本质是通过知识创新使得资源嬗变，从而改造组织生存环境的人。

多数知识工作者是管理者，不是管理者的知识工作者则可以归入“专业人员”的行列。专业人员（professional employee）是个体（或小团队）

---

①　在德鲁克的著作《卓有成效的管理者》中，就有一位著名的白莉安护士，虽然职位不高，但秉承为病人尽力的原则，在医院中树立起“白莉安原则”，为医院的众多同人所信守。

的专业贡献者。其工作的目标、内容、标准都要根据专业的标准来制定（换句话说，专业人员的考核不是用企业绩效表现来考核，而是以专业标准考核）。专业人员与管理者的核心区别在于，管理者需要对组织负有贡献的责任，专业人员只为自己的贡献负责（参考第三十六章）。

蓝领工人（worker）这个词一般是指第二产业中的体力劳动者，如工厂中的机器操作工、库管员，码头上的搬运工、建筑业的建筑工，等等，他们的主要贡献来自体力和时间的付出。对于蓝领工人，泰勒（Frederick W. Taylor）有一个著名的说法，他认为在制造业中没有技术存在（不是指现在制造企业中的技术，而是指传统工厂中师徒相继的手艺）！所有的技术工作都可以通过“工作分析”（work study）（这个词是泰勒制的核心概念）拆解为完全不需要技术的一系列环节，任何新手只要愿意用心学习这些环节，就能成为一流的工人。实际上泰勒是完全正确的，在第二次世界大战期间，应用泰勒的工作分析，美国在极短的时间内训练出大量熟练工人，包括用目不识丁的人生产高精密的机械零件。当工作分析深入到一定程度，不但可以由人来完成这个工作，在成本允许的前提下，机器（资本投入）可以轻松取代蓝领工人的工作（部分“生产型”服务工作者的工作不易被取代）。

服务工作者的工作特点与蓝领工人不同，无论其工作内容多么简单，但由于莫拉维克悖论①的存在，工作分析（work study）的模式无效，也无法用机器（资本投入）取代。比如一个宾馆的客房服务员的工作输出是清理房屋、打造卫生，其工作比较简单，但只能确定工作规程，很难将工作拆解，也无法用机器进行替代。

在未来社会中，知识工作者将逐渐成为全球社会的核心阶层。而服务工作者的数量将逐渐超过蓝领工人（在一些国家已经实现）。未来社会的构型已经形成，德鲁克在他的一系列著作中已经开始提早思考解决办法，这是他作品一以贯之的思维角度。

未来社会一定不是按照服务业和工业来划分产业分类，即使是在今

① 莫拉维克悖论（Moravec's paradox），简单来说就是对于人工智能而言简单的东西对于人有极大难度，比如高位数乘除；而对人类简单的事情对于人工智能有极大难度，比如用手拿起桌面的一本书或清洁一张桌面。

天，由英国经济学家克拉克（Colin Clark）提出的三次产业划分也已经非常不准确。未来可以想见，其必然是按照以人为核心、以知识为基础的服务这个大概念衍生出新的产业分类，生发出更适合度量和评价当前和未来产业的分类体系。

第三章
管理层体现了现代社会的基本精神

德鲁克对管理层的认知贯穿了德鲁克思想和著作的始终，可以说，该认知是德鲁克所有著作的主线之一。读者如果能理解了这部分，就对德鲁克的著作有了较深的认识。在原书中，该认知是这样表达的：**“管理层是专门负责赋予资源以生产力的社会机构，也是负责有组织地发展经济的机构，体现着现代社会的基本精神（basic spirit）。”**

先说一下翻译上的问题，管理层不是机构，这是翻译问题，原文用词是Organ，更准确的翻译是“器官”。也就是说，管理层是社会这个有机体中的一个器官，更进一步讲，企业是社会的经济器官，而管理层是赋予企业以生命的器官。但管理层为什么会体现了现代社会的基本精神呢？

首先，究竟什么是现代社会的基本精神？

近300年以来，对社会影响最大的主流思潮包括理性主义、科学精神、民族主义、社会达尔文主义、民主思潮和社会主义思潮。理性主义源于希腊，以理性主义为核心的资本主义精神提倡人的主观努力能够改变社会和自身环境，强调人的能动性，从这个意义上说，理性主义是现代社会的基石。在理性主义的基础上发展出了科学精神，而在理性主义、科学精神的土壤中，达尔文生物进化论成为种子，生长出了社会达尔文主义的大树。

1859年，达尔文（Charles Darwin）出版了他的著作《物种起源》，人类思想演化有了一次大的飞跃，达尔文主要观点之一是“适者生存”——有机体需要不断进化以迎合环境的变化、维持自身种群的生存状态。和达尔文同期的英国哲学家、社会学家斯宾塞（Herbert Spencer）秉承了达尔文的学说并进行了扩展，他认为社会类似于有机体，社会也需要不断进化以适应外部环境。斯宾塞的思想就是我们所说的“社会达尔文主义”，从19世纪中期（恰好是第二次工业革命）开始，社会达尔文主义成为现代社会的主流思潮和基本精神之一。

严复先生翻译的《天演论》是英国博物学家赫胥黎①（Thomas Huxley）所著，原名为《进化论和伦理学》，严复翻译此书的目的并不是为了向国人介绍达尔文的自然科学学说，而是借以说明“自强保种”的道理。“天演之事，不独见于动植二品中也，实则一切民物之事……乃无一焉非天之所演也。”因此，他并不严格按照赫胥黎的原文翻译，而是用加按语的形式，加入斯宾塞的观点和自己的发挥——用社会达尔文主义的观点来

---

① 赫胥黎是英国博物学家，是达尔文学说的捍卫者，自称为“达尔文的斗犬”。

唤醒国人——如果再不变更旧法，发愤图强，亡国灭种的危机就在眼前。文中加入的社会达尔文主义观点，才是严复要向国人传达的核心思想。因此，国人往往对达尔文“自然选择”思想并不熟悉，而是更加熟悉“物竞天择、适者生存”的说法。

哲学家王东岳认为世界演化的进程是单向的，他在其著作《物演通论》中指出：“残化了的‘基本粒子堆’谓之‘原子’；残化了的‘原子堆’谓之‘分子’；残化了的‘分子堆’进而结合成‘生物大分子’乃至‘原始单细胞’；残化了的‘细胞群’再结合成‘多细胞生物’乃至‘后生动物’；残化了的‘动物’聚集成为‘社会’乃至‘国家’实体……显而易见，这是一个演运有序的自然进化进程，或曰‘残弱化衍存流程’。”以他的观点来看，物质演运的基本规律是不断弱化的，同时也是不断发展（代偿）的。与达尔文的进化论及社会达尔文主义思潮的主旨有吻合之处。

从另一个角度看，第二次工业革命引发了农业社会向工业社会转型，由此带来的剧烈社会动荡成为现代社会最大的挑战，谁能解决这个挑战，谁就符合时代发展要求，谁就能代表现代社会的基本精神。

“它（管理）体现了经济的变革能够争取人类进步和社会正义的强大推动力的理念——正如斯威夫特早在250年前就夸张地强调的那样，如果某人能使只长一根草的地方长出两根草，他就有理由成为比沉思默想的哲学家或形而上学体系的缔造者更有用的人。”德鲁克认为，管理层的职责是推动人类社会在经济领域进行变革，并以此消弭社会变革带来的巨大鸿沟，解决工业社会的基本问题（维持新社会秩序，使之不至于滑入深渊），它是人类争取进步和社会正义的强大推手。换句话说，管理层的出现解决了工业社会的基本问题，恰好符合社会进化和发展的大趋势，代表了现代社会的基本精神。

第四章
管理是实践，而不是一门精确的科学

“**管理绝不能成为一门精确的科学**。”这句话如何理解呢？我们可以认为管理有科学的特质，可以从中寻找到规律。与此同时，管理重视人、重视人的情感、重视人的价值和人的成长，它深深触及了人的精神层面。因此，管理不是科学，追求效率、单纯用精确的规则对人进行控制的企业不见得比有温度、讲求人情味的另一家企业更成功。

这么思考问题显然不够深入，我们需要深入讨论管理究竟是不是科学，但同时是否有科学性，以及我们为什么会倾向把管理看作科学的内在原因。

笛卡尔机械论世界观的崩塌

物理学里面有一个重要定律叫热力学第二定律，也叫熵增定律，它是物理学中最重要的定律之一。其专业表述为：“不可逆热力过程中熵的微增量总是大于零。或者说在自然过程中，一个孤立系统的总混乱度（即‘熵’）不会减小。”用好理解的话来讲就是随着时间推移，如果没有外力介入，一个系统只会变得无序，最终导致整个系统失序。就像一座木屋，如果常年没人维护，它就会逐渐破败倒塌。

“熵”是物理学中衡量无序度的度量值。熵值越高，物质（体系）的无序度越高。“熵”的概念是第一次工业革命期间一批工程师发现的。这些工程师致力于研发出最高效率的机器（其极致即永动机），但他们最终发现，无论机器如何高效，能量都会逸散一部分。换句话说，在一个孤立体系中，能量只会从有序向无序转化。有意思的是，描述熵值递增的热力学第二定律受到当时人们道德的批判，认为这条科学定律意味着事物不会变好，只会变得越来越坏。

与熵增定律相反的是达尔文（Charles Darwin）的进化论，进化论表明，生物在不断地演进和分化（也包括人类构建的社会系统），其结果是，生物界和人类社会都越来越有序（我们喜欢用的词是“先进”）。也就是说，生物界和人类社会是持续熵减的。

为什么物理学的熵增定律和达尔文的进化论是相悖的呢？

正确的理解是生物界和人类社会只是地球系统里面小小的局部区域，这个局部的发展倾向熵减，达尔文进化论只是在局域系统起作用，但整个大系统总体上仍然是熵增。比利时科学家普里戈金（Ilya Prigogine）提出耗散结构论，其思路是一个开放的孤立系统可以从外界获取负熵以达成自我平衡，最典型的孤立系统就是有机生物体，它需要不断地进行新陈代谢才能生存。物理学家薛定谔（Erwin Schrödinger）认为，熵增的概念同样体现在社会之中——人类社会是另类的有机生物体，没有新陈代谢同样无法生存。

生物本性和宇宙熵增本质之间有不可弥合的差异。人类向往熵减，向往有序，厌恶事物的不可预测。因此，所有人类都倾向预测和控制——经济学家和各界学者喜欢预测，政府官员和企业家喜欢控制。

大哲学家、数学家笛卡尔（René Descartes）认为，这个世界就像一台精密运行的钟表，可以被拆解为一个一个的精密零件，如果脱离零件去谈钟表是一件没有意义的事情。自然中没有什么神秘的东西，所有的东西都服从数学和物理学的规律。所谓科学，就是要探究事物背后的数学公式，同时，一切整体都是由部分决定（世界由微粒组成并决定），整体等于部分之和，这就是笛卡尔机械论哲学的核心。笛卡尔哲学修正了亚里士多德的自然哲学，启迪了后世无数人并开启了近代科学，直到今天，多数人基本思考的出发点仍然基于笛卡尔。

如果按照笛卡尔的逻辑，企业是不可能出现的！因为整体不可能大于部分之和，资源的嬗变不可能出现！今天，我们已经知道了整体不是部分之和，整体有着不可确认、不可知、不可测量、不可预测的特性，今天每一门学科的核心知识不再是某一个部件或者无限微粒化，而是整体学科的结构和模式。

笛卡尔的逻辑被称为机械论世界观，他的逻辑并没有能够将所有有机体包含在内。因为生物体、人类社会和人类组织都是极为复杂的事物，用数学或物理学的方法无法非常精确地描述。美籍奥地利学者贝塔朗菲（Ludwig Von Bertalanffy）在《一般系统论》中断言："经典物理学在无组织的复杂事物的理论发展上是非常成功的……这种无组织的复杂事物的理论最终归结为随机和概率定律以及热力学第二定律。相反，今天的基本问题是有组织的复杂事物……我们被迫在一切知识领域中运用整体或系统概念来处理复杂问题。"换句话说，真正有组织的复杂事物作为一个整体，不可能像经典物理学中的情境，被某种力量预测或控制。

笛卡尔机械论世界观表面看似乎已经崩塌，但实际上，绝大多数人仍然奉之为金科玉律。比如在计算机、互联网、大数据和人工智能充分发展的今天，很多人认为“万物皆数”“世界就是一个数学模型”，所有的东西都能用数字来表达。甚至未来在大数据的支持下，人类可以通过数据分析来准确预测未来多数事物，这在西方经典影视剧中有非常普遍的表达（可怕的是，多数影视剧中的反对者更多只是从价值观的角度回击，而并非是从世界观的角度进行反驳）。

实际上，德国物理学家海森堡（Werner Karl Heisenberg）的“测不准”原理和今天量子力学的一些实验（比如双缝衍射实验）告诉我们，数据是不可知的，以及无法经由测量准确把握的，“拉普拉斯妖”① 不可能存在。企业管理同样有不可预测和不可控制的系统特性。我们如果还持有笛卡尔的机械论世界观，就会难以认清世界的真相。

管理既不是基础科学也不是应用科学

所谓科学，就是可以被重复验证的分科之学。2016 年，河北某大学副教授韩春雨在美国顶级学术刊物《Nature Biotechnology》发表了一篇有关基因编辑技术的论文，在全球引起轩然大波。其论文内容如果是真实的，全球的基因编辑技术将会因此上一个台阶。但是接下来，全球的科学家和实验室无一能够重复验证韩春雨的实验结果，在统计学意义上，实际上已经可以认为韩春雨的论文数据是不真实的（2018 年韩春雨的论文被撤回）。同样的例子在科学史上并不罕见。奥地利哲学家波普尔（Karl Popper）在其名著《科学发现的逻辑》中说道：

> “只有当某些事件能按照定律或规律性重复发生时，像在可重复的实验里的情况那样，我们的观察在原则上才可能被任何人所检验。只有根据这些重复，我们才确信我们处理的并不仅是一个孤立的‘巧合’，而是原则上可以在主体间相互检验的事件，因为它们有规律性和可重复性。”

和实验室科学不同，管理行为无法用量化的形式重复实验，比如某战

① 法国科学家拉普拉斯（Démon de Laplace）是拿破仑的老师，他是典型的笛卡尔机械论者。他构想了一种神奇的生物，这种生物可以知道某一时点全宇宙所有的数据，以此为凭据，过去、现在、未来一切的事物就都能准确演算出来，这就是“拉普拉斯妖”。

略在某一家企业的复兴中起到了奇效，但在同种情境下，该战略在行业的另一家企业中实施就会前程未卜，甚至多半会失败。以此来看，管理与基础科学之间有不可弥合的鸿沟。

此外，管理甚至不是一门“专业”，我这里提到的专业，是应用科学的近似称呼。比如我们大学里学的电子工程专业，是将电子学应用于实际工作之中的学科。管理虽然也是一个学科，但它甚至不能算是一个专业。因为专业往往可以抽离出若干个成熟稳定的“情境”用于研究和教学，电子工程学之所以是一个专业，是因为它可以提前学习某种“固定情境”下的思考模式，比如“短路”“无线组网”“自动增益控制”等。而管理工作需要面对纷繁复杂的问题、千奇百怪的人际关系和外部种种制约，而且这些问题、关系和制约往往是某一家企业或某一个利基市场所独有的，基本上没有成熟稳定的“情境”，而脱离管理的“具体情境”，就会不知所云、离题万里。

经常有年轻人会问我：“我想去读一个 MBA，您觉得有用吗？”

为了提高企业管理水平学习管理学有用吗？或者说学习工商管理专业、研读 MBA 或拿下一些证书是不是对管理企业有很大的帮助呢？对此，德鲁克有明确的说法：“**最终检验管理的是企业的绩效。唯一能证明这一点的是成就而不是知识。……如果试图通过向管理者颁发‘许可证’，或者把管理工作‘专业化’，没有特定学位的人不得从事管理工作，那将会对我们的经济或我们的社会造成极大的破坏。**”德鲁克毫不客气地指出：“**把 MBA 课程教给 23 岁的人，这让我很吃惊，我认为这基本上是浪费时间。他们缺少经验背景。你可以教他们技能，比如会计和其他能提供的东西，但你不能教他们管理。**”

管理实践中包含大量的隐性知识（tacit knowledge）。隐性知识是在“具体情境”中形成的，和学校教育无关，这也是为什么不少企业家学历不高，管理水平却非常高的原因。以福耀玻璃董事长曹德旺为例，他非常善于学习新知识，并将新学到的知识结合企业的具体情境形成自己的观点和感悟。在曹德旺亲笔写的《心若菩提》一书中，提到他一面学习会计知识，一面在企业中悉心揣摩，学会了如何透过数字分析福耀的实际经营状况，透过数字了解玻璃市场的动态和走向。有人给曹德旺推荐特劳特（Jack Trout）的《定位》，他认真研读并根据福耀的情况进行研判，这本书对福耀聚焦汽车玻璃的发展战略起到了重要作用。

有意思的是，长期以来，管理学却在向着过度数学化和模型化的方向发展，一篇管理学论文中如果没有高深的数学模型，就会被认为不知所云或者水平低下，甚至会被认为违反了学科规范。一些深得全球赞誉的管理学者，如德鲁克和明兹伯格（Henry Mintzberg），都被当时的主流学界所诟病。《管理的实践》书名曾经引起很大争议，就是因为很多人认为管理是一门精确的科学，可以用数学和物理学对它进行度量和研究。教授们认为，管理学科至少也是一门应用科学，《管理的实践》这个书名简直是不知所云。

就像德鲁克先生所说：“**任何人如果想把管理变得更‘科学’或变成一种‘专业’，一定会开始设法除去那些‘讨厌的麻烦’——商业世界中的不可预测性，包括：风险、波动、‘无益的竞争’、消费者‘不理性的选择’——而且在这个过程中，经济的自由和成长的能力也随之而去。**”很明显，德鲁克反对管理中的过度控制——通过计划来预测和控制风险、波动、竞争、选择等不可预测的东西。这与当代智者，《黑天鹅》和《反脆弱》的作者塔勒布（Nicholas Taleb）的看法完全相同。塔勒布几乎反对一切控制行为，在他看来，绝大多数控制都是过度控制，比如政府对经济的干预、医生带来的医源性损伤，等等。他认为，这个世界具有不可预测性，那些妄图进行预测的人，不是妄人就是骗子。而致力于过度控制组织和企业的人，不是疯子就是狂人。在《反脆弱》中有如下一段文字：

“2009 年秋天，我去韩国参加会议，我与加藤隆俊同组，他当时是一个强大的国际机构的副董事总经理。在小组讨论之前，他用演示文件（PPT）简略地演示了他和他的部门对 2010 年、2011 年、2012 年、2013 年和 2014 年的经济预测。听着加藤的发言，我无法控制自己，竟然在 2000 名韩国人面前勃然大怒，我愤怒得几乎开始用法语吼叫了，完全忘了此时的我身处韩国。我跑到讲台上，告诉观众，下一次再有哪个西装革履的人在他们面前预测未来某日将发生的事情时，他们应该先让他展示一下他过去的预测业绩——比如他在 2008 年和 2009 年（金融危机发生的那些年）之前的四五年，也就是 2004 年、2005 年、2006 年和 2007 年是怎么预测未来的。事实上不仅是加藤先生，我们预测政治和经济领域的显著罕见事件的成功纪录接近于零，或者说就是零。”

人类的本性倾向预测和控制，这是无法避免的，也是笛卡尔机械论世界观一出现就统治世界的原因。自泰勒（Frederick W. Taylor）以来，无数的聪明才智之士希望将管理变成科学的一部分，著述汗牛充栋，但现实问题却越来越多——在管理乃至人类涉足的其他领域，“求真”只是一种梦想，“圣杯”注定无法被找到。

管理的科学性

管理行为难以被重复验证的同时又有规律可循，如果我们把视角的颗粒度下调，可以看到有大量被广泛认可、有规律可循的管理实践——同工同酬、奖罚分明、责权利一体、定岗定编、目标管理、SOP（标准操作规程）存在。这些实践规律虽然不像数学公式和公理那样放之四海而皆准，但在多数情况和特定情境下都是非常有用的。

多数人知道泰勒（Frederick W. Taylor）的科学管理，这是管理具备科学性的重要证明，也是生产力增长的巨大推手，泰勒用“科学研究方法”对工人某项工作的动作进行研究，发现了有如数学一般的“唯一最优解”。

在管理学的历史上（甚至是在人类的知识史上），泰勒是最有影响力的几个人之一。泰勒最大的贡献是将知识应用于工作研究，并提出了科学管理理论。泰勒提出并推进科学管理的目的不仅仅是为自己和资本家创造利润，更主要的是创造一个“和谐社会”，在这个社会中资本家和蓝领工人能各得其所——工人通过提高劳动效率成为“第一流的工人”，拿到更高回报同时让社会提高生产力水平——事实上，他的确推动了社会生产力水平提高——自泰勒思想提出直至 1993 年，在整体社会工作时间缩短了 40% 的前提下，发达国家的生产力提高了 50 倍！受益最大的美国以每年 3.5% ~4% 的速度增长，也就是说，每 18 年 GDP 翻一倍！“二战”以来，人类从饥荒、瘟疫和战争的灰烬中逐渐走出，泰勒制使得蓝领工人收入日渐提高并成为中产阶层的一部分，致使西方的经济危机和大萧条并未引发上层革命，泰勒制给资本主义带来了数十年的黄金时代。这也是在多数人心目中管理是一种科学的由来。

20 世纪 60 年代，管理学者卡斯特（Fremont E. Kast）在他的著作《组织与管理》中把管理分为三个层次，分别为“战略、协调和作业”，这三个层次的颗粒度从大到小，行为模式由不确定变得越来越确定，在“作业”层次，有非常明确的标准、流程和规范等具体实践方法，这些方法有着确定的规律，甚至其中的部分可以用科学方式进行重复验证（泰勒的动作研究）；在“协调”层次，实践中总结出来的各类规律依然有效；而在“战略”层次，有效的规律就很少了，管理者需要在实践中摸索和解决问题。在管理实践中，哪怕是低级管理者也需要做出大量的“战略决策”（具体参见第三十八章“如何做好决策”），因此“领导力”“直觉”“智慧”“经验”等名词时常会用于管理实践的讨论。这说明了管理为何不是科学但同时拥有科学性。

此外，管理学并非海上孤岛，它和心理学、经济学、社会学、数学等都有密切联系，比如心理学家马斯洛的需求层次论被许多管理学著作引用，而企业管理者因此知道激励员工原来不是涨工资这么简单，让高需求层次的员工有成就感，几乎比多发一倍工资还有效。越来越多的新兴学科和理论被引入管理学，比如系统论、信息论、控制论、互联网技术和 AI 技术，这些理论和技术发展大大提升了管理的科学性。

从这个意义上讲，MBA 的教材完全可以不讲科特勒的营销、明兹伯格的战略或者波特的五力模型（结合“具体情境”阅读和学习这些书籍和理论，效果才是最好的），而是应该把精力放在心理学、经济学、系统论、控制论等基础科学和应用科学的学习上，这样才能让学生更好地在进入企业之后深入理解“隐性知识”，用管理的科学性来武装自己的头脑，迎接未来的挑战；唯有如此，管理思想才能迅速转化为概念、原则、制度、方法和模式，将我们身边千姿百态的现实结构化，从而“**将过去靠直觉完成的工作转换为系统化的工作方式，将凭经验行事的方法归纳为原则和概念，以合乎逻辑、协调一致的思维方式取代对事物的偶然认识**”。

所有的政府管理者和企业管理者都希望自己管辖下的组织能更加有序，儒学贡献出了一个伦理体系让社会更加有序，KPI 考核则提供了有效工具让组织中员工考核和评价更加有序。但是，管理者必须要明白，管理只能是一种实践，而不是一门精确的科学。所有的想法只有付诸实践才能看到最终结果，而结果和绩效是检验管理有效性的唯一标准。同时，企业是一类有机体，要用管理有机生物的方式来管理所在的企业。这也是知识经济的要求。

第五章
管理学背后的人性假定

人性究竟是怎么样的？人究竟是倾向善良、美好、主动、勤劳还是邪恶、肮脏、被动、懒惰？

为什么要讨论这个问题，这个问题和管理有关系吗？的确有关系，可以说，所有管理学思想或者说管理行为的背后都有非常清晰的人性假定，如果不能够对人性有深入的了解，就无法了解管理究竟是怎么回事。

“计划管理”和“目标管理”

《管理的实践》是目标管理思想的发端，目标管理背后的人性假定与泰勒制的科学管理（计划管理）完全不同，关于人性的假定是两种管理思想背后的基础和潜在设定。

在初期的工厂中，工人按照自己的习惯来进行工作，工作效率参差不齐，泰勒（Frederick W. Taylor）针对这种情况进行了深入研究，根据研究结果他采用了以下两个方法改进工厂的管理。

第一，用高效率的科学方法对工人的行为进行规范。通过改进操作的工具、操作的规程，用标准化、专业化的动作规范大大提升了工人的工作效率。

1898 年，泰勒作为咨询顾问受雇于伯利恒钢铁公司（BethlehemSteel-Company），进行了著名的“搬运生铁块试验”和“铁锹试验”。搬运生铁块试验在大约 75 名工人中进行，通过改进操作方法，效率直接提高了三倍。铁锹试验则是通过改进工具，以及设定标准动作，本来三个人干的工作由一个人就可以完成，平均每个人的操作量从 16 吨提高到 59 吨。

第二，设立专门的部门，承担计划的职能，让计划职能和执行职能完全分开。计划管理由此诞生。计划管理的影响极其深远，上至政府的长期工作规划（最著名的就是前苏联的计划经济体制，前苏联领导人列宁对泰勒制推崇备至）；中至现代军队的军事化管理体系；下至企业和各类组织的计划管理模式，均奉泰勒制为圭臬。万达集团董事长王健林在他自己写的《万达哲学》一书中写道：

“一个万达广场建设周期是两年左右的话，从开工到开业的全部周期会分成400个计划节点。所有计划节点编入信息系统，如果工作按计划节点正常进行，系统亮绿灯。某项工作没有按节点完成，系统就开始亮黄灯，黄灯持续一周工作进程还没有跟上，黄灯就会变成红灯，相关负责人就要受处罚了。一年出现多次延误，有人就要被换掉了。”

万达集团秉承泰勒制渊源的计划管理模式。房地产行业是一个大规模标准化的生产行业，正是因为王健林和万达集团总裁丁本锡极为强大的执行能力，万达自上而下制订出优质的计划并完美执行计划，加之经济发展如潮水汹涌，最终使万达集团站在了房地产企业发展的潮头。在万达内部，管理层最怕的不是王健林而是总裁丁本锡，在每次的经营会议上，丁本锡就像三军主帅一样威风凛凛，按照预先制定的战斗任务对下属一一核查，一旦下属有疏漏或未能完成KPI也许面临的就是不测之祸（降职或开除）。在会议中，丁本锡对于既定作战目标没有可以讨论的余地，下属只有服从和执行。

从万达的例子可以明显看到，计划管理的本质是自上而下定目标，高层负责制订计划，中层和基层要做的仅仅是执行计划。而目标管理则不然，它要求的是发挥各级管理者的主观能动性，主动采取行动。在经管著作《西贝的服务员为什么总爱笑》一书中，作者贾林男描述了这样一个故事：

“2010年，西贝另一品牌‘九十九顶毡房’北京清河店开业，菜品里想推‘冰泉羊肉’做‘带头大哥’。宋建觉得这道菜撑不起来，要上烤全羊，被否，于是破釜沉舟，自作主张拉上小队人马，自费40多万元，在毡房里盖起一座土房子，借鉴中国台湾烤猪设备，研发出一台自动烤羊机，使得烤全羊大获成功。”

宋建是著名餐饮集团西贝集团的三位七星大厨之一，他的行为在“计划管理”中绝对不可能出现——宋建违反了“计划管理”自上向下执行计划的准则。但宋建的行为却符合“目标管理”的要求，在西贝集团总裁贾国龙的信任和包容之下，他充分发挥了自己的聪明才智。在西贝集团中的宋建不但没有被开除，还因此得到总裁贾国龙和各级干部的钦佩和赞赏。

人性的管理学假设

中国先秦智者多数相信人性是善良的，孟子仔细讲过这个道理，比如人看到有孩子要掉到井里，必然会有同情心产生，这和某人与孩子父母有没有交情无关，也和某人是否要沽名钓誉无关。这就是孟子有名的“心之四端”：

“所以谓人皆有不忍人之心者，今人乍见孺子将入于井，皆有怵惕恻隐之心。非所以内交于孺子之父母也，非所以要誉于乡党朋友也，非恶其声而然也。由是观之，无恻隐之心，非人也；无羞恶之心，非人也；无辞让之心，非人也；无是非之心，非人也。恻隐之心，仁之端也；羞恶之心，义之端也；辞让之心，礼之端也；是非之心，智之端也。人之有是四端也，犹其有四体也。有是四端而自谓不能者，自贼者也；谓其君不能者，贼其君者也。凡有四端于我者，知皆扩而充之矣，若火之始然，泉之始达。苟能充之，足以保四海；苟不充之，不足以事父母。”①

孟子讲同情心是仁的发端，羞耻心是义的发端，谦让心是礼的发端，是非心是智的发端。他还举了很多例子来层层类比推演，其结论是大道和正义的行为方式使我们内心喜悦——人性本善。

而到了荀子，情况发生改变。由于荀子生活在战国末期，彼时西周所建立的礼乐之规崩坏殆尽，社会秩序混乱，各国往来征伐，他对人性的认识更加悲观：

“今人之性，生而有好利焉，顺是，故争夺生而辞让亡焉；生而有疾恶焉，顺是，故残贼生而忠信亡焉；生而有耳目之欲，有好声色焉，顺是，故淫乱生而礼义文理亡焉。然则从人之性，顺人之情，必出于争夺，合于犯分乱理而归于暴。故必将有师法之化，礼义之道，然后出于辞让，合于文理，而归于治。用此观之，然则人之性恶明矣，其善其伪也。”②

---

① 摘自孟轲《孟子·公孙丑章句上》。

② 摘自荀况《荀子·性恶》。

荀儒是法家的先声，韩非子是荀子的弟子，韩非子之后的法家源流全都是性恶论，以人性恶为前提提出国家治理的种种思路，他们认为，人天生就是自私自利、淫乱暴力、不仁不义的。如果顺应人的性情，社会一定会混乱，暴民一定会充斥街巷，所以必须要用法制（不是法治）的方式进行管束。

西方世界从古希腊时代开始坚持性恶论的看法，其思路和荀子、韩非子极为相似。英国 17 世纪荷裔哲学家曼德维尔（Bernard Mandeville）的著作《蜜蜂的寓言》引起极大争议，曼德维尔认为人性本恶，以追求自身利益为第一要义，而如果政府是健全的，能够认识到这一点，就可以尝试用追求私利的动机激发出人的热情，从而将私利转化为公益，将人性的弱点转变为有利于社会的长处。著名的曼德维尔悖论“私利邪恶成了公共利益（private vices become public benefits）”深深地影响了后世，也直接影响了现代经济学创始人亚当·斯密（Adam Smith），斯密的“经济人”假说与此同出一辙，他在名著《国富论》中说道：

“假如一个人能够刺激他人的利己心，让对方看到有利于他的一面，并告诉他人为自己做事是对他人有利的，那么他就可以实现这种协助。在人类社会中，我们所需要的协助基本上都依照这个方法进行的。每天所需要的食物和饮料，不是出自屠户、酿酒家和面包师的恩惠，而是出于他们自利的打算。不说唤起他们利他心的话，而说唤起他们利己心的话，不说自己需要，而说对他们有好处。”

斯密认为，人的动机源于经济诱因，每个人都会去争取最大的经济利益，人之所会参加工作仅仅是为了获取金钱和利益，所以在任何组织中，人的角色就是螺丝钉（无论他是高层管理者还是基层工人），是被动的。泰勒的科学管理理论实际上是在亚当·斯密的“理性经济人”假设下发展起来的。在管理学领域，经过美国心理学家麦格雷戈（Douglas MMcGregor）的加工变形为“X 理论”。所谓“X”理论，就是指人之本性是懒惰、好逸恶劳的，只有用强制的方法进行管束才行，想要让员工更加主动地工作，核心方法就是“胡萝卜加大棒”，没有其他更好的方法。

与“经济人”假设和“X”理论相对的是美国管理学家梅奥（George Mayo）的“社会人”假设和“Y”理论，除此之外，还有美国心理学家马斯洛（Abraham Harold Maslow）的“自我实现人”假设①。梅奥从1924年开始进行一个著名的实验——霍桑实验，这个实验持续了8年，它证明了工人除了对金钱的需求之外，还有社会心理需求，会追求安全感、追求归属感、人际关系和个人实现。

德鲁克的管理思想建立在梅奥研究的基础上，德鲁克强调“**管理层必须管理，而管理不只是被动的适应性行为，而是主动采取行动，促使企业获得期望的成果**”。同时，目标管理的宗旨是激励员工而非控制员工，它强调管理的目标导向，同时强调每一个人的自我控制和自我管理。

从以上论述可以看到，泰勒管理思想和德鲁克管理思想这两者背后的不同人性假设：

○　科学管理/计划管理背后是“经纪人假设”或者“X理论”。

○　目标管理背后是“社会人假设”“自我实现人假设”或者“Y理论”。

○　科学管理/计划管理认为人是懒惰的、是被动的。

○　目标管理认为人是勤劳的、是有主动性的。

○　科学管理/计划管理认为人是企业中的螺丝钉，不需要思考，也不需要创新。

○　目标管理认为企业中的人必须要进行创新，以获得绩效。

○　科学管理/计划管理认为企业要有极为严格的管理制度和奖惩措施，“胡萝卜加大棒”才是最好的管理方式。

○　目标管理认为人能够自我约束和自我激励，在适当的条件下，人愿意为共同的目标投入和奋斗。共享愿景和明确共同的目标是有效的激励手段。

“中国制造”的背后是资强劳弱，所以许多以体力劳动者为主的中国企业，以计划管理和“X”理论为基础，“胡萝卜加大棒”的管理方法很容易奏效。但德鲁克对多数人都觉得有用的“胡萝卜加大棒”有过分析，他说“胡萝卜加大棒”是利用人性中的贪婪和恐惧去控制员工，对体力工作者有效但对知识工作者是无效的。在现实中德鲁克的说法得到验证。对

① 梅奥更加强调个人的社会关系需求，马斯洛则更加强调个人追求的最终目标是自身价值的体现。

于“90后”“95后”乃至“00后”的新生代知识型员工，管理人员已经没有“大棒”可用，“胡萝卜”的作用也越来越小。这些知识工作者有明确的行业和岗位选择，也能够认识到自身的价值。如果企业仍然将他们作为一颗螺丝钉，必然无法吸引到最优秀的人才，从而在未来竞争中失败。

此外，管理思想背后的假设也有其复杂性。单纯从技术角度看，泰勒制是标准的“目中无人”的管理思想，他的出发点是提高生产率水平，以及把经验转变为科学。他制定严格的规章制度、用秒表计算工人工作的时间，把人当作机器来进行管理。但泰勒常年深入企业，非常了解工人的社会心理需求。在《科学管理原理》一书中，他说：“工人们所需要和感激的，不在于大量的施舍（不管多么慷慨），而只要在小的地方对人和蔼可亲，并富于同情心。正是这些小事，就可以在工人和雇主间建立起友善的纽带。”①

由此可以看出，虽然泰勒科学管理理论的主体符合经济人假设和“X”理论，但他的观点和出发点和以上假设不尽相同。

管理的实践是复杂的，在现实中不能一概而论。美国心理学家沙因（Edgar H. Schein）因此发展出“复杂人”的假设，即不存在单纯的“社会人”“经济人”或者“自我实现人”，人性是复杂的，每个人都有不同的背景和不同的能力，在不同的发展阶段也会有不同的需求层次，因此也需要采取不同的管理策略。

在中国传统的儒家教育之中，“仁”与“礼”的教育贯穿始终，从垂髫童子就开始苦习四书五经、诗词歌赋（历代取士标准不同），当政者期盼以此教育出来的人应该是一身正气、满腹诗书，从而在为官理政之时能够清廉自持、秉公执法。但封建时期，除有海瑞等清官外，也有官员被官场的污糟之气所同化。由此可见，组织中的制度环境才是最重要的，好制度把坏人变好人，坏制度把好人变坏人——似乎也验证了沙因的“复杂人”理论——但仅仅说到此处仍然不清晰，人的本性难道就是好坏参半、变化无常、完全被心境和环境所左右吗？

1999年成立的苏州德胜洋楼公司（公司内部标牌介绍成立于1992年）告诉了我们答案，这家企业的主业是木制和钢结构美式洋房的设计和建造，员工有上千人（2018年），多数是建筑业的农民工。它对农民工的管

① 泰勒的观点同时验证了斯密关于企业的小圈子中需要具备同情心和爱心的看法，即中小企业的最佳做法是温情与规则并存。

理国内多数企业闻所未闻、见所未见，试举几例如下：

○ 财务报销：无需领导签字，员工拿票直接去财务报销，只要符合规定并在报销前听财务人员读一遍《严肃提示——报销前的声明》即可。

○ 员工食堂：荤菜一块、素菜五毛，无人看管付款全凭员工自觉。

○ 员工请假：员工自主安排休假，符合公司相关规定即可。

○ 员工考勤：不实施打卡制，员工可以按自己需求调休。

○ 员工退休：只要在公司工作十年就会成为终身员工，退休时享受“金色降落伞计划”。

选择信任员工的背后是德胜洋楼建立了庞大细致的管理机制。例如报销管理，员工虽然不用领导签字，但德胜洋楼强调诚信，建立了员工信用管理机制，如果某位员工发现作假，哪怕是很小的事情，也会成为非常严重的污点记录，影响非常大。同样，关于员工请假、退休等相关规定也非常细致稳妥。德胜洋楼公司有一个程序中心，其职能就是将规定落实到底，包括拟定细则、执行到位并监督（需要指出，德胜洋楼的制度执行非常到位，制度一旦拟定就必须执行），并不断加入新生事件的规定。比如苏州某次下大雪，一些屋顶被积雪压塌。程序中心就拟定了细致的雪灾预案，包括用什么样的支撑材料及具体支撑方式。很显然，德胜洋楼实施的是在“人性善”假设基础上的“人本管理”，同时用规则约束、制度护航的方式致力于让每一个人成为“精神贵族”，这种做法使得德胜洋楼公司大获成功。

享誉全国的海底捞餐饮公司也同样如此，海底捞对于员工的信任让人听起来匪夷所思——所有员工都有给来就餐的人打折和免单权，只要是员工认为有理由给某个客户免一个菜或者加一个菜，甚至免除所有餐费。海底捞任何一家餐厅的店长，都有 3 万元以下的签单权。这对于餐饮行业的经营管理是闻所未闻的！按正常对人性的理解，这家餐厅早就被吃光拿光偷光了，可非但不是这样，海底捞还迅速发展了起来，并成为中国餐饮的第一品牌。

无独有偶，一个西方经济学家的小本生意也证明了这一点。与前两个案例不同的是，百吉饼案例还有所谓“诚实率”为证。

在美国学者列维特（Steven Levitt）和都伯纳（Stephen Duber）的《魔鬼经济学》中讲了一个真实的故事。某经济学家保罗因为种种原因开始做起了他的百吉饼（一种面包圈）小生意，生意很简单，他联系了华盛顿的园区和写字楼，早晨把百吉饼和收款篮放到各公司的餐厅去，让吃饼的人自行付款。中午他再过去收钱和拿剩下的百吉饼。事实证明，这种生意模式行得通。有意思的是，保罗记载了20年来所有的生意数据，他证明，在无人监管的情况下，回款率（诚实率）最低也可以达到87%。

以上分析说明，在适合（无压力而有制约）的外部环境下，人性更加倾向诚实和正直——亚当·斯密同样持有这样的看法，他的第一部著作《道德情操论》其主旨就是人类生性诚实。正因为如此，德鲁克主张的“目标管理”模式才能大行其道。

如何根据人性进行管理

- ○　你所在的企业鼓励什么、惩罚什么？
- ○　鼓励的方式是什么，惩罚的方式是什么？
- ○　企业最高层几个人的主要关注点是什么，谈得比较多的是什么？
- ○　企业内部在谈什么事情的时候会比较敏感，甚至会绕着走？
- ○　企业高层忽略和不关注的事项有哪些？

由以上这些问题就可以辨识出你所在企业对人性的假设，在企业现实中，如果我们希望能够对人性的假设有所应用，就需要了解在具体实践中，人性的善恶与以下几点的相关性：

1. 人性善恶和基本经济情况相关

无论是德胜洋楼还是百吉饼的实践，其前提是员工有基本的经济收入和较好的福利。否则，在食不果腹或者家中有嗷嗷待哺孩子的情况下，不能指望每个人都能遵守基本的社会秩序。

2. 人性善恶和工作性质无关

无论是蓝领工人还是金融家，其基本人性并无差异。笔者曾与某大型投资企业有过交集，其工作风格及人性显现总是让人想起《门口的野蛮人》中所描写的章句。而普通农民和工人由于并未被物欲蒙蔽心智，其人性表现甚至会更好一些。

3. 人性善恶与人的地位高低及教育程度无关

在百吉饼的案例中，保罗从数据上得出一个结论，即同一家公司里地位较高的员工欺诈率要高于底层员工。中国古语“仗义每多屠狗辈，负心多是读书人”也说明了这一点。由此可见，人的地位高、教育水准高，并不见得其人性就更好。

4. 人性善恶与周边环境和制度环境密切相关

这个话题前面已经论述过，如果某企业的企业文化和制度环境都很差，再优秀的人进来也很难独善其身。相反，品行恶劣的人进入一家优秀企业被同化的概率也非常大。

除此之外，在百吉饼的案例中，数据显示小办公室比大办公室更加守信，这与我们的常识相违背——在众目睽睽之下，员工应该更加诚信。事实说明，熟人社会或者“家”文化下的小群体往往更加讲究个人品行，而陌生人社会大群体环境下的个人品行更需要约束。

需要说明，当今企业管理的主流是“以人为本”的“Y 理论”，与之一脉相承的目标管理方式强调“自我管理”和“自我控制”，同时，也需要用细致的规则来激励和约束员工，具体激励和约束的思路如下：

- 约束程度和对员工的贡献模式相关。

如果员工的工作贡献主要和体力相关，制度约束需要更加细致和严格。如果员工的工作贡献主要和脑力相关，即知识工作者，就需要强调“自我管理”，制度约束相对宽松。如果员工的工作贡献和创造及创意相关，就需要让员工有更大的自由空间，比如互联网企业谷歌（Google）允许员工带宠物、穿拖鞋上班，把办公区打造成为“谷歌式办公游乐场”。

- 从经济诱因到成就导向。

经济诱因曾经被认为是人参与劳动的唯一动机，马斯洛告诉我们人的需求共分为五层，人有获得认同、获得成就、获得自我实现的需求。那么，在工作氛围中体现认同感、在工作设计中让员工获得更强的成就感就是正确的做法。

- 不做假定、让人性随风舞动。

在本书中的第三十二章中介绍了巴西塞氏企业的故事，在塞氏企业中，工作由员工自组织、自协调、自我激发，其中包括上班时间、工作方式和工资发放数量等，所有的事情公开、透明、开放。塞氏企业的成功代表了人本性向善，以及每个人所能释放出的潜力远比我们想象得大。

优秀企业之所以优秀，就在于它能够充分利用企业文化和制度环境，激发出每一个人的善意、释放出每一个人固有的潜能。面对人性中的善与恶，并不存在对所有的企业、所有人都起作用的唯一的管理策略（多数事情都是如此）。但是，无论如何，我们都希望找到那个近似最优的答案。

第六章
在管理者的头脑中挖出大油田、大煤矿

“企业绝不能成为一个机械的资源汇聚体。利用资源组成一家企业，若仅仅将资源按逻辑顺序汇聚在一起，然后打开资本的开关，如19世纪经济学家所笃信的那样，是不够的。它需要资源的嬗变！而这种变化是不可能来自诸如资本之类无生命的资源的，它需要管理。”

企业中的管理者有点类似于化学里面的催化剂，没有催化剂，资产和资源就没有办法发生化学反应，从而出现资源嬗变和成长。任正非讲：“在人的头脑中挖出大油田、大煤矿。”

20世纪90年代，三九集团横空出世。赵新先把一家军队附属工厂办成了当时中国最大的中医药企业，在20世纪最后10年，三九集团营业额已经接近100亿元。赵新先就是德鲁克所描述的能给企业资源带来嬗变的管理者。财经作家吴晓波在《激荡三十年》中描述道：

“四川的雅安制药厂是国内生产中药针剂最早的厂家之一，到1995年底，这家老牌国有企业已经到了山穷水尽的地步，全年产值只有1000多万元，利润仅2万元。赵新先（三九企业集团总裁）在一次出差中发现了这家企业，当即拍板投资1700万元予以收购，并委派最得力的干将入川经营。三九人进入后，第一件事情就是给每个职工一本赵新先主编的《论三九机制》，班组学习讨论两个星期，然后在企业内推行“干部能上能下、职工能进能出、工资能高能低”的市场化管理。雅安厂的针剂贴上三九的品牌，通过三九的营销网走向全国市场，一年后产值就达到了一亿元，实现利税2000多万元。并购效应之显著，出乎所有人的预料。”

在吴晓波的书中，三九集团的并购战略其实是头脑发热的盲目扩张。不过，我们换个角度，可以看到赵新先的确有妙手回春的本事，凭借敏锐的嗅觉，兼并某些管理水平低下，但设备产出完全没有问题的企业，让三九的品牌优势、管理优势和渠道优势得以更大发挥（与海尔张瑞敏的休克鱼理论①同出一辙）。如果赵新先没有一味地沉醉于外延式增长的快感中不可自拔，而是步步为营精耕细作，三九集团今天又会是怎样的局面？

---

① 张瑞敏认为，海尔兼并收购相当于吃“休克鱼”，即鱼的肌体没有腐烂，比喻企业的硬件很好；而鱼处于休克状态，比喻企业的思想、观念有问题，导致企业停滞不前。给这种企业注入优秀的管理思想和行之有效的管理办法，企业很快就能够被激活。

授权给一线的管理者，让听得见炮声的人来指挥战斗

德鲁克想谈的不仅仅是企业家，他更关注员工，特别是知识工作者和“知识型”服务工作者。传统观点认为员工只是按照上级的指挥棒来做事，并不承担管理职责。但德鲁克说：“**许多基层工作其实是具有管理性质的，或是如果改为管理性质的工作，生产力会更高**。”放到今天，这是明显的事实，大量有价值的工作是由基层的知识工作者完成的。前面论述过，多数基层知识工作者就是管理者，能给企业带来更大的价值。

2009 年，任正非在华为销服体系奋斗颁奖大会上讲话，提出一个说法：“让听得见炮声的人来指挥战斗，让一线来直接决策！”任正非是军人出身，在企业管理中的很多说法都有军队色彩。他的意思是企业在作战的过程中，应该让前线，也就是基层拥有更多的决策权。华为的具体做法是在面对客户时，以客户经理、解决方案专家、交付专家组成工作小组，形成“铁三角”作战单元。这个单元有权力直接呼唤炮火（指在条款、签约、价格三个方面，小组有相关授权）。“铁三角”成员是典型的知识工作者，也是能够为企业做出很大贡献的管理者。

军事学术界有一种说法，第二次世界大战的机械化战场是师长的战场，其指令完全是从上到下，拼的是战略是否正确、指挥链是否顺畅及士兵的军事素质；20 世纪 80 年代空地一体化战场是营长的战场，开始突出人的作用，多兵种协同、上下互动、空地一体；21 世纪的信息化战场是以士官为主的班长战场，拼得是精锐的特种部队及后台强大的火力和资源支持。在现代战争中，唱主角的不是过去的师团，而是班一级小分队乃至更小的小组。以美军在阿富汗的“三角洲”特种部队来举例，3 人为一组，信息情报专家、火力炸弹专家和战斗专家各一人，在发现敌情之后，信息专家用卫星进行侦查，火力专家则配置相应火力，一个呼叫，后方炮火随着激光指示器的标记立即开打。三人小组已经成为现代战争中的主角，全球军队正在以此为蓝本不断调整，中国在十几年前发布《深化士官制度改革方案》，要求不再把士官当“兵”看、当“兵”管、当“兵”用——在时代的大背景下，士官也成了“管理者”。

从英国的三三制到东北野战军的军事编制模式，再到美军的士官制度及现代的特种兵编队，授权给一线指战员的作战方式一直都是军队克敌制胜的法宝。

风靡全球的“7－11”便利店，为什么能成功？作为“7－11”的常年顾客，我觉得它有一点很吸引人，就是经常会有一些有意思的新品出现，让人眼前一亮——当然，并不是每种新品都好，不过的确会有惊喜。“7－11”的操盘手铃木敏文经常会说“站在顾客的立场”，而不是说“为了顾客着想”。“7－11”便利店上下有一个独特的管理方式是基于每个一线店面的“假设、实践、验证”，本质上就是互联网思维“试错迭代”的翻版。举个例子，冬天的北海道气温达到零下10度左右，北海道地区的店却开始大量贩卖冰淇淋，大家惊讶地发现居然卖得不错。用这种“假设、实践、验证”的方法开拓新需求，已经是“7－11”的标准运营模式之一。

其实，无论是华为的“铁三角”、军队的“三三制”还是“7－11”的“假设、实践、验证”，都是在各自组织（企业）中早已由一线管理者验证过的成功模式，不过是有推广的动作而已。企业实践证明，最有效的业务经营模式都是授权给一线管理者，然后在工作中慢慢演化出来的。当企业领导者意识到这一点，就会强调“让听得到炮声的人指挥战争”“基层试错迭代”，或者叫“战术决定战略”，从而有效地提高基层积极性、降低客户流失率（降低客户流失率可以为企业带来巨额利润，沃顿商学院的研究发现，客户流失率减少5%～10%可以带来高达75%的额外利润增长），发现客户的潜在需求，甚至发现大的商业机会。

英国作家里德利（Matt Ridley）在《自下而上》中指出，人类的很多概念都是错误的，因为塑造这个世界的不是英雄而是凡人，世界是在复杂系统下运行的，其基本规律是自下而上的演变（evolution）。书中以世界上最大的西红柿加工企业——晨星西红柿公司（Morning Star Company）为例，该公司认为最佳的组织模式应该类似志愿团体，根本就不用领导，由参与者自主协调、自主管理。即使企业管理者很难接受这个理念，但至少也要知道，应该更多地授权给一线的管理者，让听得见炮声的人来指挥战斗。

管理者是企业最昂贵的资产

在19世纪末和20世纪初，企业最有价值的资产是生产设备，之后情况逐渐发生了变化，能够给资源带来嬗变的管理者成为企业最有价值的资产。

企业是一个有机体，当一个知识型员工在企业工作超过3年，就相当于已经成为有机体身上的一块肉，不能轻易往下剜（如果是腐肉、溃痈，又另当别论），千万要珍惜自己的员工，因为他是企业最昂贵的资产。对于这种说法，我接触过的多数企业家都表示认同。不同的是，有的人是“真认知”，有的人是“伪认知”——以我的经验，如果不经过痛彻心扉的教训，人类很难拥有“真认知”。

认知和认识不同，认知是一种心理过程，它是对外部信息的接受结构。同样的一部红楼梦，不同的人看到不同的东西——“经学家看见《易》，道学家看见淫，才子看见缠绵，革命家看见排满……”——从哲学的角度，人无法拥有“真认知”，就是说你无法对客体有真正意义上的真知。不过，具体到企业管理上，我们仍然可以期待一个具有有效性的正确信息接收结构。

有一个方法可以检验出认知是否有效。在全球信息流通，物质丰富的今天，终身雇佣已经非常少见，企业做得再好，也难免会有员工，甚至是骨干员工离开——怎样对待这些离开的员工，是检验你所在企业是否具有“管理者是企业最昂贵资产”这个认知的好办法。

咨询界的巨头麦肯锡视员工的离职为“毕业”，麦肯锡有一本著名的校友录，即离职员工花名册，所有离职员工和麦肯锡都保持着良性关系。另一家咨询巨头贝恩（Bain）做得更进一步，它甚至设立了一个专门的职位叫旧雇员关系管理主管，专门负责加强与离职人员的联系。国内最好的人力资源专业咨询公司佐佑也是如此，有一个叫“大佐佑”的微信群，在职员工和离职员工都在其中，群里保持相当的活跃度。与此类似，国内优秀企业阿里巴巴有“前橙会”，百度有“百老汇”，腾讯有“南极圈”，等等。

普通企业一般有“迎新会”，但管理水平最高的企业标杆之一惠普公司专门为离职员工举办“欢送会”，邀请与离职员工相关的人参加，加深感情和分享感受。

以上是科技企业或者咨询服务企业，再来看传统餐饮企业海底捞。海底捞有个奇特的做法——如果某分店店长离职，只要他任职超过一年，就像闺女出嫁一样，给 8 万元的“嫁妆”——离职居然有额外的钱可以拿！海底捞在上市的时候对外表明，虽然海底捞有这个政策，但店长的流失非常少。说明海底捞真正把管理者看作宝贵的资产，身在其中的管理者也自然不舍得离开这样的企业。

员工离职可以分为两种情况：一种情况是离开后又回来了，这等于在外面进行了免费培训；另一种情况是离开后不回来了，那他仍然是外部资源，在合适的时机就会给企业带来实际的效益。因此，企业管理层要认识到离职员工也是企业资源的一部分。比如离职员工往往是企业未来招聘时最合适的人选。招聘新员工的综合成本非常高，而雇用离职员工的综合成本则很低。

管理者既能够使企业资源发生嬗变，同时还能够自我成长。**“能够增大的资源只能是人力资源，所有其他的资源都受机械法则的制约……在人类所有能够运用的资源中，只有人才能成长和发展。……企业对管理者的投资从来没有显现在账面上，却超过企业对于其他任何资源的投资。”**

这句话中的“机械法则”是直译，不太好理解，原书“law of mechanics”意译过来是我们更加熟悉的一个概念，即“力学原理”。在西方人眼中，科学、哲学、社会学乃至管理学从某个角度看是密不可分的，牛顿经典力学几大原理是精确描述世界的最好工具（即笛卡尔机械论世界观）。从 18 世纪到 20 世纪初叶，很多人在研究社会和企业时，倾向用牛顿经典力学和数学模型去解释其中的一切问题——很显然，力学原理和数学模型很难描述有机物新陈代谢和成长的概念。

正因为如此，人力资源在企业中的重要性日益提升。人力资源部这个称谓逐渐取代了原来的人事部。与人事部把人看作成本不同的是，人力资源将人看作资源，看作投资，强调选、用、育、留、记，包括在“选”上下功夫，让入职的员工天然符合公司的需求；强调“用”，让员工得以一展所学，在合适的职位上作出贡献；强调“育”，每个财年都拿出固定预算进行员工培训、做人才盘点、做干部换岗轮值，甚至出资让员工深造；

强调“留”，费再大的力气也要将骨干员工留下来；强调“记”，通过人才盘点形成人才数据库，有序管理员工成长。

这些工作在几十年前是完全看不到的，因为大家还没有意识到员工（知识工作者）就是财富，是最宝贵的资产——老一辈企业家习惯用固定资产来框定自身成就——今天，哪怕是传统行业中，以知识工作者为主体的管理者数量也相当大。如果不能深刻认识到管理者（知识工作者）是企业昂贵的资产，企业的组织发展和业务成长必然会走向失败。

流血奔跑和阶级斗争

管理学者陈慧湘对企业只顾经营利润，而忽视了企业人员管理问题有一个形象的比喻叫“流血奔跑”，就如同一个人，不断前行的同时却忘记自己正在大量失血，其结果不免力竭而亡。这就要求企业经营者需要自我检视，看看自己是否只关注经济效益，而忽视了对员工和工作的管理，从而陷于单打独斗的陷阱之中；或者你是否只把员工作为你的工具和挣钱机器，只要能榨取马克思所说的“剩余价值”，你会无所不用其极？

德鲁克认为：**“企业绩效是第一位的，这是企业的主要目标和存在目的。但是，无论管理层多么懂得经营企业，如果企业不能健全运作，也就没有企业绩效可言。如果对员工或工作管理不善，情况也同样如此。”**

德鲁克把管理层的职责分为三项：第一项职责是管理生意（原文为 Besiness），即创造企业绩效；第二项职责是管理管理者；第三项职责是管理员工及工作。按照他的说法，如果企业只管挣钱，不去考虑让管理者发挥创造力，也不能对员工进行有效组织，那么，企业最终会挣不到钱，也会失去竞争力，最可怕的是，它会导致阶级仇恨和阶级斗争（Class hatred & Class warfare）[①]。

这个说法听起来非常熟悉，马克思（Karl Heinrich Marx）的阶级斗争论是马克思思想体系的一部分，它建立在马克思剩余价值理论的基础上。在马克思生活的时代，企业把挣钱作为第一要义，也作为唯一要义，这样就必然导致剥削和压迫工人的事件出现——马克思认为企业的利润完全来源于工人的剩余价值，资本家为了获取超额利润，必然会全力剥削工人。

---

① 原书中译为阶级纷争，笔者认为译为阶级斗争更加容易理解。

换句话说，资本主义生产方式实质上是对工人的剥削，这是资本主义的基本经济规律。阶级对立和阶级斗争不可避免。

德鲁克的思想则强调除了企业绩效（利润）外，企业必须要管理管理者、要管理员工与工作。如果企业这样做了，阶级对立和阶级斗争将不复存在。我们观察今天的优秀企业，的确如德鲁克所言，企业员工并不认为自己被压榨和剥削（极端情况如谷歌公司，由于公司福利太好，有的员工甚至表示愿意为谷歌免费工作）。

一个写软件代码的员工一年收入20万元，但企业的创始人一年的收入达到300万元，那么是否是企业剥削了员工，导致收入分配极度不公呢？其实不然，我们先看员工，员工每天写代码的工作并不轻松，但他的工作能力也并不稀缺，如果他不做，可以从市场上找到大量同等价格的人愿意做；再来看企业创始人，他冒着巨大风险、投入自己全部身家创立公司，凭着敏锐的商业嗅觉抓住机会，在满足客户需求的前提下企业才得以艰难生存和发展——这样的企业家是非常稀缺的。从经济学的角度，资源的稀缺性导致价格的差异，所以企业员工和企业所有者之间的关系不是剥削与被剥削，它完全符合经济学的基本规律。何况从收入角度讲，员工的工资是固定的，而董事长的收益则不确定。在经营不佳的年份，员工的固定工资不受影响，而董事长的收入就会降低甚至下滑至负值。

管理层作为企业的大脑和灵魂，其功能在于资源的聚合、使用和创新，为资本和资源带来了嬗变和增值，没有管理层，工人和设备都无法创造额外的价值。

我们小时候学政治经济学，其中的一个重要结论来自马克思，即资本主义的宿命说——“资本主义私有制的丧钟就要敲响了”，马克思之所以下这样的论断是基于他对两个历史趋势的判断：

历史趋势一：剩余价值的边际利润率会持续下降，从而导致企业平均利润率的下降，这个趋势终将促使企业集中度的不断提高，即产业垄断。而垄断必然带来低效率，对社会的危害越来越大。

历史趋势二：追逐利润将会引致扩大生产规模，即所谓规模经济。规模经济将带来劳动生产率的提高，而劳动生产率的进一步提高将使得失业率不断上升，阶级对立日趋严重。

这两个趋势是根据19世纪中期欧洲社会的现实提出的，《资本论》有力地论证了这两个趋势的不可避免，从而导致无产阶级（在岗工人、已下岗工人和快下岗的工人）与资本家之间不可调和的矛盾。

但西方资本主义社会并未像马克思断言的那样轰然崩塌，这是因为知识开始成为生产力的核心要素，管理者，以及管理所创造的价值越来越多、越来越重要，大规模生产方式开始被丰田生产方式取代、马太效应与长尾理论并存、服务业占比越来越高——生产要素的变化、生产方式的不同、产业结构的调整使得政治和社会生态发生了根本性的改变。

上面所说的改变有些抽象，我们可以从劳动人口上直观地看到社会和产业结构的变化。在1950年左右，也就是《管理的实践》成书的同期，美国、英国、法国等发达国家从事制造和搬运的蓝领工人占劳动力的绝大部分。50年后，到2000年左右，美国制造业中的“白领阶层”（从事管理、专业技术或知识型服务工作）人数已经占到整体劳动大军的50%，而蓝领工人的比例跌回了1900年左右的水平，即25%以内。

在关注管理层，期盼他们通过自身知识推动企业嬗变，从而创造更大的价值之外，还需要关注管理员工和工作，其含义分为三个方面：

第一，要对员工进行合理的组织，使员工更加有效地工作，就如同一台机器，需要参照使用说明书，对之进行“科学管理”会给企业带来更高的效益。反之，运营成本就会快速增加，造成巨大浪费，企业难以为继。

第二，人和机器不同，每个人都有不同的个性，人不是“经济人”而是“社会人”，如果不能对员工有效管理，包括有效领导、适当激励、积极培养，劳资双方将会出现严重对立，企业无法运营，员工也无法达成就业。

第三，在社会结构的变迁中，企业应该对员工负担起相应的责任。

西贝餐饮集团首席运营官张慧有句话说得生动而透彻：“一个企业就是玩员工成长呢。员工成长了，企业还用说?”

第七章
管理须兼顾“现在”和“未来”

“每个管理问题、管理决策和行动中还有一个共同要素……那就是时间。……许多管理者在位时能创造伟大的经营绩效，但当他们不在位后，公司就后继无力，快速衰败。这种情况屡见不鲜，正是管理者无法平衡现在和未来，采取不负责任的管理行动的例子。”

2018年12月，葡萄牙足球教练穆里尼奥（José Mourinho）被英超曼彻斯特联队俱乐部解聘，原因是俱乐部当赛季成绩不佳。2019年11月，阿根廷足球教练波切蒂诺（Mauricio Pochettino）被英超托特纳姆热刺俱乐部解聘，原因也是俱乐部当赛季成绩不佳（虽然上赛季波切蒂诺率领俱乐部获得了欧洲杯亚军）。有趣的是，俱乐部请来接任的教练正是穆里尼奥，而未来曼联俱乐部可能会请波切蒂诺任教。穆里尼奥是全球最好的教练之一，曾带领曼联获得过三次联赛冠军。波切蒂诺也是大名鼎鼎的金牌教练，为热刺崛起立下汗马功劳。可是，球队当赛季成绩不佳，应该怪谁呢？

以上足球教练的故事说明两个简单的意思：

（1）评判一个球队的主教练，看当期业绩是不靠谱的事。

（2）组织难以做到长盛不衰，球队管理者必须要与时俱进。

问题随之而来：如何评判一个球队/企业的主要领导者？德鲁克给出的答案是“**管理者必须能兼顾现在和未来**”。这是一个非常高的要求。如果按照这个要求来衡量，一些大家公认的“卓越”领导者可能都是不合格的。

在任正非的领导下，华为从2004年开始，就开始了EMT（经营管理团队）轮值制度——2011年华为开始CEO轮值制度，2018年董事长职位开始轮值。时至今日，华为的重大决策都是由董事会领导的，董事长有着较大的决策权，董事长的轮值真正让华为跳出了接班人的“诅咒”。华为的制度甚至比GE的接班人甄选制度还要好。GE的接班人制度是由董事会提前多年就草拟出一个候选人名单，各个董事要持续给候选人打分，经过严密复杂的程序，最终从众多优秀的候选人中筛选出最后的接班人，上任总裁韦尔奇（Jack Welch）和现任总裁伊梅尔特（Jeffrey R. Immelt）都是这样被选出来的。而华为直接让候选人来当轮值董事长，做得怎么样大家都看得见，这是“相马和赛马”的区别。相信未来华为的精神领袖会出自今天的轮值董事长。

除了接班这件事，“**管理者对目前成就所做的工作直接决定着未来的**

成就，他对未来成就所做的工作——例如研究的费用或工厂的投资——深刻地影响着目前现有的成就”。

管理者需要平衡目前的工作和未来的工作。如果面向未来的工作做得过多，比如投资和搞研发，势必影响当期的现金流和利润，股东和董事会有意见；而如果只看眼前，比如把大量现金流投向广告和营销，也许今年的业绩会不错，但几年以后就会面临窘境。但这就是管理，按照我的老师，人民大学黄卫伟教授的说法，这叫“拧麻花”，两股力量同时作用，一个向左，一个向右，就像拧麻花一样。其结果必然是麻花越拧越紧，企业越拧战斗力越强（笔者为某些企业服务，提的建议是每年采用不同的管理主题，比如去年是××成本年，今年是××质量年，明年则是××服务年……）。联想前总裁柳传志也讲过类似的话，他说在做木工活的时候，要给木头桌子拧上桌腿，要是把一个螺丝拧紧了，再去上其他三个根本不行，必须得这边拧两下，那边再拧两下。换句话说，管理者只有不断地在现在和未来之间切换工作重点，才能真正做好自己的工作，给企业带来长期稳定的发展。

还有一个原因使得管理者必须要兼顾现在和未来——**“经济和技术进步使得证实决策的成效和收获成果所需时间不断延长，50 年前，爱迪生从根据构想展开实验到建立工厂试产，需要花两年的时间。今天，后继者很可能要花 15 年的时间才办得到”**。

也就是说，今天的企业必须想得更远、为未来做得更多才可能获得成功。华为海思成立于 2004 年，而真正开始大规模营收是从 2018 年开始，也就是说，决策的正确性直至 2018 年才能够确认，正好是 15 年！日本的许多企业也是如此，松下聚焦电子元器件，索尼聚焦传感器，NEC 聚焦 AI 技术，东芝聚焦精密机床，丰田聚焦氢动力，富士持续投入技术转型，在投入大量资源和多年研发之后，在这些领域日本企业已成为全球各产业的头部企业——松下为特斯拉供货，索尼高端传感器世界第一，NEC 的自动驾驶系统很先进……富士由胶卷技术转向医疗和药妆产业，顺利完成转型，目前已经是全球顶级的综合性医疗保健科技企业（详情可参考本书第三十八章）。

最优秀的管理者不能因循守旧，要能够与时俱进，带领团队不断地进行变革，唯有这样才能兼顾现在和未来。中国历史上有一位皇帝做到了这一点——爱新觉罗・胤禛，史称雍正皇帝，是中国历史上少有的明君。胤禛在位 12 年零 8 个月，但其推动变革的深度和广度远远超过他的父亲玄烨。没有雍正的一系列改革措施，就没有后世乾隆六十年的太平盛世。雍正极为勤政，目前存世他所批阅的奏折等文件达到 30 万件，上面有他留下的近 1000 万字的朱批。他所推行的政策，比如“摊丁入亩”“火耗归公”“开放洋禁”“改土归流”等政策无不切中时弊，在雍正的领导下，清王朝达到了真正的盛世。

很难在当期评价一个管理者是否真正做到了兼顾现在和未来，不过我们可以考察他是否对企业进行了有效的变革。尤其有用的是，可以将这个认识用于管理者的测评和招聘。

一般我们在进行干部盘点或者干部测评时，都在一些维度上下功夫，比如“德、能、绩、勤”或者“群众基础”等，但是这个干部到底能否胜任更高级的岗位，他的领导力究竟如何，是很难通过这些维度看清楚的。

招聘也是这样，无论看简历、笔试或者面试，也包括多种情境面试，很难通过一两次招聘真正了解一个应聘者的能力。一个人的简历也很难说明这是一个什么样的人。比如某人有在某大企业重要岗位工作的经历，但这只能说明应聘者有大公司生存能力，也许这个能力只是揣摩上意或者八面玲珑，我们完全无法判断这个人的真正成色。那么究竟应该怎么做？

这两者的答案是相同的——了解他们是否成功主导过变革！变革是对领导力真正的考验，变革需要打破结构、变革需要平衡利益、变革需要眼光和手腕，两手都要硬，唯有变革才能考验一个人的综合能力。而成功主导变革，往往说明干部有足够强的行动能力和综合能力。即使这个干部之前不具备这个能力，领导变革这件事就像钢材淬火，足以让他的硬度上升一个级别。

第八章
新技术给管理带来了什么

在技术领域有一个概念叫 GPT（General Purpose Technology，通用目的技术），一般来说，就是指对经济和社会影响巨大，具有巨量技术互补和溢出效应的技术。据华为公司统计，人类从古到今有 26 种 GPT，包括动植物驯化、轮子、帆船、蒸汽机、内燃机、电力，等等。

人类进入 20 世纪以来，GPT 开始井喷式出现，从公元前 9000 年到 19 世纪，GPT 总计有 16 种，而 20 世纪至今，已经出现了 10 种 GPT，即汽车、飞机、电脑、互联网、大规模生产、精益生产、生物技术、AR & VR（商业虚拟化）、纳米技术、人工智能，其中任何一种 GPT 的影响都方兴未艾，并带动社会不断向前。它们对经济、产业、企业和社会的影响极为巨大，它们又给管理带来了什么？

未来的按钮工厂都不需要工人了，还需要管理吗

“许多科幻小说都对自动化有所描绘……在科技专家的乐园中，完全不需要人类来做决定、负责或管理，电脑会自行操控按钮，创造财富，并分配财富……”“我们被告知此后不再有竞争，因而产生的大型独占企业势必走向国营化，而且未来的按钮工厂将不再有工人……未来的工厂唯一还需要的人力是纯技术人员——电子工程师、理论物理学家、数学家或清洁工，但却不需要管理人员。”

早在 1895 年，卢米埃尔兄弟制作出了世界上第一部彩色的科幻影片，名字叫《机器屠夫》，这部短片只有一分钟，展示的正是人们对未来工厂的想象——活猪从机器的一头进去，一按按钮，几秒之后，在另一头就出来了制成品，包括火腿、香肠和猪排，自此开始，未来的自动化工厂就成为科幻影片的永恒题材。1921 年，喜剧大师卓别林访问美国福特汽车公司，第一次看到了真正的大规模流水生产线，还与福特一世（Henry Ford，后文均称之为老福特）在生产线旁合影留念，15 年之后，卓别林的《摩登时代》则极为辛辣地讽刺了自动流水线工厂对工人的压榨。

我们再把目光放到今天的现代化工厂里，正大集团在湖北襄阳有一家专门做速冻饺子的工厂，几千平方米的厂房中，看不到人，完全是机器自动化操作，从和面、放馅再到捏饺子，是一条完全自动化的流水线，普通的蒸饺一小时就可以生产十万只。原来这样一个工厂需要数百人，现在只需要十几个人就可以完成同样的工作，人工缩减了 90% 以上——在工业

3.0 的场景下①，原来的天方夜谭似乎已经完全实现了。

与很多人设想的有所不同，在技术进步的影响下，工作人员的数量不但没有下降，反而在劳动力中的比例有所上升。当然，比例上升的是白领职员，蓝领工人的比例的确在降低，这是知本主义阶层出现的前提。对于管理人员的需求，德鲁克是这样说的：**“未来会需要更多的管理者。管理的领域将会大幅扩大，许多现在被视为基层员工的人未来将必须有能力担负起管理工作。”**

我们的未来到底会是什么样呢？大多数人会失业吗？管理还有用吗？

尤其是在今天，工业 4.0（这是德国人的说法，美国人称之为工业网络化，中国人称之为中国制造 2025）开始蓬勃发展，其内核是通过自动化和信息化的互相连接推动产品的生产制造。举个例子，比如你的脚长得比别人瘦，从来买不到合适的鞋子，但定制鞋店的鞋太贵又消费不起，怎么办？工业 4.0 让这个问题迎刃而解——只需要在网上下单定做，订单发到工厂，工厂的销售管理系统、物料管理系统（ERP）、生产管理系统（MES）全都通过信息化连接在一起。还不止如此，所有物料都有 RFID（射频识别）进行无线连接。也就是说，所有的机器都知道在帮你做鞋，而且知道你的需求，于是机器自动生产、自动包装、自动发货到你家，当然，价格和尺寸完全符合你的需求。

在工业 4.0 的情境下，我们是否可以得出结论，未来是无人工厂的天下！不需要那么多工人，既然不需要工人，还要管理者干什么？

要说明这个问题，我们还要回到历史之中，回顾技术革命给社会和就业带来的变化。第一次工业革命之后，大批手工纺织从业者得出同样的结论，他们认为机器即将夺走所有的工作，大家不能眼睁睁地看着赖以生存的奶酪被机器夺走。于是他们奋起反抗，反抗的力度是今天我们难以想象的。比如行会聚拢工人，可以通过所谓民主投票的方式把机器的发明家扔到河里淹死。这就是 1811 年兴起的“卢德运动”，“卢德分子”以捣毁企业纺织机械和其他机械为目的，抵制新技术给政治、经济、社会带来的一切变化。时隔一百三十年后，类似的“卢德运动”在美国掀起了同样的风

① 工业 1.0 即机械制造时代，主要设备是蒸汽机或水力机械，主要特点是机械取代人力进行生产制造，1860—1950 年；工业 2.0 即电气化时代，主要设备是电力驱动机械设备，主要特点是规模化生产，1950—2000 年；工业 3.0 即信息化时代，通过应用电子和信息技术推动生产制造，主要特点是制造过程自动控制，2000 年至今。

潮，其中有一个著名人物叫卡辛斯基（Theodore John Kaczynski），他连续17年给高科技领域的科学家寄送邮递炸弹，手段恐怖暴力，号称“大学航空炸弹客”（Unabomber）。但这个人并非普通的暴徒而是智商达到170的天才科学家，他曾是伯克利大学校史最年轻的助理教授，前途无量。在“卢德运动”思潮的推动下，“卡辛斯基们”大声疾呼，用各种手段反对工业文明对人类社会的异化（西方世界五六十年代的嬉皮士和垮掉的一代与此同源）。卡辛斯基还在公开刊物上发表反科技宣言，其中说道：

“工业化时代的人类，如果不是直接被高智能化的机器控制，就是被机器背后的少数精英所控制。如果是前者，那么就是人类亲手制造出自己的克星；如果是后者，那就意味着工业化社会的机器终端，只掌握在少数精英的手中。”

卡辛斯基认为，未来由于人类高度智能化导致人类将失业，从而变成社会系统的负担，不能说他完全没有道理。但他不知道的是，工业革命从来没有引起过真正的失业，相反正是机器创造了大量的工作机会，使得产业人口转移成为可能。

这个过程是有规律的，可以称之为“GPT技术进步影响就业的三个规律”：

规律一：技术进步不会导致从业人口减少。历史上汽车取代马车，马车夫失业的背后，随之而来的是对汽车设计师、汽车工程师、生产线工人、道路工程人员、汽车维修人员等人员的大量需求。

规律二：技术进步将会要求从业人口技能升级。就像原来的手工业者需要学会机器操作一样，现在自动化能够做到的，不是替代工人，而是把员工从薪酬较低的体力劳动推向薪酬较高的技术工作或者专业职能工作。因为拥有了更高技能和生产力，雇员工资上涨更快。

规律三：资本投入的增大会提高人员就业的数量，改变就业结构。按照传统经济学的理论，资本投入增加起到置换人力的作用。事实证明，资本投资增加所导致的对体力劳动工人的减少，比不上资本投资导致对技术人员、管理人员的需求。举个例子，前面说到正大集团做速冻饺子的工厂节省了90%以上的工人，但90%的工人多数是体力劳动者或者半体力劳动者，而这样的大资本投入，催生了现代制造业升级，研发、设计和制造工业机器人的企业应运而生。这些企业对高知识结构的技术人才和管理人才的需求量非常大，这相当于是资本投入推动了生产和人才需求的转移，从对简单重复生产和对体力劳动者的需求转向高技术复杂生产及对知识工作者的需求。

人类至今经历过三次工业革命，今天，第四次工业革命已经在我们身边萌芽并快速成长，麦肯锡2018年发布报告称，按照人工智能和机器人产业的发展趋势，到2030年机器人将取代全球8亿个工作岗位。届时AI会替代现在身边的许多工作，比如司机、快递员、翻译、保险业务员、客服专员、银行柜员，等等，甚至门诊医生和记者也在被替代之列。可以这么说，你身边现有的多数职业都会被取代。由此，“卢德分子”的疑惑会浮上每个人的心头，我们的工作和奶酪会被AI拿走吗？服务工作者、知识工作者乃至管理者会被取代吗？

德鲁克对此坚定地说：“**新技术将不会造成管理者过剩，或是被纯技术人员取代，相反，未来会需要更多的管理者**。”也就是说，即使到了2030年，依然需要大量的管理者，不但如此，管理的领域将继续大幅扩大，此消彼长会是历史不变的规律——工业1.0，替代了人的脚，蒸汽机让人走得更远；工业2.0，替代了人的手，电气设施让大规模生产得以实现；工业3.0，替代了人的眼和嘴，互联网让人类沟通无极限；工业4.0，替代了人的部分大脑功能，让人能释放出更多想象的空间……在产业迭代发展的过程中，人类的认知和新就业门类都在不断增长，从现在的情况看，社会上已经多了几种职业，其中最简单的是蓝领“数据贴标人”，即通过人的手工操作标记来进行机器学习。同时，AI作为一种典型的GPT，正在整合绝大部分行业，在人类的设计研发、产品制造、媒体传播、学习教育、沟通娱乐等门类形成巨大的产业，可以想象，未来和AI相关的是整个产业系统，所有人都需要在这个系统中重新就业。管理是面对不确定时的创造，未来必然需要更多的管理者出现来做计划、组织、领导和协调的工作，带领团队进行营销和创新。

新技术会要求分权、弹性和自主管理

让我们来看一家纺织厂，这家工厂在英国的一个郊区工业园中，它有大概200名员工，有着一个封闭的大厂房，里面是满满当当的机器。大老板很勤快，每天早来晚走，所有决策都需要他来批准签字。大老板把生产分成若干个小区域，每个区域都有几个工长来监督大家的工作，同时，还有职能部门，包括会计和销售，都有自己的小部门，各部门有着严格的部门制度和等级制度。

你可能会奇怪，这样的工厂不是遍布全国各地，它有什么特别之处吗？它只有一点不同之处——就是这家纺织厂存在于1633年！

三百多年来，企业组织架构的形态出人意料地稳定，直到今天，许多制造业企业仍然使用这种组织形态来进行管理。在《管理的实践》成书的年代，多数企业不但采用这种组织形态，而且变本加厉——金字塔越垒越高——无论是通用汽车、标准石油、IBM还是渣打银行，内部的组织架构都是叠床架屋、繁复无比。

“卢德分子”卡辛斯基曾经说过：“工业化社会的机器终端，只掌握在少数精英的手中。”在各种科幻小说和科幻电影里也是如此，多数科幻电影中都有一家大企业在饰演反派、暗中控制一切，比如《生化危机》系列中的保护伞公司（Umbrella Corporation）；《侏罗纪公园》系列中的国际遗传科技公司（International Genetics Incorporated）；《终结者》系列中的赛博汀系统公司（Cyberdyne Systems）；《阿凡达》中的资源开发管理局（RDA，Resources Development Administration，非政府组织）……在民众的想象里，随着科技的发展必然会导致垄断，因为科技需要巨大的资本支出，小企业负担不起，未来必然是垄断企业当家，而且必然是金字塔形的组织结构，里面有一小撮邪恶的独裁者或精英高管，成为一个内部层次分明、控制极为严密的庞然怪兽企业（多数科幻小说都是这种论调，而这种论调深深地影响了好莱坞）。

不过，现实和想象有所不同。1920年通用汽车的斯隆（Alfred P. Sloan，Jr）提出并确立了分支单位结构的组织模式，即事业部制。这种以分散经营为特色的管理组织体制造就了美国通用汽车公司的辉煌。实践证明，事业部制具有普遍意义，它充分地发挥出了管理者的能动性，生动地告诉所有人科技进步不会带来集权，而是带来了分权。

1973年，丰田生产方式引起全球瞩目，这种和原有大规模生产方式完全不同的方式颠覆了全球的认知。这是一种完全不同的生产经营哲学，有意思的是，1954年出版的《管理的实践》中对这种理念做了清晰的阐述：**“自动化并不是以技术为特征。就像其他技术一样，自动化主要是各种观念构成的体系，它的技术方面是其结果，而非原因。第一个概念十分抽**

象：在看似变动的现象背后，其实隐藏着一种稳定而可预测的基本形态。第二个概念是关于工作的本质。新科技不像早期的单件生产，强调技能是整合性的工作原则；也不像亨利·福特的大量生产的概念，以产品为导向，强调整厂原则，也就是整个工厂都采用单一产品的大量生产模式。新科技强调的是流程，把流程看成整合而协调的整体，目的是产生最佳流程——能以最低的成本和最小的投入，稳定地生产出最多样的产品。”①

上面那段话讲出了丰田生产方式的精髓——自动化和新科技促成了最佳流程的组合。在丰田生产方式之前，所有的生产方式都是“推式生产”，也就是按照订单进行批量生产，然后每道工序的半成品送到下道工序去排队，根本不考虑下道工序的具体需求和生产节奏，只管自己的工序提升效率，不管整体流程。丰田生产方式改“推”为“拉”，强调整体流程，由下一道工序向上道工序提出实际生产需求，相当于下道工序是上一道工序的客户，上道工序需要实时响应实际需求，自然就将浪费（在制品和库存）降到最低，当时还没有电子化的流程监控手段，大野耐一发明了名扬世界的小板子——看板管理法。此外，丰田生产方式还有一个精髓是自“働”化（加了一个单立人偏旁的自动化），充分发挥人的主观能动性，将柔性制造和自动化生产做到极致，该思想的源头出自戴明的 14 条管理原则。随着新技术的发展，管理方式也在自我进化，越来越强调发挥管理的弹性，强调发挥每一个人的主观能动性。

全球流媒体巨头、最大的收费视频网站奈飞公司（Netflix）的一段经历很有意思。2000 年互联网泡沫破灭，奈飞遭到重大打击，不得已之下裁员 1/3。但裁员之后，奈飞惊奇地发现，在很多中层被裁掉后，整个公司变得轻快起来——减少了多个层级的审批和意见叠加后，公司效率明显提升。于是奈飞开始尝试减少审批流程和颠覆一些看起来天经地义的规章制度，比如奈飞取消休假制度，每个人都可以在自己认为适当的时候休假，不需要审批，只需要和他的直属上级商量好就可以。虽然很多人都在最开始反对奈飞采取这样的管理模式，但事实证明这个模式成功了，员工非常满意的同时工作效率明显提高。

技术飞速发展的同时，对知识工作者和管理层提出了技能升级的需

---

① 日本在战后主要学习的三位管理学大师是戴明（Edwards Deming）、朱兰（Joseph M. Juran）和德鲁克。《管理的实践》1954 年出版，1956 年就译成日文，在日本管理思想界和企业界广为传播。

求，但不仅仅如此，新技术其实在要求我们真正全面理解我们所做的事情，对每一个员工都是如此。试着问问身边同事这个问题：

> 你的工作对公司的绩效有多少影响，你了解吗？
> 或：你知道自己的工作为公司贡献了多少利润吗？
> 或：你工作的意义和价值究竟在哪里？
> 或：你知道为什么要用现在的方式来干你的工作吗？

泰勒的科学管理只思考“应该怎么干”，而我们今天更需要思考“为什么要这么干”。实际上很多人都不真正了解自己所在公司的业务和组织过程，以及自己的工作在公司到底发挥着什么样的作用。

笔者的职场生涯是从做销售开始①，在其后的工作中，无论是在大企业还是小企业，笔者发现企业中的很多人不懂业务（无论他们在公司干了多久），尤其是人力资源部、财务部乃至大企业的技术部、生产部等部门的员工，以及相当部分的基层员工，他们并不知道自己工作对公司的真正价值是什么！

奈飞的前首席人才官麦考德（Patty McCord）也发现了这一点，她在奈飞之前就职于太阳微系统公司（Sun Microsystems），据她说，SUN 公司有 370 个人力资源专员，这些人完全不懂业务，进入奈飞之后，她很高兴自己成为一名业务人员而不是一名人力资源主管（虽然她还是管人力资源），她认为自己在奈飞的一项重要工作就是培养基层员工的高层视角。她说：“员工需要以高层管理者的视角看事物，以便感受到自己与所有层级、所有部门都必须解决的问题有真正的联系，这样公司才能发现每个环节上的问题和机会，并采取有效行动。具有讽刺意味的是，公司在各种培训项目上投入巨大，花了大量时间和精力去激励员工和评估绩效，但是却没能真正向员工解释清楚业务是如何运行的。”

首先，技术进步导致从业人口技能升级，无论是电子计算机、互联网还是人工智能，都导致工作日益复杂，知识工作者大量出现。而知识工作者有能力和意愿由自己来决定工作的方式和节奏，在这种情况下其效率会明显提升。其次，技术进步使得信息沟通越来越容易和便捷，获取信息的

---

① 建议所有年轻人在进入职场之初干一两年销售，能够有机会直面顾客和产品，更加深刻地理解企业的业务。

方式发生了天翻地覆的改变，这使得组织结构越来越扁平，分权成为大势所趋。除此之外，技术进步使得市场和外部环境的变化越来越快，庞然大物就在我们身边推动着世界加速向前疾行，这就要求企业必须在管理上有更多弹性，更多地强调让员工真正理解公司的业务并在此基础上自主管理。

从金字塔变为网络连接

1981 年，韦尔奇（Jack Welch）接手美国通用电气公司（GE General Electric Company），一上任他就大刀阔斧地砍掉管理层级，将原本 5 大层的管理层级减到 3 大层（原本的 5 层是从总公司到区域部 Sector，再到事业集团 Group，再到分部 Division，最后才到工厂）。其中的区域部和分部层级被韦尔奇一刀砍掉，原因就在于外部环境变化加快，GE 的反应速度必须跟上，如果还是原有臃肿庞杂、等级森严的组织体系，迟早会在市场竞争中翻车。

说到韦尔奇，很多人对他的“数一数二”战略都赞叹有加，却不了解他推动“群策群力”这项工作对 GE 的影响更大。如果你读过韦尔奇的自传《赢》，会看到里面充满了一些常识，比如坦诚、自信、简单、尊严等，韦尔奇认为这是他给 GE 带来的“组织成就”。这些常识看着简单，但越是简单的东西越具备奠基性和规定性，在大群体中也越难以做到。比如“坦诚”，当开一个范围比较大的意见征集会的时候，员工会和管理人员坦诚相对、直面问题吗？比如“简单”，企业中的问题之所以复杂，就是通常“人”“事”互相纠缠在一起，顾忌比较多，是否能够真正简单地就事论事呢？比如“尊严”，由于企业中对某一件事情的信息不对称，导致不同级别的人各有各的看法，畅所欲言的结果往往是很糟糕的，总会有人被无视或打压。韦尔奇解决这些的方法是“群策群力”。

所谓群策群力，简单来说，就是把企业中不同部门的人（后期甚至包括客户和供应商）聚到一起，把企业中的业务难题或者管理难题提出来，完全扔给他们，让他们提出解决方案。最关键的是，领导者要在会上立即决定采用或者不采用。一般来讲，这个会议分为三天，前两天是大家分组讨论不同的问题，信息充分交流，得出解决方案（方案要求很精确，每个方案都至少要有三个行动计划，每个计划都要有时限）。第三天也很关键，各小组要向对前面议程一无所知的领导汇报解决方案，汇报完领导要么拍板通过、要么否决方案，或者是要求小组提供更多信息，但必须在规定时间内做决定。

“群策群力”拆掉了GE的组织藩篱，击碎了可笑却又坚挺的官僚主义——工人、技术员、职能人员、各级管理者，大家坐在一起，为某件事情共同思考和讨论，去击打一个又一个靶子（问题或障碍），自主管理开始成为GE强大的基因。韦尔奇说：“工作在第一线的人往往有一些如何使公司运营得更好的令人吃惊的想法。我们开发这种创造性，更清楚地倾听这些想法。”只有获得了这种认知，组织才能真正获得弹性，并开发出每个人身上的潜力。同时它也对领导提出了要求，领导者不能去控制而必须真正去领导，去做教练而非简单粗暴的指挥官。

现实情况下多数企业还是一言堂，内部管理缺乏弹性，员工缺乏积极性和工作动力，在这种情况下，无论是不得已还是有意为之，权威和控制都必须是主要管理方式。在这种情况下企业应该怎么做？

当某个项目或任务足够复杂的时候，权威和控制（一言堂）会让员工产生功能障碍（试想开会时一张张没有表情的面孔），从而阻碍信息的利用，整体管理水平和效能低下。这时的破局方式是加强信息的使用和共享，举例来说，即使我们的组织架构依然是多层金字塔结构，但我们可以在内部横向建立紧密的联系制度（比如跨部门的小组制），让内部承诺取代权威成为部门、个人和任务之间的纽带，让市场信息和顾客信息在内部畅通无阻，组织会因此焕发新生（参考本书第二十九章）。

不知道大家想过没有，为什么上级往往是对的？是因为上级掌握着下级不了解的信息，有些会议只有他才有资格参加，有些信息只有他才掌握，上级就是要比你看得更远和更透彻。因此，上级领导不愿意和员工共享信息，并以此来保持神秘感、掌控感和控制权，这些属于前现代的“权术”理论在今天依然大行其道。同时，这也是企业怠工、员工不安全感和对立情绪的来源。

看看身边的90后、95后乃至00后就会知道，新时代人际关系的本质从不对称向着对称不断进化，组织原则由金字塔结构进化为网络结构只是时间问题。如果希望改变企业内部的控制文化，让内部承诺和动机取代权威，你要做的和奈飞的麦考德一样——和所有员工信息共享，并教会他们用高层的视角来看待企业的业务。

减少汇报层级并建立金字塔内的横向关系。就如同GE的韦尔奇所做的那样，千万不要以为那是巨无霸才会做的事情，哪怕是只有50人的小企业，“群策群力”、打破部门藩篱也是应该做的。

公开所能公开的一切信息。从公司的愿景、发展战略到业务计划，然后是企业的财务收支情况，然后是人事决策及为什么这样决策，把它们告诉公司的每一个人。当然，商业机密除外，不过千万不要打着机密的幌子让某些人继续躲在信息独享的阴影里，他们需要提高领导能力并重新获得尊敬。

“在新科技的时代，任何社会如果试图排斥自主企业的自由管理作风，这个社会便将痛苦地消亡。任何一个试图将责任和决策集中于高层的企业也将同样如此。”

第九章
创立一家企业的故事

2018年10月22日，创立超过一个世纪、真正的百年老店、美国零售业巨头西尔斯公司正式递交了破产申请。

读者可能对西尔斯公司比较陌生，它曾经是美国最好的企业、是美国零售业的第一巨头，沃尔玛是跟随西尔斯的脚步发展起来的。它鼎盛时期在美国的地位相当于阿里巴巴+京东+苏宁易购在中国的地位。直到2007年度，《财富》全球最大五百家公司排名，西尔斯还能位列第一百一十四位。

理查德·西尔斯的投机故事

西尔斯公司的创始人西尔斯（Richard Sears）生于1863年，是一个火车站的铁路工人，他有着敏锐的商业嗅觉，通过倒买倒卖的小生意尝到了甜头，挣了几百美元（在当时可是不小的收入）后，决定辞职下海，离开了很多人艳羡的铁路公职。当时的美国，还是以农业人口为主，农业人口星散在广阔的美洲大陆上。他观察到农民由于离大城市比较远，买东西只能去小镇上的商店，但这些商店东西不齐全，价格又贵——显然，这是一个不错的商机切入点。

于是西尔斯开始组织货源，商业头脑发达的他开始在大城市收购不受城里人待见，但质量本身没问题的滞销商品，再把这些商品拿到农村，挨家挨户推销。这门生意很受农民欢迎。西尔斯发现农民由于消息闭塞，往往很谨慎，对上门推销的货品总是持怀疑态度，这种销售方式效率不高。于是西尔斯借鉴农民熟悉的铁路包裹模式，发明了世界上最早的目录邮购（mail-order-catalog）——其实就是在线订购，不同之处是我们现在是网上下单，那时是电话下单。

彼时美国正处于铁路大发展时期，就像人身上的血管和经络，铁路深入到每一个乡镇，辐射范围越来越广。借着这股春风，西尔斯开始往每家每户寄出邮购目录，目录印刷得非常精美（后文罗森·沃尔德的思路截然不同），封面还印着很酷的广告词：“世界上最便宜的商品，我们的贸易遍布全球。”在营销方式对路的情况下，蜂拥而至的订单很快让西尔斯赚得盆满钵满。如果你是西尔斯，接下来你会怎么做呢？——继续去找便宜的货源、继续印制精美的邮购目录、尽可能从每一单上赚到更多的差价——没错，西尔斯就是这么做的……然后没过多长时间，西尔斯公司销量迅速下降，然后濒临破产。原因很简单，由于货品质量不稳定，商品目录又花里胡哨，西尔斯公司失去了农民的信任。无奈之下，西尔斯把公司卖给了罗森沃尔德（Julius Rosenwald）。

故事讲到这儿，是否有似曾相识的感觉——在我们身边有一些天才横溢的人，有着敏锐的商业直觉，然后迅速挖到第一桶金，但却难以真正建立一家能够长久运营的企业。

从事商业的人分为三类。第一类是风险耐受型，凭着敏锐的嗅觉和对机会的渴望，四处寻找一本万利的商机，他们是生意人或者投机者。此处毫无贬义，这类人在人群中几乎是最聪明、最机敏的人。第二类是交易驱动型，他们与第一类人最明显的不同是稳健，他们是很好的平衡者，在风险和收益面前游走自如，时刻评估自己是否输得起，同时极度关注现金流。他们称自己为商人。第三类是组织建造型，他们对于激励和发动他人有着很高的天赋，他们对商机和风险的把握往往比前两类人差。但他们乐于从无到有，建造起基业长青的商业组织。他们才是企业家。

马云从另外的角度来阐释企业家，他认为企业家要以社会利益为重（这一点与德鲁克完全一致）。马云在2018年中国绿公司年会的发言中说："企业家不同于生意人、不同于商人，生意人是有钱就干，商人是有所为而有所不为，企业家却是要以家国利益为重，以未来利益为重，以社会利益为重。"

理查德·西尔斯明显是其中的第一类人，他有商业天赋，但缺乏长远的商业构想和组织建造能力。他的每一个订单实质上都是一笔短期交易，从这个意义上说，他并没有创立一家企业。

创立企业四步走

怎样才算一创立家企业呢？我们来看西尔斯奇迹的真正缔造者罗森沃尔德是如何做的。德鲁克把罗森沃尔德的做法，以及后续西尔斯企业掌控者的做法总结为四步，我称之为"创企四步走"（注意，不是创业，而是创立一家企业）。

第一步，发现利基市场。

西尔斯发现了一个很庞大的市场，即美国农民的零售市场。美国农民对商品零售的需求庞大、强烈、独特而又难以满足。对于创立企业来讲，只是发现一个大市场是不够的，它必须要发现能够让自己生存的利基市场（Niche Market）——按照“现代营销学之父”科特勒（Philip Kotler）的定义，利基市场是窄而确定的市场——企业创立之初不在意市场的大小，而在意这个市场是否存在，是否确定。

利基市场也叫“缝隙市场”，这个词能够更加准确地表明它的涵义，一般来讲在一个大市场的概念下下探一到四级，精准锁定受众人群乃至产品品类才能算标准的利基市场。比如啤酒市场—女士啤酒市场—20岁低龄女性水果口味啤酒市场；在殡葬行业有一个典型的小利基市场——火葬珠宝，它是将逝者的骨灰与水晶、白银和钻石烧制在一起，供亲人日常佩戴和长久保存，它的受众很小，但市场和产品非常明确，同时竞争并不激烈。

第二步，创立特有的销售渠道。

发现或者创立一种销售渠道，该渠道恰好能到达目标顾客身边，而又不引起顾客的反感。比如火葬珠宝，其销售渠道主要是靠SEO（Search Engine Optimization）和广告这样的被动引流方式进行，同时也可寻找一些契合的网络自媒体进行流量推广。

企业选择和创立销售渠道要非常谨慎，其中最重要的是获取顾客的信任。对于西尔斯的“目录邮购”来说，农民不喜欢太过花哨的邮购目录，这让他们的焦虑感增强；同时，如果买的货品时好时坏，有时便宜有时贵，又不让退货，农民就会逐渐抛弃这条渠道。这是西尔斯创立了特有渠道却失去了公司的原因。互联网早期，卓越网（Joyo）以互联网为特有渠道大获成功，是因为其主要产品品类是图书，图书是最难作伪的商品，很容易取得网线另一端顾客的信任。知道阿里巴巴公司推出了支付宝之后，以支付宝作为平台提供信任中介，顾客收到货再付款，不满意可以退货。由此，以淘宝网为代表的网络购物才真正获得了消费者的信任。

第三步，真正认知市场和顾客。

这一步往往被创业者或者企业家忽略，除非是在现实中碰得头破血流才会明白分析和认知市场的重要性（不可否认的是，在现实中受挫折是人类认知升级的必要方式）。如果提前就能对顾客和市场进行深入分析和认知，找到顾客和市场真正认为有价值的东西，后面的业务会顺利得多。

举个例子，通用汽车总裁斯隆（Alfred P. Sloan，Jr）对顾客和市场非常重视，早在1920年，他就发现美国已经由原来的分散的、以农民为主的区域市场转变为一个城市居民为主、以经济收入来划分的全国市场。基于这个判断，他通过筛选，把通用的汽车品牌设定为5个（卡迪拉克、别克、奥兹莫比尔、庞蒂亚克、雪佛兰），分别对应于特定收入人群。这种市场细分方式取得巨大成效，经过十年的努力，通用汽车的市场占有率从12%达到了31%，超过了庞然大物福特汽车。

像斯隆这样先知先觉的人是极少数，大多数人都只能从教训中去学习。欧洲管理学学者汉迪曾经讲过一件事情——他的女儿和伙伴创业，他们有着不错的产品，但经常做一些鲁莽的决策，作为管理专家的汉迪看不下去，经常教训女儿和她的伙伴并给他们直接提建议——直到汉迪自己醒悟过来，知道这样做等于剥夺了他女儿从失败中获得教训的机会，也剥夺了他们真正认知市场和顾客的机会。

第四步，在五个独特的领域进行创新。

德鲁克讲道：**“第一，需要有系统的销售规划，即发现和发展能提供农民所需的特殊商品和供货渠道，以农民需要的数量和质量以及他们能承受的价格供应商品。第二，需要有邮购商品目录，该目录应该能解除农民无法进城采购之苦……第三，‘买主自行小心’的陈旧观念应转变为‘卖主自行小心’的新观念——西尔斯公司著名的‘退还你货款，不提任何问题’的政策充分表明了这个观念。第四，必须寻找一种方式，能价廉快捷地满足顾客大量的订货，没有邮购工厂，企业的经营是完全不可能的。最后，必须组建起人力资源。”**

德鲁克讲的是西尔斯公司在当时采取的举措和创新，把这些举措的概念抽取出来，可以看到这五类创新的本质：

（1）创新营销模式。必须在分析的基础上深入了解顾客需求，制定出一种独特的商业模式，这种模式能够满足未被明确的市场需求，它包含独特的顾客需求、独特的产品、独特的价格和独特的渠道（除了促销之外，即顾客需求+3P)。

(2)创新产品设计。西尔斯公司的邮寄商品目录是他们的核心产品,这里面需要包括定期出版、实事求是而非夸张炫耀(符合顾客审美价值,理查德·西尔斯夸张的封面和花哨的设计风格是错误的),并且保障产品质量的稳定。其目的是长期使顾客信任且依赖该产品。

(3)创新经营理念。从哲学的角度来说,理念就是在更广泛的意义上把理性(相对于感性和知性)产生的形式要素归纳为“理性概念”。用大家都懂的话来讲,就是我们把对一件事的看法概括性地讲出来。比如谈商品经营,销售的货品“一旦售出,概不退还”就是经营理念的一种。罗森沃尔德的创新经营理念是“无条件退货”,其背后是罗森沃尔德对商品经营的“理性概念”,他认为,世界已经进入了“买方市场”,买主不应该为自己的决策后悔——与此相反,卖方应该为自己的商品负全责。这个理念在我们今天看稀松平常,但在当时简直可以说奇怪透顶,内部多数人反对这个新理念,反对者说农民一定想尽方法去退货退款,公司将因此亏损。西尔斯的竞争对手也觉得这个理念非常愚蠢,他们讽刺罗森沃尔德发了疯,认为“无条件退货”理念不可能实施下去。罗森沃尔德力排众议,其结果就像我们想象得那样,西尔斯的市场占有率步步升高,退货的人比“无条件退货”政策推出之前还要少。

这是典型的理念先于时代的例子,该理念不但对外部顾客有效,同时也对内部员工有效。罗森沃尔德给所有员工公司灌输这种理念,告诉他们这是公司的经营主张,以此倒逼公司内部提升产品质量。

(4)创新供应链。有了极佳的渠道和理念,但如果产品无法交货或者质量不稳定,业务就难以持续。在一百多年前,仅仅是简单组织货源,发动各类工厂供货将无法保证西尔斯公司所要求的货品和相应质量,满足不了顾客需求。只有商品的大规模生产才能支撑邮购所需,工厂的建设必须排上日程。西尔斯位于芝加哥的邮寄工厂在1903年就开始生产产品,比福特汽车的工厂开工还要早五年。

(5)创新组织建设。以上所有的工作都需要组织完成,“组织理论之父”巴纳德(Chester I. Barnard)有一个著名定义:“正式组织的定义是,两个以上的人自觉协作的活动或力量所组成的一个体系。”用通俗一点的话来讲,就是“个人只有在提供协作活动的情况下,才能算是为组织提供了价值”①。商人和企业家的区别正在于此，企业家能够高效率地管理多人之间的协作活动——如果要满足前述的四个创新，一般来讲，一个人的聪明才智绝对无法完成，必须通过多人之间的密切协作，才能做好渠道开发、产品设计、理念和行动、生产制造等一系列工作，无论是销售人员、美工设计、财务会计还是生产工人，都需要在同一个组织里为着同一个目标去贡献各自的力量。

这五个领域任何一项做不好，都很难创立一家真正的企业。创立企业是比创造一门生意困难得多的事情，我们中的多数人都懂得创造一门生意（珠三角有着数不胜数的小型贸易公司），但只有很少人真正懂得创立一家企业——商机常有，而企业家稀有。

褚橙的创业故事

“创企四步走”是一个思维框架，可以用这个框架去思考自身企业的做法，也可以用它来对各类或成功或失败的企业进行分析。用“创企四步走”看云南红塔集团原董事长褚时健“褚橙”的创业历程是有意思的一件事。

第一步，发现利基市场。

褚时健是企业界的传奇，他把一家地方小型卷烟厂打造成为中国烟草行业的龙头，1994 年，仅“红塔山”一个品牌的利税收入就达到 200 亿元人民币，他也由此号称“中国烟草大王”。

褚时健 74 岁时，在选择创业方向的时候，也有其他选择，包括矿山开发、种植百合花等，但对商机极为敏感的褚时健毅然选择了种植冰糖橙。冰糖橙是云南特色水果，满大街都是，云南街头十元三斤，要多少有多少，但褚时健发现，在超市中有一种叫“新奇士”的美国橙子，价格是本地橙子的十倍，褚时健对它的评价是“卖相极好，味道偏酸，不合中国人的口味”，但居然有很多人买，这说明市场有这样的需求。

也许褚时健并不懂消费升级的概念，但他的确敏感地发现了利基市

① 摘自郭威《巴纳德组织理论研读》。一家企业能百年不倒就挺了不起，但企业倒闭，人与人之间的协作却不会停止，于是新的企业诞生了。当信息沟通极大便利，企业内外交易成本趋同——未来企业模式很可能将发生巨大变化，取而代之的是一个个有着共同目标、自觉协作的组织——自由人的自由联合。

场——这从一个侧面说明了农业产业化的不足。一个外行人，用不长的时间就能找到不错的利基市场。由此可以看到，在中国农产品领域，好的利基市场绝对不只有冰糖橙市场，用商机无限来表达绝不过分。

第二步，创立特有的销售渠道。

从褚时健在玉溪卷烟厂的经历可以看出，褚时健对品牌的认知非常清晰。他说这种认识来自小时候："要说对品牌的认识，最早还是来自和我母亲去集市上卖酒的经历。卖酒的人不止一家，同是自家酿的酒，买的人是有选择的，要闻，要尝，好的酒才卖得上价。就是这种经历，让我认识到品牌的价值。老话说'酒香不怕巷子深'，讲的就是这个道理。"当年玉溪卷烟厂销售渠道建设是云烟成功最重要的因素之一，同样，褚橙以产品领先和自身品牌作为渠道张本的思路也非常清晰。有不少人说，是一家叫本来生活网的网络渠道成就了褚橙的地位，实际上早在2008年，褚时健的孙女和孙女婿就开始自建渠道，2013年，褚橙的传统渠道销量达到9500吨，网络销售渠道只有1500吨。在《褚时健传》中，本来生活网的创始人喻华峰在序言中说："作为网上销售的操盘者，我们其实只是在'术'的层面上做了最重要的一件事——着重提炼了褚橙背后的精神价值：人生总有起落，精神终可传承。"①

第三步，真正认知市场和顾客。

冰糖橙市场是一个消费者市场，褚时健和夫人马静芬在创业之初，就是以一个消费者的身份去悉心揣摩和研究。在决定上哀牢山做冰糖橙之前，两个老人买了大量国产和国外的橙子，自己吃也让别人吃。最终，确定了买下新平县一个经营不善的橙园。

消费者吃一个品牌的橙子，到底怎样才能有最好的体验？好吃一定是前提，但并非全部，黄铁鹰教授专门组织了盲测，测量包括外观、剥皮难易、甜度、酸度、水分、化渣率、橙子籽数量、总体口感八项内容，褚橙占据绝对优势。但这些仍然不是全部，对农业单一品类品牌的挑战，和对中国连锁餐饮的挑战类似，都是要做到一致性和稳定性。不能说今天吃了几个褚橙，不错！接着又买了一箱，也还不错，但怎么和上一箱不是一个味道？褚时健的做法是用工业化的方式来管理农业，保证产品长期的稳定性和一致性，这才是客户和市场最需要的核心功能。人民大学黄铁鹰教授

---

① 周桦．褚时健传——影响企业家的企业家［M］．北京：中信出版社，2015年。

在《褚橙你也学不会》中对此进行了细致描述：

“对冰糖橙种植的每一个环节，都有详细的操作方法、指标和相应的处罚措施……在褚橙的2400亩土地上，每一棵果树的树体管理差距极小。统一的技术实施标准使得褚橙口味近乎一致；同时，每一项技术的微小进步都能惠及2400多亩土地上的每一棵冰糖橙树。”

……

“在盛花期，根据花量每株补施氮肥70～100g。”“第一次生理落果结束后，要用30～40ppm赤霉素进行保果，在70%以上的树开始第二次生理落果时，用50ppm赤霉素保果。打完保果剂，每隔7～10天用手动式喷雾器喷一次800倍多丰素+1000倍钙田力。同时剪除树上干枯枝及流胶病枝，并集中烧毁。”

“果园内20cm以上的杂草要清除干净。”

“施肥沟，深30cm、宽20cm、长80～100cm，每株施有机肥7.5kg+复合肥0.3kg。”

第四步，在五个独特的领域进行创新。

一是创新营销模式。

虽然在网络上褚橙被炒得红红火火，但网络营销模式可不是褚橙的创新营销模式，褚时健的孙女和孙女婿用卖啤酒和可乐的方法卖橙子，直接对接终端零售店，在全国建立认证零售商体系，这才是褚橙的创新营销模式。这种模式完全颠覆了农户——批发商——零售商——消费者的传统水果销售模式。

二是创新产品设计。

褚时健是技术至上的人，他最注重的就是产品特色，无论他做烟还是做冰糖橙都是这样，他最早的决定就是先搞产品再搞市场，他十年如一日在哀牢山上一点点地抠种植的具体问题，抓肥料、剪枝、灌溉、虫害等具体技术工作。比如肥料问题，褚时健对自己种植园里面不同作业区的土壤和叶片进行化验，然后据此设计肥料的结构，不断尝试，逐渐改变橙子的口味和口感。到2007年，市场反映褚橙的口味和口感已经不在美国的“新奇士”之下，甚至比“新奇士”更好。传记作家周桦写的《褚时健传：影响企业家的企业家》中描写道：

“这些年我们一个问题、一个问题地解决，改良了土壤结构，发明了独特的混合农家肥，解决了灌溉问题、病虫害问题、口感差异问题，等等。”这样搞了几年，2400亩从湖南引进的冰糖橙幼苗，在哀牢山中脱胎换骨，包括老的果树，品质都有了明显的提高。到2006年，果子可溶物质和糖、酸比例，达到了这个品种的最高标准。

为了保证稳定性和一致性，褚时健用工业的方式来管理果园，在褚橙的2400多亩土地上，每一棵果树都在用完全一样的方式管理，由于实现了数目化管理（不用数字化这个词，免有歧义），严苛、精细的技术实施标准保障了每一粒褚橙的口味近乎一致。

三是创新经营理念。

褚橙的创新经营理念就是“长期一致的优良品质”，以此打造褚橙品牌。褚时健对农产品“长期一致”的理解远超过常人，从他开始种植冰糖橘，他就给他的作业长讲品牌的价值，讲质量和一致性的重要性。

农产品要获得优良品质并非难事，但要保持一致性是非常困难的。在褚橙之前，国内有大量的农产品地理标志品牌，比如烟台苹果、荣成蜜桃、梁山黑猪等，政府也倾全力支持，但类似新西兰“ZESPRI”猕猴桃、美国“Sunkist（新奇士）”甜橙这样的单一品类水果品牌基本上没有，就是因为无法保证产品长期一致。要保证农产品的一致性需要有极佳的耐心、优秀的市场运作能力、卓越的组织能力和长期的坚持。恰好，褚时健先生四者兼备。

2015年，褚橙出现危机，那一年降雨过多，造成枝条疯长，使得果实的采光不足，甜度下降。怎么办？如果没有树立“长期一致”这个理念，混一混就过去了，明年品质再上去也不会影响什么！但褚时健坚持砍树，一共砍了37000棵树！按当时的价格，相当于砍掉了近4000万元。除了砍树，所有的果树还要剪枝，要知道这些枝子都是要挂果的，没有一个农户下得去手，最后是褚时健带着外部的团队进园剪枝——这直接导致2016年的单株产量从45公斤降低到23公斤——值得吗？但这就是坚持理念所需的代价。

创新经营理念这件事，说起来容易做起来难。笔者有一个朋友准备做品牌苹果，她不但看到了利基市场，同时也有明确的经营模式和相当强的市场执行力——在很短的时间内，一款新的苹果品牌就横空出世——苹果品相非常好，味道也香甜，卖得也还可以，但是持续一段时间之后，这件事情无疾而终。究其原因，就在于货源的组织不易，同时缺乏长久的坚持和耐心。回过头来看罗森沃尔德的“无条件退货”，同样也是说起来容易做起来难，一个优秀的理念，如果不坚持，再好的创新也没有用。

四是创新供应链。

褚橙在哀牢山上的种植规模从最初的2400多亩到后来的5000亩，现在褚橙的生产基地已经扩大到4万亩，年产量已经达到数万吨（褚老已逝世，这4万亩是否还能延续一致性还需观察）。除了种植之外，褚时健投资2亿多元建选果厂，能做到分选、清洗、打包的自动化，其他诸如农残检测等配套也一应俱全。

五是创新组织建设。

褚时健是一个人，浑身是铁也做不了太多的事情，所以他首先做的是建立一个利益共同体。管理果园先管人，只有每一级的每一个人都做好自己的事情，种出来的果子才会好吃。从农夫到作业长，从技术人员到管理人员，褚时健把所有人捏合成了一个整体，给了他们以动力，给了他们以责任、权力和足够的利益——共享愿景、共享利益——这是褚橙成功背后的主要原因之一。员工和农户们慢慢明白，只要跟着褚时健，塌下心来按照他的方法来，每年的收入就会有眼见的增长，并且还会有更好的未来。褚橙的作业长年收入在15万元以上，普通农户也能到七八万元，同时有约束、有竞争、有考核，褚时健在哀牢山上搭建起一个良性的企业生态系统。

此外，组织建设还需要外部关系的搭建，2002年，公司搭建引水管线，刚刚搭建完，天灾降临，哀牢山冲刷而下的泥石流造成了多人伤亡、损失极大。刚刚起步、自身资金极为紧张的褚时健仍然拿出了几十万元帮当地乡里，给后来与政府和当地百姓协作打下了极好的基础。

西尔斯的新挑战

回到美国西尔斯公司，20世纪20年代，伍德将军（Robert Wood）接手了西尔斯公司。与几十年前相比，由于市场情况已经发生了巨大变化，经营形势极不乐观。面对新挑战，企业生存的唯一途径是按照“创企四步走”重新再来一遍。

○　新的利基市场：原有的利基市场已经不牢靠，巨大的城市市场出现！

○　新的销售渠道：由目录邮购转向零售商店，直达客户身边！

○　新的客户和市场分析：客户有了汽车，客户希望成为中产阶级！

○　新的五个领域创新：

第一，营销仍然是客户需求 + 3P。深入了解“大众市场”到底要什么，然后制订营销计划，在产品、价格、渠道方面满足客户的需求，与顾客形成新的链接。传统的零售店显然不能满足西尔斯定义的客户需求，拥有新思路的零售店被西尔斯从概念到实践一点一点地创造出来，最终，西尔斯 700 多个零售店的选址、建筑外观和内部设置给出了完美的答案。更重要的是，西尔斯颠覆了原有的“零售”概念，创造出了一种新的零售模式。原有的零售模式有两种：一种是街角小店；另一种则是城市里的百货店。西尔斯在分析客户和市场的基础上，明确了郊区零售中心的模式，即将现有零售店扩大规模并安置在郊区——现在国内遍地开花的郊区大型购物中心，就是西尔斯在 20 世纪 30 年代理念的翻版。

第二，应对顾客消费升级的需求，西尔斯开发了很多创新的产品。比如“家用”冰箱，20 世纪 20 年代的冰箱都是为上流社会和企业（比如屠宰厂）设计的。西尔斯通过重新思考，从大众要求的价格和功能出发，从大规模生产的角度出发，满足了顾客的新需求，在西尔斯的推动下，到 1944 年，约 85% 的美国家庭都有了机械冰箱。

第三，理念方面的创新与汽车相关。交通工具一向是影响人类生活最重要的因素之一，当美国中产阶级逐渐形成，汽车开始在家庭中普及，西尔斯在郊区建设购物中心——新的理念诞生了——“开车购物，一站购齐”，这是 100 年前西尔斯开创的零售理念，在今天的中国对此已经习以为常。

第四，客户的需求变化及理念的巨大创新对供应链提出了极高的要求。西尔斯必须要系统地培育出大量能够为大众市场生产产品的供应商，由伍德将军决策，一方面西尔斯直接投资并扶持了大量的供应商；另一方面伍德将军花了 26 年的时间来推行西尔斯新的“商品供应计划”，无论是自产商品还是采购商品，商品的原料、制造工艺、物流运输、货架摆放等全过程都纳入西尔斯的一体化管理体系。将供应商和西尔斯紧密地联系在一起，形成牢不可破的供应链网络。

第五，组织的变化也是巨大的。首先就是对能独当一面人才的需求，

700 多家郊区零售中心需要因地制宜，采取不同的方法和策略进行经营，西尔斯至少需要 700 多个合格的店长。同时，零售中心独立经营的需求使得西尔斯企业管理模式发生了根本性的改变，从原有的集权模式到 700 个零售网点的分权模式对组织的挑战巨大。西尔斯曾经有过一个非常混乱的时期，伍德将军为此成立一个专门委员会进行组织体系改革，并提出了三条改革的方针：其一，组织体系必须富有弹性，以容纳不断增加的零售网点；其二，明确集中管理和分散经营的前提，以充分发挥不同模式下的管理优势；其三，打造新的组织生态，使总部和分店、分店和分店、分店和职能部门之间能互相匹配、相互支持。组织体系改革的过程一直持续了近 20 年才算功德圆满。

以上这些创新让西尔斯公司的营业额和利润爆发式增长，1931 年，西尔斯零售业务的营业额超过了传统的目录邮购营业额。哪怕在 1929 年美国大萧条期间，西尔斯的营业额都在持续上升。一直到 20 世纪 90 年代，西尔斯公司都牢牢地把持着美国商业龙头老大的位置，直至顾客需求再一次发生改变。

第十章
成功的同时，挑战就在眼前

为纪念德鲁克100周年诞辰，2009年《哈佛商业评论》在全球请了5位与德鲁克有渊源的组织领袖，对他们进行访谈，其中一位是海尔总裁张瑞敏。张瑞敏讲道："我的桌子上放了一张图片，就是像泰坦尼克号沉没的样子，我在画上注了德鲁克说的一句话。德鲁克说，企业破产是因为CEO用来当作组织决策基础的有关外部环境的假设不再符合实际情况。这是我每时每刻用来警示自己的。我认为自己必须做到决策符合时时变化的外部环境。如果没有做到，当时也未必马上显露出来，一旦危险像冰山一样显露出来时，企业可能就像泰坦尼克号一样，已经来不及转向了。要做到这一点很难，我就用这句话来时刻警示自己。"

每当企业获得成就，也许就会有人松一口气说："太棒了，可以休息一下了吧！"残酷的事实是，企业的经营一口气都不能松，成功的同时新的挑战立即就来！昨天的成功有着巨大的负面效应，它带来了惯性思维和经验的固化，新的挑战需要你立即打破它们，跳出原有的路径依赖，否则竞争者随时会超过你，扬长而去。尤其在今天这个时代，知识经济造成产业迭代加速，任何一家企业稍微松口气就有可能在短时间内轰然崩塌。

竞争者之所以会迅速赶上甚至超越，原因来自三个方面：第一，企业成功后规模会变得很大，而大企业的效率必然低于小企业。并非是成功蒙蔽了我们的双眼，或不愿意进行新的创新，而是组织特性使然。第二，即使关注了外部环境的变化，也因为成功带来的组织惯性好路径依赖无法及时掉头，哪怕是正确的组织决策也会被诸多既得利益掣肘，无法得到强有力的执行，最终导致失败。第三，狼真的来了，外部环境发生变化导致利基市场动荡，一旦跟不上外部环境和市场的变化，企业会逐渐失去竞争力走向衰亡。

沃尔玛用效率打赢西尔斯

法国农业工程师林格尔曼（Maximilien Ringelmann）曾做过一个著名的拔河实验，他分析在拔河的过程中，每一个个体施加的力到底有多大。结果非常让人吃惊，一对一的时候，一个人能够贡献63公斤的力；二对二，一个人只贡献59公斤的力；三对三，一个人的平均贡献力量降到了53公斤；到了四对四，一个人平均只贡献32公斤，只有一对一时的一半！

管理学上有一个所谓的苛希纳定律，简单来说就是“人多力量才不大”。苛希纳定律指出：“如果实际管理人员比最佳人数多2倍，工作时间就要多2倍，工作成本就要多4倍；如果实际管理人员比最佳人员多3倍，工作时间就要多3倍，工作成本就要多6倍。”我认为这个定律所说的数字完全是信口开河、没有根据，但它的指向是正确的，即不必要的管理人员增多会带来管理成本提高和效率降低。成功的大企业往往在管理人员比例和管理成本上要远高于新兴的小企业（管理人员比例高能够让企业更加稳定，但比例如果超出正常所需将导致效率下降）。

沃尔玛百货有限公司成立于1962年，正赶上西尔斯公司的鼎盛时期。沃尔玛紧跟西尔斯的脚步，采取和西尔斯类似的理念和战略——把大型商场开到郊区的高速公路附近，尽可能丰富自己的产品线，缩短供应链，压低采购价等——这也是西尔斯在初期对沃尔玛并不重视的原因——人类肯定不会重视一只学自己走路的蚂蚁。

在发展理念和基本战略相同的情况下，沃尔玛的效率明显高于西尔斯。挂在沃尔玛超市墙上巨幅“天天平价”标牌，明确昭示了沃尔玛的相对竞争优势——同样的模式和产品、更低的价格，沃尔玛以此为轴心多措并举：

○　压缩租金成本。利用郊区便宜的低价和整体优势降低租金。

○　压缩采购成本。要求供应商尽可能降低售价。

○　压缩储运成本。通过建设“星网龙树”系统，即天上一颗星（卫星），地上一张（采购管理）网络，送货一条龙，管理一棵树。在前期投入之后，沃尔玛商场的补货速度和其他经营指标大大超过了同行，储运成本也极大地降低（比传统储运方式仓库数量减少了三成，成本至少降低了1/3）。

○　压缩物流成本。建立大型配送中心，一般而言中心建在各零售网点的中间，让运输半径尽可能一致。

○　压缩办公费用。大型超市的总经理办公室极小，管理人员尽量压缩。

○　压缩采买费用。沃尔玛有个规定，外出采购商品的费用不得超过采购额的1%，所以采购人员出外都是住快捷酒店，怎么省怎么办。

○ 压缩广告成本，沃尔玛极少做广告，主要靠口碑做传播营销。

通过种种举措，沃尔玛把整体供应链成本压缩到3%以下（零售界的普遍水准是5%，西尔斯则高达8%）。与西尔斯相比，沃尔玛在进货、分销、储运、营销、IT、行政等方面进行各种形式的创新，以更低的价格、更多的品类、更满意的服务赢得了客户。到1989年，沃尔玛的营收超过了西尔斯，成为全球百货业的老大。

大企业的“路径依赖”

在媒体上经常看到某大企业由于患上大企业病，内部管理人员看不到真正的问题，导致官僚主义、文牍主义横行、内部创新极度不足。于是，某个竞争者得以后来居上，大企业被打败后无奈破产。

事实往往不是这样，真正的原因并不是“保守”“创新不足”或者“自大”，原因来自“路径依赖”。以我多年在大企业工作，以及为企业提供管理咨询的经验来看，企业内部的人对问题是什么有着切肤之痛，但往往并不从根源去思考这些问题为什么会出现，以及并不准备用创新找到新的路径，最终解决问题。

原因来自三个方面。第一，趋利避害是人的天性。一条路径已经被验证过有利可图，另一条路则没人走过，充满着未知的风险。职场中人，尤其是身在高位的管理人员，很少有人真正愿意以身试险。第二，被既得利益绑架。举个例子，当苹果首先推出个人计算机之后，IBM用极快的速度推出自己的个人计算机，并很快取得了领先地位。但由于大型计算机是IBM的主要利润来源，于是个人计算机的团队在公司内部不受待见，处处受到抵制和打压。由此导致了IBM公司的第一次大危机，直到小沃森（Thomas Watson Jr.）主导的“IBM360”豪赌大获全胜之后，IBM才重回主轨道。第三，原有多个领域的创新反而成为新的枷锁。今天，世界上最大的零售商沃尔玛正在苦苦抵抗着网络巨头亚马逊的攻势，其中最大的问题反而在于前面说到沃尔玛的成功创新，包括已经成型的供应链和分销模式，原有的成功模式让沃尔玛成为全球最大的零售商，但同样也让沃尔玛难以转向。

顾客生活方式的转变导致利基市场的迁移

再来看看外部环境的变化对企业的影响。

德鲁克在1993年撰写的《动荡时代的管理》中指出，从“一战”以前到今天，我们的消费市场经过多次重整，从最开始的“分散市场”到第一次世界大战之后的“统一市场”；再到前文中通用汽车崛起所依赖的按“经济收入”划分的消费者市场；之后是按“生活方式”划分的消费者市场；当前则是以“人口动态”来划分的消费者市场，每种新概念都成就了一个巨大的市场空间（可分为无数个利基市场）。不过新的市场形成并不会立即取代原有的市场，而是对原有市场进行补充。哪家企业先找到新的利基市场，并用“创企四步走”循序推进，谁就能迅速崛起。

从西尔斯的例子，能够看到其中的市场对应关系：

○ “分散市场”：西尔斯的目录邮购业务。

○ “统一市场”：西尔斯的大型百货（包括郊区购物中心）业务。

○ 按“经济收入”划分消费者市场：通用汽车按价格定位的五种汽车品牌。

○ 按“生活方式”划分消费者市场：福特野马汽车横空出世。

○ 按“人口动态”划分消费者市场：例如新生代中产阶级、“婴儿潮一代”、银发族市场或新生代需求。对应企业包括苹果公司、脸书（Facebook）公司等。

《管理的实践》成书于1954年，那时的西尔斯还是如日中天，即使如此，德鲁克也发现了消费市场新的动向，他指出：“**西尔斯公司现在面临着新的问题和新的机遇。曾经改变西尔斯公司市场的汽车似乎要再一次改变这个市场……与此同时，西尔斯公司的典型顾客——家庭主妇，正变为职业妇女，在购物的时间她们必须上班……如果这种认识是正确的，那么西尔斯公司需要对市场和顾客再做一次分析，并制定出新的目标，就像其在历史上两个转折点时曾做过的那样……大部分顾客的购物方式可能会又一次转向按目录购物的方式，虽然不会再通过信件传递，而是通过流动的售货员或通过电话传达。**”

德鲁克描述的是电话在线购物，但其模式和场景与亚马逊、天猫和苏宁易购的网络购物模式别无二致。当年互联网尚未出现，德鲁克只能称之为目录购物，把互联网订单称之为流动的售货员，他基本上说清楚了网购的需求起源及应对的方法。他的描述整整超前了50年！他描述了西尔斯核心客户的生活方式转变导致利基市场的基本形态发生改变。

法国的零售企业家乐福在2010年被本土企业大润发超市打败，大润发也由此成为中国线下零售业的NO.1。但仅仅7年之后，2017年11月，大润发却因经营不善被阿里巴巴收购，张勇替代大润发创始人黄明瑞成为CEO，黄明瑞从未想到，收购自己的并非沃尔玛、家乐福或者其他国内大型零售企业，而是看起来八竿子打不着的互联网企业。大润发的出局是消费者生活方式的迅速改变导致利基市场流失所造成的，大润发来不及据此进行基本战略和企业组织模式的调整，在成功打败传统对手的同时输掉了竞争，对此，黄明瑞的一句话令人不胜唏嘘："我战胜了所有对手，却输给了时代。"

第十一章
创造需求之前，需求根本不存在

“市场不是由上帝、大自然或经济力量创造的，而是由企业家创造的……顾客也许感受到那种需求，就像饥荒时渴求食物那样……但是，在企业家采取行动满足这些需求之后，顾客才真正存在，市场也才真正诞生，否则之前的需求都是理论上的需求。顾客可能根本没有察觉到这样的需求，也可能在企业家采取行动——通过广告、推销或发明新东西，创造需求之前，需求根本不存在。”

以上简单的几句话已经成为现在广告业的圭臬，被奉行不怠。比如矿泉水市场，人的味觉对纯净水或者矿泉水是无感的，根本品尝不出来差别。按理说农夫山泉、娃哈哈等低价矿泉水已经满足了市场需求，但依云、昆仑山等品牌就是能通过强调阿尔卑斯山 15 年自然过滤、天然雪山矿泉等概念，把水卖到不同的价格。

在《管理的实践》原文中，“需求”这个词德鲁克用的是“want”而不是“need”，我们来看一看这两个词有什么区别：

- ○ Want：是你内心渴望的，但不一定能实现。
- ○ Need：能够满足你要求的，顾客只关心功能的实现。

比如你喜欢打篮球，那么一双回力鞋就可以满足你的“need”，但你真正“want”的是一双 Air jodan XXXIV。在苹果公司推出智能手机 iPhone 之前，大家对手机只有“need”，但 iPhone 一经推出，真正的需求（want）出现了。

需求（want）是怎样被创造的

“There is only one valid definition of business purpose: to create customer.”

可以这样翻译这句话：“**关于企业的使命，只有一个有效的解释：创造顾客。**”和《管理的实践》中文版译文不同的是，我把“purpose”译为使命（原译文为“目的”），由于中文里面“目的”和“目标”有类似含义，与使命（生存的意义）的内涵有所不同，“使命”在此是最恰当的译文。顺便附一段我非常喜欢的电影《黑客帝国》里面特工史密斯的话：

“Because we both know, without purpose, we would not exist. It is purpose that created us. Purpose that connects us. Purpose that pulls us, that guides us, that drives us. It is purpose that defines us. Purpose that binds us. We're here because of you, Mr. Anderson. We're here to take from you what you tried to take from us—Purpose.”

“译文：我们都知道，如果没有使命，我们就不会存在。是使命创造了我们、使命联系着我们、使命牵动着我们、指引着我们、推动着我们，是使命确认我们的存在，但使命也约束着我们。我们会在这儿全是拜你所赐的，安德森先生，我们来这儿是要夺回你从我们身上夺走的东西——我们的使命。”

为什么对一个词大做文章，因为这个词贯穿了管理学的全部内容。一些读者搞不清使命和愿景这两个词的区别，其实并不复杂，使命来自外部，而愿景来自内部——使命是外部世界对企业的要求，这个要求赋予了企业生存的意义。

德鲁克明确指出，企业的使命就在于创造顾客，创造顾客的“want”，越是有使命感的企业和越是有使命感的企业家就更容易创造出影响力极强的“want”。2011 年 10 月 5 日，乔布斯（Steve Jobs）去世，令人震撼的是，全球有数百万人为之哭泣哀悼，就像哀悼歌手列侬（John Winston Lennon）和民权领袖马丁·路德·金（Martin Luther King，Jr）一样，唯一的解释是，乔布斯创造出了民众心中的“want”，它们是 iMac、iPhone、iPad、iPod，他是时代的英雄。

德鲁克说：“**任何企业都有两个基本功能：营销和创新，而且也只有这两个基本功能：营销和创新。……任何一个不从事营销或偶尔从事营销的组织都不是企业，也不应该把它当成企业来经营。**”

这句话有些令人费解：企业怎么会只有营销和创新两个基本功能？产品设计、产品开发、生产制造、人员培养、财务核算难道不是企业的基本功能吗？

某家企业生产纸质笔记本，最近几年由于产品老化，企业开始亏损并行将破产。怎么办？厂长带着几个核心骨干开始走访超市、商场和经销商，并通过各种渠道了解客户的想法和需求，回到厂里就开始重新定位、重新设计新产品，但生产遇到难题，厂长又带领技术人员进行课题攻关，终于搞出了质量稳定的新式笔记本。接下来，厂长带头筹款进行广告宣传和渠道铺货，终于使企业扭亏为盈。

这是一个常见而普通的例子，通过它可以看到营销和创新是企业的基本功能，其他所有功能都是围绕着营销和创新展开。比如研发和设计，如果不了解顾客的“need”和“want”，一定设计不出好的产品，营销从研发和设计开始；比如生产制造，如果“新式笔记本”不对原有的生产工艺和生产流程进行创新，要么设计好的产品生产不出来，要么生产出来的东西质量不过关。所以，营销和创新不是营销部或者研发部的事情，它贯穿了企业的所有部门。在“创企四步走”的环节中，真正的核心是围绕客户开展营销的种种事宜，包括确定利基市场、了解细分客户、明确具体渠道及在五个方面进行创新，创新营销模式、产品设计、创新理念、供应链建设和组织建设。

美国学者麦卡锡（Jerome McCarthy）说营销是4P（product，产品；place，渠道；price，价格；promotion，促销），被全球企业奉为圭臬。1990年，美国广告学教授劳特朋（Robert Lauterborn）认为4P违反了市场营销最基本的常识，并提出了与之相对的4C（customer，顾客；cost，成本；convenient，便利；connect，沟通）理论。

4P和4C关注的似乎是完全相同的东西，只是角度不同，我们来看：

○ 制造什么样的产品Vs我们的顾客是谁。

○ 产品如何定价Vs顾客愿意拿出的什么样的成本。

○ 产品销售的渠道Vs顾客怎么样才最方便。

○ 产品的宣传、公关和促销Vs与顾客进行沟通，让顾客理解和接受产品。

很明显，4P从企业角度出发思考营销，4C从顾客角度出发思考营销。两者都有道理，但我们从企业使命的角度来看，4C无疑更加准确。更好的做法是先从4C入手，仔细研究顾客真正的“want”和基本的“need”，然后回到企业角度，从4P的角度来进行计划和实施。

顾客的“want”并非像我们想象得那样来自奇思妙想，它往往来源于常识。营销管理领域有一些明确的常识，似乎所有人都知道，但因为现实问题，被大多数企业管理者所忽视。这些常识如下：

（1）一味讨好顾客反而会害了自己。

20 世纪 80 年代，通用汽车面对丰田汽车的竞争，为了扩大销售，采取了一轮一轮的促销宣传，包括打折、无息贷款等手段。似乎每次促销效果都不错，这坚定了通用管理层不断通过讨好客户来提升销量的决心。但最终通用发现，他们没有能够通过促销来真正创造需求，促销活动一结束，销量立即下跌。这其中的常识非常明白——促销只是扩大销量的手段，它无法创造“want”。

（2）只对市场上存在的产品进行调研是无效的。

有的企业热衷市场调研，管理人员挥舞着现有产品调研数据来证明自身产品战略和营销模式的正确性，但常识告诉我们，顾客往往很难描述出自己真正想要的东西。对此说得最明白的是苹果教主乔布斯：“人们不知道想要什么，直到你把它摆在他们面前。正因为如此，我从不依靠市场研究。”①

（3）充分利用社会变化，每一次社会变化都是一次机遇。

成功企业容易对社会变化视而不见。优秀的企业家为什么经常谈破产、冬天和困难，是因为他们了解企业变与不变的常识，能看到周边环境的变化，知道每一次变化都是对企业的机遇和挑战。企业如逆水行舟，经营者必须战战兢兢如履薄冰，时刻警醒身边的社会变化，从变化中寻找顾客的新需求。

（4）从为社会解决问题的角度思考顾客需求。

企业通过营销和创新来解决社会问题，这是企业的立身之本。马云创办阿里巴巴的初心是“让天下没有难做的生意”！马云看到社会上太多的小企业因为缺乏资金和渠道，空有好产品或好想法无法变现——马云利用互联网技术帮助社会解决了生意平台的问题，阿里巴巴公司也获得了来自社会丰厚的回馈。

（5）第二类潜在顾客是值得关注的群体。

“潜在”顾客是指有购买意向（或可能），但却没有购买行为的群体。第一类潜在顾客是企业资源有限，还没有合适的产品或渠道来接触以达成

---

① 沃尔特·艾萨克森（Walter Isaacson）. 史蒂夫·乔布斯传（Steve Jobs：A Biography）［M］. 北京：中信出版社，2011 年。

购买行为；第二类潜在顾客也是潜在顾客群体对企业的产品有功能上的需求（need），但缺乏真正的“want”。因此，深入研究第二类潜在顾客的需求是获得“want”的一条可行的途径。但鲜有企业去真正关注第二类潜在顾客，原因是他们无法创造短期收益。

以上五条属于常识范畴。所谓常识，乃是日常知识的简称，既不高深也不复杂，不需要太多智慧，也不需要深入思考，成年人都应该知道或了解这样的知识。但是很多时候我们经常违背常识去做事情。原因很简单，我们的行为受认知支配，人的认知有一个层层深化的特点，当我们获得外部的信息后，会把它变成自己的认知，获得认知并不难，难的是获得认知后需要将它化为行动和体验，只有走到这一步，人才会进行思考，才会变得深刻（深刻这个词就是这个意思，深入然后印刻在脑海中，开始成为自己的东西），从而获得“真认知”。只有如此，常识才会变成自己的东西。否则，我们在工作和生活中只是受自己的第一反应支配——第一反应是大脑里的回路系统，当我们一遇到相似的情景，就会采取相应的行动，这些行动没有经过大脑认真思索，或者说没有经过理性思维，它是一个“不假思索”后的输出——常识属于理性思维，而有限理性是人与生俱来的特性，人类的决策过程充斥着偏见和谬误。

2019 年，已经 95 岁的著名投资人芒格（Charlie Munger）在 2019 年 Daily Journal 年度会议演讲中说：“人们都以为具备常识很简单，其实很难。”他为此举了一个很形象的例子：

“大量高智商的人进入了投资领域，都想方设法要比普通人做得更好。许多高智商的人蜂拥而至，在投资领域形成了别处罕见的人才扎堆现象。加州曾经有一家非常大的投资咨询公司，为了超过其他同行，高层想到了一个点子——我们手下有这么多青年才俊，个个是沃顿、哈佛等名校毕业的高才生，他们都为了搞懂公司、为了搞懂市场趋势、为了搞懂一切，不遗余力地拼命工作，只要让这些青年才俊每人都拿出他认为最好的一个投资机会，我们把所有最好的机会集中起来形成组合，必然能遥遥领先指数啊。

“这家投资公司的人能觉得这样的点子行得通，他们满怀信心地付诸行动，结果毫无悬念地一败涂地。他们又试了一次，一败涂地。他们试了第三次，仍然失败。”

失败的原因是什么？芒格并没有在演讲中直接给出答案，可以想见，它的背后是很明显的两个常识。第一，真正好的投资机会不会太多，分散投资一定不会有好的效果；第二，真理一定掌握在少数人的手中，在一批做投资的人中，只会有少数人真正明白游戏究竟应该怎么玩。

第十二章

利润只是一种会计假象，它是生存成本的递延

“企业的首要任务是求生存。换句话说，企业经济学的指导原则不是追求最大利润，而是避免亏损。企业必须设法赚取额外的资金，才足以承担企业运营中不可避免的风险，而这种风险预备金唯一的来源就是利润。……这是自由、弹性和开放的经济体系主要的安全防护网。”

这段话说明企业赚取利润非常重要，没有利润，无论是投资者、经营者还是工作人员都会茫然失措。且不说亏损导致的企业破产，哪怕是企业业绩长期徘徊、利润归零也足以致命。关键是如何理解“风险预备金唯一的来源就是利润”。

企业扬帆出海，总会遇到各种各样的风险，市场波动、顾客流失、质量事故……当风险扑面而来的时候，企业需要用足够的利润进行缓冲。经济学家马歇尔（Alfred Marshall）认为，真正的利润首先要考虑资本成本，从资本所得的纯收益首先要超过资本利息，超过资本利息的部分才能叫作利润。马歇尔的说法已经成为常识，但现实情况仍然和我们想象得不一样。

企业对利润的追求是为了生存，生存才是最主要的任务。这点不难理解，企业本来就是生物，之前的章节也曾有过论述。按照哲学家王东岳的说法，人类文化的定义是人类求存行为体系的总和。德鲁克 1993 年出版了《动荡时代的管理》一书，在这本书里，他甚至认为利润是一种会计假象，真正存在的只有生存所需的递延成本——“企业必须在今天就把这些成本挣出来，这样才能保证明天的生存”。换个角度看，利润只是我们从财务会计账本上看到的一个虚幻的概念。

假设你生在明朝，是一个种小麦为生的农户，某一年大丰收，你把收获的小麦分成五部分。一部分自己吃；一部分留作来年的麦种；第三部分和第四部分都换成钱，第三部分买生产必需品和生活必需品，你去买了农具、肥料还有家庭所需的柴火、油、盐、布料等；第四部分用来给政府交税赋；第五部分则用来改善和提升生活，你去打了一套新家具，还给女儿置办了嫁妆。但仅仅这样依然还是不够的！第二年不巧是个灾年，所有种下去的小麦都被水淹了，一家人立即变得生活无着，存粮不够吃只好四处借贷，实在借不来了，只好卖儿卖女卖祖产！

2020 年初的全球新冠疫情，在几个月间已经导致全球中小企业的倒闭潮，美国企业选择性违约（即至少有一笔负债还不上）将达到数千亿美元，国内仅仅是外贸制造业的倒闭潮就预计会使至少1000万人失业。由此深入下去就可以看到，日本的长寿企业之多原因在于日本企业看清了利润的真相。

丰年所剩余的麦子，不是利润，而是未来的生存成本，或者说是生存所需的递延成本。农户用于改善生活的第五部分应该为荒年的生存做储备粮，如果还有剩余，才可以为改善生活考虑。这也是自古以来政府的农业赋税不能太高的原因，一旦赋税稍高，赶上荒年，百姓逃荒和揭竿起义就会酿成严重的社会问题。

企业逐渐明白，必须为未来做准备。除去必要的支出之外，企业要单独拿出一部分为灾年、为不好的收成或者意外情况做准备。由此，现代企业的财务账目处理逐渐出现了一些风险计提科目：

○　应收账款呆坏账准备计提。
○　存货跌价准备计提。
○　固定资产或无形资产折价计提……

这些计提科目都属于尚未发生的风险准备金。此外，财务费用（银行利息）、折旧、摊销等科目的出现，也可以直接冲抵企业利润。

那么，在刨除了这些财务上的科目之后，剩下的是真的“净利润”吗？

当然不是，我们至少还要为未来准备两部分资金：

○　“种子”的资金。人人都知道，农夫不能吃掉明年的种粮。同样，企业也必须留足第二年的“种子”。千万不要觉得这部分资金很少，对于制造业而言，这部分资金有越来越大的趋势。比如从半机械化制造向机械化制造进发，从机械化制造向智能化制造进发，这个过程需要巨大的投资。

○　“荒年/冬季准备金”。行业发展总是有起有落，涨跌互现，赚钱的时候一定要建仓，为荒年/冬季留好准备金。当寒冬来临之际，有棉袄的企业才能扛过去，并在春天蓬勃生发。

几乎所有的好企业都有“过冬”的概念。准确地讲，“荒年/冬季准备金”是指现金流而并非利润，利润只是我们从会计账上看到的虚幻的数字。

不要把身边发生的种种事情当作天经地义。我们手边的财务报表，并不是一开始就是现在的模样。它是由某些人设计出来，努力希望告诉我们企业的经营情况如何的一份虚拟文件。财务报表不是一成不变的，其科目和会计准则一直在变。比如 1985 年国内通行的损益表中居然没有所得税项，财务费用和销售费用混在一起——从 1985 年到现在，财务报表的格式和科目已经进行了五次比较大的调整，完全是天翻地覆的变化。时至今日，财务报表仍然有非常大的问题，比如在“损益表”中三项费用中的管理费用，它把管理人员工资、各类行政费用、市场宣传费用、业务招待和差旅费用汇总在一起，非常不利于我们了解企业在管理方面的生产力究竟如何。换句话说，今天的报表仍然是从财会人员的角度出发而并非是从企业家的角度来衡量企业。

管理不是孤立的存在，它和其他学科间有着极为密切的联系。德鲁克看企业和管理，从社会学的角度看得更多一些，德鲁克希望建设一个良性的社会（许多资料上阐述德鲁克希望建立完美的社会，但一个保守主义者从来不会这么想，稳健和审慎伴随了德鲁克的一生）。从社会角度而言，企业有“真正的利润”才能生存下去，经济体系和社会体系才是安全的。所以，企业赚取到的额外资金是我们社会赖以稳定存续的重要因素。

第十三章
我们的事业是什么，由顾客决定

我们经常对身边的事情不进行深度思考，往往是想当然地认为应该如此，这是人类的一种认知障碍。我们能看到的东西，和我们脑中已经固有的知识和经验相关。换句话说，我们只能看到由自己的经验和知识所形成的世界，而外部真实世界永远摸不着（所以西方哲学的主流思潮是不可知论）。

每个人都有认知障碍，有诗为证："不识庐山真面目，只缘身在此山中。"正是因为我们都置身于某家企业或某个机构之中，所以"我们的事业是什么"这样的问题才极少有人问起，而且它注定了是一个非常困难、需要反复探究才能准确回答的问题。

"'我们的事业是什么'从来都是个困难的问题，只有经过努力思考和研究之后，才答得出来，而且正确的答案通常都不是显而易见的。……要回答这个问题，我们只能从外向内看，从顾客和市场的角度，来观察我们所经营的事业。"

如果只是对这句话略有所得而没有深度思考，那么你一定理解不了为什么德鲁克一再强调"我们的事业是什么"的重要性，并且着重指出"**未能回答这个问题是企业失败的主要原因**"。

大量的产品（创新产品居多）风光一时，但过不了太长时间就无人问津，他们失败的原因到底是什么？

Snap 公司在 2016 年发布了 Spectacles 智能太阳镜。这款眼镜的价格便宜（仅有 Google Glass 的十分之一），而且新潮，外形非常酷炫且能照相和拍摄 30 秒的短视频，且与 Snap 公司的 Snapchat（即著名的"阅后即焚"）无缝连接。Snap 公司为此下了大力气用于营销——它通过一个很新潮的柜子售卖，而且柜子并不是定点出现而且还有限时，时间一过立即停售，高高地吊起消费者的胃口。

优秀的营销方式和新颖的产品让消费者蜂拥而至，再加上许多大牌明星的示范效应，原价一百多美元的眼镜一度炒到了近一千六百美元。这让 Snap 高层极为兴奋，他们认为该产品将会是一个开创性产品，并把智能眼镜的前辈 Google Glass 远远甩在身后。但市场是残酷的，Snap 在一年的时间里仅仅卖出了 15 万副 Spectacles（之后几乎就没有什么销售），相对于 Snap 公司 Snapchat 的日活（每日登录量）1.58 亿（截至 2016 年 4 季度）而言，15 万副的销量实在是惨不忍睹。据 Snap 内部数据和外部的一些调查，绝大多数用户在一周之后，新鲜感一过就很少使用，一个月之后就把Spectacles弃置一旁。数十万副智能眼镜被积压在仓库，随之而来的是Snap硬件部门的裁员和动荡。最终，Snap公司在第一代智能眼镜业务上亏损4000万美元。

从上面的例子可以看到，Snap智能眼镜将年轻人图新鲜、追潮流的心态抓得很准，营销搞得炫酷而且成功，顾客也有明确的需求（want），那么公司和业务的问题出在哪里，应该从哪一个点进行思考呢？

在英文中，“Snap”这个词有“拍快照”的意思，它本身就和照相、图片、相机有关，所以Snap在智能眼镜初获成功之后，竟然宣布自己就是一家相机公司。不过，Snap公司的事业究竟是什么呢？——说他们是做相机的，Snap的硬件部门并不强大，Spectacles眼镜的拍摄效果远远比不上手机——说他们是做眼镜的，买一款非奢侈品的眼镜不需要129美元——顾客购买的只是一闪即逝的“新奇感”，这就决定了这款产品最终的命运。

Snap显然不是一家相机公司，它是互联网上青少年的社交平台。它从“阅后即焚”Snapchat起家，脸书（Facebook）把它作为主要对手，并用10亿美元的价格收购了Instagram（一款图片分享的社交应用App）与Snap竞争。对于Snap公司，Spectacles智能眼镜产品策略的核心既不是眼镜，也不是眼镜上的相机；既不是新潮的外形，也不是炫酷的营销；其核心应该是在Snapchat上智能眼镜这个应用是否能够顺畅地使用。

所以，在Spectacles上市之初，Snap最需要做的是招一批铁杆粉丝，让他们用最朴实无华的原型机来测试智能眼镜的功能是否在社交平台上可用、有吸引力，以及可以无障碍地长期使用。换句话说，Snap需要回到原点来思考“我们的事业是什么”。

“事业”在《管理的实践》中原文中是“Business”，“Business”英文是指“生意”或者“买卖”。“事业”在汉语中的解释是“指人们所从事的，具有一定目标、规模和系统的对社会发展有影响的经常活动”，看得出来，译者（齐若兰女士）为此煞费苦心，她认为“事业”的内涵与德鲁克想要表达的更贴近。的确如此，企业要经营的不仅仅是“买卖”，而是要目标清晰而有系统地为社会提供价值。Snap为社会提供的价值很明显是社交服务而非提供摄像硬件或时尚产品，Spectacles智能眼镜的开发设计与事业方向不符，这是其产品最终失败的原因。

随着各类管理方法的层出不穷，管理者的素质日益提高，多数情况下企业都能够正确地做事，包括进行研发工作、市场工作、生产工作和销售工作，但为什么还会失败？这是因为摆在我们面前的问题首先是“做什么”而不是“怎么做”，特别是那些在某一方面已经取得成功的企业。

这些企业必须要形成自身的“事业理论（The theory of business）”，要对自己所面对的市场和顾客、顾客的需求和我们能提供的价值、我们用何种产品和方式来为顾客提供价值，拥有清晰、完整、一致的观点，这些观点的集合就是“事业理论”，这个理论能够产生巨大能量，它能为企业提供有所为和有所不为的原则，并就业务和业务带来的结果对组织具有的意义进行判定。

“事业理论”是德鲁克著作中非常重要的概念，概念最初来自《管理的实践》，并在其后贯穿了德鲁克许多重要的著作，直至20世纪90年代，德鲁克详细阐述了“事业理论”的思想，并集合于《巨变时代的管理》一书中①。

“事业理论”包含三部分假设：

首先，它是有关组织外部环境的假设。其宏观层面包括社会结构、人口结构和产业政策等方面；中观层面包括对利基市场和相关技术发展的认识；微观层面包括具体顾客及消费场景。

其次，它是有关组织的特殊“使命”的假设②。例如，AT&T（美国电话电报公司）在20世纪20年代左右明确了自己的使命——让每一个美国家庭，每一家美国企业都能装上电话！中国的新希望六和股份公司深耕农牧食品产业领域，它的使命是“为耕者谋利，为食者造福”。

最后，它是企业为完成使命所必须拥有的核心竞争力假设。在20世纪20年代，AT&T认为自己的竞争力来自技术领先和不断降低的产品资费水平。新希望六和股份公司的竞争力则在于多年来立足农牧食品产业，对饲料、养殖等农牧食品产业市场有着他人所不具备的深刻理解，以及整合相关资源的强大能力。

为了更好地理解这部分内容，我们把这个概念简化为三个意思分开

---

① 在该书中，“事业理论”被译为“经营之道”。

② 使命英文为“mission”，有宗教的内涵。在西方天主教/基督教中“mission”有上帝赋予任务的含义。在此处的意思是社会和外部赋予企业的任务。“mission”多用于企业和团队，与之类似的“calling”多用于个体。

阐述：

- ○ 环境假设：谁是我们的顾客？
- ○ 使命假设：我们带给顾客的价值是什么？
- ○ 能力假设：我们提供的产品和服务是什么？

环境假设：谁是我们的顾客

“谁是我们的顾客”？这似乎是个愚蠢的问题，谁不知道我们的顾客是谁，这还用问吗？

2002年12月，全球快餐连锁巨头麦当劳发布亏损预告，这是麦当劳上市36年来的首次亏损。麦当劳的金色拱门一直是美国的标志之一，是“最蓝的蓝筹股”，但非常明显的是，麦当劳出了大问题！先知先觉的股神巴菲特甚至在1997年就抛售了他手中的大部分麦当劳股票。

问题出在哪里呢？新任CEO坎塔卢波（Jim Cantalupo）很快就找到了问题所在，麦当劳把自己的首要顾客是谁搞错了！在普通人看来，麦当劳的顾客当然是消费者，可是麦当劳内部的管理者当时并不是这样的看法。麦当劳的主要利润来自加盟商提供的地产收益和租约收益，因此上一任CEO格林伯格（Jack M. Greenberg）在任的五年间，以增加海外连锁加盟店为己任，麦当劳全球连锁店的数量迅速从8000家增加到15000家。麦当劳的核心顾客是地产商和加盟商，其商业模式是用低租约从地产商手中长期租房（或直接购买地产和房产），在改造之后再将其高价租赁给加盟商（另行收取加盟授权费），同时给加盟商提供产品、管理和服务的各类支持，最终麦当劳、地产商、加盟商获得多赢的局面。

正因为如此，麦当劳的资源是围绕加盟商展开的，比如让他们能更快地开店、更快地取得收入收回成本等。不可避免地，它不重视消费者的服务和反馈，顾客开始抱怨麦当劳的汉堡味同嚼蜡，是垃圾食品。这导致麦当劳单店营业额不断下降，市值大幅缩水。

坎塔卢波的解决方案是重新思考“谁是我们的顾客”这个问题，然后向所有员工宣布“消费者是麦当劳的新老板”——麦当劳开始认真聆听消费者的意见，调整组织结构，开发更符合需求的新产品，同时开始关闭不合格的加盟店。麦当劳就此逐渐走出低谷，开始步入新的辉煌。截至2019

年底，麦当劳的市值达到1300亿美元，超过了星巴克和肯德基市值的总和。

德鲁克在此问题上又深入了一层：**“谁是我们真正的顾客，谁又是我们的潜在的顾客？这些顾客在哪里？他们如何购买？如何才能接触到这些顾客？”**

对于创业企业而言，这些问题是核心问题。我见过不少创业企业辛辛苦苦打磨出来的产品没人要（我也经历过同样惨痛的教训）。面对需求高度分化的市场，我们能做的是找到利基市场不断“试错迭代”，逐渐找到真正愿意拿出真金白银的顾客，而且还要更进一步——如果产品是卖给家庭，要了解究竟是谁动议购买、是谁决策购买；如果产品是卖给企业组织，要了解哪个岗位真正有需求，哪个岗位来决策。换句话说，不但要找到顾客，还要找到真正的顾客和潜在顾客，发现真实的购买场景，只有真实、稳定的购买场景才能解决关于顾客的问题，才能给企业带来长期收益。

○　对于多数企业来说，顾客总是有两类（或更多）。比如北方人喜闻乐见的王致和腐乳，它的顾客当然是最终的消费者，但是供货渠道显然也是它的顾客，如果消费者想买，但超市常常断货，势必会影响企业绩效。或者超市的货架上摆满了王致和的腐乳，消费者却不想买，真正的顾客（家庭主妇）不愿意把它放入购物车，这显然是更大的问题。

○　“顾客是谁”总是不清晰的。例如，有一类产品是减肥保健品，市场不大、名声也不好，同时市场也没有特别强势的产品。这是因为这类产品习惯于定义自己的顾客为“胖人群体”，导致真正的利基市场和顾客群体都不清晰。而厂商的错误认知导致产品定位模糊、广告投向模糊，最终使得销售不顺利、企业效益不佳。但如果“不治已胖治未胖”，下沉一级将“胖人群体中的微胖人群”或“正常人群体中的偏胖人群”定义为企业的利基市场，用心寻找相应的消费场景，并开发精准卖点，配置相应的广告和营销渠道，效果也许会完全不同。

对于成熟产品（不是成熟企业）而言，似乎“顾客是谁”清清楚楚，销售数据也明明白白。不过，产品越是成熟、认知障碍也会越严重——我们遇到的敌人是我们自己。在这种情况下，最需要做的是重新拓展企业经营者的认识。

关于“谁是我们的顾客”有三种拓展认识的方法。

（1）初级的认知拓展是扩大顾客的范畴。例如一个炸油条的小贩，如果问他顾客是谁，他会告诉你是早晨来他的小摊上买油条的人，或者会告诉你是周围几个胡同的住户。你可以告诉他，他真正的顾客是早晨需要吃早点的人，他的事业是早餐业，或者再扩大地域——他的事业是整个城市的早餐业。这并非文字游戏，对于成熟产品而言，它代表着一种新的角度和挑战。①

（2）中级的认知拓展是高层要重视分析顾客的关键信息。在现有顾客范畴的基础上深挖顾客的内涵。例如在互联网零售业中，针对干果零食的利基市场，可以通过购买时间（Recency）、购买频次（Frequency）和购买金额（Monetary）三个指标，长期坚持以大数据为核心的反馈评估，将巨大的客群详细分类，为典型顾客（超级顾客）画像。此外，根据零食业的品类特点，对不同地域顾客的零食偏好、口味、购买偏好等进行深入分析。和顾客保持密切接触，比如顾客见面会、推广体系和互动营销，以及定期的顾客问卷调研等。

（3）更高层次的认知拓展是企业和顾客“一体化”——购买产品的顾客同时也是开发者和维护者。比如维基百科的开发模式、Quora（美国的问答 SNS 网站）、知乎等信息传播分享平台的商业模式都是如此——每天都有来自全球的用户在平台进行数以万计的编辑和更新，消费者和生产者融为一体。其本质是将企业和顾客进行直接链接，从供求分离到供求一体化，与之类似的还有流行的社区商务模式。

使命假设：我们带给顾客的价值是什么

提供价值首先要了解需求，我们需要确定顾客究竟购买的是什么？**“为了一辆崭新的卡迪拉克汽车，不惜花费 4000 美元的顾客，他买的是交通工具，还是卡迪拉克的名气？换句话说，凯迪拉克的竞争对手是雪佛**

① 这似乎是 20 世纪 90 年代何阳的点子论，其实早在 1960 年，哈佛商学院教授李维特（TheodreLevitt）就发表了《市场营销近视症》一文，其基本观点是企业定位应该以大产业导向为依据，而不是根据自身产品或技术来定位自己。比如铁路公司应当把自己看作运输企业，炼油厂应当把自己看作能源企业。

兰、福特汽车，还是——挑个极端的例子来说——钻石或貂皮大衣?”

经过多年市场经济洗礼之后，我们可以很容易地理解这件事。包括买车买的不是交通工具而是身份和地位、小摊顾客的需求不是吃油条而是要“吃到方便的早餐”，家庭主妇不是要买锅而是要买“食物烹调方式”等——理解顾客究竟购买的是什么，给顾客带来价值，让顾客有理由选择企业的产品是企业的命脉所在。

有些需求并没有摆在眼前，顾客不知道自己要什么。虽然顾客群体无法描述产品的功能和自身的需求，但他们渴望获得这样的产品。这时候，企业需要提供创新的产品，引导顾客需求并理解顾客“心里的那杆秤”，就像前文讲到——提供顾客意想不到的产品和服务，从满足顾客的“need”到满足顾客的“want”。由此，我们才能够集中研发设计、生产制造、渠道销售、广告宣传等公司的核心资源，去满足客户。

始创于1883年的德国福维克集团是一个家族企业，主要业务是家用电器的设计和制造。它的产品种类极少，采取的核心策略是保证旗下每款产品都能深度满足顾客的需求。福维克旗下的美善品料理机于2012年进入中国，被称为“小美”，也被称为厨房神器。它从最基本的需求出发，创造出了集粉碎机、研磨机、面包机、绞肉机、豆浆机等为一体的厨房机器，甚至能代替蒸锅和煮锅（炒的功能也有，并不好用），并提供持续的服务，包括不断更新的食谱和各类活动。事实证明，它成功地抓住了顾客的“want”——有乐趣的厨房复合烹调机，美善品料理机的营销活动也紧紧扣住这个主题，以乐趣和体验为核心打造了一个成功的直销生态。虽然售价不菲（单锅过万元），其新型号TM5仍然能在上市不到半年的时间内，在中国市场和其他国家大红大紫，并且全球销量超过百万台。

顾客的需求和选择源自对价值的看法，同类商品为什么顾客会选择A而不是选择B，就是因为在顾客“心里的那杆秤”上，A的价值要大于B。德鲁克说：**“顾客对价值的看法非常复杂，只有顾客自己才能回答这个问题。企业管理层甚至不应该试图对其进行猜测，应该以系统化的方式直接向顾客探寻真正的答案。”**

虽然每个顾客的价值观、个性和生活方式都不同，但我们总可以从某一个合适的角度出发来思考顾客对价值的看法。所谓“系统化”，就是将诸多看似不相关的散点进行归因处理，以某一个逻辑将它整理出来，然后用整体的视角进行分析。看似晦涩，但只要找到规律操作起来并不复杂。例如，美国学者菲什拜因（Fishbein）和阿耶兹（Ajzen）提出理性行为理论，并在此基础上演化出菲什拜因模型（the Fishbein Model），也称为多属性态度模型。这个模型可以系统化地对顾客的购买行为进行分析。比如某个鞋类产品有五个属性，分别为价格、舒适度、外观、使用耐久度和售后服务，菲什拜因模型的评价逻辑是将每个属性的偏好程度和信念强度（即顾客对某产品某属性的态度打分）的乘积加总，得出顾客的购买倾向，如表 13－1 所示。

表 13－1　某鞋类产品购买倾向表

属性	偏好程度	A 产品信念强度	B 产品信念强度
价格	2	2	3
舒适度	2	3	2
外观	4	5	4
使用耐久度	1	3	2
售后服务	1	1	1
总分数		34	29

用这种方式，你就可以直观而量化地思考顾客对价值的看法。它告诉我们的不是顾客是否喜欢某个产品，而是顾客看重的价值点及顾客为什么会喜欢某产品。

百草味是一家著名的休闲食品企业，2016 年它在收集了几十万条针对夏威夷果“果壳难开”的用户评价后，开始组织深入研发，推出了 300 度大开口的夏威夷果。在新品上市前，百草味随机挑选用户举办了多次试吃会，了解他们的消费场景，采纳他们对于口味、包装、选材各个维度的改善建议。现在，这款夏威夷果产品已经成为百草味稳居前列的爆款经典单品。百草味夏威夷果产品成功是因为和客户进行深度接触，用系统化的方式了解顾客对价值的看法，最终真正对顾客需求有了深入认知，并基于稳定的消费场景开发出了相应的产品。

百草味的经验告诉我们开发产品切忌闭门造车（与此相同，战略规划、决策、营销等与管理相关的事物都不可闭门造车，开放是知本经济对企业、企业人和企业管理的基本要求），从一开始就应该选取合适的维度来系统化思考顾客需求和顾客潜在需求，同时让目标顾客全程参与。

另一种系统化的方式可以更好地探寻顾客需求和我们能提供的价值——和顾客实现“一体化链接”。例如，小米手机让客户主导/参与产品设计和开发，利用“橙色星期五”的开发模式，以用户的使用和测评为中心，完全开放式地开发出 MIUI（基于安卓系统开发的手机操作系统软件）产品。在小米手机开发期间，论坛上每天都有十多万客户提交需求，帮助小米产品进行改进。经由这个过程推出的产品几乎不可能失败。

在深入理解顾客对价值的看法之后，我们还需要上一个台阶——从企业使命的角度来理解企业的“事业理论”，明确社会赋予企业的使命。企业使命存在于企业之外，它是由社会和顾客决定的。只有企业为社会创造价值（有一批顾客认为你提供的产品有价值并因此购买）它自身才有存在的意义，而顾客对价值的看法是使命的源头。

关于使命的假设对企业非常重要，它绝不是虚无缥缈的文字游戏，而是企业在重要决策中实实在在、即插即用的决策依据。前文中，Snap 公司的使命就应该与“为青少年提供更好的社交平台”有关，而不是“为青少年提供时尚潮流的数字设备”，如果以此为依据，Spectacles 智能眼镜产品的开发和营销过程将完全不同。

使命假设不会一成不变，它随着外部环境的变化而变迁。百草味公司对自身使命的看法就在发生变化，2017 年，百草味的使命从原有的“趣味零食探索家”改变为“让更多的人吃上放心健康的食品”，新说法意味着百草味对带给顾客的价值有新的思考——不仅仅是带给消费者“趣味”和“零食”，而是要以“食品安全”和“健康生活”为导向来打造企业系统——这与顾客生活方式的改变相关。

能力假设：我们提供的产品和服务是什么

印度学者普拉哈拉德（C. K. Prahalad）和英国学者哈默尔（Gary Hamel）在 20 世纪 90 年代初共同提出了核心竞争力分析模型。21 世纪以来，他们的理论受到国内企业的高度重视，其原因在于，中国市场经济的初级阶段已经过去，遍地商机的时代已经过去，企业的发展路径必然由机会导向转向能力导向。

企业的核心竞争力可以是企业的任何能力，只要能够在竞争过程中使企业击败竞争对手、赢得客户，并且该能力稳定存在，它就是企业的核心竞争力。

时至今日，企业之间的竞争更加白热化，也更加复杂，竞争的内核往往不是我们表面上所看到的产品和服务，而是更深层次的“商业模式”。

商业模式究竟是什么？可以说它是个很宽泛、内涵非常丰富的概念，它能够表达企业创造价值、传递价值和得到顾客反馈的全过程。其中包含我们的研发模式、产品设计、生产模式、营销模式，也包含我们提供的实物产品、服务产品、促销手段、顾客画像、顾客互动等内容，在有的情况下，它还包括企业的资金筹措、组织设计、政府关系等因素。

今天的顾客需求与过去的数百年间有所不同，不同之处在于顾客需求正在加速分化。分化是生物学用语，出自达尔文的进化论。美国学者里斯（Al Ries）和特劳特（Jack Trout）的定位理论用分化这个词来表达商品品牌和品类的变化。例如，可口可乐是汽水这个饮料品类中的子品牌，在可乐销售打开局面之后，因为有的顾客不喜欢含咖啡因的饮料，就分化出了不含咖啡因的七喜、雪碧等新品牌。顾客需求分化意味着顾客的价值主张类别越来越多，满足顾客需求的方式越来越复杂。最终，商业模式也开始加速变异和分化。

从古至今，零售的商业模式变化不大，主流是市镇中的商铺模式和便利店模式。从20世纪开始，西尔斯开始推动目录邮购的商业模式。接下来，城郊大型购物中心模式和超级市场模式从西方火爆到东方，延续至今，成为全球最成功的零售商业模式。但近年来，顾客需求的分化导致利基市场不断分级下沉，商业模式变异和分化速度明显加快，新型零售商不断出现。不仅线上零售在快速分化，线下零售也同样如此。以线下为例，近几年来就有类似阿尔迪、盒马鲜生、Amazon Go（无人零售）这样的新零售商业模式涌现。

德国连锁超市企业阿尔迪公司（ALDI，在中国叫“奥乐齐”，已经在上海开始营业），它一反大而全的超级市场模式，把自己货品种类限制在600~800种，这些商品都由阿尔迪公司自己设计并订单化生产，所有商品都贴有阿尔迪自己的品牌商标。虽然经营的商品种类不多，但它的每种商品都在价格、实用性等方面可圈可点。更重要的是，这种简单的商业模式无疑降低了商品采购、存储、销售及管理的难度，从而降低了企业运营和管理费用。阿尔迪旗下超市的商品价格比其他超市低10%～20%，因此德国人管它叫“穷人店”，由于实用性和质量有保障，相当大比例的德国人都在阿尔迪购物。今天，阿尔迪公司的品牌价值在德国排名第三，排在奔驰品牌之前。

商业模式决定了我们提供的产品和服务是否能够打动顾客，满足顾客的需求。任何企业都需要不断跟上顾客需求的脚步，在此基础上反思和规划自身的商业模式。再进一步说，就是反思和规划企业如何创造价值、如何传递价值、如何根据顾客反馈来进行调整。

企业真正能够“创造价值”的方向只有三个：

○ 方向一：在质量相同的情况下，价格比其他人更低。

○ 方向二：能够给客户带来不一样的舒适方便快捷的服务。

○ 方向三：带来拥有先进技术或者功能的产品或特殊的品牌内涵和感受。

基本上，只要在某一方向上做到出类拔萃，顾客就会选择你的商品。所有的企业都要在这三个方向面前做抉择，而且选择基本唯一。换句话说，没有企业能同时选择两个方向，在均好性的基础上做到唯一性，几乎所有优秀企业都是在它选择的跑道上做到了最佳——富士康和格兰仕选择了方向一，联想和TCL选择了方向二，华为和大疆选择了方向三。

企业“价值传递”的方法非常多，比如做电视广告、渠道深耕、运作SEO带来流量、产品媒体化、软文投放、线下流量线上化等，不过究其实质，价值传递也只有三个方向：

○ 方向一：增加现有营销渠道的数量，比如在新的城市招揽分销商等。

○ 方向二：开拓新的营销渠道，比如在公众号和朋友圈进行软文广告投放等。

○ 方向三：用新方法链接顾客。比如成衣制造商开发App进行C2M

（用户直连制造）定制业务；餐饮或零售企业进行线下交易时要求顾客进行线上点单和结算，精确了解顾客的消费数据和行为数据，并以此为基础进行营销。

企业高层领导者始终要明白，正是为了满足顾客的需求，社会才会把配置资源的权力交给企业，并要求企业整合资源以创造财富、创造就业机会、负担起相应的社会责任。这是德鲁克"事业理论"的基础，也是企业宗旨和使命的来源。

在理解了"我们的事业是什么由顾客决定"之后，我们才可能制定战略目标，配置主要资源并探索适合的商业模式去完成任务。

第十四章
两个人一起住能摊薄生活成本吗

本章的名字略有些奇怪，这是源于《管理的实践》中的一句话：“**好的衡量指标应该防止企业听信最危险骗人的托词：由于帮忙吸收了‘管理费用’，原本不赚钱的事业其实对企业也有所贡献（也就是会计师所谓‘两个人一起生活的费用和独居一样便宜’的道理），但其实两种说法都同样不合理和不可信。**”

现实中这样的情况很多，比如一家企业在两个不同行业领域都有业务，一项赚钱同时前景不错、一项不太赚钱前景一般，但考虑到都是同一批管理人员，似乎管理费用并不因此而增加（参考前文，会计报告中的管理费用并不是以企业经营为出发点的），所以好像不太赚钱的业务也有价值——至少也分摊了不少费用。

这些思路是不正确的，这是以财务人员的角度来看企业，不正确的原因在于财务人员并不理解企业领导者的注意力是企业的高级成本，它影响了许多相关因素，从而使得我们做业务选择和人员配置时要非常谨慎——前面说到不赚钱的业务似乎还能给公司带来收益，同时摊薄管理成本——但如果考虑到管理这块业务的机会成本，这项业务实际上可能是严重亏损的。

机会成本是我们每天面对选择都会用到的选择标准。比如买一个2000元的手机，我们就失去了使用这2000元投资的收益，如果按照某些投资理财网站的表述，你就失去了30年后收获20万元的收益。那么，这20万元就是机会成本（多么像阿凡提三个鸡蛋的故事）。

对于企业而言，最主要、最宝贵的资源是企业管理层的注意力和精力。这是如何处理企业中传统业务和新业务关系所需要的基本认知，从这个角度来看企业多元化发展、看企业中的机会和难题、看自身业务的昨天和今天，可能会更加清晰明了。

多元化失败和成功的原因

在百度上搜索“企业多元化”这个关键词，竟然有1980万个相关项，足以说明这件事在中国企业中受关注的程度。在企业的发展历程里面，多元化是一个非常自然的过程，发展到一定程度，一定会有冗余的资源，比如现金流、人力资源、办公场地等，如果在此时遇见一些好的、让人心动的机会，多元化经营就自然产生了。如果赶上经济大势比较好，多个业务都有发展，企业负责人就会产生无所不能的错觉。就像三九集团的赵新先，在最红火的时候，三九集团的企业成就陈列室中摆出了一艘航空母舰模型，上面放了数十架飞机，每架飞机都表示一块业务，即三九的二级子公司。最多的时候，上面摆了98架飞机。

怀着“不要把鸡蛋放到一个篮子里”“东方不亮西方亮”等朴素的想法，中国的第一批优秀企业开始了多元化的历程，结果并没有想象中那样美好。举个例子，在20世纪90年代，有一家企业叫春都，以一根“会跳舞的火腿肠”风靡中国，市场占有率竟达到70%以上，远超现在的火腿肠大王双汇集团。在初期的大发展之后，春都集团在短时间进入医药、房地产、茶饮料、木材加工、旅馆酒店等行业，结果并购过来的企业大都血本无归，春都集团不得已在2019年正式启动了破产清算程序。与春都类似的还有广东太阳神集团，1993年，太阳神集团的营业额达到了近13亿元人民币，接下来的情况与春都如出一辙，太阳神迅速上马了包括房地产、石油、边贸、酒店业、化妆品、电脑等在内的20多个项目，在全国进行大规模投资。和春都不同的是，太阳神于1995年底在香港地区上市，不过由于盲目多元化，太阳神很快陷入亏损的渊薮，股价最低跌至港币9分左右，2002年被香港曼盛集团以低价收购。

几乎无一例外，20世纪90年代实施多元化的企业全部遭遇滑铁卢。原巨人集团，现巨人网络的董事长史玉柱在后来回顾巨人集团发展的时候说：“多元化经营没有几个可以成功的，巨人集团就是典型多元化的失败案例，最后的下场是一塌糊涂。”跨入新世纪之后，国有企业中最优秀的企业家之一宁高宁也没能逃过多元化陷阱，中粮的“全产业链”① 布局基本以失败而告终，即使以中粮集团人、财、物资源的富集程度，也无法搞定如此分散的业务。

从“事业理论”的角度来思考企业多元化的失败，可以看到，其核心原因在于企业没有搞清楚“我们的事业是什么”。

---

① 多元化有很多种类，按照不同维度可以分为相关多元化、非相关多元化、水平多元化、垂直多元化等，或者从垂直产业链的角度分为前向多元化、后向多元化，或者综合多元化，即将水平多元化、前后向多元化综合起来。中粮的“全产业链”布局属于综合多元化。

宁高宁从“做大做强”的视角出发，在他的领导下，11 年间，中粮集团的资产规模从 598 亿元增长到 4550 亿元，单论企业资产和销售额，已经成为世界第三大粮商。似乎业绩很不错，2015 年底宁高宁离开中粮集团，同年中粮亏损 3.77 亿元，充分说明了中粮“大而不强”的现实。从结果来看，在葡萄酒、方便面、白酒、果汁、牛奶等行业中，中粮收购的企业在收购整合之后并发展数年后，仍然在行业内排不上名次。

中粮集团有限公司是中央直属企业，它的第一责任是稳定中国粮食市场、保障粮食安全。它应该针对“国际粮商”这一“事业核心”反复研讨，然后围绕“事业核心”进行资源投入，而不是无视业务边界四处出击。不可否认，宁高宁是非常好的企业家，他勇于探索并在产业链前端深耕，对企业贡献巨大，但从企业多元化发展战略和企业成功做强的角度，他失分了。他的继任者赵双连上任后，提出瘦身健体计划，及时止损，回归国际粮商主业。预计赵双连会向 GE 学习，推动企业的“数一数二”策略。

多元化并非一无是处，无论是阿里巴巴、小米、比亚迪还是华为，似乎都在多个领域取得了不俗的成绩，这又如何解释呢？

阿里巴巴当前已经是中国最大的电子商务集团，其业务领域非常广泛，从电商类的天猫和淘宝、物流类的菜鸟网络、金融类的支付宝、零售类的盒马鲜生、娱乐类的优酷土豆等，似乎在各个领域都做得不错。小米则是以小米手机为核心，产品线不断扩展，目前已经扩展到空调、电视、平衡车、电饭煲、净化器、净水器等十几个领域，并不是说小米的“手机 + AIoT①”策略一定正确，但至少到 2019 年底，小米的经营情况相当不错。2018 年初，任正非接受《深圳商报》采访，他说：“华为不会做多元化业务，会永远聚焦在主航道上……”不过从 B2B 的电信设备、消费级的手机业务乃至服务端的华为云服务，华为也是在不同赛道上做得风生水起。华为虽然强调“力出一孔、利出一孔”，但产品和服务的多元化已经毋庸置疑。

---

① AIoT，即 Artificial Intelligence + Internet of Things，人工智能 + 物联网。是指人工智能技术（AI）与物联网（IoT）在实际应用中的落地融合。

德鲁克对于多元化有如下的认识："**企业应在产品、市场和最终用途上实现多元化，并在其基本知识领域上实现高度的集中化；或者，它应在其知识领域上实现多元化，并在其产品、市场和最终用途上实现高度的集中化。任何介于中间的模式很可能都无法取得理想的效果。**"德鲁克在其中加了一个"基本知识领域"的概念，从事业理论的角度进行理解，可以将其解释为"符合企业使命的核心知识能力"。下面就用这个概念简要论述一下以上三个企业成功多元化的秘密。

（1）阿里巴巴集团网页中，对于阿里巴巴的使命和愿景的摘要表述如下：

使命：阿里巴巴集团的使命是让天下没有难做的生意。我们旨在赋能企业，帮助其变革营销、销售和经营的方式，提升其效率……围绕着我们的平台与业务，一个涵盖了消费者、商家、品牌、零售商、第三方服务提供商、战略合作伙伴及其他企业的数字经济体已经建立起来。

愿景：我们旨在构建未来的商业基础设施。我们的愿景是让客户相会、工作和生活在阿里巴巴……

阿里巴巴的"事业理论"非常清晰，这个巨无霸正在围绕"赋能企业"这个使命"构建未来的商业基础设施"，向社会提供各类有价值的产品和服务。虽然其业务多元，有电子商务、网上零售、金融服务和物流服务等多种业务，但其"基本知识领域"非常清晰，它以数据为核心，以电商、物流和金融为服务平台，为商家和消费者提供从撮合交易、结算、融资和物流服务，从业务数据化到数据业务化，形成商流、物流、资金流和信息流四流合一的完整供应链。

此外，从集团层面来看，阿里巴巴是"管理多元化"的企业，但从业务层面来看，它完全是属于"经营单体化"的企业。不过，我并不看好阿里巴巴在文化娱乐领域的发展，包括优酷土豆、电影、音乐和其他业务，因为这些业务突破了以上"基本知识领域"的边界，与阿里事业理论之间并不兼容，由此在产业理解和协同方面会产生不可知的影响，阿里音乐和阿里影业近年来的问题直接与此相关。

（2）2019 年初，小米启动了"手机 + AIoT"双引擎战略，围绕手机和IoT平台开发出了种类繁多的新产品。诸如电视、空调、洗衣机、各种家用电器、智能硬件，简直无所不包！为什么小米能这么做？多元化的同时小米的业绩依然不错，无论是它的手机还是IoT产品的市场占有率都在提升，利润也有较大进步。

小米创始人雷军的选择是用“铁人三项”将小米和顾客紧紧地绑在一起，“给顾客带来不一样的舒适方便快捷的服务”。所谓“铁人三项”，就是别人做手机是做硬件，比如乔布斯的苹果就是如此（虽然Apple Store非常好用，但苹果的核心是硬件），但雷军的小米则把重点分配在服务和体验上，将硬件、软件和互联网服务一体化，为消费者提供最好的服务。具体而言，小米一方面用“橙色星期五”和每周快速迭代的方式与顾客之间搭建紧密的桥梁；另一方面用MIUI、米家、小爱同学等产品节点整合小米产品，实现顾客链接和智能家居的无数玩法。截至2020年第一季度，MIUI月活用户超过3亿人，小爱同学月活用户达到7千万人，米家App月活用户4000万人。这才是小米多元化成功的主因。

小米的“基本知识领域”显然是多元化的，它的产品之间共通点甚少。但其产品、市场和用途高度聚焦顾客个人场景或家庭场景，小米所有的产品与顾客的家庭生活息息相关，通过这种深度链接，小米“让每个人都能享受科技的乐趣”。有人嘲笑小米的商业模式是“杂货铺”，其实这就是它的成功之处——聚焦个人场景或家庭场景，通过全面的产品和便捷的方式来服务顾客，进行价值创造、价值传递，用最简捷的方式获取顾客反馈。

（3）华为公司在任正非的领导下，真正做到了咬定青山不放松，在诸多优秀企业耐不住诱惑投资地产的同时，华为不为所动默默深耕，一直坚持着它的“主航道业务”，即“构筑面向未来的信息管道”。

在很长一段时间内，任正非甚至强调不做移动终端——手机业务，不过，本质上手机业务也是管道的一部分，是管道末端的“水龙头”。据任正非讲，华为在为阿联酋提供3G服务的过程中，“水龙头”没有企业愿意提供，于是华为被迫开始进入移动终端业务。这也开启了另一条宽阔的赛道，2019年，华为销售收入达到8588亿元，其中消费类业务收入占比首次过半，达到54%。除手机之外，PC、平板电脑、智能穿戴设备等也发展迅速。

华为的基本知识领域是“信息与通信技术”，即ICT（information and

communications technology)。无论是政府和运营商的主管道业务还是消费类的水龙头业务，依然聚焦这个范畴。

不过，华为的云服务业务则突破了这个边界。2017 年开始，华为开始大力推进布局政府和企业的云服务业务，放松了业务边界的管控（之前华为就有公有云业务，不过由于边界管控，一直处于小规模运营状态)。也许，华为的确发现了互联网基础设施建设和 Cloud 2.0 时代的新趋势，是时候该调整华为 35 年来的“事业理论”和“基本知识领域”了。对此，我们需要拭目以待。

企业不是不能够多元化发展，而是不能盲目多元化发展。如果经过深入讨论，能够认定事业将由多领域的业务组成，在各个领域之间能形成清晰的合力，并符合上文中关于“基本知识领域”的论述，多元化完全是可行的。但其前提是，我们有足够的、有相关能力的干部（包括后备干部）用于多元化的业务。多元化的背后，是企业对管理者提出了更高的要求，要求管理者在保持企业当前利基市场优势的前提下，抽调出重要的人力资源放在新机会的经营上，以获得新利基市场的领先地位。换句话说，在管理资源支持的情况下管理可以多元化、但经营必须专业化。

喂饱机会、饿死难题

在企业中经常可以看到这样的情况——新业务前景非常好，但市场占有率低，不确定性比较大；另一块老业务虽然还有利润，但行业日落西山，同时经常冒烟突火，有各种问题产生。如果两块业务都在一个屋檐下，资源应怎么配置?

对企业来说，最重要也最艰难的问题是资源分配，尤其是财务资源和人力资源。其中，优秀的干部资源如何分配是第一要务。在为企业服务的时候，我发现一个现象，就是最优秀的人才总是在救火的第一线，包括做得一团糟的业务、搞得特别差的一项职能，这么做的结果是在优秀干部被问题淹没的同时，好的商业机会悄然滑过。此外，无论是时间资源还是财务资源（有时候时间资源的投入还不如财务资源），最高领导层总是只拿出 10% 左右的资源来进行新机会的研究和探索。

更好的处理方式是“喂饱机会、饿死难题”，也就是说，把好的资源用在机会上，而不是用资源到处救火。某块业务冒烟突火一般有两种情况：一种情况是不得不救，否则企业生存会出问题；另一种则是出于习惯和路径依赖，不救也无妨，损失有限。

企业经营和投资理财一样，想要真正赚到大钱，必须重仓押注。资源集中才会产生优势，资源分散只会导致失败（天使投资除外，但即使最优秀的天使投资商，也难以做得很大）。

企业管理的任务是要解决问题，老业务的摊子比较大，问题自然也多，势必会占用管理者更多的时间。而且，管理老业务是没有风险的，一切都有规章和经验可循。新业务则不然，新的市场问题、新的技术挑战、新的组织结构、新的考核方式、不确定的业绩表现都足以让管理者（尤其是职业经理人）裹足不前。

因此，把“资源用在机会上”容易理解，却不易做到。好的方法是对“机会业务”和“难题业务”投入相同的时间、提出不同的业务指标要求、设立不同的考核标准、采用不同的薪资体系——如果可行，需要把它们拆开来管理。

不要让昨天和明天住在一起

波士顿咨询公司著名的四象限矩阵图中，有金牛产品和明星产品两个业务象限，大家普遍认为如果企业同时拥有这两类业务，企业就是比较良性的——有点类似于企业的昨天和明天，由昨天来提供现金流（金牛），由明天来提供希望（明星）。

解释一下波士顿矩阵图，它是一个简单的战略分析工具。用于分析我们的业务/产品，它把业务/产品用两个维度分为四个象限，两个维度分别是市场增长率和市场占有率，用以说明某业务或者产品的市场前景和产品实力。如果是高增长率高占有率则是“明星”，低增长率高占有率则是“金牛”，高增长率低占有率则是“机会”（原中文描述是“问题”，但实际英文表达为“question marks”，我觉得更贴切的翻译为“机会”或“不确定”更加贴切），低增长率低占有率则是“瘦狗”。

要注意的是，金牛一般意味着下滑的主业，但对于现实情况而言，主业暂时下滑，产业前景却未必一定不行。所以，每隔几年就有必要在高管会上对如下问题进行思考和讨论：

如果我们没有开展这项业务，以我们今天的想法，是否还会对这项业务进行投资？

如果答案是否，而该项业务又能产生丰富的现金流，那么它才是“金牛”。如果还会继续投资，它可能同时也是明星业务，可以考虑在原有业务的范围内寻找新的利基市场。如果没有明星业务，至少要把精力和资源的50%放在“机会”上。由于“金牛”业务未来已经黯淡，虽然它仍然是公司的利润支柱，但我们对它的关注度必须降低到最低限度，否则我们将不会有精力来完成新的开拓。这个时间点最好是在“金牛”的业绩顶峰就开始。系统性地抛弃昨天的“金牛”业务，逐渐开拓未来的“机会”或者“明星”。

还需要再往深里想一层——昨天和明天如何来进行管理，是放在一起还是分别管理？对应本文的题目，前面已经说到了，两个人在一起住不见得能够摊薄居住成本，反而会因此生出许多麻烦。

举个例子，某企业用事业部制来管辖多个业务，但各个事业部的情况千差万别。公司的收入主要来自A事业部和B事业部。A事业部是公司一直以来的主业，但预计未来五年会一直比较平稳，五年后预计会逐步下滑；B事业部有一定的规模，产品的技术含量更高，但市场营销一直打不开局面导致利润很少，未来预计市场占比和销售额会快速提升；C事业部规模较小而且一直在亏损，不过产业前景非常好。当前企业内部有几件比较烦心的事情，一是A业务虽然稳定，但由于产品和技术老化，经常出一些问题需要高层出面解决；二是在薪酬分配上有比较大的矛盾——A事业部是利润支柱，但由于B事业部高技术人才多，A的平均工资比B要低不少，导致A内部怨声载道；三是董事会对于如何考核A、B、C三个事业部有很多分歧，有的主张一视同仁，拿利润说话，有的建议给新业务空间和时间，逐渐培育。

在企业获得阶段性成功之后，企业内部往往会懈怠，大家开始按照常规和习惯来进行资源配置和思考问题。所以，成功总是意味着要扬弃已经成功的业务，而把多半精力放在尚未成功的业务上，由于企业文化已经形成或者思维惯性不易改变，所以更好的办法是——把昨天的业务和今天的业务分开，如果它们之间没有过多的协同效应，甚至应该从物理空间直接分开，更加有利于企业新老交替，实现持续成长。

事业并非一成不变，企业成功的同时挑战马上就来。企业管理者必须经常讨论“我们的事业将是什么”？

具体讨论什么内容，德鲁克已经讲得很清晰：**“首先，是市场潜力和市场趋势……5 年、10 年后，我们预期市场会变得多大？哪些因素会影响市场的发展？其次，经济发展、流行趋势和品位的变化，或竞争对手的动作，分别会导致市场结构发生什么改变？再次，哪些创新将改变顾客需求、创造新需求、淘汰旧需求、创造满足顾客需求的新方式、改变顾客对价值的看法，或带给顾客更高的价值满足感？最后，今天还有哪些顾客需求无法从现有的产品和服务中获得充分满足？能否提出这个问题，并且正确回答问题，通常就是持续成长的公司和只能搭上经济繁荣或产业兴盛的潮流乘势而起的公司真正的差别所在。”**

第十五章
我们的事业和我们的战略

20世纪五六十年代，“战略（Strategy）”这个词主要还是在军队使用，和企业没有太大关系，《管理的实践》虽然有着明确的战略思想表达，但却没有“战略”这个词[①]。在今天这个言必称战略的时代，多数人要么把它视作高大上的抽象事物而望而生畏，要么认为战略虚无缥缈不值得重视。而50多年前，德鲁克就已经提出了非常明确的“事业理论”，提出战略的源头是社会赋予的使命，战略的落地是从行动的承诺而来，这些理念随着时间的推移越发熠熠生辉，时至今日，德鲁克“事业理论”已经成为众多优秀企业管理者所接受并推崇的战略管理模式。

笔者做过多年的企业战略咨询，以笔者的经验来看，传统的企业战略咨询模式对企业的帮助并不大。唯有引导管理层深入探究最核心的问题——去思考企业的事业是什么、企业的事业到底是什么、企业的事业将是什么，并从外部市场和顾客需求的视角反复思考企业的现实，发现其中的认知障碍和盲点（这个过程非常困难），明确顾客、顾客所认可的价值及最适合企业能力的商业模式，然后协助管理层对此进行层层梳理，理出思考框架和行动框架，找到重要的因果关系及合理的切入点，并在高层乃至中层逐渐达成共识——共识的培养则如炼丹孵卵，需要明确的制度保障和坚持不懈的深度沟通，在企业管理层有高度共识的情况下，企业的战略才真正有意义。在这个过程中，重要的不是直觉，而是从模糊到清晰的认知，以及企业管理团队之间发生的“化学反应”（唯有发生“化学反应”才能导致超乎寻常的协同，才会导致真正高效的创新和行动）。这就是“事业理论”的内核，这是做好企业的“心法”而不是方法。

德鲁克为什么要强调“事业理论”，是因为许多企业管理者在做战略的过程中过于讲求直觉，活在自己的世界里，不喜欢谈玄而又玄的事业方向、企业宗旨和使命，不喜欢系统化地分析所面对的利基市场、顾客需求和企业能提供的价值，对管理团队共识的重要性一无所知或不屑一顾。

德鲁克“事业理论”的简要阐释

前文中我们对“事业理论”已经做了一些描述，即“事业理论”可以

---

① 德鲁克在1964年出版的《成果管理》实际上是第一本详述企业战略的书籍。本来德鲁克给书定的名称就是“企业战略”，但编辑认为战略是一个完全陌生的名词，因此最终把名字改为不知所谓的“成果管理”。

分为环境假设、使命假设和能力假设，它包含谁是我们的顾客、我们带给顾客的价值及我们提供的产品和服务三部分内容。出于人类习惯的认知结构需求，可以从比德鲁克小30岁的管理学者——明兹伯格（Henry Mintzberg）的角度，把“事业理论”的思想再和今天的战略管理语言做一下对接。

明兹伯格在他的著作《战略历程：穿越战略管理旷野的指南》中，给“战略”概念以五个角度的定义：

（1）Plan：战略是通过深思熟虑的计划，指向通往未来的路线。

（2）Pattern：战略是一种模式，自我涌现（emergent）而形成战略。

在这种情况下，企业战略实现并非事先计划好的，而是在经营过程之中自发产生。比如早期福特T型车全部都是黑色的，这是老福特在实际经营中的一个偶然的想法激发而出的，并产生了与其他品牌的区隔效应。其内涵即第七章所描述的“自下而上”或“战术决定战略”。

（3）Position：战略是一种定位，即特定产品在特定市场中的心智定位。

长城汽车以特劳特（Jack Trout）的定位理论为依据，多年来坚持“专注于SUV”的战略定位取得成功。长城“哈弗”品牌已经根植于汽车消费者的心智之中，成为中级SUV的代名词。

（4）Perspective：战略是一种观念，是一个组织思考和做事的基本方式。

它强调企业内部要取得一致的观念，同时也强调要向高处看，看到企业的宏伟愿景，并在此基础上采取一致行动。西蒙（Herbert Simon）① 认为，组织决策的关键在于价值立场或价值前提，只要企业能够用愿景统一全体员工对事业的观点，那么目标和协同会自然产生。例如，西贝餐饮集

---

① 赫伯特·西蒙，美国著名管理学家、心理学家，多个领域（包括人工智能、决策管理、组织行为、复杂系统）的创始人之一。曾获得诺贝尔经济学奖和图灵奖等奖项。

团对外宣称，它的事业理论是“成就人”，并围绕成就人展开一致行动。“Perspective”这个定义的角度和德鲁克“事业理论”最接近。

（5）Poly：战略就是策略，即为了智取对手而设计的特定谋略。

和中国文化里面“术”的部分不谋而合。

说到这里，似乎“战略”这件事情太复杂了，面对现实问题到底应该怎么思考和行动呢？

幸好，我们有德鲁克。他有一种特别的能力——能够穿透复杂的表象，甚至穿透时代的局限，击中事物的本质。德鲁克对于战略的看法，对于企业在这个动荡世界中如何生存和发展，给出了远超他人的明确答案。以下将“事业理论”的三问和我们耳熟能详的一些概念挂钩，如图 15－1 所示。

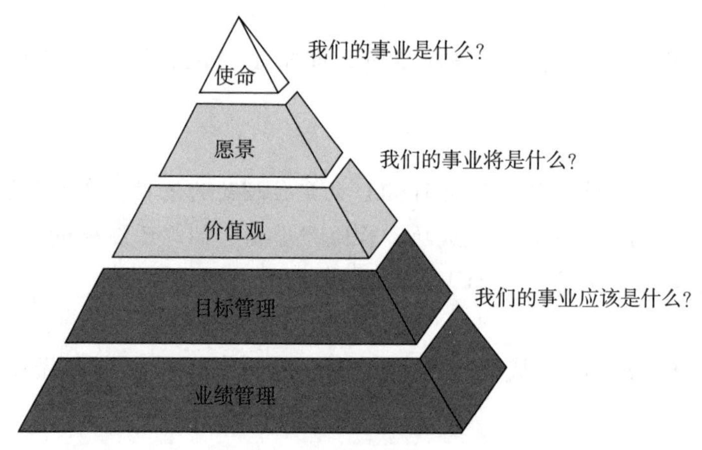

图 15－1　“事业理论”三问

○　我们的事业是什么：企业使命。

○　我们的事业将是什么：企业愿景、价值观。

○　我们的事业应该是什么：战略目标、战略路径和业绩管理。

使命：社会赋予了企业相应的使命，企业和社会息息相关。

愿景：企业相关利益者（不只是员工）的约定，它是精神层面的追求。

价值观：使命和愿景约束下的价值取向，由信念和认知结构等组成。

目标管理与业绩管理：将构想转化为行动的承诺，聚集资源开始行动。

到这个程度还远远不够，我们必须要了解战略是怎么形成的。回到明兹伯格对战略的定义，他对前四个定义进行了二维拼接，形成了四种战略形成的基本方法——战略规划、战略风险、战略愿景和战略学习，为了便于理解，笔者对四类基本方法作了注解。如表 15 - 1 所示。

表 15 - 1　四种战略形成的基本方法注解表

	战略是计划	战略是模式
战略是定位	战略规划：程序化、清晰化	战略风险：特定的选择
战略是观念	战略愿景：心存高远、并肩前行	战略学习：摸着石头过河

○　战略规划：这个词出自泰勒（Frederick W. Taylor），它是和程序化管理（计划管理）联系在一起的。如果希望战略规划有效果，输入的信息就必须非常有效。不过，现实中许多真正有效的信息是非量化的，只有极为了解企业现实的管理者才能模糊地感知到，因此，程序化的战略规划过程有着先天的问题。不过由于基础管理的程序化及战略清晰化的认知是多数中国企业仍然没有做到的，因此，战略规划作为一种程序或模式仍然是有意义的。

○　战略风险：这个词由于翻译的问题不好理解，可以将其改为“战略涌现”——有效的战略往往都是自下而上涌现出来的——看似漫不经心，没有经过周密筹划，但实际上，由于企业管理者长期浸润在企业现实之中，下意识中对此已经深思熟虑（不是简单的直觉），因此对特定市场、特定产品、特定价格等方面的选择先天就具有合理性和可实施性。老福特将 T 型车涂成黑色是自我涌现的，但它也是一种特定产品的定位选择。

○　战略愿景：1961 年 5 月 25 日，时任美国总统肯尼迪告诉美国国会：“在这个 10 年结束之前，我们国家应该致力于实现这个目标——把一个人送上月球并让他安全地回到地球。”这个愿景有效激励了 40 多万 NASA（美国国家航空航天局）员工，甚至 NASA 的清洁工在工作时都会说：“我不是在扫地，我是在帮助人类登上月球！”

○　战略学习：温州有不少企业家是战略学习者，一方面他们相信涌现的战略，“摸着石头过河”“脚踩西瓜皮，滑到哪儿算哪儿”，根据市场需求调整自己的业务；另一方面又心存高远，能够用组织的力量推动共享愿景和一致目标的实现。南存辉的正泰集团、王均瑶的均瑶集团都是如此。

真正有效的战略模式

在理解德鲁克的“事业理论”并结合多数企业的实际情况后，对企业真正有效的战略模式应该由四部分组成：

1. 有温度的核心理念

美国管理学者柯林斯（Jim Collins）风靡一时的畅销书《基业长青》主要探讨“高瞻远瞩公司（visionary company）”的共同点，他选择的这些高瞻远瞩公司是50年以来世界上最成功和最长寿的一批企业。

书中的一个核心观点很有意思，就是这些企业普遍都有志向远大的核心理念，而且不是成功之后才有，而是公司还在奋力求生存或发展的阶段就已经存在了。以索尼创始人井深大为例。

在1946年5月7日，离他迁到东京不到10个月，而且远未赚到多余的周转金之时，他就替公司制定一份公开“说明书”，其中包括下述文字（实际文件相当长，以下只是摘译）：如果能够建立一种环境，让员工能够靠坚强的团队合作精神团结在一起，并全心全意发挥他们的科技能力……那么，这种组织便可以带来说不尽的快乐和利益……志趣相投的人自然会结合起来，推动这些理想。

公司目标：

○ 构建一个工作场所，让工程师能够感受科技创新的欢乐，了解他们对社会的使命，并心满意足地工作。

○ 动力十足地追求科技活动，以及用生产来复兴日本和提升国家文化的行动。

○ 把先进科技应用在公众生活中。

管理方针：

○ 我们要消除任何不当追求利润的行为，始终强调实用与根本的工作，而不是只追求成长。

○ 我们欢迎科技上的难题，并且专注高度精密、对社会有重大用处的技术产品，而不计较数量的多寡。

○ 我们要把强调的重点放在能力、表现和个人品格上，以便每个人在能力和技术上有最好的表现。①

这让我想起了1988年，柳传志就曾奢谈过联想的未来不是地区化的小公司，而是国际化的大企业。稍大一些的时候，就要以“产业报国为己任”；低调的任正非在破产边缘时就胸怀天下，尽管当时被人讥讽为做梦，直到1998年令人震惊的《华为基本法》成型，都是同一思路的贯穿始终；吉利“狂人”李书福更是在一穷二白，两眼一抹黑的情况下就放言要做“中国的奔驰”。

几乎所有人都知道亨利·福特，但多数人都不知道他干了什么，如何思考。亨利·福特在非常早（1916年）的时候就秉持一个在当时的人看来不可思议的观点：“我认为我们的汽车不应该赚这么惊人的利润，合理的利润完全正确，但是不能太高。……因为这样可以让更多的人买得起，享受使用汽车的乐趣；还因为这样可以让更多的人就业，得到不错的工资，这是我一生的两个目标。”

20世纪初，福特T型车极为畅销，正常情况下不涨价就不错了，老福特却不断地降低售价，为此股东极端不解，甚至告到法庭对他提出诉讼。而且，在1914年，老福特将工人的日工作时间从9小时调到8小时，22岁以上工人的日工资从2.34美元涨到5美元（需要养家、家有寡母、弟弟、妹妹的年轻工人待遇与22岁以上的工人待遇等同），是业界标准薪资的两倍。除此之外，老福特还搞了利润分享计划，给工人利润分成——除了功利主义的考虑，显然有理想主义的浓烈色彩在其中。

与福特相比，最典型的例子是同时期的通用汽车，通用汽车CEO斯隆（Alfred P. Sloan, Jr）是顶级企业家，也是极为缜密和理性的人，有非常强烈的实务精神，但同时对理想主义不屑一顾。斯隆写过一本传世名著《我在通用汽车的岁月》，德鲁克在《公司的概念》中评价：“斯隆的著作《我在通用汽车的岁月》是最好的例子……这本书的焦点完全放在政策、业务决策和结构上……或许这是有史以来最无私无我的回忆录……斯隆的书……只知道一个方面，就是管理一家企业，使这家企业能够有效率地生产、提供就业机会、创造市场和销售额，并且产生利润。企业融入社区、企业是生活而不是维持生计的手段、企业是好邻居、企业是力量的中

① 吉姆·柯林斯（Jim Collins），杰里·波拉斯（Jerry I. Porras）. 基业长青（Built to Last）[M]. 北京：中信出版社，2006年。

心——这些东西在斯隆的世界里完全没有。”通用汽车在后期失败得很惨烈。德鲁克认为这是通用汽车遭遇失败最主要的原因。

企业的温度，本质上是一种社会责任，参照前面所谈到的，企业是社会的器官，企业如果不承担相关责任就无法被社会所认可。

从另一个角度看，核心理念在现实中非常有用，哪怕是再理想化不过的核心理念都是有用的。美国心理学家维克（Karl Weick）在《组织社会心理学》中讲了一个故事：

一队在阿尔卑斯山进行演习的匈牙利士兵在暴风雪中迷路了，两天都没有返回。第三天，士兵们回来了，他们解释："是的，我们认为自己迷路了，只能等死。但突然我们中的一个人在他的口袋里找到了一张地图，我们重新找到了方位。现在我们回来了。"调遣部队的上尉拿起这张非凡的地图，仔细看了看。他惊奇地发现，那不是阿尔卑斯山的地图，而是比利牛斯山的地图。

在企业迷路的时候，任何地图都是有用的！这就是理想主义、远大目标或核心理念的作用所在——用胸中的火焰，照亮前行的脚步。

2. “长”出来（自下而上、自我涌现）的战略规划

在传统观念中，“摸着石头过河”是一件不太靠谱的事情，似乎只有羽扇纶巾、运筹帷幄、算无遗策才是高手的表现。不过，这完全不符合现代企业/组织的实际情况（也不符合古代战争的情况，它只是文人的想象），在快速变化的市场环境下、迅速迭代的技术环境下更是如此。真正的战略规划和战略进程应该是自己长出来的，是自下而上的，是由某个负责编程的宅男、特战小组的成员、外地办事处的职员、不起眼的厨师、工作在偏远地带的工程师、天天忙于客户接待的销售员或者市场人员在试错之中发现，又经由各类企业成员推广和迭代，从而自我涌现的一个过程。

一个有趣的故事可以帮助我们认识这个过程：

本田公司在1966年占据了美国摩托车市场份额63%，仅仅在7年之前，本田的份额还微不足道。

BCG（著名管理咨询企业，波士顿咨询集团）对此的解释是，日本人早已经瞄准了美国的中产阶级市场（当时还是新的细分市场），开发出小型摩托车，然后想尽办法降低成本，从而一举打败竞争者，取得领先优势。换句话说，本田摩托的成功是建立在处心积虑的战略计划之上，然后用强有力的行动计划使战略得以顺利实施——BCG 的报告入选哈佛商学院案例库，成为一代又一代 MBA 的教材。

美国管理学者帕斯卡尔（Richard Tanner Pascale）对此有不同的看法，在《日本企业管理艺术》一书中，帕斯卡尔讲到了他与当时参与美国市场开发的本田员工沟通，这些人告诉他："事实上，我们没有制定任何战略，我们只是想知道自己能否在美国市场上出售产品。""本田先生对 250cc、305cc 型的摩托车非常有信心。这些大功率摩托车的车把造型非常独特，他觉得这是个很好的卖点。"里面说的本田先生就是日本"经营四圣"之一本田宗一郎。事实证明本田先生错了，本田公司的大排量摩托卖得很不理想。

非常偶然的一个机会，本田在美国办事人员骑着本田员工用于外出的小型 50cc 的摩托车，在洛杉矶街头引起了西尔斯采购员的注意，西尔斯公司提出要代为销售。即使在这种情况下，本田怕影响了本田摩托在美国的定位（专门的大型摩托生产商），对销售 50cc 的摩托仍犹豫不决。最终在惨淡的销售业绩驱使下，才不得不开始启动小排量摩托销售计划，结果出乎所有人意料，销量戏剧性地一路暴涨。

在这个过程中，高层管理团队起到的作用是什么呢？美国学者奎因（James Quinn）给出了一个有趣的答案："有选择性地推动人们朝着被广泛接受的组织目标前进。……当战略开始聚焦时，部分内容已经得到了应用。"

3. 上下同心的组织共识

前文讲到，传统的企业战略咨询模式对企业的帮助并不大，唯有引导管理层就自身的核心问题深入研讨——我们的事业是什么？我们的事业将是什么？我们的事业应该是什么？——才是真正有帮助的。之所以要研讨，是因为团队研讨本身就是开放的一种象征，它是支持"涌现"的最佳平台之一，也是达成共识、促进"化学作用"生成的最佳平台。企业家喜闻乐见的"私董会""复盘""头脑风暴"等会议方式就是用团队研讨的形式来激发灵感、唤起共识。

有一个特别的例子来自学者张建华的《向解放军学习：最有效率组织的管理之道》这本书。该书中有一章的名字叫"天下是谈出来的"，里面详述了解放军强大战斗力的来源：

“解放军的组织内部建设，很重要的一条是以‘谈心谈话’为主要方式的沟通。记得我刚入伍不久，一天熄灯号响过后，排长把我约了出去。我们一人一个小凳子，坐在营房的山墙下，看着月光拉开了家常——这是我参军后第一次与干部谈心的情景。多少年过去了，年轻时的许多事情已经淡忘，当时谈心的具体内容在记忆中已经渐渐变得不清晰，但谈心的情景每每想起，却依然历历在目，依然是那样温馨。我想，凡是在解放军这个组织生活过的人，几乎都有与我一样的经历。‘谈心谈话’是许多人心中抹不去的一段愉快、美好的记忆。……以我在解放军23年的生活和在著名跨国公司8年的经历，我以为，如果用核心竞争力来表述，解放军的核心竞争力源于其内部沟通机制：普遍的谈心谈话。其效果就是：解放军这个组织的效率和战斗力来源于这个组织中所有人员用心，甚至用生命对组织的参与，这是其他任何组织极其渴求的境界。”

当组织内部的共识达到一定程度，就会激发组织成员对组织强烈的认同感和奉献精神。这也是创业团队初期具备强大战斗力的来源所在。

在企业中，我们经常听到有人说“不要把感情带到工作中来”，但密切的关系应该是企业中必不可少的一部分。美籍日裔学者大内（William Ouchi）认识组织共识的视角是人际关系。他提出的Z理论强调人与人之间密切（注意：密切不等于亲密）的人际关系，把由此引发的信任和微妙性作为Z理论的重要原则，他认为，这是日本企业（J型企业）优于美国企业（A型企业）的原因。

4. 有效的企业文化支撑

仅有“组织共识”仍然是不够的，企业还需要“组织意愿”——企业人在共同的价值前提下，通过统合多数人的意愿来提升员工的积极性和主观能动性，这属于企业文化的范畴。

企业需要文化支撑的原因是人的思想很难被控制，如果只是控制人的行为，制度的成本又过于昂贵，而且也不可能用制度来控制人的所有行为，尤其是复杂劳动或者知识型工作。

简单的制造业工作或者服务业工作还是有可能用SOP（标准作业规程

Standard Operating Procedure）来进行全程控制的。以麦当劳为例，它将现代管理的原则和标准操作结合在一起，确保产品和服务的品质，让顾客在任何一家麦当劳就餐都能享受到同样的食品和服务。《麦当劳操作与训练手册》，我看到的版本有600多页、24万字、25000条相关的表格、问卷、明细和规程，一条条一项项非常清晰明了。拿炸薯条的岗位观察检查表（SOC）来说，仅是炸薯条前的准备步骤就有十步，包括检查仪容仪表、洗手、特殊需求（比如在薯条上不撒盐）、岗位存货、检查设备、边做边清洁、汇报问题、了解火警/抢动程度、处理顾客需求、薯条装篮（又有三步），每一步都有详细说明。具体炸制薯条的过程有八步，试列如下：

- 从炸篮架上取下薯条炸篮。注意事项：按照由下往上、由左到右的顺序，从薯条车上取下炸篮。
- 将炸篮放入炸炉。注意事项：将炸篮放入炸炉，揿下计时器按钮。
- 摇动炸篮。注意事项：30秒钟后，摇动炸篮，防止薯条粘在一起。
- 取出炸篮。注意事项：当计时器响起后，关掉开关，取出炸制好的薯条。略微倾斜炸篮，滴油5～10秒。
- 倒出薯条。注意事项：轻轻摇动炸篮，然后把薯条倒在包装盘上。将炸篮挂回炸炉上方。不能将新旧薯条混在一起。
- 立即撒盐。注意事项：当把炸制好的薯条倒在包装盘上后，就应立即撒盐。撒盐方式为“三个拱形”，或按照由前往后的顺序撒盐两次。操作时务必小心，不得将盐撒入炸炉。
- 混盐。注意事项：用薯条铲轻轻地铲匀薯条，确保将盐均匀地分布在所有炸制好的薯条表面。
- 将第二篮薯条放入炸炉。注意事项：按照下列图示次序，遵循起/落式程度将第二篮薯条放入炸炉。揿下计时器按钮。

由上例可以看到，用工作分解的科学管理方法，对简单的产品生产和服务工作进行管理是行之有效的。麦当劳公司将快餐生产和店面服务的过程尽可能量化和标准化，给了现代中国企业界很多启示。

知识工作则很难用以上方法标准化。我们一般认为，人与人之间的绩效表现差别不大（三个臭皮匠顶个诸葛亮），但谷歌公司则认为，对于知识型工作，人才的绩效表现不是正态分布的，而是呈幂律分布的。正态分布是自然界常见的一种概率分布形式，它表明某种情况发生的概率是中间多数，好的和坏的都比较少，最大值和最小值相差不大。比如某小区成年男性身高平均是1.68米，即使姚明加入这个小区，也不会让平均值有太大变化；幂律分布则不同，它表明某种情况发生的概率是低值的占大多数，其后的分布是长尾分布，最大值和最小值相差巨大。比如某小区家庭收入平均是每年十万元，如果股神巴菲特加入这个小区，小区的家庭年收入平均值将会极大提高。如图15－2所示 。

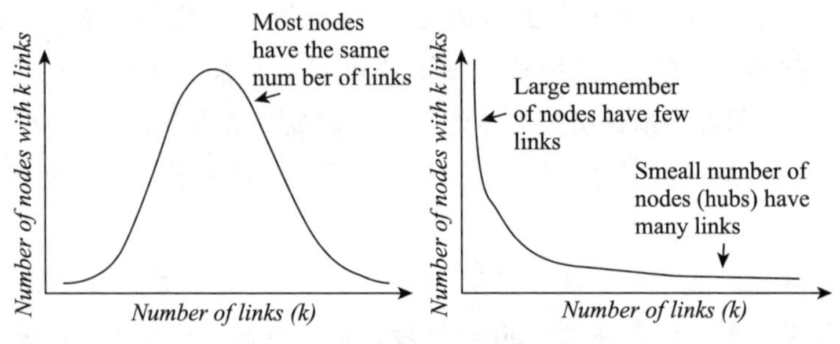

图15－2　正态分布和幂律分布

换句话说，一个优秀的、满腔热忱的知识工作者的绩效也许是一个平庸的、“60分主义”！这似乎是我们这个时代随时随地发生的事情，企业文化在我们这个时代发挥着巨大的作用。

而且，绝大多数企业面临的场景更加复杂，需要用有效的企业文化来调配员工行为，支撑企业战略实施。泰姬玛哈皇宫饭店（Taj Mahal Hotel）是印度孟买的一家五星级酒店，2008年11月26日，印度孟买受到恐怖袭击，恐怖分子潜入泰姬玛哈皇宫饭店进行炸弹袭击，并用冲锋枪进行无差别射击。在这样的突发事件中，饭店员工冒着生命危险拯救顾客，甚至有厨房员工冒着弹雨组成肉盾保护现场的顾客。在当天死亡的31人里，半数是工作人员，其中大部分是因为保护顾客而牺牲。这是泰姬玛哈皇宫饭店顾客至上文化的极端体现，饭店长期坚持将顾客的利益放在公司之前，并用实际奖励行为推动员工践行，最终企业文化融入员工骨髓之中，也对企业的未来发展提供极为有力的支撑。

那么，如何才能打造有效的企业文化来支撑企业战略的落地呢？

在管理领域这是一个系统难题。企业文化研究起源于20世纪70年代日本企业的崛起，日本企业的横空出世让欧美发达国家的企业家和管理学者认识到，企业管理中“软”的部分非常重要。不过由于企业文化的复杂性，一直到今天，关于企业文化的观点和理论仍然纷繁复杂、莫衷一是。

美国学者、企业文化领域的权威沙因（Edgar H. Schein）将企业文化分为三个层次，也被称为“睡莲模型”：

第一个层次是“人工饰品”，可以从外在直接观察到，比如制造业往往配发统一的工作服，金融业从业者多半西装笔挺，而互联网企业的人必然穿着T恤短裤及五花八门的休闲服。这个层次也包括VI标识和各种企业制度。

第二个层次是“信仰和价值”，它决定了企业内部的氛围和效率，但不要盲目相信企业网页上或墙上贴的标语，它和实际情况不一定一致。比如标榜客户至上的企业很可能并不情愿为顾客解决应用问题，原因也许是企业内部实际是技术优先的文化，大家更在意技术的先进性而非顾客的满意度。

第三个层次是“深层假设”，它是潜在的，隐藏在不自觉的意识层次之中，很难感受到。但它又在随时影响着所有企业人的决策行为和人际关系行为。如果说企业组织是一个有机体，那么“深层假设”就是这个有机体的基因。柳传志在30年前给联想公司定下了“贸工技”三步走的策略，但在技术上联想始终难以突破，其原因就在于联想仍然是贸易为主的企业基因，无法在研发和创新上有所作为。当然，企业基因也会发生变化，而且与人体相比，它的基因随着企业人员的新陈代谢发生变化的速度会快得多（人体基因也在随时发生变化，只不过程度比较微弱、速度比较缓慢）。

在这三个层次的基础上，又可以从三个方向上展开思考。

第一个方向，企业文化的三个层次要与企业所处行业和战略密切相关，并且对战略落地有明显的支撑作用。比如前文中泰姬玛哈饭店的“顾客至上”文化、软件企业的“敢为天下先”文化、银行业的“安全第一”文化等。要把它们变成员工的服装、企业的制度、每个人内心的真实想法。

第二个方向，企业文化的三个层次要致力于打造信任、开放、尊重、分享的文化基石，这几个原则几乎是当前所有企业普适的原则。其中，“信任”的原则尤为重要，主要指员工对高层之间的信任，唯有公司成为一个可信任的“雇主”，员工才会全心全意投入——这可不简单，身为企业管理者，经常会遇到意外情况和紧急突发情况，在这种情况下给员工的承诺会不会兑现？——稍打折扣就会失信于员工，辛苦建立的信任大厦就会毁于一旦。

第三个方向，要约束企业家和高管的行为。中国有“刑不上大夫”的传统，身为大权在握的负责人，很多管理者经常会认为口号和制度是对员工的要求，殊不知如果自己不能坚守这些要求，企业文化就无从谈起。“以身作则”看起来简单，执行起来有非常大的难度。

第三点组织共识和第四点企业文化之间有着千丝万缕的联系——组织是人与人之间的协作关系系统，企业共识和企业文化凝聚成为人与人之间的价值认同，这种价值认同几乎是企业中决定性的力量！社会学把人与人之间的价值认同分为两类：第一类叫社交性，主要衡量指标是群体之间的真诚友善程度；第二类叫团结性，主要衡量指标是群体有效追求共同目标的能力。比如大学同学作为一个群体，其社交性必然较高，但团结性必然较低。

对于企业而言，高社交性和高团结性都是有帮助的，社交性指向企业内部氛围，高社交性有利于打造开放和坦诚的团队氛围，以及创新和创造力文化；团结性指向企业效率，高团结性有利于达成共识、提升企业运营效率。

以下几个问题可以评估出你所在企业的社交性程度：

○ 组织成员想方设法地交朋友并保持紧密联系。
○ 组织成员相处融洽。
○ 本组成员在工作之外也常来往。
○ 组织成员真心实意地相互喜欢。
○ 组员在离开之后，依然保持联系。
○ 组织成员真心实意地相互欣赏，彼此有好感。
○ 组织成员在私事上也相互信任。

以下几个问题可以评估出你所在企业的团结性程度：

○ 企业理解和分享相同的业务目标。
○ 组织成员的工作高效、高产。
○ 本组织对不良绩效高度重视，并采取强有力的改善措施。
○ 我们有很强的好胜心。
○ 我们善于抓住能创造竞争优势的机会。

○　我们分享共同的战略目标。

○　我们知道谁是竞争对手。

有温度的核心理念、“长”出来的战略规划、上下同心的组织共识、有效的企业文化支撑，就形成了企业有效的战略模式。

惠普公司（HP）是近几十年来全球管理水平最高的企业之一，其创始人休利特（William Redington Hewlett）和帕卡德（David Packard）推崇德鲁克思想，惠普的整体管理思路（后来被总结为惠普之道）和德鲁克的“事业理论”极为相似。美国硅谷在20世纪50年代完全是以利益和金钱驱动的怪兽，只有惠普公司特立独行，坚持以人为本的思路，有自己明确的核心价值观：

○　相信、尊重个人，尊重员工。

○　追求最高的成就，追求最好。

○　做事情一定要非常正直，不可以欺骗用户，也不可以欺骗员工，不能做不道德的事。

○　公司的成功是靠大家的力量来完成，并不是靠某个人的力量来完成。

○　相信不断的创新，做事情要有一定的灵活性。

在核心价值观的指导下，惠普给员工充分的信任和非常好的福利，在人员流动大的硅谷，却从不解雇员工，经济危机来临也是如此——在惠普员工的圈子里流传着这样一个笑话：要想被公司解雇，唯一的办法就是干掉自己的老板。在这样的氛围下，惠普形成了具备高社交性和高团结性双属性的企业文化，不但团队共识度极高，还在战略上兼具指向性和灵活度，取得了辉煌的业绩，在相当长的时间内成为硅谷的绝对领头羊。

惠普公司在德鲁克目标管理思想的基础上，访谈了168位成功的职业经理人，沉淀多年开发出了一门核心课程——惠普的管理流程（POM），所有惠普的经理人必须悉心学习，如图15－3所示。POM通过从确立目标开始到评估结果和过程，然后持续不断地循环改进，完美地诠释了目标管理的真意——强调自下而上、共同设定目标、一致协同行动、责任感和自我控制（联想从20多年前开始复制惠普经验，也包括这套课程，从上到下在内部反复学习打磨，最终发育出了极强的组织能力）。

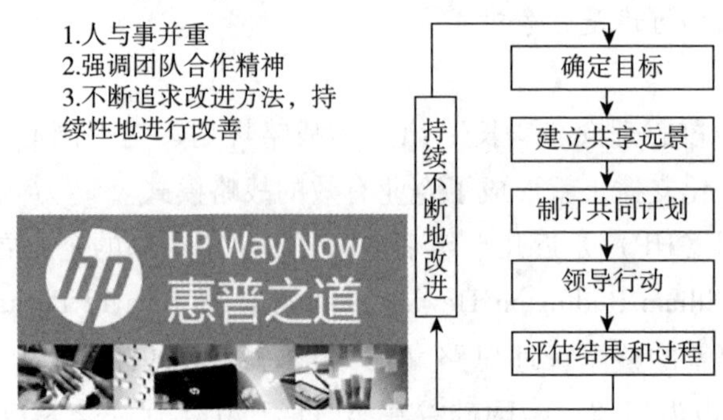

图 15－3　惠普管理流程

最后，再强调一下战略聚焦事业理论的重要性，这是战略成功的前提。古希腊诗人阿尔基洛科斯说："狐狸多知，而刺猬有一大知。"这句话在西方被不断引述，英国哲学家伯林（Isaiah Berlin）对此进行引申，说狐狸追逐多个目标、思维离心零散；而刺猬则目标清晰、思维坚守单一原则，他以此来分析人的思维。这种思维视角对于企业的经营认知极具启发性，美国管理学者柯林斯（Jim Collins）在《从优秀到卓越》中，就把刺猬理念作为书中的核心理念进行阐述，并以刺猬理念为中心延展出明确战略的三环理论。

企业高管和领导力

现今最热门的管理领域之一是领导力。究竟什么是领导力呢，似乎每个人都有定义，又都不是很确定。哪怕是领导力研究领域的翘楚——美国学者本尼斯（Warren Bennis）的定义，也让人有隔靴搔痒之感。组织理论大师马奇（James March）甚至常年用诗歌和小说，包括莎士比亚的《奥赛罗》、萧伯纳的《圣女贞德》、托尔斯泰的《战争与和平》等，来讲授他在斯坦福大学的领导力课程。从他的角度，可以将领导力理解为一门艺术（领导力的两个基本维度是书写诗歌与疏通水管）①，他强调领导者应该拥有打动人心的力量。

---

① 詹姆斯·马奇（James G. March），蒂里·韦尔（Thierry Weil）. 论领导力（On Leadership）［M］. 北京：机械工业出版社，2018 年。

追本溯源，如果我们把德鲁克对企业本质的理解和巴纳德对组织定义的理解放在一起，似乎可以看到，无论是企业文化还是领导力，其基础都是人与人之间的价值认同，并由此产生出协同或者矛盾。

或许我们可以给一个简单又容易理解的定义：领导力就是能够增强或者推动企业/组织中人与人之间价值认同（核心理念 + 文化 + 共识）的力量。

稻盛和夫是一个很好的例子。无论是在日本还是中国，稻盛和夫都被作为企业经营水准最高的领导人之一而备受推崇。可是稻盛和夫的理念让许多企业经营者感到困惑，比如他说："成功和失败都是一种磨难。""要奋战到老天爷出手相助那一刻。""如果你有善心，地狱也会变成天堂。"① 看上去很像是一碗碗心灵鸡汤。

稻盛和夫的思想总体来看是源于中国的传统文化，其核心"敬天爱人"是中国儒家信仰的核心。敬天，就是敬畏天道顺应人道，"君子有三畏：畏天命、畏大人、畏圣人之言"；爱人，就是利他主义，"己所不欲，勿施于人"。稻盛还是佛教徒，在读他的著作时，可以清晰地看到他思想中的佛家色彩。以下我把佛家的六波罗蜜（梵文音译，即波罗蜜多，意思是度生死苦海，至涅槃彼岸），也叫六度，和稻盛和夫的思想做一个对比：

（1）布施——放下和利他。

"以利他之心生活和工作。""自己的事先摆一旁，优先考虑他人的利益。"

（2）持戒——寡欲和克己。

"所有优秀背后，都是苦行僧般的自律。"

（3）忍辱——耐心和忍受。

"忍受诸行无常、波澜万丈的人生。"

---

① 稻盛和夫．活法［M］．北京：东方出版社，2009 年；稻盛和夫．干法［M］．北京：华文出版社，2010 年。

（4）精进——专一和努力。

“就算目标高到自己都觉得不可能，也不能有丝毫胆怯，要勇往直前努力到底，这样才能让我们的能力展现出自己都不能置信的惊人进步，或唤醒我们的潜在能力使其开花结果。”

（5）禅定——放空和专。

“铃木一郎之所以能成为著名棒球手，在于他具有极高的集中力，不管对方打来什么样的球都能立刻做出正确的反应，因此他才能够在比赛中完成大量的安打。”

（6）般若——明心和见性。

“人生的目的是‘提升心性，锻炼灵魂’。我就是为了带着那净化过的崇高灵魂离开人世而来的。”

但问题是，源于农业文明的儒家佛家和源于工商业文明的现代企业，在渊源、思想框架、思维模式、实务法则等方面都没有太多关联之处，为什么稻盛和夫的方法对企业经营的确有实际的效果？原因就在于“人与人之间的价值认同”。

“敬天爱人”和佛家的一些思想本来就是中国人、日本人等东亚人群所共有的集体意识和集体无意识，很容易借此将企业中的人心联系在一起。可以这么讲，没有这种直击人心的力量，没有共同的价值观念认同，企业文化和管理层的领导力都无从谈起，即使企业赶上风口潮头，一时能够发展起来，但当趋势下滑，必然会走向没落，这和企业领导者的个人魅力甚至业务能力都没有关系。

企业高管（或创始人团队）的重要性由此凸显出来，一个企业是否能构建起最基本的“人与人之间的价值认同”，明确“有温度的核心理念”，建立起有效的企业文化和上下同心的组织共识，从而拥有真正的领导力，基本上是由核心管理者的认知决定的。

回顾企业发展的整个历程，多数企业家至今对企业的认知还是利润最大化。因此，马克思在《1844 年经济学哲学手稿》中描述道："把自己的对手描绘为狡猾的、钻营的、拉人下水的骗子，利欲熏心的出卖灵魂的人；图谋不轨的、没有心肝和丧尽天良的、离经叛道和肆意出卖社会利益的投机贩子、高利贷者、牵线人、奴才；花言巧语的马屁精；冷酷无情地制造、培养和鼓吹竞争、贫困和犯罪的、败坏一切社会纲纪的、没有廉耻、没有原则、没有实体、心灵空虚的金钱拐骗者。"

领导力来源于人与人之间的价值认同，企业家和高管团队最好能拥有坚定到近乎虔诚的信念，遵循社会赋予企业的价值使命，带给企业和员工有温度的核心理念，这是企业最基础的，也是几乎最重要的东西。在此基础上，打造有高社交性和高团结性的团队，跟随自我涌现的战略进程。这就是德鲁克事业理论的精髓所在。

第十六章
企业应该设定 8 个领域的绩效目标

目标管理的概念出自德鲁克，他明确指出：“**既然人类永远也无法主宰环境，总是紧紧受到各种可能性的钳制，但管理层的特殊任务就是让企业的希望成为可能，然后再设法具体实现。管理者不仅是经济动物，同时也是开创者。只有当管理者有意识、有方向地用行动主宰经济环境、改变经济环境时，才能算是真正的管理。因此企业管理就是目标管理。这是贯穿本书的基本原则。**”德鲁克为什么会这么说？目标管理的背后究竟是什么假设？目标管理应该怎样更好地用于企业实践呢？

首先，我们知道企业的各项目标必须源于“我们的事业是什么、它将来会是什么和它应该是什么”。没有目标，以上的思考和讨论都是空谈或者良好的意愿，必须通过目标设立将以上问题转化为行动的承诺，集中资源才能有所成就。

其次，众所周知，目标管理是当代主流的管理理论，它既是一种思想也是一种管理的工具方法，无论是国内还是国外，无论是大企业还是小企业，甚至是政府或公益组织，都在用目标管理的方法提升企业的绩效。只不过大家对方法的部分了解得多一些，思想的部分了解得少一些。但是，如果不能追本溯源去深入了解目标管理的精髓及德鲁克原本的想法，你使用的目标管理方法可能就会走偏（就如同我在很多企业见到的一样）。本章将对目标管理的思想方法剥茧抽丝，从目标管理的思想、八个目标的角度进行分析。

目标管理的思想

德鲁克的管理思想深受梅奥（George Elton Mayo）和巴纳德（Chester Irving Barnard）的影响，梅奥和巴纳德之间应该是互相影响（梅奥《工业社会的人类问题》第一版出版于 1933 年，巴纳德的《经理人员的职能》最早出版于 1938 年，但梅奥后来改版书中的第一章就引用了巴纳德的著作），他们的思想有相似的指向。

巴纳德认为，组织（企业）的核心是共同的目标和协作的意愿，德鲁克显然非常认同这一点。德鲁克目标管理中的目标即指“共同的目标”。换句话说，由人与人之间价值认同而产生协作行为是最有效率的，而计划管理中的简单指令和执行关系并不能产生高效协同。只有在共同目标下进行有效协同，企业才能真正运转起来。

人是能动的，而不是被动的，这是目标管理作为一种思想最基本的脉络。德鲁克说：“**早期的经济学家认为商人的行为完全是被动的：如果他们把事业经营得很成功，表示他们能快速地应对外界发生的事情，经济状况完全由客观的力量所控制。**”这段话中所讲的早期经济学家无疑指的是以斯密（Adam Smith）为代表的一批人，他们认为商人/企业管理者完全是被动的，之所以有些企业能取得一定的成绩，是因为他们的行为符合经济形势而已。

德鲁克完全不同意这种说法，他说：“**管理层担负了创造性行动的重大责任。因为管理层必须管理，而管理不只是被动的适应性行为，而是主动采取行动，促使企业获得期望的成果。管理绝非仅是被动反应和适应，而隐含了一种企图塑造经济环境的责任，在经济变动中主动规划、开创和突破难关的责任，以及不断铲除经济环境对企业活动限制的责任。**”

我们可以解析和深入思考德鲁克这段话的内涵：

1. 不沉湎于过去、不纠结于现在，有计划地放弃

这意味着要主动地、渐次地抛弃昨日的成功，昨日的成功就是今天外部对企业活动的新限制，因此绝不能被动反应，需要主动采取行动。在前文中我们强调了要系统性地放弃昨天的业务，无论已经取得了多大的成功。这有点像日本的“断舍离”——勇于舍弃，是一种物质角度的人生观，对企业和个人来讲，舍弃不仅重要而且难得——想要走得远，就须一身轻。

2. 世界是不连续的，要站在未来看现在

在和企业沟通的时候，每当对企业家说企业要有战略的时候，对方往往理解成要做一个长期的规划，其实是不对的！长期规划的思路是基于现状，将现在和未来进行紧密连接。量子力学告诉我们，世界是不连续的。企业组织的发展同样也是不连续的，重要的是要抓住未来的机会，站在未来的“片段”上为当前发展制定目标。也就是说，不是从现在来看未来，而是要站在未来看现在，这是目标管理背后的战略思维。①

3. 主动设计和打造“仪表盘”才是目标管理

管理者必须有极强的主动性，有计划、有组织地对企业进行提升和改

---

① 德国物理学家普朗克（Max Karl Ernst Ludwig Planck）发现，能量在传播的过程中是不连续的，而是必须分成一个个片段，不存在无限可分的能量单元。

进——德鲁克说：“**没有目标的管理就好像飞行时只凭直觉碰运气一样。**”他要求管理者主动制定企业的发展目标，给未来企业的发展设计和打造“仪表盘”。

“许多公司都是在意外的情况下跨入新事业，而不是有计划地朝既定方向发展，并获取了新的事业方向。但是决定将主要的能量和资源从旧产品转移到新产品，换句话说，决定让整个事业发展不再只是意外的产物。我们要做的是不要让这种意外出现，我们希望事业不再只是意外的产物……企业管理不能依赖‘直觉’……在管理完善的企业中，利润不是意外的收获，而是刻意追求的结果，因为企业都必须盈利。……设定目标后，企业才能朝着正确的目的地前进，而不是完全只受天气、风向或意外情况的摆布。”

企业应该设立八个领域的绩效目标

企业应该给自己定什么目标？

每当我在课堂中问这个问题的时候，得到答案的种类并不多，多数回答是“营业收入”和“利润”，也有一些管理者回答“现金流”，偶尔有些企业家认真读过德鲁克的书，知道他最关注的是企业的“社会责任”。

“任何一个其绩效和结果对企业的生存和兴旺有着直接和举足轻重影响的领域，都需要有目标。”“一味强调利润，会严重误导管理者，甚至可能危害到企业的生存。”

企业应该设定绩效和成果目标的领域共有8个，包括：

○ **市场地位**（Market Standing）。

○ **创新**（Innovation）。

○ **生产力**（Productivity）。

○ **实物和财力资源**（Physical and Financial resources）。

○ **获利能力**（Profitability）。

○ **管理者绩效和培养管理者**（Manager Performance and Development）。

○ **员工绩效和工作态度**（Worker Performance and Attitude）。

○ **社会责任**（Public Responsibility）。

以下对前五个目标进行阐述，后三个目标将在后面的章节讨论。

1. 市场地位

相对于市场地位的目标，销售额的目标本身是没有什么意义的。行业年景一片大好的情况下，企业销售额增加50%，先不要高兴。需要看自己的竞争对手增加了多少，如果竞争对手销售额普遍增加了80%以上，那表明所在企业的市场竞争力正在下降、未来堪忧。反之也是如此。企业聘请职业经理人做CEO，如果只考核他的销售额，那么灾难立即发生，损耗未来市场潜力、只顾当前业绩只是最普通的后果——很有可能，企业赖以生存的团队和文化会出现不可逆的损失。

如果企业的市场地位很低，在顾客的供应链中没有地位，当市场出现波动，企业的风险就会非常大。如果企业的市场地位非常高，也需要考虑把鸡蛋放在不同的篮子里。

2. 创新

如何设定创新目标是很难的一件事，因为创新往往难以界定、难以评估。但无论再难，企业都必须有和创新相关的目标设定。这种设定和企业所在行业属性、企业地位、企业规模和资金情况等方面都有很大的关系。经济学家张维迎在《博弈论与信息经济学》中谈到了一个叫“智猪博弈”的故事：

在长条形的猪圈中关着大小两头猪。猪圈一端有一个猪食槽，另一端有一个按钮，可以控制猪食槽中的食物，按下按钮后就有10单位的猪食进入食槽。大猪进食的速度快，如果大猪先到达食槽处，可以吃到9个单位的猪食（小猪吃到剩余的食物，下同）；如果同时到达，大猪吃到7个单位猪食；如果小猪先到，大猪吃到6个单位。另外，按下按钮者跑到猪食槽处需要付出2个单位猪食的代价。假设两头猪从按钮处跑到猪食槽处所需时间相同。

两头猪都有两种选择：按按钮后跑到猪食槽，或者在猪食槽处等待。因此，可以列出表16－1的支付矩阵（行表示大猪，列表示小猪）。

表16－1　支付矩阵

	按按钮	等待
按按钮	5，1	4，4
等待	9，－1	0，0

不难看出，无论大猪如何选择，小猪选择等待获得的收益总是比按按钮更高。换言之，小猪选择等待是一个优势策略。假定小猪选择等待，大

猪会选择按按钮去获得更大的收益。因此，整个博弈的纳什均衡是大猪按按钮，小猪等待。

如果我们把大企业当作大猪，小企业当作小猪，可以很清晰地看到，小企业和大企业的创新是不同的，大企业必须采取领先策略，小企业的最佳策略是跟随策略（纳什均衡的核心是成功率和收益率。对于高创意产业而言，小企业也可以孤注一掷）。比如小企业不要和腾讯和阿里巴巴去抢即时通信的风口，而是要等微信的势头起来之后，基于微信进行创新。小企业与市场离得更近，也更容易基于市场进行创新开发。

3. 生产力

如何衡量一家企业的生产力？德鲁克说：“**一家企业和另外一家企业唯一的差别，就在于各个层次的管理品质。而能衡量这个关键因素的唯一办法，是通过生产力评估来显示资源的运用和产出状况。**”

德鲁克还就此提出了量化的衡量指标——贡献值（Contributed Value），这个数字就是我们现在耳熟能详的“毛利”的概念，即毛收入减去直接成本。他认为衡量一家的生产力指标，一方面是要提升毛利率水平；另一方面提高毛利变为利润的比例。当前这种方法已经成为主流的目标设定和绩效考核方法。

4. 实物和财力资源

需要着重指出的有两点。第一点是针对有关何时购买新设备或建新的厂房，如果只关注财务报表，会发现在账面上已经摊销完毕的老设备和老厂房非常可爱，它几乎能让企业的账面利润率提升一大截——但我们都知道，如果账面上只有摊销完成的设备和厂房，这可不是一件好事情。第二点是关于现金流，由于财务报表自身模式存在的问题，利润指标只能从非常有限的角度告诉我们企业实际经营的状态，因此现金流（财力资源）是每一个企业家都应该高度关注的指标，并应该就此设定目标。

5. 获利能力

《管理的实践》译者齐若兰女士应该对企业管理有比较深入的认识，否则不会将“Profitability”这个词译为“获利能力”，而不是译为“利润率”。在《管理的实践》和接下来的《管理：使命、责任、实务》中，德鲁克都引用了美国经济学家迪安（Joel Dean）的思路——利润最大化的理论和现实之间有着巨大差距。按德鲁克的描述，利润不是企业目的，而只是一个限制因素——假设你是一个圣人，同时又是某家企业董事长，你可以没有财富动机，但必须关注利润，因为这关系到企业的生存——利润并不能用来解释企业的行为，而是检验其有效性的工具。

德鲁克给出了一个衡量获利能力的指标，即在某个时期内（注意，并非按财务年度计算），折旧后的税前净利/原始投资，今天对此的称呼是ROI（投资回报率，return on investment），与此类似的还有ROE（股东权益回报率注，Return on Equity），这也是巴菲特最主要的选股指标之一①。

在制定以上八个目标之前，德鲁克建议要先做两个决策：

一是集中经营决策。

二是市场地位决策。

决策的内容就是明确细分市场（利基市场）并投入企业大部分的资源，只进攻一个市场而非多个市场齐头并进。同时明确需要在该市场取得相应的市场地位，企业必须决定在哪个细分市场上、在哪种产品或者服务方面，自己应该成为领先者。在交通和通讯极为便利的今天，全球市场触手可及，小领域全球领先已经成为多数中小企业的战略选择。

需要再次强调的是，虽然《管理的实践》成书已经半个多世纪，但其思想完全不过时（甚至与现状对比仍然略有超前），迄今为止，企业应该设立的目标仍然完全在这八个目标的范畴之内。国际上对优秀企业的评定，包括对世界500强评定的指标范畴也依然以此为圭臬。

“目标不是命运，而是方向；不是命令，而是承诺。目标并不能决定未来，而是为了创造未来而配置企业资源和能量的一种手段。”②

---

① ROE的使用意味着负债经营已经成为企业的常态。负债经营和企业所有权与经营权分离有关，在两权分离的情况下，董事会和经营者都倾向资金杠杆的运用。

② 彼得·德鲁克（Peter F. Drucker）. 管理：使命、责任、实务（Management Tasks, Responsibilities, Practices）[M]. 北京：机械工业出版社，2006年第一版。

第十七章
不靠谱的直觉和预测未来的方法

不少文章中提到，当记者访谈一些优秀企业家，问他们在某一个关键时刻是什么促成他们独特的决策或选择，从而取得辉煌的时候，似乎回答总是直觉——“我追随了我的直觉”！有些书籍中将这种直觉吹嘘得神乎其神，但是，这种基于经验积累的直觉往往并不准确和理性，德鲁克也一再告诫不要跟随直觉。

引导直觉走向理性的一个好方法是结构化研讨，其作用主要有两个方面：一是让参与研讨的管理者接受结构化思维并使用结构化思维分析问题；二是提供一个可以自由发言、延伸思考的平台，让参与者畅所欲言。在美国顶尖的私立高中，比如脸书创始人扎克伯格（Mark Elliot Zuckerberg）曾经就读的菲利普斯埃克塞特学院（Phillips Exeter Academy），有一个传统的教学方法叫“圆桌讨论”——十几个人围绕一个圆桌，在平等的氛围下对同一个主题进行不断地推导和抽象——很显然，就是高层决策时必要的研讨会模式。

在企业中，由于结构化研讨的参与者都是浸润在实际业务中的人，对业务有深入的理解，在正确的结构化问题引导和延伸思考下，“直觉”才有可能演变为正确的决策。

直觉到底是什么

以色列心理学家卡尼曼（Daniel Kahneman）在《思考快与慢》中给了我们明确的答复，直觉是“一组自主运行的认知程序，具有快速、低耗的特点”，他在书中给直觉起的名字叫“系统 1”①。除此之外，卡尼曼还讲了一个亲身经历的故事。

他做过军官培训项目的评估，其中一项任务是让八名士官将一根原木拖过近两米高的墙。其间每个人都必须在不碰到墙的前提下翻过去，并且原木也不能触及墙或地，否则任务将从头再做。然而要成功完成这个任务难度不小。士官们事先都摘除了军衔，彼此互不认识，身上只有数字标签以供辨别。换句话说，这个必须依靠合作才能成功的团队中没有指定的领

---

① 大脑双系统理论由加拿大心理学学者斯坦诺维奇（Keith E. Stanovich）首先提出，在《超越智商》中斯坦诺维奇指出，直觉来源于感性，即大脑双系统理论中的系统 1，也就是动物的感性思维。

导，也没有固定的下属。因此失败乃是常事，唯有不断重新开始。卡尼曼所做的，就是观察这一过程，记录谁在指挥，谁在服从，谁又在试图领导时被其他人拒绝等行为。他还要测试这些士官在压力下展示出来的天性，哪些人固执，哪些人顺从，哪些人自负，哪些人暴躁，哪些人容易气馁，哪些人根本就是逃兵。

经过这些测试，卡尼曼信心十足地对士官们的发展前景给出了明确的预测。可是，当这些人返回部队或上了战场，几个月后他收集到的反馈却证明，那些预测比凭空猜测强不了多少。原因很简单，当时他在一个模拟的场景中所做的判断，与士官们未来将要面对的现实场景存在很大的差异。将经验转化为行动，这就是专家的直觉。然而问题在于，经验往往也会带来自信的过度膨胀，导致直觉成了偏见。

对此，卡尼曼得出了一个很重要的结论："经验只是对过去的总结，而未来并不在经验的范围之内（另一个角度，可以看到人力资源部的结构化面试不一定准确）。"也就是说，直觉只对过去一再发生的事情有用，而对于未来，如果场景不同，那么直觉就不会起作用。

卡尼曼在和认知科学家加里·克莱因（Gary Klein）的对话中明确地提出，他质疑所谓"专家的直觉"，除非他们是在处理已经处理过很多次的事情。例如，某专科医生就某种病症出诊过多次并主持多次相关手术，当他看到病人某一特征时，他的直觉会非常有用，看一眼就能准确地说出病灶所在。但稍稍越界，直觉就是无效的，而且专家并不知道，他们专业知识和技能的边界在哪里。

依靠过去的经验和在脑海里闪现的直觉来做决定，甚至以此作为企业未来的战略纲要，这是一种风险极高、代价极大的行为。

举个例子，请在以下两个选项中做选择：

（1）抛硬币，如果是正面，你可以得到 1 万元，如果是反面，你一分钱都得不到。

（2）给你 4000 元。

虽然按照概率，选项一的平均收入是 5000 元，但绝大多数人都会选择第二个选项，人类基本都是风险厌恶型，一个规避风险的企业管理者更是会选择落袋为安。

但是，如果我们把条件换一下再来看：

（1）你得到10万元的概率是30%，你一分钱都得不到的概率是70%。

（2）给你4000元。

按照这个条件，理性又开始回归到我们的大脑，很多人会选择第一个选项（还是会有少部分人选第二个选项），毕竟选项一的收益是3万元，已经超过选项二7倍多。

我们回到现实之中，此时的边界条件极度不清晰，概率开始波动①，得到10万元的概率可能是80%，也可能只有10%。如果概率只有10%，意味着一分钱都拿不到的可能性高达90%，那么，你会怎么选择呢？

很大可能你还是会选择选项二，直觉告诉你这样最保险——不过，实际上你是支付了一笔保险金，用于保证你一定可以拿到4000元——保险金金额是多少呢？很容易计算出来，保险金6000元至76000元。

美国心理学家西奥迪尼（Robert B. Cialdini），在他的著作《影响力》里面说过这么一句话："人类都是录音机，一按按钮就播放。"人类的思考模式实际上被自己的基因限制住了。在我们的大脑里面有某个回路，或者形成了某个习惯，这个习惯在我们无意识之中，一遇到相似的情景，就会采取相应的行动。这些行动没有经过大脑认真思索，或者说没有经过理性思维，它是一个"不假思索"后的输出。

一般来讲，你会看一下别人是怎么做的，然后在心中曲曲折折，拐来拐去形成一套回路，不管这个回路多么复杂，只要回路已经形成，当"回路源头"的情景出现，就会"不假思索"做出"回路末尾"的那个动作——这是一个标准的"回路系统"，你的大部分决策都是由它替你做出。比如吃饭、睡觉的动作，我们的母语表达等——实际上，我们对大多数事情的反应都是如此。

企业家要经常面对一个不确定的世界，我们在制定战略时，多数情况下，并不是想象中那样，按照某种工具或模板一步一步向前推进，而是另外一种情况——战略中的核心源于某人在脑海中突然闪现出来的直觉，经过一段时间的酝酿和沟通，慢慢确定下来——其正确程度不得而知，毕竟战略决策的优劣往往多年之后才会体现出来。这种模式在企业中之常见达

① 按照贝叶斯定理，在现实之中，条件概率在不断发生变化。

到了令人吃惊的程度。

这种思维模式凭借我们过往的直觉和经验，不需要运用理性思维去思考。人类本能是节省能量（过去数万年以来，人类必须要节省能量才能生存下来），不经过思考直接做决策，这是最节省大脑能量的方式。为什么多数人在思维这个问题上都犯懒，懒得想、懒得问、懒得与现实结合、懒得去思考问题。这是和我们的生存本能息息相关的。

虽然“系统 1”占据了我们心智的主要部分，但“一些至关重要的任务却只有系统 2 才能执行，因为这些任务需要付出努力和控制自我，由此方可抑制系统 1 产生的直觉和冲动”。①

最重要的事情都是藏在看不见的地方，它往往是在系统 1 的直觉之外，你需要跳出自己的第一反应，更多地用理性思维思考。本章开始时所说的结构化研讨方式就是针对这一点，结构化研讨方式可以让团队在结构化情境中发生“化学反应”，它将“系统 1”和“系统 2”有机地结合在一起。

未来的预期：三类方法

预测未来是一件非常不靠谱的事情，无论是预测经济周期、预测下个季度的股市涨跌、预测经济危机或者总统选举，都是预测的人信心满满，结果出来却是一地鸡毛。

如果把经济周期中的高峰比作晴天，低谷比作雨天，那我们从互联网和各类报纸刊物上看到最多的就是天气预报，经济学家（以及网络达人）们建议最多的是“在经济低谷的时候开始投资，在最高峰的时候缩减投资”——看起来理所应当，但却经不起推敲。因为经济周期是不能够被预测的，影响周期的不但是经济本身，还有政局、科技、环境、人心、突发事件等各类复杂因素在其中。经济学的相关周期理论中，无论是基钦周期、朱格拉周期、库兹涅茨周期还是更长的康德拉季耶夫周期等都很有道理，遗憾的是，我们并不知道正处在哪个经济周期的哪个阶段。大经济学家熊彼特（Joseph Schumpeter）② 曾深入研究经济周期 25 年，最后发现对

---

① 丹尼尔・卡尼曼. 思考，快与慢（Thinking, Fast and Slow）[M]. 北京：中信出版社，2012 年。系统 2 产生慢思考，是一种更严谨、需要投入更多脑力的思考形式。

② 熊彼特是美籍奥地利经济学家，对“创新”及在经济发展中的作用有独到见解，在德鲁克的著作《旁观者》中，德鲁克自称深受熊彼特的影响。

于经济周期只能后知后觉，基本无法预测。

罗伯特·莫顿（Robert Merton）是哈佛商学院教授，号称“期权之父”，是著名的期权定价模型BSM模型的创始人之一。莫顿在1994年与一批华尔街顶级高手成立了长期资本管理基金LTCM（Long-Term Capital Management），他们认为可以对市场行为作出精准预测，也取得了一些不错的成绩，不幸的是，由于一个并不是很意外的意外事件发生（仅仅是俄罗斯停止支付国债利息），LTCM在2003年倒闭。

但是企业制定目标，要以对未来的预期为基础。这种预期和以上的“经济周期预测”完全不同，也和我们惯常理解的“经营环境预测”不同。德鲁克认为：“**企业管理者需要的是能够不受制于经济周期，让企业自由思考和规划的工具。**”即寻找当前真实发生的事件为基础估算未来，并据此指导当前的决策，在企业的短期发展目标和长期发展目标之间取得平衡。

这样的预期方法有三种：

第一种方法：最坏可能/最小机会损失 & 事前验尸。

这种方法的本质是即借助过去的数据和经验，找出未来可能遇到的最坏情况，然后以此来制定眼前的经营决策。

举个例子，某个工厂生产某单一产品，产品的市场价格为40元，批发价格50元。如生产出的产品当月销售不出去，则损失5元。工厂的产能为3000件，每个批次最少1000件，假设产品只能按批次生产和卖出（即1000、2000、3000），工厂又对市场前景完全不了解，应该如何决策每月生产的件数？如表17－1所示。

表17－1　生产策略选择

		可能的销售量/收入金额/损失金额				最坏可能
		0	1000	2000	3000	
生产策略选择	0	0	0	0	0	Min：0
	1000	－5000	10000	10000	10000	－5000
	2000	－10000	5000	20000	15000	－10000
	3000	－15000	0	15000	30000	－15000

如果按照最坏可能分析，无疑应该选择先不生产，等待更加清晰的市场前景——实际工作中经常遇到这样的情况。除了这种决策模式，我们还可以根据预测的情况，作出机会成本最小化的选择，也被称作最小机会损失准则。如表 17 –2 所示。

表 17 –2　机会成本最小化选择

		可能的销售量/收入金额/损失金额				机会损失
		0	1000	2000	3000	
生产策略选择	0	0	10000	20000	30000	30000
	1000	5000	0	10000	20000	20000
	2000	10000	5000	0	10000	Min：10000
	3000	15000	10000	5000	0	15000

按照最小机会损失准则分析，我们在生产 2000 件批次的时候，机会损失最小——换句话说，如果我们不生产，有可能错过销售额最大的情况，经济损失将高达 30000 元，但开足马力生产（3000 批次），如果没有销售，实际损失会达到 15000 元，因此最佳策略是生产 2000 批次，机会损失最小为 10000 元。

除了以上方法，还有一个和“最坏可能分析”类似的思路，叫“事前验尸”法，可以用于辅助决策——名字虽然奇葩，但很形象——在项目尚未开始之前假设项目失败，然后对此进行复盘和总结，每个人都要提出项目失败的原因何在。这么做有一个优势，就是假设项目已经失败，这样一来，管理者就可以放下心中的种种包袱畅所欲言，提出具有洞察力的看法。同时，也有助于企业形成更开放的文化。

第二种方法：基本要素分析法。

这种方法本质上是研究“房间中的大象”——找到过去已发生过（或正在发生）的巨大事件，这些事件会对未来经济环境或所处行业小环境造成巨大影响，然后据此来制定未来的决策。基本要素分析的重点不是预测未来的经济环境，而是找出影响未来环境的重要因素。

什么样的事件对于未来的影响最大呢？这样的事情非常多，最大的一类一般是属于天文和地理的变化，如全球气温升高、海平面上升——大音希声、大象无形，还有一些完全感受不到的变化，而这些变化可能对未来造成巨大影响，比如天体运行的变化、彗星对地球的影响等。再次一级的是人类的大事件，比如第二次世界大战、电视电话的普及、人口结构变化、高铁出现、5G 商用，等等。

有一个极为简单的例子，大家普遍看到（看到不代表能认知到）中国 65 岁以上人口比例逐年上升，预计在 2030 年将升至 17.2%；同时 65 ~ 75 岁的老人拥有更多的资产，以及更现代的消费理念（未来更是如此）。那么很自然，对于养老及老年医疗产业，未来 30 年甚至更长的时间将长期利好。

再举一例，国力对比有一个非常重要的维度是基础设施，现代基础设施中最重要的也许不是铁路、公路、机场和其他基础建设，而是“云基建”，从百度云开始，到今天的阿里云、腾讯云、UCloud（优刻得）、金山云、电信云和华为云多箭齐发，已经在世界上稳稳占据了一席之地。据 IDC 的数据显示，自 2017 年开始，全球云计算市场就已经形成了 3A 的格局，即亚马逊 AWZ、微软 Azure、阿里云，这需要实打实地、长期坚持不懈的投入。找到“房间中的大象”，以此为基点来看待未来会更加深入和理性。

第三种方法：真实曲线（趋势曲线）分析。

上文谈到的养老产业是一个明确的朝阳产业，但在现实中能看到许多投身养老产业的企业仍在苦苦挣扎。基本要素分析可以帮助我们确定大的战略方向，但具体利基市场投入及决策时机的把握还需要更进一步分析。

熟悉股票市场的人都会知道，趋势分析是一个很好用的方法，它可以告诉你股市涨跌的时机、应该何时建仓、何时满仓、何时减仓。股市和经济周期密切相关，还有相当多的事情和经济周期有关联，但关联并不大，比如每个家庭的食品支出、用电量、子女生育等。这些指标往往稳定性超强，有着坚挺的自身规律，我们可以称这些有自身规律、比较稳定的趋势曲线为“真实曲线”。这种基于“真实曲线”的分析模式在各行各业中被应用，包括消费行为分析、地质监控分析和水文分析，等等。

预期的未来：大数据方法

现代大数据的发展给企业提供了前所未有的便利条件，在数据丰富的情况下，可以更方便地找出事物规律（真实曲线）之间的关系。比如当前用电量和次年经济发展趋势的关系、家庭用电量和家庭寿险购买需求的关系、用户某特征和用户购买力的关系、员工流失率和员工在职年限的关系、某特定广告和产品销售额的关系，等等。大数据不但可以提供极佳的逻辑分析和决策支持，也许在发展到一定程度后，可以打破人类预测的魔咒，从而比较准确地预测未来！

阿里巴巴的“ID-Mapping”是一个非常棒的大数据应用（细思极恐），它解决了一个重要的问题——“电脑的另一端是谁在操作”？

很多人都知道，你所看到的天猫或淘宝的首页与别人是不同的，因为这些网页是根据数据统计和综合分析后，根据你的偏好量身定制，以达成更高的销售额。不过，不登录只浏览也没问题，在这种情况下，如果不知道你是谁，网页上只会有一些大众商品，成交得不到保证，阿里巴巴也赚不到更多钱。最多通过电脑的ID来猜测一下，其准确率只有17%左右。

但阿里巴巴通过“ID-Mapping”的大数据应用，通过电脑ID、WIFI、操作习惯等细节，通过深度计算还原分析出来电脑另一端的“你”。将17%的概率一举提升到75%，点击转化率提升到2%，较之前翻了13倍。

“ID-Mapping”通过蛛丝马迹就可以比较精准地还原出电脑另一端的人，同样，未来通过对人类行为蛛丝马迹的分析也可以预估出某人在遇到某件事情时的决策，只需略微延展，就和漫威《复仇者联盟》系列电影中的“洞察者卫星”相同或类似——通过行为分析预测全球所有人未来的行为，灭杀未来对九头蛇组织有威胁的人类。

回到企业，每个行业和每个利基市场都有自己独特的领域知识。通过准确的数据搜集，有效的数据分析，大数据能够非常明确地告诉企业许多事情。比如顾客的消费习惯、产品使用特点、潜在用户是谁、新的营销方向乃至新产品研发的方向等，有利于企业开展经营活动。从这个角度来讲，企业经营数据化是非常必要的。可以想象，未来企业对市场和顾客的预测将很可能完全由大数据和AI平台提供给企业的管理层。不管怎样，以当前为基点对未来展开预期的三种方法依然成立，只是应用方法的主体发生了变化。

第十八章
从源头理解生产系统

和一般认知不同的是，1954 年出版的《管理的实践》中第九章已经讲到了今天越来越为企业所重视的“大规模定制”生产方式。德鲁克谈的并不是具体的生产管理，而是想强调一个重要理念：**“生产并非把工具应用在材料上，而是将逻辑应用在工作上。”**原文是“Production is not the application of tools to materials. It is the application of logic to work.”

想要准确理解这句话的内涵，就必须回到“Logic”这个词上，此处“Logic”译为“逻辑”有些别扭（最早把 Logic 翻译成逻辑是清末民初的翻译家严复先生），从词性上来讲，“Logic”是理性的意思（Logic 即逻各斯“Logos”或“λόγos”的词根），理性是西方哲学的核心概念，抛开其中晦涩的哲学意蕴，我们在此可以把它理解为宇宙秩序在人脑中的反映。在此处，“Logic”译为“规律”更加符合原意。

“生产并非把工具应用在材料上，而是将规律应用在具体生产工作上。”

具体而言，德鲁克描述了三类基本生产系统的规律。第一类是单件产品的生产系统；第二类是大规模生产方式（德鲁克称为“旧式”大规模生产）；第三类是大规模定制生产方式（德鲁克称为“新式”大规模生产）。

单件产品的生产系统

在第一次工业革命以前，全球基本上都是采用“单件产品的生产系统”进行生产，在没有分工或少量分工的情况下，生产小批量的个性化产品。典型的单件产品的生产系统有很多，比如各类住宅、各类手工制品、各类食品、大部分农业产品都是如此。直到今天，许多住宅还是采用单件产品生产方式建造，不过，装配式建筑、PC（precast concrete，预制混凝土）构件化已经成为必然趋势，将推动建筑行业由单件产品的生产系统向大规模生产系统转变。

以汽车产品为例，最初的汽车产品采用单件产品的生产系统，为贵族和富人阶层定制汽车产品直到福特 T 型车出现。即使今天劳斯莱斯和宾利等顶级豪车，仍然在部分零件上采用了单件产品的生产系统。

单件产品生产的规律是“**把工作分割成同质性的不同阶段**”，比如用传统方式修建框架结构住宅，一般可以分为六个阶段：

- ○ 前期准备（设计、工艺等活动）。
- ○ 地基、桩基处理。
- ○ 基坑开挖及基护、基础工程。
- ○ 主体工程。
- ○ 装修工程。
- ○ 园林工程。

每个阶段和下个阶段之间互相独立，自成逻辑。既可以由相同的人来完成，也可以由不同的人来完成。单件产品生产甚至可以由一个人或一组人从头到尾完成整个产品，其特点是批量小、品种多。

大规模生产方式

大规模生产方式是当前普遍的生产系统。即在细分拆解工作过程的基础上，采用流水线方式，以连续性、平行性、比例性及均衡性的方式大批量生产同样的产品。其中，产品的一致性非常重要，比如老福特（Henry Ford）坚持同一型号的车完全一致，甚至全系列 T 型车的颜色只有黑色，完美地保证了生产的一致性。

老福特（以及福特公司前总经理索伦森，Charles Sorenson）的一大发明是流水线生产，虽然汽车产品极为复杂，但构成汽车的零部件可以标准化，通过保持零部件的一致性，驱动物料和半成品不间断地流动（核心是令两道工序之间的在制品保持零库存，使得作业过程没有间断），自然实现了分工的专业化，普通工人只对单一工序负责即可。大规模生产最适合的当然是大批量少品种的产品，当时的汽车就是这样一种商品。当物流和半成品真的像水一样流动起来之后，大家发现，真正的制造成本（刨除直接物料）开始大幅降低，生产效率得到极大提升。1914 年，福特的工厂生产了 26.7 万辆汽车，而同期美国其余 299 家工厂仅生产了 28.6 万辆汽车，而福特的人员只有其他工厂加起来的 1/50——福特公司的人均效率是其他公司的 47 倍。在流水线生产模式和员工积极性高涨的共同作用下（参考第三十四章），福特汽车公司成本大幅度下降，老福特将 T 型轿车的售价由 4700 美元左右降到了 1914 年的 360 美元！

第二次世界大战之后，日本丰田汽车公司的大野耐一为消除浪费、提升日本汽车制造业的效率，开始改变传统的大规模生产方式，经过近 30 年的探索，大规模定制生产方式（即丰田生产方式，TPS Toyota Production System，也称为精益生产方式）开始逐渐成形。虽然表面上看来，丰田生产方式“多品种小批量”与福特的“少品种大批量”的生产方式完全相反，但大野耐一在著作《丰田生产方式》中专门用一章（全书只分五章）来谈论福特大规模生产方式和老福特的思想，可见两者之间的根本渊源。

大规模定制生产方式

大规模定制（Mass Customization）的源头是自 20 世纪 70 年代开始，随着顾客需求逐步分化，信息技术进一步完善，定制化的商业模式逐渐和工业化生产的高效率之间互相结合，以大规模生产的成本和效率，为顾客提供个性化的产品。

德鲁克对此这样表达：**“真正的大规模生产系统比人类所设计的任何生产方式都能制造出更多样的产品，而不是只能生产统一的产品。大规模生产系统其实是以统一的零件大量组装成各种不同的产品。”**

青岛有一家制衣集团名叫红领（2017 年正式改名为酷特云蓝，以下称酷特），经过 13 年的企业内部改造，集团的大规模生产方式已经全面更新为大数据驱动下的大规模定制生产方式。

之所以发生这样的变化，与顾客需求有着直接的关系，互联网热潮让制衣行业销售生态发生巨变，今天至少有超过 22% 的服装销售来自线上销售，这倒逼服装企业转型升级。从 2013 年开始，受互联网和电商冲击，制衣行业门店不断倒闭、库存持续加大、成衣价格走低。

酷特早早地看到了这一点，从 2003 年起，酷特就开始尝试在互联网上实现个性化定制，通过打造 C2M（Customer to Manufacturer，消费者到制造商）平台将顾客和企业通过互联网联系在一起。顾客可以通过在手机 App 上选择面料、花色、纽扣等数十个细节，直接向工厂下单，1 件起订，有专门的版型师上门量体。传统服装定制周期要 60 ~ 90 天，而红领只需要 7 天即可交货，成本却比大批量生产成本仅提高了 10%。

通过多年的版型数据积累、生产流程改造和协同生产体系，酷特实现了一人一个版型，一人一个款式，每天生产的衣服款式在 3000 款以上。据此，酷特在制衣业哀鸿遍野的市场环境下，实现了零库存，业绩连年增长。

必须要指出的一点是，这个过程的门槛要求非常高，至今，制衣业能达到酷特云蓝管理水准的国内企业仍然没有出现。门槛主要体现在三个方面：

1. 系统化地分析产品，构建定制模式

“应用这个原则的诀窍在于，必须能系统化地分析产品，找出构成这些产品多样化的模式。然后运用这个模式，可以用最少量的零件组装出最大量的产品。换句话说，把多样化的重担从制造转移到组装工作上。”

对于制衣行业来说，最重要的定制模式有三个。第一个模式是量体，每个人的体型都有差别，有些差别非常细微，比如有的人微微有些驼背，一旦量不准，差之毫厘谬以千里；第二个模式是版型，如果是手工打版，按照每天3000个版型来计算，光是这一项，就需要1500个人工，成本极高；第三个模式是打通供应链和工作流，比如如何保证面料能及时匹配顾客的下单需求，解决配料和交期问题。

第一，红领创始人张代理（现任酷特董事长）经过潜心研究，解决了量体问题，发明出“三点一线”的坐标量体法，量体师只需要找到肩端点、肩颈点跟第七颈椎点，并在中腰部位画一条水平线，再用皮尺和专门的仪器采集22个数据（最初是19个数据），5分钟就可以掌握一个人的体型细节。第二，酷特全面采用CAD（Computer Aided Design，计算机辅助设计）制版技术，一秒钟就可以生成20多套西服的版型，只需要少量版型师监测，出现异常时解决问题即可。第三，充分利用互联网形成供应链协同。用信息流整合物流和资金流，对接实时订单数据、物料数据、物流数据等，把原本割裂开的数据链条整合在一起，同时保持上下游各商家的数据共享和策略一致（供应链无尺度），打造出一条链接顾客、供应链厂商、内部生产环节的实时协同供应链，在此前提下，才能做到及时响应和零库存。

2. 生产人员的意识和素质

打开青岛酷特智能股份有限公司的官网，进入其中的招聘页面，如果从职位需求角度看，完全是一家互联网公司——JAVA工程师、.NET工程师、IE项目总监等。如果把时间往前提，可以看到，酷特招收了大量的云

计算、大数据系统和网络安全工程师。从人员需求就可以看到“酷特云蓝学不会”的原因——观念和人才筑起了厚厚的壁垒。如果不跨越制造业企业“傻大黑粗”的原有基因，认知到时代的变化，彻底改变企业生产人员的意识和素质，大规模定制就会可望而不可即。

3. 数据驱动下的生产系统改造

对于生产系统而言，这套模式是由两部分组成，即生产一致性 + 组装多样化，酷特通过自主研发的生产管理系统将这两部分链接在一起，实现了自动排单、自动剪裁、自动缝纫、自动版型的智能化，同时将个性化定制、交期、设备产能、设备状态、产品质量、及时监测等融入生产管理系统，实现了数据驱动下的流水线规模化定制生产。

中国制造业面临的问题是需求的分化和低端制造业随劳动力成本迁徙。因此，随需而动，即保持规模化的成本优势，又能够响应顾客个性化需求的大规模定制生产系统是时代的要求。无论是服装、鞋帽、箱包、五金、塑料还是钢铁这样的工业品，都出现了批量小、品类多的需求变化趋势。在兼顾成本的同时快速响应市场，修炼出德鲁克在半个多世纪前就提出的大规模定制模式，是今天制造业企业的必由之路。

自动化生产

自动化或者自働化（“働”是日本造的汉字，自働化即人机结合。丰田生产方式是建立在自働化和 JIT 的基础上的）给人类的生活带来了极大改变。

从基本内涵上看，自动化首先代替人的简单劳作，然后代替人的大部分体力劳作（比如机械臂），之后逐渐代替人的部分脑力劳作（比如接线员、调度员、导航员乃至于记者和门诊医生）。这是生产方式发展的大趋势，无论是大规模生产还是大规模定制的生产方式，自动化的比例都越来越高（流程化生产企业的自动化比例更是如此，比如石油炼化企业、钢铁生产企业等）。因此，国内制造业企业升级换代，“机器换人”的呼声很高。

但是，“机器换人”本身是一个伪命题！

随着顾客需求的分化，制造业真正面临的问题是在大批量生产和小批量生产之间如何切换，在兼顾成本的同时响应市场需求。而自动化的目的是为了解决批量生产和降低生产成本，“机器换人”只能解决某个操作环节的效率，降低成本，解决不了制造业整体面临的问题。

比如在酷特的生产环节中有一个缝纫环节，上一台自动缝纫机可以替代6个工人，的确降低了成本、提高了效率和一致性。但是服装款式的多样性要求，使得自动化生产必须制作不同的缝迹文件、不同的人工编程打版，并要求随时按需切换不同工装夹具，这些都需要高成本人工介入——在大规模定制情境下，简单“机器换人”并不可行。

“产销一体化”才是真问题——打通顾客需求和生产环节之间的壁垒。酷特的“源点”思想、海尔的“人单合一”、工业4.0解决的核心问题都是要解决顾客需求和生产环节一体化的问题，“机器换人”“信息化带动工业化”则只是手段，而非目的。

在制造业企业中，丰田公司乃至丰田生产方式的地位都高不可攀。但德鲁克在著作《已经发生的未来》中对丰田的评价并不高，其原因在于，他认为丰田生产方式并没有深刻体现出“目标管理和自我控制”的原则。我对此的理解是，一个系统必须由“超系统”或外部环境来定义系统的目标，丰田生产方式只是企业提高效率的工具，无助于从企业整体的角度和知识工作者发展的角度解决问题。而索尼的细胞生产方式解决了知识层面的劳动分工、酷特的大规模定制生产方式解决了产销一体化的问题，是比丰田生产方式更加高级的生产系统。即便如此也无损于丰田所取得的成就，丰田生产方式在它的时代是伟大的创新，这是毋庸赘言的。几类生产方式的不同如表18－1所示。

表18－1 几类生产方式的不同

	单件生产方式	**大规模生产方式**	**丰田生产方式**	**大规模定制方式**	**工业4.0（智能制造）**
分工或合工	合工	分工	分工/合工	生产用分工 定制需合工	合工
工人主要类型和特征	全能工	单能工	多能工	单能工 知识工人	知识工人
品种和批量	多品种 单件生产	单一品种 大批量	多品种 少批量	多品种 大批量	任意切换
核心思想	把工作分割成同质阶段	产品的一致性	消除浪费	系统化地分析产品	产销合一 全面数据化

第十九章
缺乏管理者是企业衰败的主因

再来谈谈谁是管理者？按照“古典管理理论之父”法约尔（Henri Fayol）的概念，各类职能部门的员工，比如招聘专员、技术员、销售员、财务会计等人员都不是管理者，只有部门经理和负担计划组织等职能、从事“人事结合”设计和策划的人才算是管理者。

这明显与德鲁克对管理者的定义不同。德鲁克在《卓有成效的管理者》中给出了定义：“在一个现代的组织里，如果一位知识工作者能够凭借其职位和知识，对该组织负有贡献的责任，因而能实质地影响该组织的经营能力及达成的成果，那么他就是一位管理者。”

只要能对企业的经营及绩效有“实质性”的影响，他就是管理者，无论这个人的职位是特种部队战士、医院护士还是不起眼的图书管理员。

这样说还是不够清晰，可以用战争场景举一个例子。如果是中世纪战争，双方排着整齐的队列在平原上相向而行，主要武器是长矛、盾牌和常规器械，那么，无论交战的人数有多少，其中真正的管理者并不多。但如果是50多年前的美越丛林战，双方用热武器在茂密的东南亚雨林中进行游击战，在小规模的战斗中，将不见兵，兵不见将，行动的决策由战场上的每个人自己做出，每个人、每个小队都可能创造奇迹，这时候，每一个人都是“管理者”。

是否是管理者，**“首要标准应该是对做出贡献担负着责任，必须把职能而不是权力作为判断的依据和组织原则”**。

传统管理理论强调岗位和权力，把管理人员描述为需要管理其他人，并为其他人的工作承担责任的人——似乎不在管理岗位上，不管人就不是管理者。同时，企业中只有成为管人的领导，才能获得较高的地位和报酬。在这种情况下，优秀的科研人员就不得不被“提升”去做“研究室主任”、新闻记者不得不放弃采访和写作去做“编辑部主任”、明星销售员必须得转向“销售总监”……否则职业生涯就会前途无亮。我们需要强调的是贡献和责任，从这个角度讲，优秀的专业工作者也是管理者，比如著名的主持人不需要成为电视台的领导也一样是重要的管理者，他的选题、他的思考、他的贡献可以推动一家小电视台的绩效成长甚至发展定位。

管理者的产生

本书第二章中讲过企业管理层的出现是个大事件，在此之前，人类社会中管理者最多的地方是政府和军队。

先秦以来，中国历史上一直有官僚阶层。按照历史学家钱穆的说法，这些官僚阶层最开始都是皇帝的家仆。比如古时说“宰”，先秦时期就是管家，无论周天子、诸侯或者贵族公卿的管家都叫“宰”，古人“化家为国”，管家就变成了“宰相”。汉代的九卿——太常、光禄勋、卫尉、太仆、廷尉、大鸿胪、宗正、大司农、少府——在汉朝的官制中，九卿属于最高级的官僚。但实际上这些名称都源于皇帝家中的家仆——太常（尝）是管祭祀祖先鬼神的；光禄勋是皇家看大门的；卫尉是卫兵；太仆是车夫；廷尉是管刑罚的；大鸿胪就是相，管交际（古礼主宾交接，由主传到主身边的相，再由主身边的相传到宾边的相，再传达到宾之自身①）；宗正是管亲戚的；少府是管内部开支的；唯有大司农不太一样，他管的是外部经济收入，也就是农业运营收支。有意思的是，西方的情况也与此类似，政府领导最早也是封建领主的家仆或者代表，英语中的部长与秘书至今还是同一个词（Secretary）。

当人们在谈及“管理”的时候，一般都只会想到“现代工商企业管理”，实际上，军队是最早应用管理理论的机构。按照德鲁克的说法：“**现代机构中最早出现的‘CEO’，就是后拿破仑时代普鲁士军队的参谋总长，这一职务是在1820—1840年间发展起来的。**”最早的工商业企业是个体经营者，他们仅仅是雇佣几个帮工，不存在管理者的概念。等到买卖做得稍大一些，老板开始给下属做些分工，谁管卖货、谁管送货、谁管钱等，仍然不需要管理者（经理人）。但当企业的规模超过了一个阈值（阈值的大小和业务性质相关，不同的业务阈值不同），老板的一些副手就开始真正拥有一些权力，成为经理人。比如制造业的工厂，当规模达到一定程度，就需要有一批工头来负责下达任务、监管工厂纪律、处理问题、管理纠纷等，这些人实际上就是初级管理者。

当以标准化生产为标志的现代生产方式展开，类似于打手的工头势必退出历史舞台，真正意义上的管理者开始出现。标准化生产催生出大量分工，在前文中说过斯普林菲尔德军工厂出现了一个真正的“有薪管理层”，有明确的指挥链条以及明确的参谋部门并且出现了明确的管理阶层，即厂长—军械师—领班—组长。

① 钱穆．中国历代政治得失［M］．北京：生活·读书·新知三联书店，2001年。

真正的现代职业经理人和现代管理体系是从福特汽车公司开始，这个体系的推动者是从军队退役下来的“蓝血十杰”①，他们帮助福特二世搭建了财务控制、预算管理、生产组织、采购控制、经济分析等系统，构建了现代企业管理体系框架。他们也是公认的最早、最杰出的现代职业经理人。自此，现代管理者开始成为企业中最核心的角色，担负起创造顾客、为企业带来效益和活力的重担。

管理的力量首次大过资本的力量

“当事业成长到一定规模，也就是发生量变之后，管理就必须发生质变。小生意一旦发展为企业，就不能单从企业所有者授权的角度来定义管理的功能，而是因为企业客观的需求而产生管理的功能。”

有一些企业的创立者，尤其是民营企业的创业者，总是从内心深处把企业当作自己的私有物品，如同古时皇帝把天下看作“家天下”，以为世袭罔替、万世不绝。但实际上，如果企业也是一类生命体，创业者仅仅是企业的父母，而在孩子成年后（生意发展为企业），孩子就是完全独立的个体（从这个意义上说，股份仅只可以代表收益权，而不代表决策权）。

设想一下，某企业的大股东从来不管企业的经营。由于行业不景气，企业始终在盈亏线上挣扎。在管理层和员工日复一日的共同努力之下，企业经营状况良好，效益蒸蒸日上，企业内部也开始出现了久违了的欢声笑语。结果突然某一天，所有人员被告知，企业已经被大股东卖掉了，他们多数人都要被遣散！如果我们从常识来判断这件事，会发现对企业早已没有贡献的大股东却控制着企业的归属和所有员工的未来——这既不合情也不合理，这样的情况正在现实发生而且绝不鲜见。

最新的企业实践表明，越来越多的有识之士意识到了这一点。新兴企业开始设置“同股不同权”的 AB 股模式。所谓“同股不同权”，是一种企业内部决策的投票模式，即股东之间拥有的等额股份其所代表的权力不

---

① “蓝血十杰”是第二次世界大战结束后，来自美国战时陆军航空队“统计管制处”的十位退伍军官，人们将他们称为美国现代企业管理的奠基者。古西班牙人认为贵族身上流淌着蓝色的血液，其后西方人用“蓝血”泛指高贵和智慧的精英人才。

同（一般是表决权不同，收益权相同）。在这种情况下，只占少数股份的企业经营者就可以有效狙击外来的恶意收购者或者大股东的肆意妄为。

“同股不同权”在 100 多年前的美国首次出现。近年来，美国纽交所（NYSE）、纳斯达克（NASDAQ）、美交所（AMEX）、加拿大多伦多证交所（TSE）等全球多数主要证券平台都允许上市公司采用这种架构。2013 年，阿里巴巴公司准备在香港地区上市，由于当时的香港联交所（HKEX）禁止这种架构，不得不拒绝了阿里巴巴。2018 年 4 月，香港联交所在巨大压力下批准了“同股不同权”的架构，次年阿里巴巴就重返联交所。

目前国内沪深交易所的主板、创业板和中小板上市仍然采用“同股同权”的架构，2018 年 11 月设立的科创板则采用了“同股不同权”的管理架构，2020 年初，云计算领域独角兽企业优刻得（Ucloud）公司成为中国内地第一家“同股不同权”的上市企业。这种管理架构不但受到管理层的大力支持，同时也受到了投资人的理解和支持，因为他们也认识到了管理者的力量所在——企业由谁来经营管理将直接影响到企业未来的发展和收益，唯有管理得当，投资人才有机会分享企业长期稳定成长所带来的收益。

“同股不同权”的本质是管理和资本作为支配企业两种力量之间的博弈——在企业史上，第一次出现管理的力量压过资本的力量，这是知识经济的主要特征之一。预期在未来的社会发展中，管理的力量将会得到进一步放大，管理者在企业决策和收益方面的话语权将能得到更好的保障。

企业的创业者和大股东要明白，管理者的权力并非来自所有者的授权——社会的限定、顾客的需求决定了管理者存在的意义和功能，同时也赋予了管理者权力。如果企业是生物，管理层作为企业的核心器官需要不断地协助企业进行新陈代谢，一旦缺乏管理层的持续滋养，企业就会衰败而亡。

福特汽车的第一次滑铁卢和重新崛起

“没有一种变迁比福特汽车公司在短短的 15 年中从不可比拟的成功跌落到濒临崩溃的地步更具有戏剧性了。不过同样具有戏剧性的是该公司在过去的 10 年中又迅速地复苏。”

要谈福特的崛起和衰落，必须要从老福特这个人说起。老福特（Henry Ford）1863 年出生于美国密歇根州，是一个爱尔兰农场主的儿子，虽然并非标准的“红脖子”①，但老福特性格中的亲力亲为和固执己见是众所周知的。

1920 年，福特汽车公司占据美国汽车市场份额的 60%，但到了 1940 年，该数字竟然滑落至 18.9%，公司严重亏损，福特汽车公司遭遇了崛起以来的第一次滑铁卢。其原因相对复杂，其中有两点主因：

第一，未能跟上市场的变化。汽车消费市场对产品的多样化提出了明显的要求，“T 型车”生产导向的定位出现问题。老福特却不为所动，坚持生产策略和市场策略，每次通用发布一款新车型，“T 型车”就降一次价。但事实上，多次降价并不能从根本上解决问题，而且使企业利润严重受损。

第二，福特公司严重缺乏管理者。在老福特“**秘密警察式的管理和唯我独尊的独裁统治**”之下，规模庞大的福特公司找不到几个除了亨利·福特之外的“发动机”②。大多数人才不是被开除，就是自行离开。

1943 年，老福特的儿子埃兹尔·福特（Edsel Ford）突然去世。当时的老福特已经年届八旬，对于一个庞大的企业集团，领导人的更替是极为重要的事情，传承的序列一旦断裂，企业生存受到严重威胁。老福特不得不将还在海军服役的孙子福特二世（Henry Ford Ⅱ）召回，并任命他担任福特汽车的副总裁，福特二世当时年仅 26 岁。

福特二世于 1945 年正式担任福特总裁，面对每月高达 900 万美元的巨额亏损，他虚心向通用汽车学习，从竞争对手和空军中挖来了大量的管理者，包括通用副总裁布里奇（Ernest Breech）和后来任美国国防部长的麦克纳马拉（Robert McNamara）③。这些工作立竿见影，福特二世上任之后的第一年就走出了亏损，五年之后，福特公司利润达到了 2.5 亿美元，由此可见管理者对于企业的重要性！在重视管理者的风气之下，公司内部的新人也开始崭露头角，这其中就包括在 1970 年任福特总裁的李·艾柯卡（Lee Iacocca），正是艾柯卡一手推出了福特野马汽车，将福特汽车公司又一次推上了巅峰。

---

① 红脖子特指美国人中的南方人，尤指爱尔兰裔清教徒，以粗野实干和执拗闻名。

② 此处“发动机”指优秀的管理者。“发动机”文化是联想集团前总裁柳传志极为推崇的文化，也是联想的核心文化之一。强调管理者的目标管理和自我控制。

③ 麦克纳马拉是“蓝血十杰”之一，优秀的企业管理者，在福特总裁的职位上被肯尼迪总统看中，聘任为国防部长。

福特汽车重回巅峰之后，福特二世开始犯和他爷爷老福特完全一样的错误，悍然赶走功臣布里奇和艾柯卡等人，内部人才大量流失，直至1980年业绩遭受重创，才不得不黯然下台。

很显然，老福特和福特二世都没有真正理解管理者的重要性和意义，把现代公司看作自己的私有财产，并认为管理者仅仅是所有者的延伸。他们都犯了同样的错误，误判了企业的本质和管理者的内涵。

"人非圣贤，孰能无过。"老福特重新定义了现代企业，他不但给美国"装上了车轮子"，他的"日薪5美元""8小时工作制"等政策开启了企业追求社会责任的先河，大规模流水线生产则让人类的生产率整体上了一个新的台阶。老福特拥有强烈的社会使命感和超前的思想理念，是当之无愧的时代伟人，也是有史以来最伟大的企业家之一。

管理者的"电量"决定企业前景

一名管理者自身的职衔越高（有职无权的现象也很常见）、能力越强，为企业带来的贡献也就越大。此外，还要看这名管理者的意愿，即他是否有足够的意愿为企业带来贡献。如果把第一点比作电池的大小，第二点比作电池是否充满，二者的总和就是管理者的"电量"，它决定了企业的发展前景。

在企业中有三个方面的原因会对管理者"电量"产生较大的影响，这三个方面具体如下：

1. 文化压制

这种情况在传统企业中比较普遍，企业一把手独断专行，不和他人分享公司的经营权，整个企业弥漫着一种不唯实只唯上的风气，这就使得管理者难以真正地为企业做贡献，企业中也缺乏管理者发育和成长的土壤，人才很难成长起来。这样一来，企业中管理者就会逐渐减少，在职管理者的电量也会越来越低，即使有一批"副总经理"和"总监"也无济于事，企业仍然会走向衰败。

2. 管理者的折旧

未来趋势是企业中管理者的数量会不断增加，企业对管理者能力的要求不断提高。问题出在随着企业发展，企业对管理者的能力要求在不断提高，由于学习能力不足、自身动力不足，许多企业的管理者难以跟上发展进程，对企业贡献降低——这就是管理者的“折旧”。常见的场景是，企业在度过创业期或成长到更大规模之后，老板发现原来“十几个人来七八条枪”的队伍中，一些老班底开始掉队，跟不上企业的发展，无法对企业作出有效贡献，虽然他们之前的确功勋卓著，这些人就是“折旧”之后的管理者。当“电量余额”低到一定程度，这些人就会脱离管理者的行列，无论他的头衔是什么。

3. 管理者的脆弱

管理者实际上是昂贵而脆弱的资源，昂贵的概念是企业需要很多年才能培养出一个非常适合本企业的管理者，这个管理者在适合的岗位上发挥出自己最佳的能力，与企业环境和文化融为一体，有着强烈的为企业贡献的意愿。但管理者又是脆弱的，例如某企业的总经理被换掉，空降来的新总经理任用私人，强推与原制度完全不同的一套制度，在很短的时间内，原有管理层的“电量”一下就由充满变成只有一格“电”，并且极难重新恢复。

综合来看，优秀管理者有着“稀有”的特质，优秀的标志是“电量”充足。越是好企业，“电量”充足的管理者就越多，而缺乏管理者，或者管理者普遍“电量”不足是企业衰败的主因。从这个意义上说，企业高层最重要的工作是给企业内部管理者“充电”，包括能力的培养和贡献意愿的加持。

第二十章
股份公司的前世今生

如果按照可比价格计算，读者可以猜一猜从自有股份公司以来全球市值最高的股份制企业是哪一家？

有人做过一个统计，就是把近年来全球市值最高的20家企业集合起来统计它们的市值，其中包括苹果、谷歌、亚马逊、脸书、伯克希尔哈撒韦、沃尔玛以及中国的腾讯和阿里巴巴等。市值共计7.9万亿美元（2017年12月数据）①。

历史上市值最高的股份公司却不是以上这些企业，而是荷兰东印度公司（Dutch East India Company）。按照1637年荷兰东印度公司市值的可比价格，恰好和以上20家现代企业市值的总和一致，达到7.9万亿美元！

自15世纪的地理大发现开始，海上贸易成为国家崛起和财务积累最主要的渠道，其中和东方的贸易尤其重要。以当时的航海能力，组建一支往返于东印度群岛的远洋船队耗资巨大、风险巨大，不是某一个或某几个巨商大贾能够负担得起的。在巨大收益的诱惑下，17世纪初，日益强大的荷兰商人和英国商人开始组建大型的股份有限责任公司，以更好地解决风险共担的问题。

股份有限责任②这个概念有三个核心，第一个核心是“股份”，股份的概念古已有之，无论是西方的古罗马还是东方的中国，合伙经营从来都不是一个陌生的概念；第二个核心是两权分离，即“所有权和经营权分离”，随着海上贸易，荷兰和葡萄牙已经出现了一种叫“康梅达”的组织，主要特征就是股份和两权分离，也就是股份公司的前身；第三个核心则从未有过，“有限责任”，即股东只对自己的投资负责，如果你买了100元的公司股份，那么你只对这100元负责，哪怕是远洋贸易船队全军覆没，你的损失最多也只有这100元。这个制度的设定使陌生人之间的合作以及股票的自由转移成为可能。1600年12月31日，英国东印度公司（British East India Company）成立；1602年3月20日，荷兰东印度公司（Dutch East Indi-

① 近年市值最高的企业是沙特阿美石油公司，高点将近2万亿美元，苹果公司、微软公司、谷歌公司和亚马逊公司的市值高点则均超过万亿美元。

② 香港中文大学的杨瑞辉教授和郎咸平教授研究认为，有限责任的概念来源于西方10世纪的教会组织。教会组织在中世纪聚敛了大量财富，但其本身受教义的约束，无法直接经营和传承。因此，不得已招募职业经理人进行经营，同时被迫实现所有权和经营权分离。此外，由于教会组织的特殊性，职业经理人会在签订商业合同的同时，约定债务不可以追溯到股东，因为上帝的荣光不容侵犯。他们认为，这是有限责任的起源。

a Company）成立。

和英国人私下募集股票不同的是，荷兰东印度公司采取了公开募集股份投资的办法，换句话说，荷兰东印度公司上市了——这是世界上第一家上市股份公司。

随着上市公司出现，荷兰阿姆斯特丹股票交易所门庭若市，无论是水手、女仆、市长还是普通商人，都想抓住这个极好的挣钱机会，最高的时候，荷兰东印度公司的投资总额是英国东印度公司的10倍还多——近百万英镑，这在当时是巨大得无法想象的金额，阿姆斯特丹成为世界贸易和金融中心！

随之而来的，是股份有限责任公司席卷全球的热潮，各西方国家趋之若鹜——全球的殖民贸易大潮自此拉开大幕。英国弗吉尼亚公司和更为重要的英国马萨诸塞海湾公司也在这个浪潮中成立，前者资助了五月花号，后者在温斯罗普（John Winthrop）的带领下，真正开创了英国清教徒殖民美洲的壮举。

股份公司和经济危机

17世纪，荷兰人突然不可救药地迷恋上了郁金香——有如中国大陆20世纪90年代迷恋君子兰一样。不一样的是，荷兰人有上市公司这个大杀器。1636年，郁金香在阿姆斯特丹及鹿特丹证券交易所上市，所有人为郁金香股票陷入疯狂。不仅如此，疯狂的荷兰人居然创造出来“期货选择权”，不但买卖现有的郁金香球茎，而且还要买卖1637年未上市的球茎，甚至推出杠杆允许买空卖空！于是，一株名贵的郁金香球茎“奥古斯都”的价格被推高到了6700荷兰盾（Gulden），要知道，普通荷兰人年收入只有150荷兰盾，一株球茎相当于普通荷兰人45年的工资！足以换取阿姆斯特丹运河边上的一栋豪宅。1637年2月，郁金香股票泡沫骤然破灭，民众信心受到极大打，雄霸天下的“海上马车夫”荷兰为此遭受重创。

1720年，英国的南海公司（the South-Sea company event）通过定向发行新股的方式收购英国国债，在此之前，英国王室为战争导致的3000万英镑的债务头疼不已，经过多方协调操作，采用“债转股”的方式，将债权人的国债票据转化为南海公司的股权，同时授予南海公司南美洲的特许贸易经营权，让债权人有了获取更高收益的期望——这笔金融运作放在今天也是可圈可点。问题在于，贪婪的南海公司经营者为了拉高股价，推出了认购证这样的金融杠杆，假如一只股票面值 100 英镑，购买认购权证只需要支付 1 英镑，之后在一段时间内交足就可以。股票的认购权同时也能够随意出售——这就相当于 100 倍的金融杠杆。在南海公司开发南美洲贸易前景的刺激下，确切地说，是在不切实际的发财梦想刺激和经营者后台运作的推手下，股民开始疯狂操作，直至泡沫破碎。这些股民中，就有伟大的物理学家牛顿（Isaac Newton），据说他第一次入场就赚了 5000 英镑，但第二次则大亏了 20000 英镑，这相当于牛顿在皇家铸币局 10 年的工资，他哀叹道："我能算准天体的运行，却无法预测人类的疯狂。"

英国南海公司和法国密西西比公司股票的相继崩盘让英法政府上下谈股色变，在之后的 100 多年中，几乎没有新的股份公司获得批准。这也是美国成长和崛起如此顺利的原因之一。从 1636 年到 2008 年，股份有限责任公司带来的泡沫和问题一次又一次冲击人类社会，使得政府的各类监管越来越严格，不过，股份公司制度的本质并无变化，一直延续至今。

所有权和经营权的分离

近三百年前，被誉为"草原第一商号"的晋商大盛魁悄然崛起，最盛时几乎垄断了今天中国内蒙古自治区、蒙古国加俄罗斯部分地区的牧业贸易，拥有骆驼两万头，员工六七千人。大盛魁三位创始人联手打下了偌大基业，但当三人逐渐老去，这份基业交给谁打理成为一个核心问题，这个问题涉及企业是否能稳定存续。三人经过反复商讨，最终决定三位创始人的后人不再参与商号经营，而是选择用职业经理人（大掌柜）方式代代传承。这是中国职业经理人的开端。

进入工业时代，各类企业特别是大型企业的特点是经营权非常集中，而所有权相当分散，这迫使企业不再是私人所有的牟利组织，而是成为一种特别的社会制度安排，所有权和经营权的分离成为常态。

德鲁克曾经专门研究过现代公司制度和私有产权之间的关系，在他为《现代公司与私有财产》① 一书写的前言中说道："美国的公司已不再是一种私人企业组织，而是已经变成了一种制度。……全国大约三分之二的产

① 阿道夫·伯利（Adolf Berle）和加德纳·米恩斯（Gardiner Means）著，首次出版于 1932 年。

业财富，从个人所有转移至大规模的、公众融资的公司所有，这将从根本上改变财产所有者的生活、工人的生活，以及财产保有的方式。”

这是“数千年未有之变局”——股份公司作为社会的经济中心，在社会上的地位超然，从而成为独立于政府之外的重要权力中心。试想一下，今天全球财富几乎都集中在上市股份公司手中。数百年前的荷兰东印度公司，其财政实力和军事实力已经超过了世界上大多数国家；今天更是如此，很多国际大型股份公司，其经济实力完全不比一些小国差。从17世纪开始一直到20世纪，很多人都认为股份公司是邪恶而危险的，英国《泡沫法案》禁止股份有限公司达到100年之久，法国禁止“银行”这两个字达到150年之久。直到美国在20世纪初凭借股份公司这一经济机制在全球取得制霸地位，英国、法国和其他西方国家才不得不重新接纳股份公司。

股份有限责任公司的优势是可以让一群陌生人之间互相合作，能够汇集大量的资金进行协作投资。当资金汇集完毕，绝大多数股东就没有意愿，也不具备足够的专业能力进行经营管理，这时，实际主导公司的是没有股权的职业经理人。于是，代理问题产生了——具体经营者的诉求和所有者的诉求并不相同。

在《现代公司与私有财产》这本书中，伯利（Adolf Berle）和米恩斯（Gardiner Means）研究了美国20世纪30年代200家最大的企业，其中包括42家铁路公司、52家公用事业公司、106家工业公司——包括美国南北战争之后发展起来的长途铁路公司、20世纪初J. P. 摩根成立的美国钢铁托拉斯企业等——发现这些公司基本上都被管理者直接或者间接控制，这说明了所有权和控制权（还不是经营权）分离已经成为常态。以他们两位的研究为基础，逐渐生发出众所周知的委托——代理理论，其核心是代理问题，即企业需要设计出一套有效的机制来激励和约束代理人。

所有者的要求非常清楚，按照层次可以分为长期增值、短期分红、股价提升。而经营者诉求的方向与所有者不同，可以分为短期绩效、高额薪酬、职业声望和发展、内部权力。既然诉求不同，做法自然也不同，经理人（代理人）由于不考虑企业的长期增值，往往会杀鸡取卵，引发大的危机。2008年，华尔街的金融经理人为短期利益毫无顾忌地发放次级贷款，引发金融雪崩，无数家庭的财产灰飞烟灭。与此同时，这些经理人不但并未受到应有的惩罚，而且其薪酬，甚至奖金也没有受到太大影响！次贷危机的源头之一，成立近百年、与高盛齐名的美国美林公司（Merrill Lynch），由于经理人操作不当引发次贷危机、自身巨亏导致被美国银行收购，品牌毁于一旦（美国银行自2019年起不再使用美林品牌）。2008年四季度，美林亏损98亿美元，但这丝毫不妨碍同期美林CEO塞恩（John Thain）向美林员工发放总额数十亿美金的年终奖金，并向董事会要求年底为自己发1000万美元奖金（因美国银行收购事宜）。在转为美国银行高管之后，居然立即斥资120万美元为自己装修办公室。

股份公司的本质不会发生变化，可以预测的是，下一个次贷危机将不会太遥远。市场运行自有规律，危机也是市场调节的一种手段——直接用淘汰的方式让一批监管不够严格的企业直接出局。20个世纪最后的十年间，安然公司（Enron Corporation）业务发展迅速，销售收入从59亿美元迅速蹿升到千亿美元，给董事会和经理层带来了巨大财富。与此同时，安然公司在外界压力之下承认从1997以来一直通过假账虚报利润，巨大的安然公司在经理人的肆意妄为之下轰然倒闭。

从理论角度看，代理人制度的基础是基于科斯交易理论而提出的企业契约理论，再往前追溯，可以看到一批启蒙思想家，包括法国思想家孟德斯鸠（Baron de Montesquieu）、卢梭（Jean-Jacques Rousseau）等人提出的社会契约理论，卢梭在名著《社会契约论》中指出：

“社会秩序乃是为其他一切权利提供了基础的一项神圣权利。然而这项权利绝不是出于自然，而是建立在约定之上的。”

我认为，在中国的现实条件下仅靠代理人监管制度是不够的。当年山西商人普遍实施两权分离的政策，但同时，浓厚的区域熟人文化、长期效力机制、儒家伦理的制约都使得经理人（掌柜）不敢在信息不对称的情况下乱来。

多边治理和“股东利益最大化”

“股东利益最大化”是一种原始的治理思想，这种治理思想会引起巨大的社会危机。普强实验就是一个典型的例子。在央视拍摄的纪录片《公司的力量》中对这个案例进行了详细描述：

20世纪70年代，美国普强公司的新药帕纳巴十分畅销，但食品药品监督管理局发现，这种药的副作用能够致人死亡，普强公司召开了特别董事会最终决定继续销售，并在法庭上为自己辩护，因为药品撤市时间每拖延一个月，公司就能多挣100万美元，消息被披露后，整个美国为之震惊。宾夕法尼亚大学专门设计了一个角色扮演的实验，来研究为什么会发生这种情况？“当我询问那些没有卷入事件的人，告诉他们发生了什么，问他们会怎么做？97%的人表示会将药品撤出市场，但是，当实验者转而扮演起普强公司的董事会成员后，同样的问题却得到了完全相反的答案，董事会上发生了很多有趣的事，有人辞职，有人很沮丧，还有人大声争吵，但是最终没有人将药品撤出市场。”普强实验在十多个国家重复了近百次，结果大同小异，每一组扮演董事会的人都认为这体现了公司的本分，即股东利益最大化。

今天，逐渐得到企业界和学术界认可的治理理论是多边治理——企业有着多个利益相关者，股东仅仅是其中之一。

说得再清晰一些，股东、债权人、顾客、管理层、员工层、外围服务商乃至企业所在社区等利益相关方之间有着明确的契约关系，而公司是所有这些关系的交汇点。在这一理论背景下，公司作为一个法人，应该由利益相关者共同治理。董事会不仅应该考虑股东的利益，还应该考虑相关方的利益。

这和德鲁克思想一脉相承，德鲁克强调利润会严重误导管理者，甚至危害到企业的生存，并因此强调目标管理中的“社会责任”。这就需要我们去认真思考企业的目标究竟是什么：

○　企业的目标是股东的目标吗？
○　企业的目标是CEO的目标吗？
○　企业的目标是中层干部的目标吗？
○　企业的目标是普通员工的目标吗？
○　企业的目标是顾客的目标吗？
○　企业的目标是供应商的目标吗？
○　企业的目标是所在社区的目标吗？

企业并不是由一个人组成，所以它的目标必定不仅仅是盈利，也不仅仅是一个可以养家糊口的工作；不仅仅是提供商品的机构，也不仅仅是一个采购方——它是一个满足社会需求、能够把利益相关者的需求全部杂糅在自身发展目标之中的利益共同体——只有这样，它才能长期生存并发展壮大。

华为之所以被各方赞誉，因为它比较好地做到了和各相关利益方的互相融合。首先，它是一家股东达到数万人的社区民营企业，股东和员工一体化；其次，它和顾客、社区、供应商、政府之间的关系相当融洽。它甚至会考虑和竞争者之间的关系，任正非曾经说过：“我们要向苹果学习，把价格做高一点，让所有的竞争对手都有生存空间。”同样，褚时健也很关注渠道商是否能挣到钱，其中的内涵是多边治理，积极维护企业身边的生态系统，使企业在其中能够长期良性发展。

中国内地企业界更加倾向向英美体系学习管理，不过，就股份公司多边治理的问题来看，也许日本是一个更好的学习对象。日本企业的董事会关注的不是股东利益，而是更加关注员工利益，其董事会的组成几乎都是公司内部管理者，任何并购或者业务售出，董事会有完全的决策权。而只要企业的财务收益合乎一般标准，日本企业的股东几乎没有任何决策权！此外，从社区的角度看日本的人才雇佣制度和人才培养机制，会发现它非常合乎社区要求的机制。就生态系统的建设来说，日本企业普遍比其他国家高一个层次，这是日本企业长寿的内在主要原因之一。

股份公司的未来

股份公司的未来不应该是股东的“财产”，而是全体员工的“社区”。

试想一下，一群内部氛围极佳、目标清晰的管理者正在为公司的未来全力打拼，突然传来消息企业换老板了，企业被一个八竿子打不着的机构收购，然后很快又要被打包卖出。他们会怎么想？内部的优良氛围必然荡然无存、管理者的“电量”快速下滑、企业的绩效无法得到保证，骨干离职、团队受到无法愈合的伤害。

在未来，股东将无法再拥有生杀大权（也许会有“分红”和“下注”权，但不再拥有“拍卖”权），企业将成为自治的社区——真正的有限责任制将大放异彩——这一点，在巴西的塞姆勒公司（Semco SA））趋向于实现，国内也有一些企业正在尝试。这些企业的故事昭示着未来已经不再是一个想象，而是触手可及。

第二十一章
对管理者的目标进行管理

管理者需要为企业的结果负责，也就是说，管理者的绩效是决定企业组织绩效最关键的因素。在企业中，管理者总是在迎接最大的挑战、承担最大的责任、产生最大的贡献，那么如何思考和提升管理者的绩效，将是企业永恒的命题。

仅仅做到专业化是不够的，要有共同的目标

有一个很多人都耳熟能详的例子：“**有人问三个石匠他们在做什么。第一个石匠回答：‘我在养家糊口。’第二个石匠回答：‘我在做全国最好的石匠活。’第三个石匠仰望天空，目光炯炯有神，说道：‘我在建造一座大教堂。’**”

德鲁克指出，最麻烦的不是第一个石匠，而是秉持专业精神的第二个石匠。

很多管理者有一个误区，就是过于关注自己的专业水平和能力。在企业中，我们能够遇到不少这样的人。如果和这些人打过交道，你会知道，这些人在需要专业支持的时候会给你非常好的帮助，同时，这些人也是最难打交道的一批人，如果和他们沟通跨部门的问题或者涉及全局的问题，他们会说：

- 这些不关我的事。
- 我现在很忙，没空去琢磨你说的东西。
- 我的任务就是把部门里面的专业工作做好，其他事别来烦我。
- 我是搞设计的，为什么要懂市场的事情？
- 这些有上面的领导去考虑，你就做好眼前的工作吧。

甚至上级领导给他们派任务也会受到重重阻碍，由于专业人士的骄傲（往往是一种认知的局限），上级领导的任务如果被认为妨碍了工作专业性，不管任务本身是不是对整体绩效有帮助，往往都会被抗辩或阳奉阴违，甚至会被拿出来作为领导不懂专业的例子进行嘲讽，在企业中这是常见的现象。

此外，企业内部为了专业化管理制订了很多制度和流程，尤其是大型企业和国有企业，每年都会发布制度，并要求各级管理人员提交各式各样

的报告和数据，希望以此来提升管理的专业化程度，就实际的工作来看，其中只有大约30%是对企业绩效有帮助，而剩下70%的制度、流程、表格、报告不但直接提升了管理成本，而且不恰当地分散了管理者的注意力，大大降低了管理效率（大企业的风险内控非常有必要，但必须强调顾客导向）。

德鲁克说过一个极具代表性的例子——一家大企业的总裁买了一个小工厂，他将大企业规范管理那一套引入小工厂，认为这一套专业的管理控制程序会让小工厂省下很多钱。结果一年后，小工厂的利润被腰斩，尽管销量和产品价格都不变，但繁复的报表程序吃掉了一半的利润。

本质上，所有的专业都是一种壁垒，专业化的目的就是要建立起壁垒，提升企业竞争优势。但如果企业内部的管理者视专业为己任，而不是视绩效为己任，那么企业内部就会因为专业而形成阻碍效率的部门壁垒。

因此，仅仅是强调专业水准和专业能力是不够的，管理者必须站在更高的位置上来看自己的工作，必须以共同的目标作为努力的方向。从干部评价的角度，除了对专业能力以及由专业能力带来的绩效进行评价之外，需要加两条评价标准：

○　跳出画面看画（大局观）的能力。

○　换位思考（不囿于自身）的能力。

我在企业中推广一种对干部的考核方法，叫“重点工作考核法”，要求各级管理层反复思考自己对公司的贡献，从公司绩效的角度出发，琢磨两个问题：

○　有哪些事情应该做但却一直没有做？

○　有哪些事情不应当做而正在做？

这种考核方法可以从一定程度上让管理者从自身专业角度中抽离出来，真正思考公司对自己和所负责部门的要求，有助于上下级之间形成共同的目标，也有助于部门之间产生协作。

除此之外，还有一种使管理者突破专业思维、协同作战的方法也被广泛使用，无论是在企业还是在政府组织。这种方法叫“横向协调机制”，在组织机构中体现为各类横向的委员会或任务小组。委员会制是传统的部门间协调的方式，委员来自不同部门，并代表本部门领导的立场就讨论的问题发表意见、提出合作方案，一般采取全体一致的方式决策或采用民主集中的方式进行决策。委员会制的问题是变成常设机构之后容易产生形式主义和官僚化。“横向协调机制”的第二种形式是以特定任务为核心，建立专门的任务小组，选调各不同部门的人员加入。任务小组富有弹性，特别适合处理综合、紧急、复杂的任务，任务完成即可解散。

企业目标和计划要全面提供给每一个管理者

每一个人的认知结构都是不同的，这决定了每一个人对同一件事情的看法都是不同的。更何况由于在企业中，每一个人的职业背景、岗位职能、专业能力、管理层次、薪酬回报等都大不相同，认知差异巨大是再正常不过的。

举一个常见的例子，很多中小企业的老板总是觉得管理不规范，于是倾向请一个有大公司经验的优秀职业经理人空降过来，觉得这些人自带光环，一定是无所不知的全能选手。殊不知越大的企业对职业经理人的要求就越单一，而且做得越好的人越依赖平台，这和中小企业所需要的那种面面俱到的综合管理能力完全不匹配。于是请来的职业经理人总是倾向先建立规范的平台，但这又和企业的生存阶段不一定匹配。在两者认知差别巨大的情况下，空降兵不好用就再正常不过了。

我们有时候戏称企业里的老板都是“飞鸟”，天天在外面飞来飞去，视野高远，了解很多信息资讯。企业里的中层经理人就如同“走兽”，能看到的就是眼前的一亩三分地，只知道具体的工作怎么干。而“飞鸟”总是希望把自己看到的东西教给“走兽”，不幸的是“飞鸟”用的是鸟语，“走兽”完全无法理解。**“救救我们吧，老头子读了一本书；以前我们还知道他对我们的要求是什么，现在我们只好去猜了。”**这种情况极为常见，在我曾经供职的企业，甚至出现过老板给下属开完会后，下属要单独再召开一个会，专门研究老板究竟说了些什么！

这个问题是无法解决的，唯有将双方的语言转化为共同的目标、愿景和计划。

每个个体都有自身的局限，“盲人摸象”“摸着石头过河”在企业中是一种常态化的存在。理解了这一点，德鲁克的目标管理乃至惠普公司的管理流程（POM）强调企业目标下的共享愿景和共同计划也就容易理解了。对于管理者而言，企业的目标有五个层次：

层次一：每个管理者都有目标，目标说明了他对企业的贡献（也包含对其他部门的贡献，以及注明需要其他部门提供的支持）。

层次二：目标是每个管理者及其上级共同制定的，而非上级单向指令。

层次三：所有管理者都了解企业目标和自己的目标。并有简单直接的渠道可以看到其他部门、其他人的目标和计划。

层次四：所有管理者能基本认同企业未来的发展愿景。

层次五：所有管理者都了解公司的行动纲领和本部门的行动计划。

“我发现有一家公司甚至向领班提供了一份详细的说明，让他不但了解自己的目标，也了解公司的整体目标和制造部门的目标，结果发挥了很大的功效。尽管由于公司规模太大，领班的个别生产绩效和公司总产量相比，有如九牛一毛，但结果聚沙成塔，公司的总产量仍然大幅提升。”

再次强调“管理者”的概念，按照前文的定义，只要能“实质地影响该组织的经营能力及达成的成果”，不管某人是一名酒店领班、医院护士或者是一名没有下属的普通职员，他都是管理者。因此，有必要让大多数人都了解到公司的发展愿景、发展目标和计划纲要，让每一个人在其中找到自己贡献的位置，从而了解到自己其实是在“建造一座大教堂”。

“运动式”管理和自我控制

新官上任三把火，“轰轰烈烈走过场、扎扎实实做表面文章”，大多数人已经认识到这种做法不妥当，以及它对组织绩效带来的负面作用。遏制“运动式”管理的冲动是企业和政府都要直接面对的严肃问题。

与“运动式”管理相对的是目标管理和自我控制。

海尔总裁张瑞敏是德鲁克的粉丝，在1987年，张瑞敏很偶然地读了德鲁克《有效的管理者》这本书。张瑞敏回忆说："给我印象最深刻的一句话是：管理很好的企业总是单调乏味，没有任何激动人心的事情发生。他这句话和我们当时的做法完全相反，不要说海尔，当时所有的中国企业天天在想办法做一些激动人心的事情，比如搞什么会战、誓师大会之类。德鲁克的说法和我们的做法完全不一样，但是我仔细一想他说的很有道理。企业里的大多数事情都应该当作例行事务去管理。可是，当时中国的企业大部分都是碰到什么事就去解决什么事，没有章法和预算。这时候，受到德鲁克的启发，我们在海尔开始做预算，并创造了'日清工作法'，也就是'日事日毕，日清日高'，把每项工作的目标落实到每人、每天。每个人每天在下班前根据目标对工作完成的情况，'日清'。'日清工作法'解决了管理上的混乱无效问题，使我们那样一个濒临倒闭的小厂迅速扭亏为盈，并且摘取了中国冰箱历史上的第一枚金牌。这枚金牌要归功于'日清工作法'，更要归功于德鲁克先生。"①

与"运动式"管理不同，有效的目标管理和自我控制体现在以下四个几个方面：

（1）平淡、持续、坚持。不搞大鸣大放，在平淡之中见功夫，即使短期没有成效也不放弃。

（2）强调上下级之间密切进行绩效沟通和思想交流。沟通是绩效管理的核心，是生产力的真正来源。这种交流最好不只是口头的深入交流，还要落实到书面上。比如上级持续地做绩效记录（用小本子专门记录下属的每一次绩效表现，用于评估和反馈）、下属定期撰写自己对上级目标的认识，以及对自身重点工作如何做的认识。注意，这种书面交流不是形式化的阶段总结，而是为更深度的当面交流做准备和预热。

（3）通过绩效管理工具对管理者进行评估和考核。

（4）直接将评估结果反馈给每一位被评估人。有些企业的习惯做法是将评估结果反馈给管理者的上级，再由上级反馈给本人，这种做法其实是对目标管理不了解的体现——目标管理强调"自我控制"而非"他人控制"——应该将评估结果直接第一时间反馈给管理者本人，让本人直接根

① 摘自《哈佛商业评论》。当时德鲁克《卓有成效的管理者》这本书被译为《有效的管理者》。

据评估结果调整自身的工作。

需要再次指出的是，目标管理针对人的高级需求提出的管理思想，尤其是针对知识工作者——知识工作者的高级需求是被尊重和自我实现，一个是在企业中被尊重所带来的动能，另一个则是在自我实现中不断获得动能。“自我控制”就是基于人的这两种需求，从中获得不易枯竭的活力。

与“自我控制”相对，“他人控制”是针对人的低端需求——生理需求和安全需求①，“胡萝卜加大棒”因此成为企业负责人最常用的招数。德鲁克指出，在现代社会和后现代社会中，自我控制才是更有效的办法。在纯体力劳动者日益减少，科技发展倍速提升，新兴一代走向工作岗位的今天，两种管控模式孰优孰劣非常清晰。

绩效管理的工具

“目标管理必须投注大量心力，并需要特殊工具。”所有的目标都是绩效目标，与企业的绩效息息相关，因此，评估企业目标达成与否的绩效管理成为每一家企业最重要的工作之一。

绩效管理的鼻祖是杜邦模型。早在 1903 年，杜邦公司就开始用“投资报酬率”的方式来进行绩效考核。杜邦的财务主管布朗（Donaldson Brown）发明了我们今天熟知的杜邦模型。

后来布朗加入通用，协助前通用汽车公司总裁斯隆（Alfred P. Sloan, Jr）搭建通用的财务管理体系，为推行管理史上重要的“分权制”的诞生有极大的贡献。有意思的是，正是布朗而非斯隆邀请德鲁克对通用进行研究（斯隆就没打算请德鲁克，他觉得没有那个必要），真正开启了德鲁克企业研究之路。

杜邦模型成为 20 世纪最主流的绩效管理工具，直到 1980 年左右，绝大多数企业仍然在使用以财务指标为核心的绩效考评模式。1992 年，《平衡计分卡：驱动业绩的评价指标体系》在哈佛商业评论上发表，它强调平衡企业绩效的各个方面，这意味着新的绩效管理时代的到来。

当前，比较主流绩效管理工具/指标包括：

---

① 亚布拉罕·马斯洛（Abraham Maslow）1943 年提出的需求层次理论指出，人的需求分为五个层次，由低到高分别为生理需求、安全需求、社交需求、尊重需求和自我实现需求。

○ KPI（Key Performance Indicator）：关键绩效指标。
○ BSC（Balanced score card）：平衡计分卡。
○ OKR（Objectives and Key Results）：目标与关键成果法。
○ PBC（Personal Business Commitment ）：个人业绩承诺。
○ GS（Goal Setting）：工作目标设定。
○ EVA（Economic Value Added）：经济增加值。
○ ROE（Return on Equity）：净资产收益率。

这几个工具并不是完全独立的，它们之间互有交叉。这些工具协助企业将目标拆解为各类指标和行动承诺，并给予每一级管理者反馈——企业经营究竟成效如何？每一部分的预定目标是否按计划完成？

企业中 KPI、GS、OKR、BSC 四个工具用得较多，以下做一个简单介绍。

○ KPI 的背后是帕累托法则，即二八法则，它强调抓住事物的主要矛盾，并且用指标量化的方式进行绩效管理。它面向的是结果，属于滞后性指标。

○ GS 与 KPI 类似，它主要用于对难以量化的指标，如“优化营销体系功能”。同时，它需要将指标拆分为多个节点，并定义评价标准，以减少评估中的主观因素。

○ OKR 是英特尔前总裁葛鲁夫（Andrew Grove）发明的，这是和德鲁克目标管理理论最贴合的绩效管理工具（葛鲁夫本人是德鲁克的粉丝，是目标管理方法的追随者）。OKR 强调过程、强调自我控制，将绩效结果和绩效过程结合得比较好。

○ BSC 由管理学者卡普兰（Robert Kaplan）和诺顿（David Norton）发明，他们创造性地将四个维度的指标抽离出来，超越了传统的财务绩效反馈模式，基本上做到了四个平衡——战略管理和经营管理的平衡、财务指标和非财务指标的平衡、内部人员与外部人员的平衡、结果指标和动因指标的平衡。通过四个层面的 20～25 个指标来衡量企业战略的完成情况。

在使用这些绩效管理工具的时候，我们需要明确绩效管理的几项原则：

原则一：对下属要有真正的信任和授权。这也许意味着企业文化的转变。

原则二：自下而上的目标制定。计划管理是自上而下的目标管控过程，而目标管理恰恰相反，需要自下而上进行目标制定过程。让下属对自己的工作真正负起责任来。

原则三：用自我控制取代他人控制。强调每一个人要自我控制，而不是由他人管控。对于知识工作者来说，每个人都是在为自己工作，并以自身的贡献和成果对直接上级和整体企业负责。

原则四：提供自我纠偏的机会。要给员工以反馈，绩效评估的信息应该直接反馈给员工，而不是上级管理者。有些上级管理者因为某种原因（不好意思反馈或不愿反馈）对绩效结果秘而不宣，这种做法非常糟糕，让员工无法做到自我纠偏。如果能第一时间将绩效结果反馈给员工，辅以适合的绩效沟通，就能激发员工最优的表现。

我在一些企业长期担任管理顾问的角色，有时会为企业推行“三个一小时”的绩效管理模式，取得了一定的效果。所谓“三个一小时”，是指被考核人与直属上级管理者进行一对一面谈沟通的时间，即（以季度考核为例）：

○　绩效目标制定——每季度沟通一小时（季度初）。

○　绩效过程辅导——每周沟通一小时（季度中）。

○　绩效结果反馈——每季度沟通一小时（季度末，评价结果出台后）。

通过持续的绩效辅导和绩效反馈，使上级和下级共同跟踪绩效结果。通过持续不断的沟通，双方共同努力确定目标、发现问题、解决问题，为管理者最终达成或超越预期的绩效目标夯实基础。

第二十二章 对管理者的工作进行管理

在德鲁克卷帙浩繁的著述中，其内容大致可以分为两个类别：第一类是“看到已经发生了的未来”，并以已经发生的社会问题为基点来反思和构建商业伦理，为企业组织指出发展方向；第二类是“管理是一种实践”，以身边实际发生的管理案例为基点来总结和思考管理规律，但并不倾向形成理论而是致力于指导具体实践——千万不要认为德鲁克是纯粹的理论家，他是实打实的实践指导者。

因此，德鲁克才会受到如此众多而优秀的企业管理者的欢迎。著名企业家、GE（美国通用电气）前总裁韦尔奇（Jack Welch）是德鲁克的拥趸，韦尔奇曾经多次拜访德鲁克位于南加州克莱蒙特的家。作为 GE 的长期顾问，GE 的发展思路和韦尔奇的商业思想都受到德鲁克非常大的影响。GE 著名的“数一数二”战略变革、层级精简的结构变革这些管理行为的思考背后均基于德鲁克的思想。德鲁克认为，如果企业对绩效差的员工不作为，对绩效优秀的员工是一种打击，必须对那些一贯拿不出杰出表现的经理人员痛下“杀手”。这又直接导致了韦尔奇坚决贯彻强制分布和末位淘汰制度。

在《走近德鲁克》① 这本书中，德鲁克这样形容最能干的管理者：

○ 会招聘、懂解聘、擅组织……精提拔。
○ 对结果完全负责。
○ 知道如何自上委派。
○ 按时间框架进行思考，制定明智决策。
○ 用心思考、沟通结论。
○ 是完成商业规划的合适人选。
○ 问清需要完成的具体事项，制定新的优先顺序。
○ 会议结束时任务分派明确……因为大多数会议结束时都是一团乱麻。

以上都是一些散点思考，并不系统，中国人的思维方式恰恰就是散点式思考。德鲁克很有意思，欧美人擅长框架型思考，德鲁克的思想框架也

① 杰弗瑞·克雷姆（Jeffrey A. Krames）. 走近德鲁克（Inside Drucker's Brain）[M]. 北京：机械工业出版社，2009 年。

是宏大而深远的，但他却喜欢散点式的讨论问题方法①，这也是他的著作在中国受到欢迎的原因之一。以下从管理者的任务、管理幅度、团队管理及高层管理者等方面深入讨论对管理者的工作进行管理的具体问题。

管理者的五项基本任务

在每一个管理者的日常工作中，有各种各样并不属于“管理”的工作，比如公司总经理亲自出马谈一个大合同、车间主任亲自设计一种新夹具等，这些工作很重要，但并非“管理”工作。与此同时，管理者的时间非常不好调配，会被他人占用大量时间，所以很多管理者的效率并不高，他们成天忙忙碌碌，但有时甚至不知道自己在忙些什么。

但是，管理者有自己的任务，对于管理者来讲，最重要的任务就是令整体大于部分之和。乐团的指挥是很好的例子，他通过对乐手的激发和调配，将乐团中个体的演奏组合在一起成为整体的曲目。

“决定企业绩效的，只有管理者。只有管理者才能让企业的整体大于部分之和，也就是只有管理者才能创造出额外的绩效。”“……自从柏拉图以来，‘美好社会’的定义就是能让整体大于部分之和。”

这段话不太好懂。真想弄明白其中的含义，需要稍微了解一点西方哲学的内容。古希腊的亚里士多德认为，肉体及灵魂构成一个不可分割的统一体，整体先于部分而存在，有目的然后才有目的的实现。所谓整体大于部分，是指整体有着部分所没有的功能，相比部分的总和而言，其性质发生了变化。用一个不见得恰当但很容易理解的例子，可以表述如下：

○　1 +1 +1 =3（古希腊哲学家德谟克利特的哲学观）。

○　1 +1 +1 =3X（亚里士多德的哲学观）。

与此同时，亚里士多德认为，整体先于部分存在。这和认识论相关，即我们认识一个事物总是先认识整体，再认识部分。比如先看一个人，才会看到他的手、脚或脸上的雀斑。企业也是同样，我们会先有整体概念，才会再去看它的产品、厂房、CEO和技术总监。

亚里士多德的哲学思想是现代系统论的前身，美国生物学家贝塔朗菲

---

①　德鲁克的散点讨论是具有整体性优势的散点论述。学者汤姆·彼得斯的《追求卓越》在全球卖了500万册，打开了商业管理书籍的出版之门，据彼得斯自己说，书中“写的每一件事”都能在《管理的实践》的“某个角落”找到。

(Ludwig Bertalanffy)[1] 认为，系统的整体性能可以大于各要素之和（The whole is greater than the sum of its parts）——相对于企业而言，如果企业中的人和资源凑在一起并不能增值，那么企业就失去了存在的意义。这时候，管理者就是企业的灵魂和大脑，起统率作用，必须用管理创造出额外的价值，是诸多零前面那个“一”。

在企业的团队户外拓展运动中，一般会有一个“毕业墙”的设置。“毕业墙”墙高4.2米，只凭单人的力量不可能翻越，必须要求团队合作，用合理的模式和计划，以及共同的行动来确保每一个团队成员翻越墙体。这是企业系统整体大于个体之和的鲜活例证。

对每一个管理者而言，整合手边的资源，使其发挥整体的功效从而大于部分之和，其中有五项基本的“管理”任务必须去做，这是管理者和非管理者的区别所在。这五项任务如下：

（1）制定目标。确定总目标和分目标，并把目标告诉应该告诉的人。

（2）组织工作。这里的“组织”是动词，即根据目标对工作进行活动分析，然后把活动拆分为可以进行管理的作业，并进行任务分配。如果有必要就建立新的团队、安排新的人员来实施这项工作。

（3）激励和沟通。为了达成目标，与相关人员进行正式沟通和非正式沟通。同时对团队成员进行各种形式的激励。

（4）绩效管理。包括绩效标准制定、绩效分析、绩效评价、绩效沟通。

（5）培养人才（对自己而言，就是持续学习）。

管理者通过这五项工作实现资源整合，平衡当前和未来的企业需求，让身边的人力资源、财力资源、物力资源发挥出整体大于部分之和的功能。

一名管理者应该管理几个人

企业中的管理层次和管理幅度是一个比较重要的问题，其中管理幅度（一个管理者管几个下属）影响管理层次，而管理层次往往决定企业信息传递效率的高低。

---

① 贝塔朗菲生于1901年，和德鲁克一样都是美籍奥地利人。贝塔朗菲于1950年发表《物理学和生物学中的开放系统理论》，1955年发表《一般系统论》，现代系统论就此奠基。

英国管理学者厄威克（Lyndall Urwick）的思想深受泰勒（Frederick W. Taylor）和法约尔（Henri Fayol）的影响，在他的著作《组织的科学原则》中提出了八项原则，其中一项是“控制幅度原则，即每一个上级所管辖的相互之间有工作联系的下级人员不应超过 5 人或 6 人”。因为管理者的精力、知识都是有限的，因此管理下属的数量只要超过某一限度，管理效率就会大大降低，管理者就会顾此失彼。他认为，企业的管理幅度应该是固定的具体人数，并且可以通过工作的分解、科学的计算确定下来。

美国洛克希德导弹与航天公司（Lockheed Corporation）基于此进行了深入研究。最后确定用六个变量来分析确定管理幅度：职能的相似性、地区的相似性、职能的复杂性、指导与控制的工作量、协调的工作量及计划的工作量。然后把每个变量分为五个等级，然后引入加权系数进行计算，由此确定每个层级固定的管理幅度。

各类管理学院的教科书对于管理幅度的说法基本溯源于此，也言之凿凿地告诉我们一个管理者下属 5 ~7 个人是比较恰当的，可以根据洛克希德的六个变量进行调整。大多数企业就是因此来确定管理幅度、管理层次和组织结构。美国管理学者戴尔（Ernest Dale）调查了 100 家美国大型企业和 41 家中型企业，发现其管理幅度基本在 1 ~24 人之间摇摆，大型企业的中位数在 8 ~9 人，中型企业的中位数在 6 ~7 人。

德鲁克对此并不赞同：**“在讨论管理职责究竟涵盖了多大的幅度时，教科书通常都会从一个观察开始：一个人只能督导少数人的工作——也就是所谓的‘控制幅度’。这种说法导致管理变成怪物：复杂层级阻碍了合作和沟通，抑制了未来管理者的发展，腐蚀了管理工作的真义。”**

如何理解这段话呢？

首先要注意的是“控制幅度”，即“span of control”，而不是“span of management”或者“span of managerial responsibility”。

一直到今天为止，在多数人的眼中（以及教科书中），管理的核心仍然是控制（control）。按照法约尔（Henri Fayol）在《工业管理与一般管理》中的定义，管理职责的核心是：

○ 计划、组织、指挥、控制、协调

在法约尔思想的指导下，容易把管理幅度理解成为“span of control”。

从组织理论发展的历程来看可以分为三个阶段：第一阶段是以韦伯（Max Weber）为核心的古典组织理论，强调权威和控制，从组织结构的形态来看，有直线制、直线职能制和分权的事业部制，属于传统的官僚制组织形态；法约尔和韦伯基本同时代，秉持同样的思路。第二个阶段是以巴纳德（Chester Barnard）为核心的现代组织理论，巴纳德认为组织是一个协作体系，强调组织中贡献的意愿、共同的目标和信息的交流，从巴纳德开始，学界对组织的认识从权力型组织过渡到责任型组织（从强调控制到强调贡献，从强调权威到强调目标和交流）。以此为基础，随着工作的复杂化和知识工作者的增加，在劳动分工、多头指挥、权力关系、管理幅度等方面都可以进行灵活的处置，如矩阵式组织、网络型组织、混合型组织，等等。第三个阶段是后现代组织理论，尚处于形成期，一些企业也在探索和实践。

德鲁克继承了巴纳德的组织理论，并将之从理论转换为可以操作的实践。德鲁克认为，一个人仅仅管理五六个人——这不是管理幅度（span of management），而是控制幅度（span of control）。真正的管理职责的幅度（span of managerial responsibility）应该要宽广得多，他认为管理职责的核心并不包含“控制”，而是：

○ 支持、帮助、教导、成就

除了以上的理由，德鲁克又用他惯常的散点式讨论法谈道：“**为了不任意扩大控制幅度，管理者负责领导的人数应该总是高于他实际能照顾到的人数。否则，就会抵挡不住监督部署的诱惑，不是干脆跳下去做部署的工作，就是什么都要管。**”

德鲁克对管理幅度的看法是现代企业进行“扁平化管理”的源头，美国通用电气（GE）在1981年以前，从董事长到操作工之间有26个层级，韦尔奇（Jack Welch）就任GE总裁之后，在大型企业中第一个实践提升管理幅度，用组织结构扁平化的理念，将企业层级减为6层。在经过了前期巨型变革的动荡之后，GE生产率大幅提升，一举成为美国利润率最高的大型企业。

英特尔的前总裁格鲁夫（Andy Grove）也是德鲁克的拥趸，他对管理幅度有着自己独到的看法。格鲁夫在《给经理的第一课》中说：“如果带人是经理人的主要任务，他应该有6～8个下属，3～4个太少，10个又太多。”“带”人的意思是经理人不但需要指导下属的工作，还需要培养下属、给下属赋能，提升下属各个方面的能力，让他成长起来。为什么是6～8个人呢？这个数字是怎么算出来的——经理人每个礼拜至少要花2～3个小时在一个下属身上，只有这样才能有效提升下属能力——这样计算下来，一个经理只能“带”6～8个人，带人的杠杆率才能达到最高。但如果经理人的首要任务不是带人，而是做项目或者以某一件独立的事情为核心，或者就是下属的职业化程度非常高，不需要别人带，在这种情况下就可以用扁平化的组织结构进行管理。

一个团队应该有几个人

“团队成员的数目不应该太多。……团队人数通常最多五六个人，而且一般而言，三四个人的效果最佳。……在团队内部，管理者不应该有上下之分——虽然团队成员完全可能来自下层管理者。”

这里面涉及的“团队”（Team）一词需要仔细说一说。中国古代双字词很少，一个字就代表一个意思，自17世纪以来，西学东渐，大量的翻译字词进入中国，比如利玛窦和徐光启翻译的《几何原本》中的“直线”“平面”“体积”等，19世纪初，大量日文词汇进入中国，如“经济”“社会”“哲学”“政府”“原则”等词。但“团队”这个词并不在其中，它是由西方管理书籍的翻译传入中国的，“团队”这个词在2005年第五版《现代汉语词典》才出现（之前民间已经普遍在使用了），而且解释极为含混——“具有某种性质的集体”①。

从英文中去找“Team”的含义，在美国人最熟悉的《韦氏词典》（包括英语国家的各类词典）中，“Team”的原意非常有意思：

两只或更多的牲口套上挽具一起去拉车（two or more draft animals harnessed to the same vehicle or implement）。

美国管理学者罗宾斯（Stephen P. Robbins）对于团队定义也是基于team的原意——团队就是由两个或者两个以上的，相互作用、相互依赖的个体，为了特定目标按照一定规则结合在一起的组织。

实际上他并没有完全讲清楚Team的特点——一起拉车的牲口之间是完全平等的，没有主次之分，即使有走前最前面的Team leader，只不过是

① 《现代汉语词典》更早的版本只有“团体”这个词，解释为“有共同目的、志趣的人所组成的集体：人民团体丨团体活动”。

分工不同，也得一起拉车！企业的领导班子也是一个团队（team），其规则与此完全一致（参看第二十六章），联想的“建班子”就是建立这样一个团队。

还有一个问题，团队固然是两个人以上，但究竟应该是几个人为好呢？

似乎好莱坞电影把这件事情讲清楚了，在克鲁斯（Tom Cruise）主演的《碟中谍（Mission Impossible）》系列片中，著名的IMF小队似乎核心一直只有三个人（三个人很平等，克鲁斯是leader，同时也是主要拉车的那匹马），然后每集都会有一个新成员加入也就是团队成员基本保持3～4人。同样，《复仇者联盟》《X战警》《魔戒》等影片中的核心团队（同一级别）也不超过4个人，即使是《十一罗汉（Ocean’s Eleven）》，似乎是11个人组成的团队，但实际上核心也只有2～3人。

在辽沈战役之前，东北野战军开始采用“三三制”的军事编制模式。三三制最早源于英国，简而言之，就是建立作战序列，1个军辖3个师（旅），师辖3个团，团辖3个营，营辖3个连，连辖3个排，排辖3个班，同时各军、师、团、营、连都有相关的附属单位，如通信、卫生班、工兵、炊事等，以及单独设立的特殊装备组织，如高炮连等，这种组织架构确保了指挥权的稳定性和分散性。

东北野战军在英国三三制的基础上，进一步对班进行拆分，即组建三人战斗小组，每个班分为三个战斗小组，每组三人形成战斗队形，如图22－1所示。三人小组指挥方便、沟通便捷，解放军自上而下形成了极严密的作战序列。在辽沈战役与廖耀湘作战中，根据战时情况命令以班为单位化整为零、各自为战，取得了辉煌的战果，与这种作战序列（Order of battle）直接相关。

战争的特点是现场瞬息万变，在作战目标单一的情况下，需要每个小团队能充分发挥主观能动性。因此，解放军的典型管理模式是抓大放小，让每一支小队伍都了解大的战斗目标，同时对现场作战指令完全放手，这就解决了指挥层级过多的弊病。顺便说一句，在抗美援朝之后中美两军交流时，令美军大为震惊的是，中国军队的普通士兵都知道师一级的作战计划。

这种模式与现代优秀企业有相似之处。美国著名科技公司优步（Uber）在进入中国时，采用了“城市铁三角”的组织模式，即每个城市指派一个三人小组负责所有的工作。三人虽然各自有分工，但是职责边界并不严格，三人每人都是将，同时也是兵。三人之间如同一个特种小队，

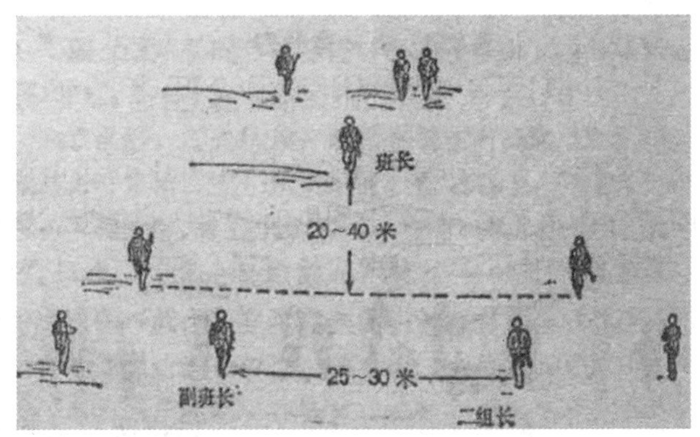

图 22 –1　东北野战军改进后的战斗队形

各有所长，优势互补，对市场遇到的各类问题快速响应、快速决策、协同作战，取得了非常好的效果。

华为在实践中摸索出来的“铁三角”管理模式与之完全类似——通过建立客户经理、交付经理、产品经理为核心的业务管理团队，与顾客无缝连接，形成了非常好的服务效果（在此之前是产品线只关心技术、客户线不懂产品、交付线不懂客户）。在华为几乎所有业务的各个领域，逐渐形成了以“铁三角”为核心的运作管理模式。

“谁来呼唤炮火，应该让听得见炮声的人来决策。而现在我们恰好是反过来的。机关不了解前线，但拥有太多的权力与资源，为了控制运营的风险，自然而然地设置了许多流程控制点，而且不愿意授权。过多的流程控制点，会降低运行效率，增加运作成本，滋生了官僚主义及教条主义。当然，因内控需要而设置合理的流程控制点是必须的。去年公司提出将指挥所（执行及部分决策）放到听得到炮响的地方去，已经有了变化，计划预算开始以地区部、产品线为基础，已经迈出了可喜的一步，但还不够。北非地区部给我们提供了一个思路，就是把决策权根据授权规则授给一线团队，后方起保障作用。这样我们的流程优化的方法就和过去不同了，流程梳理和优化要倒过来做，就是以需求确定目的，以目的驱使保证，一切为前线着想，就会共同努力地控制有效流程点的设置。从而精简不必要的流程，精简不必要的人员，提高运行效率，为生存下去打好基础。”①

① 摘自任正非 2009 年 1 月在华为销服体系奋斗颁奖大会上的讲话。

基层管理者和高层管理者

德鲁克在《管理：使命、责任、实务》中以1870年创建的德意志银行为例，对谁是高层管理者进行了详细说明。他认为德意志银行之所以能够从规模小、资金少的地方银行发展成为全球的巨无霸，是因为其掌舵人西门子（Georg Siemens）率先组建了工商业史上第一个高层管理团队。

西门子的具体做法是："对银行的各种关键活动进行了分析，并保证每一项关键活动已经分配给了团队中的某个成员，使之成为他的一项职责。同时，他又对银行与主要的投资、主要的顾客或以政府为代表的主要外界因素的关键关系进行了分析，并保证每一项关键关系都由高层管理团队中的一个成员来负责。"①

有人认为，高层之所以是高层，是因为他们负责的是企业中的"关键活动"或者"关键关系"，西门子银行成功的关键因素在于能让高层各负其责，并且能够在纵览企业整体状况的基础上作出决策。因此，高层管理者的任务与基层管理者不同，其主要精力应该用来做决策和指挥而非具体"作业"——运筹帷幄、决胜千里。

德鲁克的判断与此不同，他认为在上述西门子银行的案例中，西门子银行成功的另一个重要因素是高管工作中包含了许多具体的"作业工作"。西门子（Georg Siemens）强调，高层管理者的首要工作不是"指挥"别人的工作，而是通过实际行动中的决策和操作来完成他们的职责。因此，西门子银行的高管必须要深入涉足到工业投资和金融投资之中，在"第一线"作出决策。

"如果从企业的结构和组织上来看，第一线管理者才是所有权责的中心。"② 从这个角度来看，企业高层管理者和基层管理者是一样的，他们同属于"第一线管理者"。企业的一把手为何要经常与顾客会晤，企业的财务负责人为何要与银行高层保持密切联系，每一个管理者，无论高层还是基层，他必须处在自身职责的"第一线"。即使是主要负责"带"人的管

---

① 彼得·德鲁克（Peter F. Drucker）. 管理：使命、责任、实务（Management: Tasks, Responsibilities, Practices）［M］. 北京：机械工业出版社，2006年。

② 此处德鲁克的原意是"只有第一线管理者无法亲自完成的工作才会向上交由高层管理者来完成"。笔者对此做了一定程度的延展。

理者，每周也要拿出一半以上的时间用于处理一线工作。如果其中有某人脱离了“第一线”，那么往往等待他的就是失败的境遇。换句话说，“十指不沾阳春水”的高层管理者，满脑子规划、蓝图、节点控制的领导注定做不好他应该做的工作。

实际上，所有的企业在发展初期，只有基层管理者，当发展到一定程度之后，组织功能分化，“关键活动”和“关键关系”越来越多，而且逐渐分成若干领域和若干层次，随着组织发展，中层管理者和高层管理者才从基层管理者中分化出来。

企业各层次都有很多“关键活动”和“关键关系”，核心的问题在于，处理这些“关键活动”和“关键关系”的人是否有相应的决策权。目标管理的要求就是尽可能将行动的决策权下沉，使得决策权下沉到能够接触第一线“关键活动”和“关键关系”的管理者。每一位高层管理者对下级管理者而言，并非“监工”而是“助手（assistant）”——IBM 就是这么称呼——**“上级主管的责任是尽一切力量，帮助下属达成目标。……管理者应该明白他和下属的关系是一种责任，而不是上对下的监督”**。

第二十三章
如何让普通人展现超凡的绩效

很多占据中小企业的中层管理岗位甚至是高层管理岗位的管理者并不是市场上第一流的人才，而是二流人才或者是能力非常普通的人。企业老板或者主要领导非常希望能从外部招聘一流人才，但有三个方面的问题：第一，一流人才是有限的，头部企业是他们更好的买家；第二，企业的薪酬待遇难以与一流人才相匹配；第三，即使招来了一流人才，如果没有体系化的思考和运作，空降兵独木难支，最终很难发挥作用，人才还是留不住。

因此，对于中小型企业而言，让普通人展现出超凡的绩效极为重要。德鲁克认为，组织的目的就是让平凡人作出不平凡的事，其关键点是要建立组织精神（The spirit of organization）。**“组织精神能唤醒员工内在的奉献精神，激励他们努力付出，决定了员工究竟会全力以赴，还是敷衍了事。”**

建立更高的绩效标准是组织精神的核心

前文中曾论述过企业中团队的社交性和团结性。其中高社交性有利于团队的开放精神、正向氛围和创造力，高团结性有利于战略聚焦、达成共识和高效率。

从打造组织精神的角度来看，团结性比社交性更重要。不少小企业中人际关系非常和谐，领导和员工互帮互助亲如一家，属于高社交性的组织。但这样的企业效益和发展性反而不见得好——因为要维护和谐的气氛，总是不敢对员工提出更高的要求。

“良好组织精神真正的考验不在于‘大家能否和睦相处’；强调的是绩效，而不是一致。”中国人讲究“人际和谐”，这也是很多企业和机构的问题，凡是绩效好的员工往往都是有棱角、有性格的，过于注重和谐的企业文化会造成组织精神的萎靡不振，导致企业绩效的下滑。

举个例子，末位淘汰制是美国通用电气（GE）首先使用的一种极端考核方式，它通过强制分布的方式把员工分为最好的20%、中间的70%和最差的10%，即A、B、C三类。连续获得C类评价，就会转岗甚至淘汰，打破了原有一团和气的企业文化，等于在沙丁鱼船里放了一条鲶鱼进去，对提振组织精神效果极好。末位淘汰制直接推动了GE的快速发展。

企业的绩效是企业经营的关键问题，对每一个企业员工而言，企业的发展前景和个人的工作成就感非常重要。企业的前景昭示了个人未来的前景，工作成就感是知识工作者的高层次需求——个人只有创造高绩效才能获得成就感，企业中的多数人都创造高绩效，企业发展前景一定不错。人与人的关系是很微妙的，如果企业中的人际关系不是以取得高绩效为基础，看似和谐的人际关系实际上是虚假和脆弱的。

我很喜欢一部印度影片《摔跤吧，爸爸（Dangal）》，影片根据印度摔跤手的真实故事改编，讲述了摔跤手辛格培养两个女儿成为女子摔跤冠军的故事。在这个故事中，辛格作为父亲，为了达到训练目标，对两个正当稚龄的女儿有着不合常理的严格要求，比如要求她们剪短发、每天5点起床进行大运动量的锻炼，失去童年快乐的两个女儿对此十分不解，于是奋力抗争。但一件事情让两姐妹的想法发生改变，在参加自己朋友（只有14岁）的婚礼时，她们抱怨父亲的所作所为，朋友（新娘）却告诉她们："至少你们的父亲愿意为你们着想，而自己却注定与锅碗瓢盆为伴，嫁给一个连模样都不知道的男人，只是为了减轻家庭负担……"两个女儿由此才知道父亲的严格从何而来，未来的前景打动了她们。两姐妹开始积极配合父亲的训练，努力的成果也一点点开始显现出来。大女儿吉塔开始不断拥有专业道路上的成就感，赢得一个又一个冠军奖杯。最终，父亲的高标准成就了两个女儿，她们都成了世界级的摔跤冠军。

"应该撤换持续绩效不佳或表现平平的员工，并不表示公司应该大开杀戒，无情地到处开除员工。公司对于长期效忠的员工负有强烈的道德责任。……当下属失败的原因显然出自管理上的失误时，就不应该将他解雇，但仍然应该把绩效不佳的人调离目前的工作岗位。……至于是否应该继续雇佣这名员工，考虑又完全不同。关于第一项决定的政策必须严格，关于第二项决定的政策却必须多一些体谅和宽容。坚持严格的标准能激励士气和绩效，但关于人的决定却必须尽可能考虑周全。"

德鲁克的这段话非常清晰，即淘汰制度要严格执行，但必须要以人为本、柔性执行，否则同样会损伤组织精神。

GE总裁韦尔奇虽然坚持末位淘汰制，但他实际上极为重视人，GE采取的也是真正"以人为本"的做法。一方面极端重视招聘和培训的工作；

另一方面对换岗和解聘员工也富有人情味。在准备换岗或解聘时，他要求至少和绩效不佳者谈心两三次，给他们改变现状的机会。对被解聘者，韦尔奇也要求早通知，能让他们多一些就业机会，并给予优厚的离职赔偿金。

华为的末位淘汰制更值得中国企业学习，一方面华为的末位淘汰针对的是管理层而非基层。让管理层保有危机感（华为的管理层多是在 35 岁以上，容易滋生惰怠情绪），同时让基层员工具有安全感，维持稳定。另一方面华为在具体执行时分层次推进，一是对达不到人均效益平均线的各级负责人问责；二是对超过平均线以上的部门继续强制排序，排在末位的管理层一样要面临压力。与此同时，采用柔性执行的方式，排在末位并非开除，而是重新培训后再竞聘上岗。同样，阿里巴巴的 361 末位淘汰制和海尔的“三工并存，动态转换”在强调绩效为先的时候，各有自己的柔性执行方式。这使得企业在具备积极向上活力的同时保证了企业相对稳定的内部氛围。

无论员工素质究竟如何，在企业中一定要树立起高绩效的标准（参考第三十二章），将个体成长、团队协作、共创未来相结合，带动企业组织不断向前发展。

通过六项实践打造企业精神

除了树立高绩效标准之外，企业还可以根据以下六项实践来打造和夯实企业精神的基础：

1. 企业精神植根于道德，诚实正直的品格是首要因素

以前对干部进行考核有四个字的说法“德能绩勤”，德排在第一位。这是有道理的，企业里总能见到有能力的某些经理，但在品德上有一些瑕疵。这些人绩效不错，并有发展潜力，是否应该给他升级加薪呢？回答是“当然不”！如果这个人缺乏正直的品质（和社会、多数员工认可的道德观相背离，或和企业尊奉的价值观相背离），那么千万不要奖赏或者提拔，这么做会损害企业精神，给企业带来歪风邪气，从而导致企业长期绩效不佳。

塑造正直的企业风气很有用处，但这绝非在墙上贴点宣传标语就可以办到的。**“如果一个企业有良好风气，那是因为企业的最高管理层风气良**

好。如果一个企业腐败，那是因为企业的最高管理层腐败。”

2. 评估和考核每个员工的绩效，根据绩效进行及时反馈①

不管企业是否有系统化的评估和考核方式，其实每时每刻企业都在对员工进行评估。从这个意义上看，建设有效的绩效评估和考核系统是有必要的，对下属的评估和考核完全依靠直觉是不妥当的。

首先，每位管理者应该准备一本专门用于绩效沟通的“被考评人绩效表现备忘录”，记录内容主要是每个下属的具体绩效表现，包括日常工作中的表现和关键事件中的表现，小到迟到早退、大到技术攻关，记录被考评人表现的优劣，尤其是其中的关键细节。此外，需要记录与被考评人进行绩效目标制订、绩效辅导、绩效反馈的过程，包括沟通内容及其承诺。有了“备忘录”，至少可以保证直觉不是唯一的评估和考核工具。

其次，评估和考核下属的工作有70%～80%是由直属上级（可能不止一个人）来完成，这是非常重要的工作，不能过于依赖某个工具或模型。例如，不能用360度评价（评价来自上级、平级、下级，然后加权汇总）作为升职、加薪、晋升的主要依据，工具和模型只可以用于辅助参考，主要的评估和考核必须来自面对面的深入沟通。

再次，反馈要及时，惩罚和奖励都有时效性，绩效评估的结果、奖励和惩罚的决策应该在第一时间就传达到被评估人，完成后，也要在第一时间传达到，否则就会大折扣。

3. 建立公平合理的升迁制度

首先是公平，有经验的管理者都知道，企业中的公平与价值观导向和绩效导向应该直接相关。某一个人升职或者加薪，要么和价值观有关、要么和绩效表现有关，不能出现第三个原因。

其次是合理，德鲁克的建议是，面对优异的考评结果，与价值观有关的最好是加薪，而与绩效表现有关的应采取升职的方式。原因在于“即使卡尔曼·洛希尔们缺乏必要的能力，他们也会受到重视。企业可以给他们一个工资高而工作少的美差，也可以把重要的机会交给他们处理，但前者的代价低于后者。如果给他们一个美差，成本只是他们的工资。如果负责

① 评估和考核的含义不尽相同，评估更加侧重人的品行、能力和潜力，而考核更加侧重绩效目标的完成情况。

重要的机会，他们可能与数额庞大的新业务可能带来的回报失之交臂”。①

同时，在企业中不要过度强调升职，否则会给拥有优秀绩效的管理者带来挫败感。有点类似于 GE 的董事长竞争——胜出者晋升董事长，而失败者会选择离开。对于企业来讲，卓有成效的管理者是不可多得的资源，不应该让他们因为升迁的挫败感而离开企业。在制度设计时，可以拉大薪酬带宽，比如绩效优异的管理者拿到的薪酬可以比上一个级别的平均薪酬还高，或是淡化薪酬福利和级别之间关系，薪酬福利仅和岗位价值及绩效表现相关。

4. 认可和成就非常重要，荣誉和声望也是很好的激励手段

新闻上武汉某小学的老师为了激发孩子的责任意识能力，设置了五十个班委（班上只有 42 个孩子），除了普通的班干部职位外，设置了安全管理员、个人卫生管理员、电灯管理员、眼保健操检查员、讲台管理员、花草管理员等，让每位学生都有事可做，也切身感受到了自己被集体接纳，以及在集体中的任务和责任。

成年人也同样如此，在集体中需要认可、需要荣誉（年会上不要吝惜奖项和奖品，从不同角度认同员工很有价值），以及需要企业内外部的声望。德鲁克指出，让管理者的头衔更加响亮也是一个激励的手段——在现实中的确也是一个加分因素。

要让普通人展现超凡的绩效，必须让个人的能力充分发挥。每个人都有长处和短处，在工作中每个人都会取得成绩、犯下错误——如何对待每一个管理者的长处和短处、成绩和错误，在这一点上，所有企业都需要向惠普（HP）学习，建立容忍犯错，用人所长的价值观，早年的惠普之道（The HP Way）前两条充分说明了什么是用人所长的绩效文化：

○ 相信、尊重个人，尊重员工。

○ 追求最高的成就，追求最好。

换句话说，只有相信员工，才会鼓励他进行尝试，创新中即使犯错也不深究，这样员工的长处才有可能充分发挥出来，追求最高的成就、创造

---

① 彼得·德鲁克（Peter F. Drucker）的《管理：使命、责任、实务》。卡尔曼·洛希尔是指对企业忠诚，但能力跟不上企业发展需求的职员。

超凡的绩效才不是一句空话，以精益求精为核心的绩效文化在这种氛围下才会逐渐形成。

凡是我服务过的企业家，我对他们都有一个共同的建议，即在年终的时候发放一个奖项——“总经理特别奖”或“董事长特别奖”。表彰一些特别的人，不仅仅是业绩表现优秀者，还可以是对组织精神有特别贡献的人。比如某几个做出特别贡献的一线员工，或某几个兢兢业业十几年，培养出大量优秀员工、自己却甘于平淡、极为符合企业精神的职员。或者仿效政府组织的勋章系统，给予非常特别的勋章奖励（如维多利亚十字勋章）。

5. 把重点放在机会上，而不是放在问题上

如果企业把关注的重点放在机会上，高管团队经常讨论的是机会而不是形形色色的问题，那么企业就会有强烈的绩效精神、进取精神和成就精神。反之，如果高管团队最关注的是当前企业的问题，只是抽出少部分精力关注新机会、新业务，那么企业精神和企业管理层做事的风格就会趋于保守。

6. 重视人员决策、预留申诉渠道

凡是涉及企业人员的决策都必须重点关注，包括招聘、人员调动、升迁、降职、加薪降薪、人员离职或辞退等，因为这些决策向全体员工表明企业高层真正需要、重视和奖励的是什么。这比做宣传、喊口号、刷标语有用得多。

与人有关的决策相对比较复杂，为了保证决策的正确和及时纠错，高层一定要有管道直通，预留出通畅的申诉渠道。

德鲁克 92 岁时，在哈佛商业评论上发表了一篇文章，题为《他们不是雇员，他们是人》，文中说道：“伟大的关键在于寻找人的潜能，并花时间开发潜能。”东方人很难理解这句话的根本含义，因为它的深层含义根植于西方的基督教新教（德鲁克的家庭属于新教路德教派），德鲁克认为人类生存是为了完成造物主的目的，如果仅仅为了绩效而把人视为工具是不可能有所成就的，只有恢复了对人的根本尊重，才释放出人本能中的巨大潜能。

他又说：“**根据统计学显示的规律，任何组织都不可能找到足够多的‘优秀人才’，一个组织唯一能够在知识经济和知识社会中成为杰出的途径，是使得现有的人们产生更多的能力——即通过对知识工人的管理产生**

更大的生产力。”美国经济学家舒尔茨（Theodore W. Schultz）从农业问题的研究中发现了同样的问题，并由此获得了诺贝尔奖——“人力资源的提高对经济增长的作用，远比物质资本的增加重要得多”。

举个形象点的例子，老式火车只有一个或两个有动力的车头，由它们来带动整列火车的前行。现代高铁完全颠覆了老式火车的模式，高铁是分散动力系统，一般有十几节车厢，每节车厢都装有多台电机和转向器，有独立的动力系统，这是高铁跑得快的原因。与此类似，现代企业管理层需要用人所长、员工需要自我驱动以追求巅峰绩效，从而让普通人也能展现超凡绩效。

第二十四章

领导力：让平凡人变得不平凡

观点一："领导者"的定义。

"领导者的唯一定义是有下属的人，有的人是思考者，有的人是预言家，而两个角色都是重要的且必需的，没有下属就不能称其为领导者。"①

观点二："领导力"的概念。

德鲁克认为领导力是"让平凡的人变成不平凡的人"。之后他进一步阐明领导力的概念："领导力是把一个人的视野提升到更高的境界，把一个人的绩效提升到更高的标准，是打造一个人的品格，使之超越通常的局限。"②

关于领导力的定义很多，通常我们可以了解到，不是领导者才有领导力，它是一种普遍能力而非某些人群所特有的能力。如果要定义这种能力的特征，也许可以从如下五个角度进行思考：

（1）有主观能动性，愿意主动创造机会。

（2）有感召力，能够带动身边的人一起行动，注意，这点与是否在领导职位无关。

（3）有担当，在需要负责的时候能够勇挑重担。

（4）有创造力，能够从无到有、创造性地解决问题。

（5）有使命感，有一种"calling"在时时刻刻引导前行方向。

总之，与自然科学不同，社会科学的概念相对宽泛和模糊。领导力这个概念尤其如此，我们可以从不同的地方看到不同学者或者企业家的不同理解。在本书前文中，我也将德鲁克对企业本质的理解和巴纳德对组织定义的理解放在一起，提出了一个简单的领导力定义：领导力就是能够增强或者推动企业/组织中人与人之间价值认同的力量。

观点三：领导和管理的区别。

本尼斯（Warren G. Bennis）在《领导者》中说道："管理是正确的做事，领导是做正确的事。"这句话被许多管理学者引用，不过按照柯维（Stephen Richards Covey）和科恩（William A. Cohen）的说法，同样的话德鲁克也说过。同时，德鲁克明确地指出，将管理和领导两个概念分开意义并不大，企业的管理者既需要做正确的事，也需要正确地做事。

观点四：如何甄选领导者。

---

① 摘自德鲁克基金会《未来的领导者（the leader of future）》序言，中国人民大学出版社 2006 年第一版。

② 威廉·科恩（William A. Cohen）. 德鲁克论领导力（Drucker on Leadership）[M]. 北京：机械工业出版社，2011 年。

“领导者，特别是强有力的领导者，是要给大家树立榜样的。领导者是组织成员，特别是年轻人模仿的对象。许多年前，在我可能还不到20岁的时候，我师从一个非常聪明的老人，当时他已快80岁了，是一家大型国际性组织的领导，非常知人善任。我曾向他请教：‘什么是你所看重的领导素质？’他回答我：‘我总在问我自己，我是否愿意让自己的儿子在那个人（领导者）手下工作？如果他成功了，那么年轻人都会效仿他。我希望自己的儿子去效仿他吗？’我认为这就是最根本的问题。”①

观点五：领导者需要的基本能力。

“我认为领导者第一种重要的基本能力是倾听的意愿、能力和自律。倾听并不是一种技能，只不过需要自律。任何人都有耳朵，需要的只是管紧嘴巴。第二种必要的能力是交流沟通的意愿，让其他人能够理解你的意思，这需要极强的耐心。我们在三岁学会交流沟通之后，在这方面就一直没有很大的长进。你必须得一而再再而三地讲给我们听，并反复解释你的意思。另外一种重要能力是不要回避问题，比如说：‘这件事没有做好，让我们重新再来，换种方法再做。’我们做事情不做则已，要做就要做得尽善尽美。我们绝不能避重就轻、跳过问题，这样一种工作方式会在组织内产生自信的情绪。

“最后一种基本能力是个人服从工作需要的意愿，要认识到与工作相比，个人的一切都显得无足轻重。领导者需要客观和公正，要服从工作需要，而不能把自己看得与工作一样重要。要以工作为重，公私分明。对领导者而言，最糟的事莫过于当他离开时，组织也轰然崩塌了。”②

延伸阅读：威廉 A. 科恩《德鲁克论领导力》

通过研究，我得出这样一个结论，德鲁克认为卓有成效的领导力取决于五个基本方面：

〇领导者制订战略计划是基础。

〇商业道德和个人诚信是必要条件。

〇军事领导力是基准模式。

① 彼得·德鲁克（Peter F. Drucker）. 非营利组织的管理（Managing The Non－Profit Organization）［M］. 北京：机械工业出版社，2009年。

② 彼得·德鲁克（Peter F. Drucker）. 非营利组织的管理（Managing The Non-Profit Organization）［M］. 北京：机械工业出版社，2009年。

〇正确认识和应用激励的心理学原则。

〇营销模式是行之有效的一般性方法。

领导者在战略计划中的角色

德鲁克在课堂上告诫我们："你无法预测未来，但可以创造未来。"更流行的说法是："预测未来的最佳方式是创造未来。"不管怎样表达，其创造未来的方法是由领导者制订战略计划。我之所以强调由领导者制订战略计划，是因为虽然许多组织都设有战略计划部门，但CEO所做的无非是在战略计划专家制定的工作报告上署个名而已。

德鲁克对此有不同的看法。战略计划是领导工作的头等大事，领导者必须亲自制订战略计划。他教导我们：战略计划不是做未来的决策，决策只能现在做出。因此，领导者必须现在就做出创造理想未来的决策。这意味着今后的环境条件会发生变化，可能需要调整或改变战略计划，但即使如此，也要达成预定的目标……

商业道德和个人诚信

德鲁克是我所见过的最高尚的人。如果说战略计划是领导力的基础，那么道德和个人诚信则是有效领导力的必要条件。在其最早的著述中，他认为领导者只有具备正直、诚信的品格，才能正确行使领导力，因为下属可以原谅领导者的种种过错，但无法原谅领导者缺乏诚信。

德鲁克的道德观与其他人的某些观点有所不同，他将商业道德与个人诚信加以区别。虽然两者都是有效领导力所必需的，但他对如何准确地解释"符合道德的商业行为"非常谨慎。为了寻求普遍适用的商业道德准则，他验证了许多伦理道德方法，但发现它们都有缺陷，也不充分完善，于是他研究了儒家的四大观念和一位古希腊医生的忠告……

学习军事领导力

也许有些人会觉得奇怪，我怎么会把学习军事领导力作为德鲁克有效领导力的五个方面之一。然而，在其课堂和著作中，德鲁克很喜欢谈论军队问题。如前文所述，他认为，在近2500年以前，希腊将军色诺芬撰写的著作是最早论述领导力问题的文献，也是迄今为止最好的著作。德鲁克并不认同"商场如战场"的观念，但他认为军队模式培养了卓越而实用的领导力。在《华尔街日报》上刊登的文章《领导力：多做事，少作假》中，德鲁克将艾森豪威尔、马歇尔、麦克阿瑟三位将军和蒙哥马利陆军元帅、恺撒大帝奉为卓有成效的领导典范。

……德鲁克曾经写过：“军队所培养和发展的领导者比所有机构的总和还要多——并且失败率也更低。”

激励的心理学原则

德鲁克对工作者的角色和作用异常敏锐。正如其所预见的那样，企业越来越依赖“知识工作者”。“知识工作者”这个词是德鲁克创造出来的，用于描述新型劳动力，他们贡献的是智力而非体力。他对劳动力成本的讨论很反感，也不喜欢管理工作者的观念。

德鲁克认为，劳动力不是一种成本，劳动力真正增加的是价值，是一项资源，并且是组织最重要的潜在资源。因此，管理者不能“管理”工作者，而应领导他们。德鲁克因此得出了与众不同的结论：激励员工的最佳方式是把正式的全职员工当作志愿者对待。如果不这样做，将导致知识工作者的积极性下降，无法发挥其最大潜能……

营销模式与领导力

在深入研究德鲁克思想的过程中，令我吃惊的是，德鲁克准确把握了营销的概念，并应用到领导力问题上。在德鲁克出版《21 世纪的管理挑战》(Management Challenges for the Twenty-First Century) 一书之前，我已得出结论，领导力和推销能力都包含“说服”这一重要因素，并已开始研读这两个学科的相关文献。

在“管理的新范式”一章中，他重申了多年前在课堂上讲过的许多思想，包括把所有员工当作志愿者来对待的思想。然而，在这一本新书中，他向前推进了一步，他称员工为“合作者”，认为不能命令合作者，而应当进行说服，因此领导力是“一项营销工作”。我扪心自问：德鲁克所讲的“一项营销工作”指的是什么？

现代营销建立在“营销理念”上：企业应想方设法发现并满足其客户的需求，而不是全身心投入到说服潜在客户购买现有产品或服务上。在课堂上，德鲁克教导我们，如果营销做得很完善，就没有必要进行推销。但为了正确地开展营销，必须了解每一个群体或客户细分市场的需求，包括他们的价值观和行为方式。然后，你才能以客户喜欢和认同的方式来接近他们。只有这样，企业才能按照客户而不是营销人员所关心的方式来开发和促销产品。

把领导力当作一项营销工作，德鲁克意在指出，领导者必须了解并理解他们希望领导的下属，并以下属能够认同的方式进行领导……

第二十五章
怎么做好一个总经理

企业负责人的工作非常复杂，它的复杂在于维度多元、事务繁复，所需掌握的知识宽广和深入，哪怕是其中一件不起眼的工作，也向在位者提出很高的人际关系和专业能力方面的挑战，如果稍有不慎或者陷入盲区，就会导致企业经营的被动，甚至遭遇灭顶之灾。一个企业新任的一把手（CEO、总经理）总是非常惶恐，因为他突然发现，有太多的事情需要自己去处理，而且似乎都显得很重要！究竟应该怎么做才好呢？

在谈这个话题之前，有必要先谈谈关于企业负责人的称呼问题——创始人、总经理、总裁、首席执行官（CEO）、首席执行官（COO）、董事长、董事局主席等称呼到底有什么区别？其中的重点是总裁、总经理和CEO的区别。

维基百科对此的解释如下：

首席执行官（英语：Chief Executive Officer，缩写：CEO），是许多企业，尤其是美国企业的头衔，是公司三长之一（还有董事长和财务长），是在一个企业集团、财阀或行政单位中的最高行政负责人。……执行长头衔普及起来是20世纪60年代美国的公司治理改革创新时的产物……CEO代表众执行主管之首，位阶仅次于董事长，高于总裁、总经理等执行主管，因此通常不设立“副执行长”。中国近代较熟悉的公司总经理职位其实是企业集团的大型部门或分公司的最高执行人员，并非大型企业集团领导人。在此之前，美国公司的最高执行负责人是总裁，而总裁的职责就是贯彻执行董事会的经营决策。……在比较小的企业中首席执行官可能同时又是董事长和公司的总裁，但在大企业中这些职务往往是由不同的人担任的，避免个人在企业中扮演过大的角色、拥有过多的权力，同时也可以避免公司本身与公司的所有人（即股东）之间发生利益冲突。

以往只有大型企业集团或跨国企业才会设置首席执行官的职位，但现在许多中小企业的总经理职缺也改称为首席执行官或总裁，形成三者混用现象。三者的共同点是，皆由董事会或董事长直接任命授权，执行并负责企业的实际营运，是公司内部最高阶的专业经理人。

《管理的实践》中，CEO和总裁（President）的称呼是混用的（总经理显然是在总裁之下），这是当时（1954年）企业的一个常见状态。

国外的情况与国内不同，国外的总经理（General Manager）并非最高职位，在大企业中是二级部门的负责人，在CEO和总裁之下。国内的总经理职位则是企业的负责人，相当于CEO，二级部门如果也叫总经理，前面需要加上部门名称（如事业部总经理或者市场部总经理，或者称之为某部门总监）。一般情况下，CEO、总裁、总经理在国内多数公司里基本没有太大区别，也没有约定俗成的用法，往往是企业内自行约定。

因此，本讲的题目还是叫“怎么做好一个总经理”。下文在谈到总经理的时候，我实际要谈的是“CEO”“总裁”“企业负责人”或者负完全责任的子公司总经理。

有哪些工作是总经理应该做的

“**几乎没有一项工作比企业首席执行官的工作更需要组织和系统。**”因为它们的内容实在太多了，我把总经理的具体工作罗列为以下35项（据德鲁克讲，他列了41项）：

（1）思考公司发展的事业领域——我们的事业是什么。

（2）公司整体发展的长期目标制定。

（3）公司整体发展的短期阶段目标制定。

（4）制订战略实施的工作计划。

（5）与相关管理层沟通战略目标和战略计划的实施。

（6）协助制定管理层的目标体系。

（7）评估主要管理者的绩效和成果。

（8）决定中高层人事调整。

（9）通过培训等手段促使公司的各级管理者成长。

（10）在出现紧急状况时，担负起解决问题和稳定军心的责任。

（11）主持制定公司的各项规章制度。

（12）公司对外投资项目的跟进和决策。

（13）安排和主持公司重要会议。

（14）行业发展状况调研。

（15）重点营销工作的跟进与质询。

（16）重点财务工作的跟进与质询。

（17）重点生产制造工作的跟进与质询。

（18）重点研发工作的跟进与质询。

（19）重点人力资源工作的跟进与质询。

（20）造访客户，与客户深入沟通。

（21）处理重要或紧急的员工投诉。

（22）下属企业或下属工厂、车间的巡视。

（23）负责重要业务、重点项目的谈判和决策。

（24）负责公司重大法律纠纷的处理。

（25）负责重要资金往来，规划资本支出。

（26）接受股东或者董事会质询。

（27）负责上市、债权。

（28）担任社会和社区公职。

（29）参加公司内外部多类型活动（如迎新会、欢送会、茶话会、社区宴会等）。

（30）接待各界人士来访。

（31）负责大客户关系维系。

（32）负责工会关系维系。

（33）负责银行关系维系。

（34）负责投资者关系维系。

（35）负责政府关系维系。

以上工作仍然不是所有的项目，同时可能有些工作有重叠项。只是看一遍这个清单，已经让人触目惊心，作为总经理，不但得同时面对企业的短期、中期和长期任务，还得应对各种各样不同关系的人群，同时还要在不同专业领域中参与深入讨论。这完全不是一个人能忙得过来的工作。在美国学者科特（John Kotter）所著《总经理》一书中，书中的一位总经理这么说："每天有多少人来见我，又带来多少棘手的问题，这些一直以来都让我感到很吃惊。如果我们不去有意加以控制的话，我敢说我们可以将各种会议议程排满所有白天和夜晚。"

因此，将总经理的工作进行分类和系统化是非常有必要的，在许多相关书籍上，管理的研究者对此进行了各种分类：

○ 德鲁克将总经理的行为特质分为"思考者""行动者"和"抛头露面的人"。

○　科特将总经理的工作要求分为两类六个大问题/挑战：[①]

与责任相关的挑战和困境：

· 关键问题/挑战一：尽管存在不确定性，但还是要设定基本目标、政策和战略。

· 关键问题/挑战二：在职能部门和业务部门需求之间实现资源配置的平衡。

· 关键问题/挑战三：掌控各类活动进程，及时识别出失控的问题并迅速解决。

与关系相关的挑战和困境：

· 关键问题/挑战四：与上级交往，获得工作所需的信息、协作和支持。

· 关键问题/挑战五：获取同事、其他部门及重要外部团体的协作。

· 关键问题/挑战六：激励和掌控下属群体，处理绩效不佳、矛盾冲突等问题。

○　全球咨询业的翘楚，印裔美籍学者查兰（Ram Charan）要求总经理像街头小贩一样思考，透过表面现象去抓住企业的商业本质。他把总经理需要关注的基本要素分为三部分：[②]

· 现金净流入。

· 资产收益率（利润率和周转率的结合）。

· 业务增长（成长性和顾客）。

基于以上三个方面的思考，查兰希望总经理能够化繁为简，找出当前企业问题的核心点，并列出三项或四项（不超过五项）既能留住顾客，又能达到所有盈利目标的“优先事项”。

从以上分析来看，总经理们只有两个选择：

选择一：将手中的工作分出去，组建团队和其他人一起分担职责（注意，不是授权）。

---

① 摘自约翰·科特（John Kotter）. 总经理（The General Managers）［M］. 北京：机械工业出版社，2013 年。在书中，科特还根据总经理业务工作的特点将总经理分为七种类型，分别是职能组织型公司 CEO、多事业部制公司 CEO、集团总经理、独立事业部总经理、半独立事业部总经理、产品/市场总经理、运营总经理。

② 拉姆·查兰（Ram Charan）. CEO 说（What the CEO Wants You to Know）［M］. 北京：机械工业出版社，2012 年。

选择二：抓住事物的主要矛盾或者矛盾的主要方面，只做其中最重要、最迫切的那一部分，其他问题淡化处理或暂时不顾，等有时间或有机会再行处理。

我们在现实中的观察也是如此，一个优秀的总经理总是按照以上两点处理自己的工作。在为企业进行管理咨询服务的工作中，我曾经接触过数百位总经理头衔的管理者，这些管理者如果按照以上两个选择的维度可分为四类：第一类是有团队能抓重点；第二类是有团队抓不住重点；第三类是没有团队能抓重点；第四类是既没有团队也抓不住重点。

第一类总经理有自己的时间。拜访这一类总经理总是很愉快，能够就一些都很关注的问题深入地聊下去，中间被打断的情况很少（在企业业务简单或者规模很小的情况下，即使团队不完整也能做到这点）。

第二类总经理也有时间但很杂乱。在沟通的时候经常会被一些很小的事情打断，谈的话题也不够聚焦，经常会关注一些在我看来对当前的企业不重要的事情。多年前和一家并非小企业的商业企业总经理会面，对方兴致勃勃地用近 2 个小时大谈自己在某一单生意上通过差价赚了一笔，而对新商业模式和中层团队青黄不接的问题只是浅尝辄止。

第三类总经理非常繁忙而且自我感觉良好——也许是繁忙才能突出个体的重要性。这类总经理能抓住商业本质的东西，企业的经营效益往往还不错，不过身边的人不是“合伙人”而是“拎包的跟班”，企业很难做大。

第四类总经理是个灾难。所在的企业四处冒烟突火，所有的事情扑面而来，总经理不是在救火，就是在去救火的路上；还有更糟糕的情况——总经理在心里对企业的前景已不抱希望，但又得不坐在这个位置上，于是干脆“不理朝政”，被管理层的其他人架空。

打造最高层管理团队

上文中说到的第三类总经理数量并不少，他们仍然和 20 世纪的老福特一样，身边并没有真正的高管团队，队伍中缺乏管理者，所有人都围绕某一个“核心枢纽”来运转。

“即使有了系统化的研究、周全的组织和充分的授权，首席执行官的职务仍然不是单靠一己之力就能做得好、应该由个人承担的工作。的确，首席执行官工作上的问题有 90% 都根源于一人当家的谬误。我们就和亨

利·福特一样，仍然把现代企业的首席执行官想成传统经济模式中独资的私人产业业主。”

无论怎么安排和授权。都不可能由个人来完成总经理的所有工作，必须要组建团队。请注意，“团队”的含义在前文中曾经讲到，团队中的个体是互相扶持的合伙人关系（在联想公司内部称之为班子），而不是从属的上下级关系。一个有效的团队人数不能太多，3 ~4 人为好。

实际上，不少企业中所谓的“高管团队”和“总经理办公会成员”并非真正意义上的“团队”，多数还是非常明确的上下级关系。不过，即使没有制度安排，总经理也会天然和其中一两个高管之间交流得更多，给他们的任务也会更加重要，可以说，这是在需求之下自然形成的非正式团队。

非正式团队会有很多问题，因为本质上在非正式团队中，人与人之间仍然是从属关系。中国文化中皇权文化、独裁文化根深蒂固，上级和下级自然就会形成人身依附关系，这一点不利于团队的形成，如果不能用制度规范，非正式团队就很难起作用。

德鲁克讲的一个案例非常有意思，有必要摘录如下：

美国一家很受推崇的银行最近向研究部门的主管抛出一个问题：“有没有任何特征可以让我看出一家公司管理得到底好不好?”研究人员很快就发现，这个问题乍看之下很简单，其实不好回答。单单利润本身，并非可靠的指标。短视的主管只要让工厂不停运转或耗尽库存原料，就可以轻易得到几年的高获利。一直处于亏损状态的公司可能正走到转折点，即将一飞冲天，因为多年的研究发展和高瞻远瞩的管理终于开始收获了。

最后——在研究了几百家公司之后——研究人员发现了一个线索……

以下就是研究部门主管的报告：

如果一家公司的最高主管领的薪水比公司第二、第三、第四号人物的薪水高了好几倍，那么你可以肯定地说，这家公司一定管理不善。但是，如果公司最高层的四五位主管的薪资十分接近，那么整个经营团队的绩效和士气很可能都很高。

至于薪资高低反而没有那么大的差别。不管公司总裁的年薪是 2 万美元或 10 万美元，都不重要——只要副总裁能拿到总裁 75% ~90% 的年薪就无妨。但是当总裁自己拿 10 万美元的高薪，而主要管理者只拿到 2.5 万 ~5 万美元的年薪时，麻烦就来了。

以上案例说明了最高层到底是一个人说了算，还是实际上有一个团队在做决策——薪酬不会说谎。

2004 年开始，华为师从 IBM，组建了 EMT（执行管理团队，Executive Management Team），成为华为经营管理的中枢机构，经过多年实践，演化为华为的轮值 CEO 制度，又从轮值 CEO 转变为轮值董事长制度。国内优秀的大型企业联想、海尔也相继实施相关制度，阿里巴巴和京东商城也从 2017 年开始相继实施轮值 CEO 制度。

追溯中国传统政治基因，中国官制的发生，最开始都是天子私人、近臣获得宠信后委以重任而成为政府官员，所以中国传统组织结构的本质是主奴结构、从属结构。这种“君君臣臣父父子子”“一朝一天子一朝臣”的主奴权属结构深入骨髓，今天的中国企业仍然深受影响。无论是民营企业还是国有企业都是“一把手”文化盛行，就是这个原因。有识之士也意识到了这个问题，这是轮值董事长、轮值 CEO 或轮值总经理制度逐渐受到优秀企业青睐的原因。

可以从以下三个方面思考设置一家企业的最高层管理团队：

○ 明确规定公司的最高的经营决策机构，即 EMT（Executive Management Team）。

○ 董事会任命决策机构成员（3 人为好，如果企业较大可以增加）。

○ 有明确的议事规则。举例如下：

- 每个人分管不同的领域，每个人在分管的领域有决策权。
- 每周开一次碰头会，交流信息，讨论问题。
- 不定期就要事深入讨论，集思广益。
- 重大事件（提前划定范围）只有全体通过才能执行。
- 设立机构办公室或者秘书处，用于信息整理、挖掘和通报。

有效的最高层管理团队还需要注意以下四点：

（1）团队内部是平等的，但一定有队长（team leader）。队长的角色非常重要，无论他是否任董事长或当值 CEO，都是公司内的头号人物，就像联想的柳传志、华为的任正非、阿里巴巴的马云，无论他们的职位是什么，地位都是独特而超然的。队长是团队的领导和灵魂，必须要小心运用自己巨大的影响力，否则就可能使团队成为“一言堂”，违背了团队设立的初衷。

（2）团队中的人要有互补性。德鲁克多次用交响乐团来形容企业管理，在乐团之中，每个人各有所长、各司其职，同时自我管理、自我控制、互相补台。

（3）团队规模 3 ~ 4 人，最好不要只有两个人。如果是类似电视剧《亮剑》中的李云龙和赵刚那样的团队，如果一方强势、双方性格冲突或意见分歧严重，都会导致很大的问题——地方政府党政两个一把手之间，经常会发生显性或隐形的冲突就是肇因于此——有第三方做缓冲是非常必要的。同时，两个人也不利于企业的接班人计划。

（4）最高管理层团队最好是一个“道义”团体，而不是只考虑经济利益这一个维度，团队必须要有利润之上的追求。德鲁克对“组织理论”进行了改造，主张企业必须服务于社会。他强调，企业的使命来自社会，如果缺乏使命或者使命不正义（缺乏“道义”），企业就无法长久生存，百年企业将只是奢望。

抓住主要矛盾和矛盾的主要方面

存在即是矛盾！

发展必然产生矛盾！

企业为了多赚钱建设新厂区扩大规模……新厂区建设要求管理水平提高，需要更多有经验的干部去管理，新工人数量增多……导致生产成本升高、产品质量不稳定及技术工艺不过关……整体经营效益降低、风险提升……企业最终未能赚到钱。

企业是复杂的系统，了解如何在复杂系统中“做正确的事”或“正确地做事”，是政府管理者和企业管理者的愿望。由于人类的精力和注意力非常有限，在同一个时间段内，只能在纷繁复杂、矛盾重重的现实中选择做最重要的事——搞定某个利基市场的扩展问题或者集中关注内部股权分配问题。因此，抓住当前事务的主要矛盾和矛盾的主要方面，投入大部分精力集中解决某个问题，几乎成为政府和企业管理者操作复杂系统唯一的选择。

1994 年，柳传志因为神经衰弱，不得不在京西的海军医院住了 70 多天。1994 年是联想的多事之秋，企业内部外部都有着很大的问题和矛盾需要处理，和倪光南的关系问题、香港上市的审批问题、联想要不要做自有品牌的微型计算机（1993 年国家降低微机关税，取消生产许可证，国外大品牌蜂拥进入中国市场是大背景）。

据柳传志自己回忆："当时只要回到公司，就会面临很多日常事务，而且每一件事情都很大、都需要解决，很闹心。所以我就干脆'躲'在医院，把最主要的事情先弄完再回去。当主要问题解决了，其他很多事情就迎刃而解了。"这个主要矛盾在当时是联想公司到底向什么方向发展，是做自有品牌还是继续代理业务？与此相比，高层的矛盾、上市的问题都是这个阶段的次要问题，经过静下心来反复思索，以及在医院与核心班子开务虚会反复讨论，柳传志决定成立微机事业部，以及任命年轻的杨元庆担任微机事业部总经理。这个决定直接影响了 20 世纪乃至 21 世纪初中国品牌微机在世界范围内的崛起。

企业中总是矛盾重重，笔者并非说总经理可以不管其他矛盾，而是把精力（心力）的权重分配。整体来看企业会有一个当期主要矛盾，同时，从每一个角度乃至每一个人来说也都有各自的主要矛盾或矛盾的主要方面，比如"思考者"有当期核心思考点、"行动者"有当期主要行动计划、"抛头露面的人"也有当期需要搞定的主要关系。但对于一家企业、一个组织，总经理在当期最好能有一个相对固定的重点工作，并带动管理层共同深入思考和行动，并将之融入企业的绩效考核、日常管理等制度规范，推动各层级关注和执行。

联想前总裁柳传志有一个说法叫"拧螺丝"，意思是在做木工活的时候，给桌子拧四条腿，要是先拧死一个，其他三条腿的螺丝孔就对不上了，必须要这个拧几下，那个再拧几下才行。他指的是企业经营中的关键点总是不断变迁，要寻找和抓住过程之中的主要矛盾及时解决，经营重心不断调整，这样才更有利于将企业做实。人民大学教授黄卫伟也有一个"拧麻花"的说法，与此类似，他强调，企业中总是有两股对立的力量在同时作用，相反相成。拧麻绳两头都要使劲儿，左右拧、上下拧、前后拧，越拧越结实。也就是说，主要矛盾和矛盾的主要方面在不断流变，描述事物矛盾流变的词汇也有很多，无论是"拧螺丝"还是"拧麻花"，或是老子所言"曲则全、枉则直"，都说明总经理的重点工作需要顺时而动、不断抓住当前的主要矛盾和矛盾的主要方面推动企业开拓前进，这是企业负责人的主要职责。

第二十六章
怎么做好一个董事会

1996年底，苹果公司的销售额比上个财季暴跌了30%，当时的CEO阿梅里奥（Gil Amelio）却对此不以为意，苹果董事会主席、杜邦公司（DuPont）前CEO伍拉德（Ed Woolard）对阿梅里奥的表现不满，他找到公司的CFO（首席财务官）安德森（Fred Anderson），一起仔细分析了财务数据，最终认为苹果公司正在走向深渊。于是伍拉德开始持续说服其他董事为公司寻找接盘人和新的领导人，并最终推动乔布斯重新回到苹果公司任CEO，将一家伟大的公司拯救了回来。当时的伍拉德虽然是董事会主席，但并不是执行董事，其职务权力和权威有限，即便如此，他也能力挽狂澜，在阿梅里奥还有一半任期的情况下将他拉下马。

另外，按照《史蒂夫·乔布斯传》上的说法，乔布斯回归的条件是董事会全体辞职（除了伍拉德）。“这家公司岌岌可危，我没时间哄着董事会玩儿，所以我需要你们全都辞职，要不然我就辞职，下周一不回来上班了。”乔布斯认为这届董事会要为阿梅里奥时代集体不作为负担责任。①

苹果公司的故事说明西方董事会绝对是能发挥作用的，同时董事会起到相应的作用也并不容易。国内企业更是如此，无论是不是上市公司，董事会似乎都有职责不清，人员不当、作用不显、监管乏力的问题。董事会到底是怎么回事、如何构建一个有效的董事会、做好一个董事长，对于东西方企业来讲，是一个值得仔细讨论的问题。

西方企业董事会机制起源于16世纪荷兰阿姆斯特丹“所有权和经营权分离”的股份公司。17世纪中期，晋商的“东掌制”也开始运行，掌柜负责经营管理、财东在投资之后享有收益，形成制度下牵绊的两权分离模式。“东掌制”的运用有效地降低了财东和掌柜之间的委托代理成本，规避了代理者的机会主义行为，是晋商保持长盛不衰的重要原因。

可以说，董事会机制的形成、创新和发展是现代企业的标志和必然产物，不过，这个过程并非一帆风顺，在20世纪五六十年代，董事会的功能开始没落，许多企业的董事会开始有名无实，原因来自三个方面：

(1) 董事会具有双重职能的矛盾——它既代表股东行使监督权，同时又有经营上的最高决策权，这其中有天然的矛盾存在。从某种程度上，经营权人可以质疑所有权代表人干预经营的合法性。

---

① 沃尔特·艾萨克森（Walter Isaacson）. 史蒂夫·乔布斯传（Steve Jobs: A Biography）[M]. 北京：中信出版社，2011年。

（2）企业的经营管理变得越来越复杂，不是深入其中的人根本搞不清楚在发生什么事情，从而无从监管。

（3）优秀的人才没有时间，也不愿意参与董事会的事务。

德鲁克的《管理的实践》正好出版于这个时期，不过在书中德鲁克对董事会的判断却是：**“董事会可以成为企业最重要、有效且建设性的根本组织。”**为什么呢？以下我们分别从董事会到底应该管什么事、董事会应该由什么样的人组成及国内企业的董事会治理三个角度分别阐述。

董事会到底应该管什么事

在《管理的实践》中，德鲁克描述了董事会的六项职能：

○　**公司究竟在从事什么样的事业及应该经营什么样的事业这类重大决策，必须有人点头同意。**

○　**必须有人核准公司设定的目标和发展出来的绩效衡量标准。**

○　**还必须有人以批判性的眼光审核公司的利润计划、资本投资政策和支出预算。**

○　**也要有人扮演“最高法院”的角色，为各种组织问题做最后的仲裁。**

○　**更需要有人来关心组织的精神，确定组织能充分发挥员工的长处，弥补他们的弱点，并积极培育未来的管理者。**

○　**而且给予管理者的报酬、所运用的管理工具和管理方法都能强化组织的力量，引导整个组织朝着既定目标迈进。**

在《管理：使命、责任、实务》中，他又将董事会的职能总结为三个方面：

1. 一个具有六个角色的监察结构

向企业高层提供咨询、建议，并对企业的具体事务进行监察和控制，结合企业的实际情况，董事会的角色可以从以下六个角色中选取：

○　企业高层管理者的老板：董事会要为企业担当“最高法院”和“老板”的职责，为企业内出现的各类问题做最后的仲裁。比如高层的薪酬和审计工作是董事会的基础工作（标普500指数公司中，所有公司的董事会都设有独立的审计委员会、独立的治理委员会和独立的薪酬委员会)。德鲁克指出，高层的薪酬是有规律可依的，其一，CEO 和其他高管的工资不能有太大差距；其二，在不考虑期权激励的情况下，高层和普通员工的工薪差距不应该超过十倍。

○ 企业长期发展的布局者：董事会最应该关注的话题中必须要涉及未来，尤其是企业的事业是什么、企业的事业将是什么、企业的事业应该是什么。除此之外，培养 CEO 和高层团队的继任者也是董事会的重要职责(事实证明，太多的企业在这件事上摔了跟头)，比较好的方法是要求每一个高管提出一个自己的继任者，在管理比较成熟的企业可以试用轮值制度。

○ 企业绩效的评估者和驱动者：高效能的董事会需要建立问责制，科学评价公司绩效和高管层的绩效表现，与高管讨论当前问题的根源及改进措施。同时需要协助高管来抵御短期的绩效压力，摒弃“季报资本主义”，引导长期业绩增长。

○ 重要事项的审核和批准者：从长中短期战略到具体的并购项目，从大笔支出预算到关键岗位任免，都需要有董事会的身影，它是重要事项的最终关卡。

○ 外部咨询师和批评者：在每个重要节点或者不定期的时间点，董事会应该从不同的视角给高管层提出有效建议，指出当前管理层做法的不妥，从外部的角度带来新理念、新思路和新方法。

○ 强有力的专业支持者：董事会成员必须有特定领域的专业知识和人脉关系，并以此为企业提供专业服务。在具体操作上，在必要时，董事会内部可以成立多个专业委员会，请有专业背景的外部人员进入。

2. 撤换未能取得杰出绩效的高层管理人员

这个职能对董事会提出了非常高的要求。它要求董事会不但要有“监察”的职能和角色，还要有“领导”企业的能力。

前文中讲到苹果董事长伍拉德做到了这一点，是因为他掌管杜邦公司多年，对大型企业有着敏锐的观察，懂业务并能够洞察阿梅里奥的问题，同时有足够的领导力影响其他董事完成 CEO 撤换的艰难决策。

当董事会内部没有创始人，且董事会成员在公司内外部缺乏足够威望的情况下，董事会要制约CEO和其他高层有很大的难度——企业业务高度复杂，CEO及高管团队同时肩负企业长期和短期的业绩要求，评价高管团队的业绩非常困难（短期绩效和股价只能说明部分问题）。不熟悉业务、在公司内没有较高威望就不可能发挥“领导”的职能。

沃顿商学院管理学教授尤西姆（Michael Useem）是全球董事会治理研究的顶尖学者，他在对联想集团进行深入研究之后，认为联想集团的董事会非常成功，他指出在2004年和2014年联想针对IBM的两次业务并购中，董事会在其中起到了重要作用，是联想成为全球个人电脑领头羊的重要推手。我们知道，联想的董事会是由柳传志和杨元庆主导（2011年之后柳传志退出，由杨元庆继任董事长），柳传志和杨元庆对业务的理解，以及在联想内部的威望不但能够做好“监察”的职能，而且足以做好“领导”的工作。

换句话说，通晓企业业务和能够镇得住高管层是对企业董事会发挥“领导”作用的要求。西方企业界对此已有清晰的认识，比如英国巴克利银行对外部董事会的专业有要求，至少50%的董事会成员需要拥有金融服务业背景。欧洲甚至有一个约定俗成的规矩，即董事长的年龄通常要比首席执行官大十岁以上，这提高了董事长“指导”CEO的可能性。

3. 一个“公众和社区关系”机构

企业组织是社会的器官，其使命和目的为社会所规定，只有对公众和所在社区做出足够贡献，企业才算有成就。从这个角度来看，公众和社区是企业的另类“顾客”（国内企业要加上政府维度），如果不满足另类“顾客”的要求，会动摇企业的长期利益，这是企业的根基所在。董事会的存在可以很好地发挥作用——由于着眼点不同，董事会与政府、公众和社区打交道更加得心应手，更能够理解外部对企业的要求，并为企业的发展未雨绸缪。

国内污染企业的环保危机是一个典型的例子。随着经济发展，在人均国民生产总值达到一个临界点之后，无论政府还是公众，对环保的态度都发生了变化——环保要求日益提高，对污染企业的排斥力度越来越大。笔者去过某市，全市的企业无论规模大小，大部分企业都因为环保原因开工不足，不少企业挣扎在生存线上。假设该市某大企业的董事会对此有前瞻而深入的研究，同时在“监督”之外，又有“领导”的能力，就会因此对企业的战略方向、投资方向、生产基地选址等方面产生影响，避免企业陷入环保危机。

综合来看，董事会的职能包括“监督”“领导”和“满足政府和公众需求”三个方面，对于大中型企业，厘清董事会的职能，正确构建董事会并设定明确的发展目标是非常必要的。

董事会应该由什么样的人组成

董事会由什么人组成，各国的法律有各自的规定。比如在德鲁克的时代，高管在德国就不允许加入董事会，而英国、美国、日本等国家就没有这个规定，法国则规定了高层管理人员几乎必须是董事（德法两国很多事情都有相反的规定）。中国大陆的法律对董事会成员除了人数之外没有什么要求，可以让企业根据自身的情况来构建自己的董事会。

如何究竟应该如何构建董事会呢？

排在首位的核心问题是：董事会究竟代表了谁的利益？

这个问题很难回答甚至很难理解。对于上市公司而言，股权极度分散，董事会没法代表所有股东的利益；甚至对于未上市的私营企业来说，这个问题也不好回答——私营企业里小股东的利益怎么保证，董事会是否真的能代表小股东的利益？

从国内的现有状况来讲，董事会一般分为三个部分：第一部分是执行董事，它代表的是经营管理层的利益；第二部分是非执行的股权董事，它代表的是大股东的利益；第三部分是独立董事①，国内不少人认为它代表小股东的利益，在实际操作中这种可能性较小，它往往代表公司整体利益（这是西方企业独立董事数量日益增多的原因）。

早期董事的来源几乎都是内部董事，企业的治理结构有很大问题。20世纪40年代，美国颁布《投资公司法》，明确规定董事会成员中至少40%的董事必须由外部人士担任。即使如此，外部董事的来源也主要是退休管理层、供应商管理层等与企业有直接关联的人士。到了20世纪70年代，

① 独立董事是指独立于公司股东且不在公司中内部任职，并与公司或公司经营管理者没有重要的业务联系或专业联系，并对公司事务作出独立判断的董事。

由于董事会监管不力，甚至是监守自盗，许多大企业爆出了巨大丑闻（与布雷顿森林体系瓦解、石油危机的外部环境有关）。包括董监高勾结、财务造假、行贿受贿等事件，让公众股东损失惨重——独立董事制度就是在这个大背景下产生，政府和公众希望独立董事能对董事会其他成员进行监管。

和多数人想象的不一样，董事会不应该代表所有者的利益，而是代表企业整体的利益——只有在这种情况下，董事会治理才是有效的——与德鲁克对企业的看法相符，企业是社会中的有机体，企业的使命来自社会，它要对所有者负责，同时也对顾客、员工、公众乃至全社会负有责任。

第二个问题：董事会的构成应该是什么？高管是否应该参与董事会？

“需要对公司目标负责的管理团队成员必须直接与董事会合作。……如果董事会真的是个‘外部董事会’，也就是大多数的董事从来不曾在公司中担任全职主管，那么董事会将能发挥更高的功效。”

德鲁克认为，高管团队的人（EMT）应该进入董事会（他同时指出，前高管不应进入董事会，如果希望让他继续发挥余热，就应该聘任他为“顾问”而不是“董事”），同时，多数董事应该是独立董事，这与当前西方优秀企业的实践一致。

独立董事制度在西方社会取得了巨大成功。20 世纪 80 年代以后，西方世界董事会构成中独立董事所占的比例越来越高，据 20 世纪末的《财富》杂志统计，美国公司 1000 强中，董事会平均人数 11 人，独立董事 9 人，占 81.8%。今天美国上市公司的独立董事席位占比都超过半数，一些著名大公司的独立董事几乎一统天下，比如 GE 公司，独立董事在 16 席董事会中占 15 席，可口可乐公司董事会 15 席中独董占 13 席，微软公司董事会 11 席中独立董事占 8 席。

第三个问题：董事会对成员有什么要求？

按照上一节提出的董事会核心职能，即“监督”“领导”和“满足政府和公众需求”，以及上文提到的董事会结构，可以看到董事会对成员的要求：

（1）具备特定的专业能力，比如法律、财务、投资等领域的专业知识。

（2）具备行业背景、了解企业状况——“懂行”。

（3）资质和年龄——**“董事会的成员必须在工商企业、政府机构或其他机构中证明具有担任高级主管人员的能力”**。同时，年龄要求也是有必要的。德鲁克认为，五十几岁，愿意脱离企业运营工作而转为做企业董事的人是最合适的。

（4）投入时间和精力的要求。**“有效的董事必须是一个‘专职的董事’。”**独立董事参加的董事会也不宜太多，一般3～4家是比较合适的，一旦超过这个规模，其精力就不足以做好应该做的事情。

（5）不可以连任太长时间。

（6）董事最好在企业内或企业外部有足够的“威望”，至少需要在某个领域有足够的、为众人所信任的专业能力。

国内企业的董事会治理

国内的上市公司中董事的产生方式有较大问题，比如总经理兼任董事长、董事提名制度不规范、前任高管留任董事等。这是因为我国多数上市公司的股权比较集中，这些公司的董事会基本上被大股东把持，而少数股权分散的上市公司董事会基本上被高管层掌控。在独立董事势力微弱的情况下（一般占董事会的1/3），董事会对大股东和高管层的制约弱化。董事会治理在国内上市企业中基本上失效——股权集中的情况下，中小股东、顾客、员工、社会利益相关者的权利得不到保障。股权分散的情况下，内部人控制的问题无法解决。

一部分和国际相关理念接轨得比较好，比如前文中所说的联想公司；另一部分则能够适应发展需求进行机制创新，比如华为公司的轮值董事长制度。除此之外，绝大多数企业仍然处于董事会治理的初级阶段。

柳传志有一句话很有道理，也是联想的成功之道——“在苹果没有熟的时候，就制定分苹果的游戏规则”——联想还没有真正发展起来的时候，柳传志就已经开始为股权分配打下伏笔。同样，联想做大之后，柳传志又已经将接班人和董事会治理等事项安排妥当。联想公司虽然在战略制定方面有短板，但在组织建设领域它是毫无疑义的世界一流企业。

民营企业的“创一代”行将老去，接班问题迫在眉睫，不少“创一代”的子女却无心经营或无力接手父辈的产业。这时候，所有权和经营权两权分离是必然的选择，“顺利过渡”和“持续发展”成为这些企业家的关键诉求。对于这样的诉求，通过治理结构和激励机制的顶层设计，打造一个优秀的董事会，制定完备的监管制度，让股东、董事及管理层之间实现良性的互动与制约是选择之一。

民营企业董事会想要发挥真正的作用，让企业能够持续发展，除监管制度之外还需要有其他思考。当年山西商人普遍实施两权分离的政策，一方面在治理结构（东掌制）、激励机制（身股）方面有独特的制度安排；另一方面经理人员的选择非常重要，我们来看看晋商用人的方式。学者钟朋荣在《解密晋商密码》中说：

同样的制度对不同的人，其作用和效果是不一样的。比如对于那些一不要命，二不要脸的人来说，企业制度很难发挥作用。因此，企业在人力资源的管理上，选择第一，约束第二。从人的品质和本性来讲，可以分为上、中、下三等。对上等人，只要稍加约束，他就会规规矩矩，绝不乱来；对于下等人来讲，制度订得再多也很难奏效。

晋商在选人上，有两“本”战略。即从本地选人，从本企业选人。所谓从本地选人，即晋商选人一般都是从本乡本土选择。从本乡本土十四五岁的少年中，选择优秀者入号做学徒。一般情况下，入号者还需要有名望、有实力的人士担保。所谓从本企业选人，即学徒入号后，派往条件最艰苦的分号锻炼，学习店规、学习技术、学习做人的道理，并用各种方式对学徒进行测试。

学徒短则三五年，长则七八年，有的甚至长达九年。对学徒的艰辛，有这样的描述：“十年寒窗考状元，十年学商信加难。”

在学徒期间，由于吃住在店内，可以对每个人进行全天候、近距离的观察；由于派到最艰苦的分号进行磨炼，由于既要做商号的工作，又要端“三壶”，由于进行各种各样的测试，对每个人的智力状况、业务能力、道德素养等方面，都会有比较全面的、准确的判断。正是基于这种准确判断，再对学徒进行择优重用，优秀者，一步一步提拔，直到分号经理、总号经理，等等。通过这种办法选人、用人，用人者就拥有信息优势。业务能力较差的人不会重用，道德素养方面不是很可靠的人，也不会安排到掌柜的岗位。

通过这样一套选人机制，能确保在重要岗位上的人，不仅业务能力强，道德素养也比较好。对这种道德素养比较好的人，再加上一整套约束力比较强的约束机制，基本上可以保证这些人不会滥用权力，不会以权谋私，更不会背叛东家和商号。

在人选得当、机制有效的同时，晋商浓厚的区域熟人文化、长期效力机制及儒家伦理制约也是重要的外在因素，无形文化和潜在机制对晋商的经理人（掌柜）有相当大的约束力，使管理层不敢乱来。

除了以上思考，“创一代”还必须做好让出大股东地位、逐渐淡出的准备——企业来自社会、服务社会，最终也将回归社会。

第二十七章
怎样才能培养出中高层干部

和企业家交流得稍稍深入一些，就有一个问题绕不开，即企业的中高层干部不够用或者能力需要提升。前文中曾罗列出总经理需要做的35项具体工作，其中的第九项工作是“通过各种方式和手段促使公司的各级管理者成长”。

这句话引出两个问题：

（1）到底有哪些方式和手段可以培养人？

（2）各级管理者指的到底是谁？

德鲁克讲过一个真实的企业故事：

一位年届60而出任一家遍布全美的连锁商店总经理的人，……在他的脑子里，人只是一个模糊的抽象概念。现在，他升任为公司总经理了。他开始自问：“我能做哪些别人没有做过的事，而如果做得好，能使本公司有所改变呢？”经过一番思索，他得到了结论：如果能替本公司造就明日的经理人才，那才是最有意义的贡献。本来，该公司多年来已有一套发展主管人才的政策。可是，这位新任总经理说：“仅有发展人才的政策是没有用的。认真执行这项政策，才是我应有的贡献。”

于是从这时起，每周三次，在吃过中饭回到办公室时，他都顺道前往人事部门，随机抽取八九份年轻干部的人事资料。到了办公室，他打开第一份资料，大致过目一番，然后接一通长途电话到某一分店去。“罗经理吗？我是总经理。你们分店中有一位姓钟的小伙子，我知道你半年前曾说过要把他调职，好让他增加一些推销经验。有这回事吗？怎么，还没有调？为什么不给他调呢？”

接着他再打开第二份资料，又挂一通电话到另一家分店：“史经理，我是总经理。你那儿有一位陆某某，年纪很轻，你过去建议要调他到会计部磨炼磨炼，是吗？我从人事资料中发现你已经把他调到会计部了。史经理，你是真正在为本公司培养年轻人，我很高兴！”

这位先生担任总经理的时间不长，没有几年就退休了。这个故事发生在十多年前。直到今天，该公司每一位主管，都把公司今天的发展归功于他当年对青年经理的培养。①

在这个故事里，这位成功的总经理采用的方法是“岗位轮调”，这是很寻常的一个管理办法，不寻常的是，这位总经理真正投入了他宝贵的时

① 彼得·德鲁克（Peter F. Drucker）. 卓有成效的管理者（The Effective Executive）[M]. 北京：机械工业出版社，2009年。

间和精力在其中。另外，这位总经理做得很棒的一点在于他关注的是“年轻人”，不是“高层领导的继任者”，甚至不是“中层经理”，这点很重要，因为**“早在一个人被提升到高层管理职位之前，这个最重要的决策就早已制定完成了”**。

只有年轻人经过培养和提拔成为基层经理，继而成为中层经理，然后才可能作为高管职位的后备人选——在此之前，我们已经做出了培养的决策。如果一家公司的管理干部青黄不接或者断档，那问题只能出在之前的决策上。

需要再次注意的是，这位总经理的关注点是“年轻人”而非“年轻干部”！我们的许多企业把注意力放在年轻干部身上，放在“好苗子”身上，这符合一般的常识。德鲁克对此有不同的意见：**“一家公司所能做得最糟糕的事，是试图去培养‘苗子’而不顾其他人。在今后的10年里，80%的工作要由那些非苗子的人去完成。……有80%的人都没有被列入苗子的开发计划之中，他们当然会感到自己被忽视了，因而可能比以前更无效率、更缺乏建设性、更不愿意去从事新的工作。”**

越是“好苗子”就越容易受到关注，这些“苗子”的轮岗、培训、晋升等机会自然就会比其他人高，企业内同样需要去关注、同样需要刻意培养的是那些不够优秀的，但还没有糟糕到不能随企业一起成长的员工，要知道，这些员工是数量最大的，这些人的成长速度和愿望真正决定了一家企业中高层团队的数量和质量。

抱着成就员工的心态去带队伍

针对数量众多的“苗子”和普通员工，以什么样的方式和手段能培养他们不断成长呢？答案并非是我们想象得一些不寻常的活动，比如魔鬼训练、团队建设、脱产MBA、定期轮岗、名师培训、内部竞赛，等等。当然，这些活动有作用，但起不到最关键的作用。

培养出更多有成效的干部最重要的是两个特定的理念和一种管理结构：

第一个特定的理念是抱着成就员工的心态去带队伍。

1990年，柳传志在联想的员工大会上讲话，表示要在世纪末之前给联想员工解决住房问题，让每个人都有一套房子。讲完了之后，柳传志还故意顿了一下，颇觉志得意满，他认为下面肯定是雷鸣般的掌声，肯定是欢呼雀跃，没想到下面完全没反应——为什么呢？所有人都不信！

众所周知，1990年以前国人住房情况非常紧张，说拥有一套自己的房子，尤其是年轻人拥有一套住房几乎是不可想象的事情。那时候即使是好国企，分房也要论资排辈、年复一年地排队，很多人一家三代八九口人挤在一间小房子里。柳传志说给所有的员工都解决住房，在当时是不可想象的事情，因此所有人都当他是忽悠——员工用沉默来回答这个激情澎湃的想法！

柳传志的家当时住在东交民巷12平方米的小平房里面，一家七口人住了很多年。小平房上面是石棉瓦，冬天冷，夏天热，按柳传志的说法是“大自然的阳光雨露我们都能充分享受”。这样的房子今天的年轻人觉得不可想象，但柳传志也不觉得苦，为什么不觉得苦？因为有比较，柳传志家隔壁住的是周晓兰，中科院计算所的老员工、联想十一人元老之一。周晓兰比柳传志早工作八年，住的也是12平方米的小平房。

到了1992年，柳传志真的让这套想法付诸实现，当时联想一共弄到了72套房子，都是不错的房子，有一些房子是三居室，百姓俗话叫三间一套，在当时是顶级的住宅。

当时联想员工有400人左右，没法做到每人一套，他让王平生制定了一个特别的方案——公司做担保，员工向银行贷款，用工资分期还款——也就是说，不是福利分房，而是我们今天非常熟悉的按揭商品房。这件事难度非常大，中国当时就没有用于个人消费的商业贷款。柳传志和王平生用了很多办法，最终由建设银行向人民银行上报，获得特批。同时，由于当时员工一年的工资只有几千元，而三居室的房子一套将近20万元，还起来有很大困难，联想公司就用公司资本做担保，非常明确地告诉银行，如果员工还不起，由公司来还！

因为不是福利分房，而是买房，最后除了个别像王平生这样年纪稍大一点的人之外，选择买房的都是20多岁的年轻人。

在分房会上柳传志说：“我看了买房人的名单，都是20多岁的年轻人，我是又羡慕又嫉妒！”大家哄堂大笑，他接着说：“倪总（倪光南）是国家著名科学家，在1986年的时候才分上了三间一套的房子，倪总那一年46岁。陈大猷老师（柳传志的老师）也是分了三间一套的房子，当时去给老师陈大猷收拾房间的时候，就觉得那个房间简直和皇宫一样……30 岁左右的年轻人住进三间一套房，我可从来没听说过。”

这并不是一个轻易的决定。在 1992 年初，联想遭遇巨大危机，一场黑色风暴席卷而来——国际 PC 厂商大举杀入中国，“国内市场变为国外市场”——联想为此开了十二天的“龙泉会议”来定对策。即使遇到这么大危机，柳传志仍然要保证给员工最好的福利。这个福利不是一般的福利，它是当时中国人最希望拿到的福利，后来的神州数码董事局主席，当时的市场部经理郭为有这么一句话：“如果老柳真能帮我把这个房子的问题解决了，我这一辈子就给他了！”

72 家房客，72 个年轻人，杨元庆当年 27 岁，郭为 28 岁，李岚才 24 岁。这样的一批人，实际上最后成了联想的核心中坚力量。无论联想遇到什么困难，这拨人都不离不弃，奋勇向前。

除了这件事，从 20 世纪 80 年代年开始，联想给员工发工资、发奖金、发福利，为什么要这么做？因为柳传志要成就员工，第一要做的就是给他们实实在在的经济利益，让他们有成就感，让他们在同龄人中有很强的尊严和成就感。否则，领导力再强可能都是虚的（华为团队强大的原因之一也是如此，2019 年，华为员工平均工资、薪金和福利总计 69 万元，超过了一些上市企业高管）。联想就是这样不断地去给自己员工最好的物质回报。联想的工资改革、薪酬制度改革，从 1990 年开始一直到 2001 年就没有停过。特别要说的是，联想筹划多年的员工持股会让大部分联想员工都成为联想股东，分享了公司的发展成果。

仅仅到这个地步依然不够，2001 年之后，柳传志淡出一线，联想分为以杨元庆担纲的联想集团和以郭为担纲的神州数码集团，“成就员工”之心明显淡化，后面几年接连曝出的“联想不是家”等新闻、高层团队集体出走就是明证，而整体业绩的屡屡下滑则是由此带来的恶果。

2017 年，格力的董明珠同样说要给员工解决住房问题，比如没结婚的可能给一居室，结了婚的给 50 平方米的二居室，只要在格力一直干，这个房子就不收回。董明珠说这个话以前，有一些顶级的企业也在这么做，包括阿里巴巴、腾讯、京东，都提出来给够资格的员工提供无息贷款，让他们去买房、买车，提高他们的生活品质。这是很不错的管理行为，但是，如果从成就员工的角度来看，这些企业比柳传志时代的联想要差得多。

要把人视为资源，而不是视为成本。只有抱着成就员工的心态去经营企业、去带队伍，人力资源才会给企业以充分的回报。老子云：“夫唯不争，故天下莫能与之争。”

把齿轮变成发动机

第二个特定的理念是“把齿轮变成发动机”。

把齿轮变成发动机是所有中小企业上台阶必然要经历的组织嬗变和队伍嬗变，如果企业没有经历这样的嬗变，企业就很难快速成长起来，或者即使成长起来了，也很难获得好的经济绩效。

2014 年是联想三十年大庆，联想的宣传部请柳传志写一篇文章，但是给了他一个限定条件，要求他只能写一件事情，即联想创办三十年来感慨最深的事。柳传志琢磨了一段时间后写了一封信，信的核心的内容是联想的“发动机文化”。

柳传志在公司内部网上看到一篇文章，是一个香港联想员工写的。这个员工提到香港同事都特别不习惯联想文化，为什么不习惯？他们发现从内地过去的联想员工做事情不是那么循规蹈矩，每一个人都在干自己认为正确的事情，这些人在琢磨“哪些事干了之后能够提升公司效益”“哪些事干了之后能够提升自己的能力”，而不是上级交代下来什么任务就干什么任务，他们经常有越级或者超越本身职责的行为。香港本地的员工已经习惯指令式的工作方式，即把手头的本职工作做得一丝不苟，但跨出职责范围的事情，哪怕只有一点点也坚决不干。联想内地员工和联想香港员工两者是不同的文化。香港文化是职业文化，不偷懒也不越权，这种文化联想内部给它起了个名字叫“齿轮文化”——精准有序像齿轮一样转动；而联想一直以来推崇的不是“齿轮文化”，而是柳传志极为重视的“发动机文化”。

“发动机文化”的意思是高层经理是大发动机，职能部门和事业部的总经理可以是小发动机，再往下是更小一级的发动机，每个级别的小发动机都会了解整体企业的大发动机为什么要这么做，然后自己去揣摩上一级的目标，在这个基础上明确自己的子目标，同时领回与子目标相对应的责权利。然后，每一个小部门、每一个子发动机会自动自发，做自己应该做的事情，不管这件事情是否在名义上超越了自己的职权范围或者是怎么样，而是说奔着整体企业的发展目标去。所以在联想，岗位说明书并不重要。对于联想集团整体而言，意味着多支有着独立战斗能力的队伍，从不同的角度向着同一个目标去努力。

到底怎么来看“发动机文化”？可以用三个成语来依序表达：

第一个成语叫“按部就班”。“部”在古汉语里面是门类的意思。“班”在古汉语里是秩序和次序的意思。比如韩国古代阶级制度中“两班”指高级官员，班就是官员上朝时排列的次序。按部就班就是按照门类和秩序管好自己，俗话说“一个萝卜一个坑”，先把自己的本职工作干好。这是第一步，如果这一步做不好，就不要往后走。要知道，不是所有的齿轮都能成为发动机，有些人天生就适合齿轮的角色。对最基层员工的要求是责任心，先要把齿轮做好，一环扣一环，尽量减少摩擦。

第二个成语叫“力争上游”。联想有一个“三心”的要求，从低到高是责任心、上进心和事业心。在满足责任心、干好本职工作的基础上，联想要求员工不断去思考和推动更高一个层面的工作。上进心的一个同义词是企图心，联想希望，员工要有企图心上更大的舞台，要去管更多的事，要去挣更多的钱。联想的“发动机文化”给企业员工暗示——公司对个人有要求，每个人必须要努力自我发展——自我发展的动机和努力是最有效的催化剂，它能超过一切外在的培养活动。

第三个成语叫“独当一面”。即独立担当、独立负责一个方面的工作。发动机有大小之分，不见得非是事业部总经理或某部门的一把手才叫独当一面。从目标管理的角度来看，每一个小发动机都有自己明确的目标，同时，每个小发动机都心存高远、理解上一个级别的目标。在与上级、平级和下属反复沟通后之后（联想称之为“对血管”），主动制订计划和推动执行，高效地完成自己的任务——在一次次独当一面、主动出击的过程中，联想三心中的“事业心”会逐渐生发出来，开始在企业中打造自己的事业平台。

这的确与职业化的齿轮模式不同，齿轮模式更加重视对员工工作的管控，其管理思想仍然是源自泰勒（Frederick W. Taylor）的科学管理，泰勒以工作效率和成本管控为目标、使用标准化的工具、设计标准动作以实现工作中的分工协作和流程化，让每一个工作中的人成为严丝合缝的齿轮。而在德鲁克看来，知识工作者更应该通过目标管理和自我控制，在工作中成为发动机。

当前主流的企业管理模式仍然偏重泰勒式的管控，由此衍生出来的管理制度和流程压制了知识工作者的创意和成长。从这个角度看联想的“发动机文化”，会发现它并非过时的管理思路或理念。谷歌前总裁施密特（Eric Emerson Schmidt）在《重新定义公司》中在知识工作者的基础上大谈特谈“创意精英（Creative elite）”，创意精英具有多领域的能力，能“将前沿技术、商业头脑及奇思妙想结合在一起”①，这些人是企业获得成功的关键要素。阿里巴巴的执行副总裁兼参谋长曾鸣认为，这些“创意精英”的内在动力来自创造带来的成就感和社会价值，他们需要的不是被管理和激励，取而代之的是赋能。凡是需要创业精英的企业，传统的科层制组织和管控式的管理模式都将不再适用。

建立分权制的组织模式

“在中央集权的组织里，再多特殊的培养管理者活动都不足以培养出未来的管理者，只会制造出未来的专家……反之，真正的分权化管理不需要额外增加任何培养管理者活动，就能培养、训练并检验出未来的管理者。”

笔者去过很多中小企业考察，也和许多企业员工进行过一对一访谈。笔者发现，很多员工甚至是管理层眼睛里缺乏思考的光芒，只会呆板地执行，其主要原因在于企业的过度集权或者说老板的“一言堂”。一般来讲，中小企业的老板或高层有较强的人格魅力、工作能力或专业权威，在这种情况之下，员工才能被压制，有能力的人难以脱颖而出，喜欢独立思考的人反而会被责难（最终造成人才离职率高）。破除“一言堂”最简单、最直接的方法是建设分权制乃至去中心化的组织架构，比如在内部设置事业部制、小组制这样的分权组织。

稻盛和夫著名的阿米巴②管理模式是著名的分权管理模式，通过划小经营单元、独立核算的方式激发基层人员，力图降低企业成本并更加贴近

---

① 摘自埃里克·施密特（Eric Emerson Schmidt）、乔纳森·罗森伯格（Jonathan Rosenberg）、艾伦·伊格尔（Alan Eagle）的《重新定义公司：谷歌是如何运营的》。

② 阿米巴是变形虫的拉丁语音译，管理模式叫阿米巴的原意是划小经营单元，适应市场变化。

市场需求。

济南韩都衣舍是一家互联网服装企业，它充分借鉴了阿米巴制度和西班牙服装企业ZARA的买手制，创造出了有新意的买手小组制。买手小组最开始由三个人组成，由设计师担任组长，另外两个成员一个是视觉专员，也做拍摄和文案，另一个负责订单和库存。负责从具体品牌（代理）和产品选择、定价、生产（委托）到销售的全过程，打折及促销价格等都由小组自己决定，然后根据各个小组单独核算的毛利润及库存周转率等经营数据来计算每个小组的提成。后期发展成熟后，买手小组逐渐发展成为3～10人的团队。小组内部的提成分配，由组长来决定——买手小组自由组合，经营业绩滚动排名，排名在最后三名的小组自动解散。

韩都衣舍将大部分具体经营权下放到数百个“买手小组”中去，取得了巨大的经济效益，韩都衣舍在天猫商城的粉丝收藏量达到了1500万人之多，仅2019年“双十一”一天，韩都衣舍的销售额就达到4.7亿元，连续六年获得“双十一”互联网服饰品牌冠军。在韩都衣舍的官网上，可看到“每日上新100款”这样的宣传，其款式上新速度和款式数量都已经远远超越全球快销服装王者ZARA。

说到分权制，必须要提的是通用汽车的前总裁斯隆（Alfred P. Sloan, Jr），他在20世纪20年代开启了企业的分权时代，他主张将各级各项管理权力分散到具体的责任人和部门——在政策上统一、在管理上分权，与适度的财务激励手段相结合，这就是通用著名的分权制，100年来时时刻刻影响着各类企业和政府组织的管理实践。

斯隆非常睿智，他不仅关注制度，还关注制定制度的人。他说：“仅仅依靠组织设计仍然无法保证有效的管理。负责组织管理及权利分派的人比组织本身更为重要。他们需要再分权制和中央集权制，甚至是一言堂之间作出均衡。从精神到实际行动上都奉行分权管理，这是通用汽车长寿的根本。”①

德鲁克对企业培养人、成就人有自己的看法——他认为企业培养人是企业应尽的“社会义务”，企业如果不履行这种义务，社会也会逼迫他们去做。

---

① 摘自小艾尔弗雷德·斯隆（Alfred Pritchard Sloan, Jr）《我在通用汽车的岁月 My Years With General Motors》。

每个人脱离家庭来到企业，他的期望不仅仅是实现经济收入，三餐温饱及得以赡养家庭，还有能够在工作中不断创造、满足个人的自尊和自豪（“创意精英”的直接动力来源）。**“工作和工业发展的意义不只是谋生工具而已。企业通过提供挑战和机会，让每位管理者将潜能发挥得淋漓尽致，企业借此履行了对社会的义务，把工作变成一种‘生活方式’。”**

只有理解了这一点，才会真正懂得怎样去培养企业的中高层干部、留住企业的人才，并且从精神到行动上保证相关理念和机制的顺畅运行。

第二十八章
组织理论极简溯源

先讲一个真实的故事，故事的主角是德鲁克的学生科恩（William A. Cohen）博士，讲述了科恩在麦道航空公司的亲身经历。

科恩博士一次和麦道航空的人讨论降低成本，对方说如果允许把飞机上紧急出口的安全门调整2英寸，那么每架飞机可以节省1000万美元。科恩就找到了飞机相关部件的设计师来询问这件事，结果设计师告诉他不行，因为《设计手册》就是这么规定的，他必须按照《设计手册》上的规定来。如果是正常情况，这个调查就可以到此为止了，但如果不找到源头，那这件事情仍然不清不楚。于是科恩博士用剥洋葱的精神，继续追问事情的起源——《设计手册》上的规定是从何而来?

一般来说，手册上每项规定都会经过仔细测试，因此“人人都知道”那是对的，似乎不需要再次核对，而且追本溯源的事情往往都极其麻烦。不过最终科恩找到了源头，手册上的尺寸出自30年前的一次螺旋桨飞机的测试，当时飞机的时速只有120英里！而现在正在设计的飞机时速高达500英里。按照新的情况，安全门调整2英寸不会有任何影响。

“人人都知道”在企业中有时很可怕，可怕的原因在于这代表我们已经接受了现实，而不再深入探寻现象背后的机理，这会导致对一些关键事务的认知出现偏差。就像现在“人人都知道”组织结构这件事一样，实际上，很少有企业管理者真正明白组织架构到底是怎么回事!

组织架构的设计和思考牵扯到组织理论，无论是流程的设计还是架构的设计都必须以对组织理论为基础。而组织理论是管理理论中最精微也最难理解的部分，但如果不能对组织理论有一个简略的了解，我们就对组织结构这件事处在盲人摸象的尴尬境遇之中（理性是有限的，我们终究无法摆脱盲人摸象的境遇）。

先来看企业中有哪些具体问题是和组织相关的:

○ 组织结构应如何设置?

○ 职能部门之间沟通不畅，壁垒森严。

○ 部门在某个领域集决策、执行和监督为一体，随意性过大。

○ 部门设置不合理，多头管理、交叉管理问题严重。

○ 任人唯亲而不是任人唯贤。

○ 官本位、专业功能缺位。

○　业务流程不顺畅，效率低下。

○　部分流程的节点失控，风险巨大。

如何思考这些问题都属于组织理论的范畴。前面谈企业战略，我们了解到由于战略相关理论过于繁杂导致后来者极为苦恼，明兹伯格（Henry Mintzberg）编著了《战略历程》一书，将主要的战略理论归入于十个派别门类。而组织理论没有这么繁复多样，但其晦涩程度却远超战略理论。

为了容易理解，先对组织理论的代表人物及其核心思想做一个极简的对应关系（这种划分方法难言精准，此处只是为便于读者迅速形成基本概念）：

○　古典组织理论——韦伯（Max Weber）——官僚制。

○　现代组织理论——巴纳德（Chester Barnard）、西蒙（HerbertSimon）、马奇（James March）等——组织的定义、权力和沟通、决策和控制。

○　后现代组织理论——德鲁克（PeterDrucker）、哈默（Michael Hammer）——知识工作者、信息、流程。

韦伯（Max Weber）是一个真正的天才，他涉及的领域包括法律制度、宗教体系、政治经济和权力关系，其著作涉及的深度、广度乃至资料的丰富程度，即使在今天看都是令人瞋目的。在组织领域，他的贡献是厘清了组织的权力来源（合法性），提出了官僚制的组织体制，为工业化进程做了极好的铺垫。直到今天，绝大多数企业仍然在官僚制组织的框架下，预计今后的十年乃至几十年依然会如此。

韦伯认为组织是以权力为基础的，权力能够为组织消除混乱、带来秩序，并带领组织完成任务。他认为有三种形式的权力能够带来稳固的组织基础：

（1）超凡魅力型（charismatic），“克里斯马”——服从我，因为我能改变你们的生活。

（2）传统型（traditional），族长制、世袭制、封建制——服从我，因为我们的人民一直这样做。

（3）法理型（legal-rational），官僚制（科层制）——服从我，因为我是你们法定的长官。

超凡魅力型（charismatic）——人类的历史上总是会出现一些光芒四射的大智者、大英雄或者大独裁者，他们要么创建一个王朝、要么创建一个组织、要么带领众人完成一项不可思议的壮举。他们能极为有效地激发起民众的热情，比如闯王李自成，实施“不纳粮”的政策，贫苦农民奔走相告，于是李自成兵不血刃地拿下北京城。

“忠诚可能会被个人或整个群体，在纯粹机会主义的基础上虚伪地假装出来，或者在实践中为了自身的物质利益而实行。或者，由于没有可接受的选择，人们便出于个人的无力和孤弱而顺从。”①

法理型的典型是官僚制（科层制），其合法性建立在法律和规范的基础上，它和传统型的不同之处在于——法理型的特点是“王在法下”，即政府首脑也要遵守法律和规范的约束；传统型的特点是“王在法上”，其实就是中国传统的“刑不上大夫”。国内不少企业似乎希望搭建现代官僚制（科层制）的组织，可笑的是，老板或某特权阶层总是凌驾于其上，其本质仍然是家长制的传统组织。

韦伯官僚制的前提是明确的责任边界和权力边界、是制度对权力的约束、是专业体系对人员招聘的要求、是所有权和经营权的分离——这些前提组成了“组织理性”，所有重要的决策和行为与个人威权无关。韦伯提出的官僚制深刻地影响了社会制度、组织制度和经济制度，成为现代社会最稳固的基石。

韦伯“官僚制”的翻译非常容易让中国人误解，为了避免误解，部分学者将其称为“科层制”。需要特别指出，它和中国历史上一千多年来的官僚体制完全不一样，试做对比如下：

韦伯官僚制的特点：

（1）政治上人人平等，只有职位级别和专业领域不同。

（2）通过现代分工体系进行专业分工。每一个职位都有自身的责任和权力，而且通过授权合法化。

（3）忠于制度而非忠于人。各级人员都有严格规章制度约束，这些规章制度不受个人的影响，可以普遍应用于各种情况。

（4）有完整的指挥链和等级制权力结构。

---

① 马克思·韦伯（Max Weber）. 经济与社会（Wirtschaft und Gesellschaft）［M］. 北京：北京出版社，2008 年 9 月。

中国传统官僚制的特点：

(1) 权贵主义。从本质上说组织成员在政治上不平等，“刑不上大夫，礼不下庶人”。

(2) 缺乏分工体系。由于管辖的是以自耕农为主的大型社会，又缺乏分工所需的专业知识和能力，因此立法、司法、行政等各种职能混杂不清，官僚机构全能化。

(3) 忠于人而不忠于制度。儒家文化“君君臣臣父父子子”的传统教化，提倡个人关系而不是普遍关系和公共关系，从而导致组织中人身依附和情感支配。

(4) 有完整的指挥链和等级制权力结构。

除第四点外，韦伯的官僚制与中国传统社会的官僚制度完全不同。韦伯的官僚制肇始于工业革命，服务现代工业社会。而中国传统官僚制形成于先秦时代，服务协同治理大江大河的农业社会。

巴纳德（Chester Irving Barnard）提出了关于现代组织的完整理论，他将组织定义为“两个以上的人自觉协作的活动或力量所组成的一个体系”，我们可以将之理解为形成组织的并不是一个一个的人，而是个人的“协作活动”，这对我们理解组织结构的横向形成有非常大的帮助。之前我们理解组织或者企业，就是一帮人聚在一起，就可以啸聚山林、揭竿而起。但巴纳德告诉我们，组织是“一组有目的活动的集合体”，真是穿透事物表面、直击本质的认识。

如果对此不好理解，可以看德鲁克表达此问题的方式：

“例如，制造业的典型职能就包括生产、营销、工程、会计、采购和人事。……但是这些典型职能只是一个个空瓶子而已，究竟每个瓶子里装了什么内容？……完全按照既有的整套标准职能来经营企业，就好像先让病人吃药，再为他诊断病情一样，……只有通过分析企业达到目标所需的活动，才能真正回答这些问题。”

换句话说，就是组织既不是由人组成也不是由职能组成，“为达到目标所需——人的协作活动”才是组织最底层的内容。

通过对组织本质的定义，巴纳德引申出“组织”的管理和我们想象中的不同，需要“管理”的不是表面上的资金流、人流、物流和信息流，而是员工“贡献的意愿、共同的目标、信息的交流”，唯有对此三个方面进行管理，企业才能够获得基本生存条件。

举个例子，为什么企业都在做绩效管理，但最终的结果大不相同呢？

其主要原因在于我们做绩效管理时的着眼点并不相同。在绩效管理的过程中，我们管理的并不是绩效指标，指标的完成情况及激励和惩罚政策只是表象，我们真正需要管理的是“贡献的意愿、共同的目标、信息的交流”，唯有如此，方能达成有效的绩效管理：

（1）从企业的愿景开始着手，从精神和物质层面一层层地强化干部为企业贡献力量的意愿。激励和惩罚制度是物质层面的手段。

（2）以任务执行人为主，由上下级共同制定发展目标，上级的任务主要是给予支持、系统和节点检查。

（3）将足够的精力投入到信息共享和绩效沟通工作中。

西蒙（Herbert Alexander Simon）是巴纳德的弟子，同样是一位不可思议的天才，他获得过9个博士头衔，拿过多个领域的全球最高奖项（如诺贝尔奖、图灵奖等），是人工智能、组织行为学等领域的创始人。西蒙把组织看成一个决策制定和信息处理系统，同时他从认知心理学的角度提出了人“有限理性”的概念。自巴纳德和西蒙之后，组织结构设计在组织理论中的地位变得更加重要，纵向决策分工问题成为组织结构的核心。德鲁克对此的表述是：**“在界定管理者的职务时，首先必须考虑的是他的活动对于所属的上级单位有什么贡献。换句话说，必须预先分析和建立起下对上的关系。”**

德鲁克在巴纳德和西蒙思想的基础上思考组织架构的设计，并与通用汽车的实践相结合，提出了用活动分析、决策分析（贡献分析）和关系分析来“**找出达到经营目标所需的结构**”。德鲁克在20世纪60年代率先提出了“知识工作者”的概念，预言了以知识为基础的信息时代的到来。他判断由于知识工作越来越重要，未来知识型组织会出现新的结构类型，包括矩阵式组织、网络式组织乃至大型系统型组织（如NASA、日本商社、跨国银行等组织）。

1990年，哈默在《哈佛商业评论》上发表了一篇名为《再造：不是自动化，而是重新开始》的文章，率先提出企业再造的思想，哈默强调以流程为中心代替以任务为中心的组织方式，使企业围绕一系列流程进行价值创造工作。通过信息技术，可以将原来不可能实现的过程变成可能，比如“活动”不用再聚合成为部门，让“经营活动分散”和“公司总体控制”能够同时实现。有意思的是，哈默自己说，自己在读德鲁克早期文章的时候总是很紧张，害怕德鲁克在几十年前就预见了自己最新的思想。德鲁克写于1992年的著作《管理未来》中，对哈默以流程为中心的思想也有过论述：“工厂已经不再是一个按部就班的有序过程，即始于接收原材料，终于产成品进入发货仓库。取而代之的是，工厂一定要从后端程序往前倒推，进行组织重新设计，并且对整个流程进行整合管理。”①

哈默的思想推动了信息技术和企业业务流程的融合，重塑了企业作业的方式，最关键的是，释放出了知识工作者的真正能量。

“从事最平凡的工作也能获得意义和价值，只要执行人明白这项工作是如何造福他人的，哪怕是以最简单的形式。每个人都渴望接触到自己及自身需求以外的事务，基于流程的工作即能满足这一点。它能开阔我们的眼界，让我们彼此相连——连接队友、连接组织、连接客户。在以流程为中心的世界里，工作会再次让你找到自尊，那些从事重复性的员工早已丧失的自尊。”②

后现代组织理论思潮的基础是后现代世界观，从经济社会的角度来看，中产阶级的崛起、信息经济的快速发展、知识经济的到来，消解了原有的社会矛盾的同时又形成新的社会问题。从哲学理论和思潮的角度来看，现代主义强调启蒙精神，现代哲学依然是以笛卡尔（René Descartes）世界观为基础的“机械主义”哲学，而后现代哲学则以后结构主义为源头，用解构的方法去消除所谓确定的因素，消解中心与边缘，并以此颠覆原有结构。这就是当今各类组织变革风起云涌，各类结构形态兴起的原因，诸如扁平化组织、无边界组织、虚拟企业、阿米巴组织、学习型组织等概念纷纷登场。

我们经常能看到各类关于组织的“隐喻”，如机器和有机体、金字塔

---

① 彼得·德鲁克（Peter F. Drucker）. 管理未来（Managing for the Future）［M］. 北京：机械工业出版社，2009年。

② 迈克尔·哈默（Michael Hammer）. 再造奇迹（Faster Cheaper Better）［M］. 北京：北京科学出版社，2012年。

和网络、舰队和小船、竞赛和爵士乐等，以此来指代现代组织和后现代组织的不同。德鲁克也偏爱隐喻的方式，在他的著作中，有一个形象的比喻是用“战舰”来指代现代组织，用“小型联合舰队”来指代后现代组织，战舰呆板而庞大，无法对环境及时响应，而小型联合舰队则非常灵活，它由若干模块组成，每个模块都有自己指挥和控制系统，并可以自主处理与其他舰船的关系，并对外部环境变化作出快速的反应。

组织理论的演进是打开管理大门的密钥，与企业实践有着密切的联系。理解组织理论不但有助于编制企业的组织架构，而且对于企业运营的方方面面都有实际帮助。

第二十九章
组织结构追随业务发展

具体谈到组织结构，就必须说起两个人，一位是法约尔（Henri Fayol），另一位是斯隆（Alfred P. Sloan. Jr）。法约尔是著名管理学家，同时也是20世纪初法国一座中型煤矿的总经理，大多数企业现在用的职能制组织结构就是他的贡献；斯隆是20世纪30年代到50年代美国通用汽车的总裁，他创造了事业部制（联邦分权制），即对于多产品的大型企业，采用集中控制下的分权管理——各个子部门仍然采用法约尔的职能制组织，其上级组织则进行集中管理。它能够有力地激发起组织的活力，成为全世界最流行的组织模式。

除了这两种模式之外，还有小组制、模拟分权制和系统管理模式，其区别和适用环境后文会详细阐述。

究竟应该选择哪一种组织模式，我们必须先从业务开始。要知道，没有标准或者典型的组织模式存在，企业的职能也不是一成不变的。比如企业中的销售、生产、人力资源、研发、财务五大职能，似乎所有企业都应该有，但实际上国内很多企业只有技术职能而没有研发职能，甚至对于某些企业来说，销售部、生产部、财务部和人力资源部都不是必备的配置（有职能，但不一定单独设立部门），必须要根据实际情况进行分析，这叫“结构追随业务”。

有时候，我们需要按照未来可能的业务形态来进行组织架构安排。比如未来某一个产品的市场份额对于企业至关重要，我们需要单独为该产品的研发、销售、生产等职能腾出空间，并强调其独立性——因此在公司的整体架构中，单独设置事业部，让该业务独立运行——哪怕当前这个产品的销售额还不高，这叫“结构追随战略”。

所以，“**任何针对组织的分析，都不应该从讨论结构开始，而必须先做经营分析**”。

在《管理的实践》中，德鲁克给出了进行经营分析的方法——需要做活动分析、决策分析和关系分析，不过在1973年出版的《管理：使命、责任和实务》中，他对这一部分进行了调整，本文根据德鲁克自己的调整把经营分析的内容拆分为活动、任务和流程分析，贡献分析，决策分析，关系分析四部分。内容综合起来就是企业组织结构选择的依据。

关键领域梳理——活动、任务和流程分析

企业业务的基本要素是活动（activitys）。

“设计组织结构并不是第一步，而是最后一步。第一步是对组织结构的基本构成单位进行识别和组织。其中，组织结构的基本构成单位是指那些必须包含在最后的结构之中，并承担整个组织的‘结构负荷’的业务活动。”

拿最简单的工人劳动举例，假如一个建筑工人每天的活动是砌砖，他的活动是由一个个的动作组成。泰勒科学管理最早的出发点就是对个体动作的研究，使得每个工人活动的效率大大提高。

> 他（吉尔布雷斯）对砌砖过程的每个动作进行了认真而又有趣的分析和研究，把所有不必要的动作一个个地排除掉，……从砌砖工每只脚该站的位置到墙、灰浆箱和砖堆等的位置，他都进行了精确的设计。这样，砌砖工每砌一块砖，就不需来回走动了。他研究出搁灰浆箱和堆放砖的最佳高度，设计了一种支架，搁上一张平板，所有的材料都堆置在上面，使砖、砌砖工和墙处于各自的合适的位置上。……这样砌砖工在取每块砖和每刀灰浆时，就无须再一俯一伸做劳累的动作了。……经过仔细研究砌砖工在所有标准情况下砌砖的动作后，把砌每块砖的 18 个动作压缩至 5 个，在某种情况下甚至低到只要两个动作。①

其实，同样事情在今天依然有用，哪怕我们做的是案头工作，天天对着电脑，也一样可以让工作的效率翻倍。

个体的动作组成了活动，而把活动连接在一起就形成了任务，例如“砌一面 5 米长、3 米高的墙”，如果是在制造车间里面，“用车床制造 15 个某产品配件用的轴”。把这些任务用合理的顺序连接在一起就是流程——流程是为了完成更复杂的任务，比如“盖一个十平方米的小房子”或者“给客户交付 15 个某产品”。流水线作业就是按顺序把不同的任务连接在一起，“把人找活的状况改变为活找人的状态”，然后使用传送带让各类物料以一

---

① 弗雷德里克·泰勒（Frederick W. Taylor）. 科学管理原理（The Principles of Scientific Management）［M］. 北京：理工大学出版社，2012 年。

定的速度运转起来，形成一个不间断的工作流。

在企业中，有着无数的动作、活动、任务和流程，其中对企业的绩效影响巨大、同时也会对组织模式提出要求的，是企业的关键领域——关键活动、关键任务和关键流程。我们将通过以下三个问题找到关键领域：

“（1）为了达到公司的目标，必须在哪个领域有出色的表现？

“（2）什么领域的成绩不佳会使我们遭受严重的损失？我们的主要弱点在什么领域？

“（3）在本公司中，真正具有重要性的价值是什么？”

每家企业的关键领域都不见得一样，哪怕同样是在制造业，这家企业的关键领域是质量部门，另外一家则变成政府关系部门，还有一家则又回到了生产制造部门。部门的设置、部门的规则和部门领导的级别都不一样。

笔者比较熟悉的一家国内企业的核心业务是IT分销，分销业务的特点是对现金周转率的要求极高，这家企业每时每刻都有上亿元的资金不停地在外循环周转，如果其中稍有不慎，就有可能造成巨大损失。于是公司在财务部之外，单独设立了风险控制部门，由公司高级领导亲自掌管。

在进行关键领域梳理的过程中，一定要避免“人人都知道，我以前就是这么干的”这种说法。企业发展的过程中，许多外部情况会发生改变，有些过去有意义的活动，现在已经变得没有意义。原来有价值的工作，已经变得不可理解，这才是重新梳理的必要性所在。

“人人都知道”的事情和我们想象得并不一样。在企业的战略和业务发生较大变化的情况下，关键领域梳理是非常必要的，它能告诉企业到底应该做什么样的调整。

在每一个企业的关键活动所组成的关键领域中，都有若干个节点，这些节点就是企业的关键岗位（职能），而确定这些关键岗位归属哪一个部门，就是我们接下来进行贡献分析、决策分析和关系分析的目的。

贡献分析

当我们把企业的关键活动分析清楚之后，需要进一步进行整合，即将活动合并到一起，那么究竟如何归类才是对的呢？

法约尔的方式是将企业活动分为两大类，一类是生产制造等直接作业的技能；另一类是不直接作业的职能。德鲁克的看法是应该再进一步细分，需要按照每一组活动的贡献类别进行分类：

第一类是产生成果的活动。包括直接成果和间接成果，只要能够明确衡量其价值即可，既可以是车间里面生产出一定数量的产品，也可以是在商场中直接销售出去。

○　直接产生收入：市场研究、客户销售、银行贷款、对外投资……

○　不直接产生收入：生产制造、专业培训、产品设计、采购、物流……

○　紧密相关的职能：计划工作、会计记账、信息分析……

必须要说明的是，以上分类并不精确，因为每家企业情况不一样，某家代工企业的制造车间直接创造收益，某家企业的产品输出就是设计图纸……

第二类是支持性的活动。这类活动虽然是必需的，但它们不直接产生成果，它依附其他部门才会产生效益。

○　提升能力的工作：管理类培训（非专业培训）、绩效考核、会议管理……

○　监察类工作：风险控制、反腐倡廉……

○　文化类工作：形象宣传、企业手册、队伍建设……

第三类是行政活动（德鲁克称之为保健和厂务活动）。这类活动不直接产生成果，但如果做不好，就会对企业的利益产生伤害。比如食堂工作、卫生工作、保安工作、员工活动等，是纯粹的辅助性工作。

第四类是高层管理活动。这是所有活动里面种类最多、最复杂的活动。前文对此进行了详细描述。

之所以要将各类活动按贡献进行分类，是因为我们在研究组织结构的时候，有一条普遍的规则：**“凡是做出同样贡献的活动可以结合在一个部门中统一进行管理，而不论它们的技术专业是什么。那些并不做出同样贡献的活动，则一般不应该合并在一起。”**

比如第一类中能直接产生收入的“市场研究”和“客户销售”放在一起大家立即会接受，但如果和第二类“形象宣传”放在一起，从常识来看就不对。哪怕是和第一类中不能直接产生收入的“生产制造”放在一起也是不对的。

但是，在很多企业中，“银行贷款”“会计记账”“企业预算”，甚至是“对外投资”等几类活动合并在财务部统一管理，而这些活动给企业作出的贡献并不相同，同时活动背后的逻辑和所需技能和观念也不太一样。这实际造成了某些职能工作做得不够好，以及部门之间的冲突。

再举一个例子，人力资源部负责培训工作，具体到培训活动有两种。一种是专业化培训，比如4S店新车推销培训、生产车间操作培训、电工维修培训等；另一种是非专业化培训，比如项目管理培训、非财务人员的财务管理培训、高层领导力培训，等等。第一种培训属于产生成果的活动，直接提高一线工作效率；第二种培训属于支持性活动，提高员工能力和潜力。这两类培训不能放到同一个部门（支持性活动不应该和产生成果的活动混淆起来）。也就是说，人力资源部只应该负责管理培训，专业培训则由各相关部门自行负责。

除了高层管理活动，企业里的每一项活动都是由一种特定的贡献来界定的。我们将活动按照贡献分类之后，对可以用“合并同类项”的方式来进行组织架构分析。

决策分析

决策分析是活动分析的延续，以财务部和人力资源部为例：

- 银行贷款金额是应该由财务部经理主要负责吗？
- 公司富余的资金买理财或者股票由谁来决策？
- 各部门的费用预算金额由谁最后来确定并报总经理批准？
- 专业培训计划应该由谁来报？
- 年度培训应该是谁来做总体预算并报总经理批准？

我们需要了解在企业经营的过程中有哪些重要决策。一般来说，决策的重要性由决策的频度、影响的时限、影响的范围、包含的要素来决定：

- 决策的频度越高越重要。

○　决策的影响时限越长越重要。

○　决策影响的范围越大越重要。

○　影响到人的决策最重要。

由此筛查出企业经营中的重要决策，然后判断这些重要决策应该由哪个层级来做出。在可能的情况下，决策权一定要接近与决策相关的现场情境，越低越好——让听得见炮火声的人来做决策。有时，决策的有效性与信息的知情权有关，决策需要更加全面的信息和视角，这也是在多数情况下，决策权上移的主要原因（从另一个角度说明了透明化管理的重要性）。

关系分析

在对活动分析的基础上，我们看到企业中会有多个关键节点，这是就需要对每个关键节点（岗位、职能）进行关系分析。分析的要点如下：

○　明确这些岗位与上级单位的关系——对上级的贡献。

○　明确这些岗位的活动横向的关系——对其他岗位或部门的贡献。

其基本规则是要接近工作现场，对上级的贡献越清晰越好，其他部门对它的影响越少越好。**“把一项活动放在适当位置的基本原则，是使影响它的各种关系尽可能少。同时，这项活动应该放在决定性的关系上——即决定其成功与贡献效果的关系上，并且应该相对简单、易于接近并成为该单位的中心。”**

举个例子，在制造业企业中，生产计划人员应该归哪个部门？

如果按照法约尔的看法：“职能是一组密切相关的技能。”生产计划人员当然应该在计划部。不过，在多数情况下，我们必须要按照工作关系来进行分析——如果和生产计划人员关系最密切的人员是车间主任（工厂厂长）及班组长，那么，生产计划员应该是车间（工厂）的一分子。

生产计划岗位如果放在计划部，对计划部经理负责，其贡献并不清晰，远远不如直接对车间主任（工厂厂长）负责；同时，如果放在计划部，岗位与上级、平级和下级的关系相对复杂，也远远不如放在车间，相互之间关系简单清晰。

有时候，决策分析和关系分析之间会发生逻辑冲突。解决冲突的办法是，低级职位尽可能如按照关系分析来做部门划分，尽可能接近于活动现场。中高级职位，或者与标准的制定及工作评价相关的职位，应该按照决策分析来设置，尽可能安排到能对企业有全面视角的部门。拿生产计划岗位为例，在某些情况下，需要对多个车间的生产计划进行统筹调配，生产计划岗位（或者叫生产计划管理岗位）就应该上移至生产计划部。

企业是一个有机体，它和人体一样也是由多个器官组成的一个复杂系统，因此，要解决企业的核心问题，在分析的时候也不能只有一个维度，必须从更多的角度深入了解经营工作的实际情况。组织结构追随企业业务和战略的发展，为满足业务的要求，必须要从业务活动、组织贡献、组织决策、组织关系四个角度进行分析，以此作为结构设计和职位设计的基础。

第三十章
为企业搭建最适合的组织架构

在对企业的业务活动和各类关系进行深入分析之后，我们可以着手搭建企业的组织架构。搭建适合的组织架构并不复杂，就像德鲁克所说：**“能够达成预期目标和正常运转的最简单的组织结构，就是最好的组织结构；不会产生问题的组织结构，就是‘好的’组织结构。组织结构越是简单，出毛病的可能性也就越小。”**

在讲如何搭建最适合的组织架构之前，先讲一个著名的失败案例。

1996年，作为第一个在A股上市的IT企业，福建实达电脑风光无限、名满中国。其PC（个人计算机）产品跻身全国前四，以打印机为主的其他产品也非常成功。上市之后，就像当时国内的其他成功企业一样，实达开始实施多元化战略对外投资，不幸的是，实达在VCD业务上遭遇惨痛的损失。当时的高层团队叶龙、贾红兵等人认为内部的管理需要有大的提升。于是，1998年年中，他们聘请了国际著名管理咨询公司麦肯锡（McKinsey & Company），希望能就“市场营销和销售组织体系管理”方面进行合作。

1998年8月，麦肯锡入驻福建实达电脑公司，开始对实达进行调研。调研完成后，麦肯锡认为实达需要调整现有组织结构。为此，实达召开了多次集团高层会议反复研讨，最终选择了麦肯锡提供的第一套方案（麦肯锡向实达提供了两套方案，一套是一步到位进行大型组织架构调整；另一套是渐进式的过渡方案，先在子公司内部试行，成功后再向集团推广）。

当时，实达采用的是以产品为经营核心的子公司模式，如PC是一个子公司、外设是一个子公司、网络产品是一个子公司，软件是一个子公司，如果有其他新产品，就再设立新的子公司。但当时实达已拥有了从IT硬件到软件的庞大产业群，不断增多的产品品类对管理要求越来越高。而在实达集团层面，技术研发、营销管理、客户关系等层面一直未能做深做透，原有“九龙治水”的模式弊端凸显。

麦肯锡方案的内容是打破原有的子公司体制，在集团层面成立多个事业部和辅助的市场职能部门：

○ 成立销售部，负责渠道、大行业销售及全国分公司。

○ 成立硬件产业部，负责所有硬件产品的研发和生产制造。

○ 成立市场营销及战略部，把产品分为行业产品、家用与商用产品、代理产品。

方案的核心点有三个：一是整合了原有“各自为政”的销售体系，同时在集团层面建立了统一的营销体系，有助于以市场和客户为中心整体思考业务发展。二是建立了打通各业务环节的关键程序，推出了产品经理的概念①。这些关键程序包括新产品开发程序、定价程序、广告促销程序、品牌管理程序、关键客户管理程序、渠道战略管理程序和业务计划程序，需要特别指出的是，七个程序基本都是“横向”程序，需要打通以上三大部门的各个环节。三是设立业绩管理即激励体系，包括为关键岗位制定岗位说明书和考核办法。

这是一次规模巨大的结构重组，当时实达已经有3000多人，这些人中至少1/3都会因此进行岗位调整和部门调整。这些调整不但涉及岗位、职责和分工，还需要被调整的员工在知识、能力、观念与思维方式方面有巨大改变。举个例子，比如市场营销及战略部，几乎可以肯定，实达在当时缺乏从集团层面开展营销工作的人才，原有人员中的大多数在短期内不可能达到岗位要求；另外，实达在新体系中计划成立25个分公司，形成遍布全国的销售管理网络，合适的分公司管理层在短期内也难以达到要求。

最关键的是，整个新旧体系转换调整的时间居然不到三个月，这是一个标准的“Mission Impossible（不可能完成的任务）”。从1998年10月中旬麦肯锡提出方案建议算起，仅仅2个半月之后，实达从1999年1月1日起就开始全面运行新体系。

再之后的半年，实达的管理全面陷入了混乱，由此引发销售大规模滑坡。1999年5月，实达被迫重新回到原有的子公司架构。这就是江湖上传闻的“麦肯锡兵败实达”的全部过程。

可以看到，麦肯锡的药方是将实达原有的子公司制（事业部制）改为职能制和团队模式混合的“矩阵制”组织结构。将原子公司中各核心职能——营销、研发、生产、销售——抽离出来，成立三个大的部门，同时用产品经理制的模式，从新产品开发、销售预算制定、产品的渠道战略制定三个方向打通三大部门的各个环节，为最终经营的绩效负责。

笔者曾经仔细研究过麦肯锡提交的咨询方案，方案本身并没有太多的

① 产品经理是一种管理模式。即产品经理是产品的牵头人，对产品在企业内的盈亏负责，并为该产品的设计、技术、测试、生产、运营、服务等工作与所有相关部门进行协调。

问题，而且对实达的业务活动进行了深入的分析、对当时实达面临的问题找得很准确。在此基础提的解决方案——调整组织架构、明确七个核心流程，并在此基础上进行业绩管理的辅助工作——同样也没有问题。问题在于方案推进实施的时间太短，以及人员的匹配程度严重不足。要知道，华为引入 IBM 咨询，开始 IPD（集成产品研发）改造比实达晚一年，不同的是，华为从 1999 年开始设计到 2003 年全面推行，用了整整 5 年的时间。尽管方案的设计和试运行用了这么长的时间，但同样遇到了流程不顺、水土不服、人员不匹配的巨大问题，如果不是任正非一力坚持，IPD 几乎没有可能成功。这充分说明了组织架构的调整，尤其是全面调整对于成熟企业的难度之大，实达兵败，败在管理层对组织结构的理解和认识比较浅薄。

组织架构的三种主要模式

组织架构中最基本的两种架构模式就是“职能分权制”和“联邦分权制”，即我们所习惯的职能制和事业部制。

德鲁克认为：**“只要一个单位可以组织成为业务单位，就没有一种组织设计原则可以同联邦分权制原则相媲美。”**对于达到一定规模和复杂性的企业而言，事业部制是最佳的组织方式。事业部制的主要问题在于职能人员不能复用，每一个独立核算的子部门都需要配置同样的职能，在专业化人才稀缺、产品线多元的情况下，尤其是在需要横跨产品线实现高级职能共享的时候，就会出现较大的问题。

第三种基本的架构模式是“团队模式”。德鲁克在《管理的实践》中并没有提这种模式，是因为这种模式在 20 世纪五六十年代并不是一个完整的模式，而是依附于“职能分权制”和“联邦分权制”存在。在杜邦公司和通用汽车公司所实施的事业部制中，有着一系列委员会、工作组，都是以团队模式存在，在以“纵向权力”为核心的架构中，提供了“横向权利”的源头，为打破部门壁垒提供武器。在 1973 年出版的《管理：使命、责任和实务》中，德鲁克正式加入了团队模式和另外两种衍生出来的模式。

下面把三种典型结构的优劣和适用环境作一个介绍，请读者注意，本书对这些基础知识只做最核心要素的解析，如果希望了解更细致的方面，可以查询其他书籍或网上资料作延伸阅读。

1. 职能制的优劣势和适用环境

职能制的最大优势是清晰，即每个岗位上的人都非常清楚工作的边界在哪里（可以和产品经理的工作相比较）。与此同时，它“**组合了达到绩效所需的各种活动**”，因此在实践中能够完全合乎我们的常识，即使完全没有商业知识的人，也知道在企业达到一定规模后，要组建一个“销售部”或者“制造车间”。

职能制最大的问题是视野狭窄。由于强调专业技能而不是成果和绩效，即使是职能部门管理者，也容易“只见树木不见森林”，不关注对企业整体的贡献，只关注局部效率或者小部门的利益。因此，职能制内部的考核，需要“贡献导向”而非“专业导向”——告诉职能系统的每一个人考核他们的不是专业技能，而是他们创造的绩效，即对企业所做的贡献。同样，由于职能制的视野狭窄，与事业部制相比较，人员的成长和培养也不够直观。

在绝大多数情况下，职能制都是可以适用的。只有两种情况除外，第一种情况是在完全创新的环境下，职能制几乎完全不适用。

游戏公司 Valve 是一家美国公司，其开发的《半条命》《传送门》《DotA2》和 STEAM 平台都是业内的传奇。其新员工手册把什么是创新环境写得一清二楚。在这种情况下，职能制绝不适用。

> “等级制度有利于维持一家企业的预见性和可重复性。它能简化计划流程并使得管理一大群人来得更轻松，这就是为什么军队会如此重视和强调这一制度。但如果你是一家花了 10 多年来寻觅世界上最聪明、最具创造力和才华的人的娱乐公司，却让这些人坐在办公桌前让他做什么就做什么，那就等同于抹去了他们 99% 的价值。我们需要的是革新者，因此就要为他们创造发展的舞台。
>
> “所以，Valve 是平等的。当然，这并不是说我们没有任何管理体制，也不是说你不需要向任何人‘汇报’。我们有创始人，有总裁，但哪怕是他也不能成为你的经理。这个公司的方向由你来把控——向着目标前进并避免风险。你有给项目开绿灯的权力，你也有发售产品的权力。”
>
> ——《Valve 新员工手册》

第二种情况是企业中的高层管理工作不适合职能制。企业高层管理是一种特殊的工作，必须采用团队制的方式而不能采取职能制的方式，否则就会陷入“独裁”或者“群龙无首”的风险。

2. 事业部制的优劣势和适用环境

首先，事业部制有一个最重要的前提，不符合这个前提，事业部制就不能够使用——即事业部制是以绩效为核心的，它需要拥有独立的市场。除此之外，只要达到一定规模的企业就能够应用这种组织结构。

事业部制的核心优势有两点。第一点，它把“**管理人员的愿景和努力都直接集中在企业的绩效和成果上**”；第二点，有利于培养未来的管理者。举一个书中的例子：

“第二次世界大战一结束，西尔斯公司就雇用了大批年轻人。他们随意分派这些年轻人工作，把 1/3 的新人分配到大型分店，1/3 分配到小型分店，剩下的 1/3 分配到邮购事业部。5 年后，大型分店中表现最优异的年轻人将升为部门经理，小型分店中最杰出的年轻人也已经做好接任分店店长的准备。然而在邮购事业部中，尽管 5 年来出现的职缺更多，但由于邮购事业的组织方式一直都是根据职能而实施专业分工，因此最优秀的年轻人早已离开，其余的人 5 年后仍然还是按时打卡上班的小职员。”

事业部制的劣势则在于每一个产品、每一个区域都需要建立一套完整的管理体系（职能班子），就职能体系而言，专业能力成长不足，同时高水准的专业人才稀缺。这和前文中实达案例的情况一致。

德鲁克特别指出事业部的内部交易问题，无论是采购还是销售，事业部都需要统一内外部市场，不能在内外部形成不同的价格或市场体系。事业部既可以在内部市场采购或销售，也可以在外部市场采购或销售——这一点直接决定了事业部的效率和兴衰。大中型企业往往容易在这一点上犯错误，为事业部制定内部交易价格，在内外形成不同的市场体系。

3. 团队制的优劣势和适用环境

企业中的团队是指从不同的领域中抽调出来的一批人，为达成某个目的整合在一起，团队的目的往往单一而明确。

团队的优劣势与职能制的优劣势正好相反。团队的优势是其中的每个成员都能清楚地看到团队目标全貌，并知道自己的努力方向与此密切相关。在工作过程中，每个人都对整体团队目标负责，而不是对自己的专业负责（在小团队中尤其如此，超过一定规模的团队则不易做到）。现代管理者普遍认识到团队制的优势，企业开始由关注职能转向关注流程，由职能制向矩阵制和横向型模式转化，优步（UBER）和华为的铁三角团队在一线实践中也获得了成功。

团队的劣势是每个人工作的边界不够清晰。例如，在一个拍摄 MV 的团队中，一个摄影师究竟应该做哪些工作，不会有人告诉他，如果团队中没有道具师，摄影师也许要兼一部分道具的工作，他需要自己来决定自己的工作边界和工作范围。由于团队过于自由，所以反过来它对团队成员自我控制、自我约束的要求很高。因此，团队中个人水准的高低，以及氛围和文化对团队绩效影响更大。

团队的适用范围主要受规模的限制。团队的人数不能多，三个人最佳，如果超过一支英式橄榄球队的规模（15 人），团队的效率就会大大降低。如果团队的人数需要更多，那么就必须形成相应管理层次。

美国管理学者理查德·达夫特（Richard Daft）在其著作《组织理论与设计精要》中对现代企业中的“自我管理型团队”进行了描述：

自我管理型团队，是新型横向型组织（下文详述）的基本单位。自我管理型团队是早期团队方式的发展产物。……一般由 5～30 名员工组成，这些员工拥有不同的技能，轮换工作，生产整个产品或提供整个服务，接管管理的任务，比如工作和假期安排、订购原材料、雇佣新成员等。到目前为止，数以百计的美国和加拿大公司都曾经设立过自我管理型团队。

……

自我管理型团队的设计包含永久性团队，具有以下三个要素：

(1) 团队被授权可以获得完成整个任务所需的资源，比如原材料、信息、设备、机器及供应品。

(2) 团队包括各种技能的员工，如工程、生产、财务和营销。团队消除了部门之间、职能之间、科目之间、专业之间的障碍。团队成员经过交叉培训可以完成别人的工作，这种综合技能足以完成重要的组织任务。

(3) 团队被赋予决策权，这意味着团队成员可以自主进行计划、解决问题、决定优先次序、支配资金、监督结果、协调与其他部门或团队的有关活动。团队必须拥有自主权以处理一些完成任务所必需的活动。

General Mills 公司通过使用自我管理型团队使其工厂的生产率提高了 40%。在其位于罗地（LODI）和加利福尼亚的谷物工厂中，工人管理所有的活动，包括设计工作过程、购买装备、安排日程、运作及维护机器，该公司发现团队的自身目标高于管理层为他们设定的目标。

需要说明的一点是，这三种主要的组织架构完全独立，但并不是互不交叉——事业部之中往往采用的还是职能制的组织架构模式，采用职能制的大企业中最高管理层必然是用团队制的方式来运作。

组织架构的其他几种模式

除以上三种典型结构外，还有矩阵制结构、横向型组织、动态网络结构、模拟分权制、系统结构等组织结构模式。

1. 矩阵制组织结构

矩阵制组织结构40多年前开始兴起，至今仍然非常流行。德鲁克对此有清晰的论述：**“知识型组织将日益拥有两条轴线。一条是职能部门的轴线，对人及其知识进行管理；另一条则是团队的轴线，对工作和任务进行管理。从一方面来看，它破坏和摧毁了职能制原则；从另一方面看，它又挽救了职能制原则并使之能够充分发挥作用。”**

矩阵制的组织结构是职能制模式和团队制模式一起组成了一个二元混合体。以实达公司为例，麦肯锡实达方案的主体是职能制，由营销、研发和生产、销售三个大职能部门组成，横向则由各产品经理组成，负责打通从市场营销、产品研发到最终销售的各个环节，并为最终利润负责任。实践证明，这种机制是适合实达的正确机制，在实达后期的实践中，虽然恢复了子公司体制，但在子公司中，大家开始认识到产品经理模式的重要性，麦肯锡方案在实达的子公司中得以成功实施，提升了实达的管理能力。

需要指出，矩阵制组织模式的适用范围是“知识型组织”，以传统制造业为主的企业不能轻易尝试，引入较多自动化生产线的制造行业则有必要思考该模式的可行性。

2. 横向型组织模式

横向型组织模式在矩阵制的基础上更进一步，以横向的工作流程为主体，职能部门只是它的专业服务单位，以服务而非部门的形式存在。在这种模式下，部门的边界被打破，大部分员工都在横向组织（自我管理型团队）之中，围绕着新产品开发流程、采购流程、生产流程等核心流程来进行活动组织。

非常明显的是，能够成功实现横向型模式的企业具备巨大的优势。首先，它完全打破了部门壁垒，极大地提升了企业效率，面对顾客需求和市场变化能够快速反应；其次，大大降低企业的管理费用（在极致情况下，能将企业的管理费用降到最低点）。同时，团队内部氛围融洽、士气高涨。正因为如此，将企业组织结构改造为横向型模式的“企业再造（Re-engineering）”一度风靡世界。

企业再造基于哈默（Michael Hammer）的组织再造理论，对企业流程进行再设计，并以此重新搭建组织架构，它会引致企业在客户服务、研发、质量、成本等方面的重大革新。世界500强中的大多数公司都进行了一项或多项的流程再造。美国联合碳化物公司（Union Carbide）接受了整体的企业再造，并在三年内节省了4亿美元的固定成本。不过，企业再造难度很大，在企业文化、管理理念、业务流程、信息系统等方面给企业全体员工以巨大挑战，至今，企业再造工程的成功率并不高。

3. 动态网络组织结构

从20世纪90年代开始，很多公司剥离自身的非核心业务，即通过活动分析发现并聚焦自身最擅长的关键活动，并将非关键活动的部分承包给外部市场。外包的职能包括原职能制中的核心职能——财务管理职能、人力资源职能、销售职能和生产制造职能等。

例如，美国玩具巨头孩之宝（Hasbro）旗下的Lewis Galoob Toys，将玩具设计承包给独立的开发者，同时将制造也外包出去，甚至将销售也委托给独立分销商。公司自身则致力于玩具业最核心的能力——IP（intellectual property，即知识产权、版权、符号、虚拟形象等）——公司与20世纪福克斯电影公司（20th Century Fox）签署协议，掌握了“星球大战”和“星际迷航”（Star Trek）牌照。

在国内的例子中，温州企业的“鸟群模式”是另外一种典型的动态网络结构。温州柳市镇的正泰集团创建于1984年，是温州市的龙头企业之一，早期主要生产电子电气设备，正泰的订单只有10%左右是自己生产，其余90%则向自己的800多家协作工厂以极低的价格公开招标，招标价格只有同期国有企业同类产品的1/3。比正泰所在的电子电气设备行业更特别是打火机行业，温州的打火机行业曾占据了全球80%以上的市场，拥有500多家成品打火机厂及近2000家打火机零件厂。这些工厂之间的关系既是竞争关系又是密切协作的关系，一家小工厂技术进步，立即带动所有工厂。温州近2000家打火机零件厂全部购买了全球最先进的小型车床，这是其他区域或者其他模式难以想象的。就像一只只独立的飞鸟，但组合起来又形成了一片黑压压的鸟群。

日本则采用了“企业家族”的战略联盟模式，各联盟企业之间互相扶持，共同进退。如果说温州“鸟群模式”属于规模经济的范畴，日本的“企业家族”则类似于范围经济。比如日本的丰田公司，它与金融企业、零配件供应商、汽车经销商乃至其他行业制造商之间形成广泛联盟，甚至与日本地方政府和军方都有密切联系。韩国三星、大宇、现代与此非常类似。

动态网络结构的背后是科斯的交易成本理论，组织结构未来的发展就是边界的模糊化和动态化，随着企业内外部成本的变化而进行调整。当内部成本提升，则随时将其外包出去，而当外部成本高于内部成本，则可以将其纳入本企业的组织框架。动态网络结构的大前提是商业社会的高度成熟，其中的要点在于社会的诚信度和产业的成熟度。

4. 模拟分权制、系统结构

模拟分权制和系统结构是德鲁克在其著作《管理：使命、责任和实务》中提到的两种衍生的组织结构模式。

模拟分权制是在不具备实施事业部制的前提下，又不能以职能制和团队制来架构企业时，可以采取的权宜之计。即组成独立核算的单位，但是单位之间的结算价格不是市场价格，而是以内定价格的方式进行交易——比如在各独立核算的单位之间分摊成本，然后给每个单位在成本的基础上加20%的毛利。这种迫不得已的组织方式有很大的弊病（对此我有亲身感受），它很难实现以绩效为中心，同时对其领导人提出了非常高的要求。这种组织方式对企业来讲，是“**一种最后的手段**”。

德鲁克拥有一种超越时代的洞察力，他所提出的系统结构与上文中所说的动态网络结构有类似之处。系统结构组织模式的概念是系统结构是团队制的延伸，只不过团队是由个人组成，系统结构是由不同的组织构成的一个巨型团队。这些组织可以是政府机构、研究机构或国营私营的各类企业，各类独立的企业也可以采取不同的组织结构模式。当然，由于时代的限制，他未能作更进一步的阐述。

选择和定义企业的组织结构

有效选择和定义企业的组织架构是非常重要的，一方面我们要重视对业务的分析，了解结构追随业务的理念；另一方面要根据企业的规范、业务模式、人员情况来选择最适合组织结构模式。不过读者需要了解，在一个正常企业里，没有一种组织模式能够适用于所有情况，比如传统制造业可以采用职能制，但与高层管理或创新相关的结构最好选用团队制。永远没有一种“理想”的组织结构，现实中总是存在着模糊和妥协。

在具体的组织架构搭建中，最后的结果需要满足几点要求：

○　岗位工作具体：每个人都知道自己要做什么（工作特定而具体，并具备专业性）。

○　汇报关系清晰：谁向你汇报，以及你向谁汇报非常清楚（层级和管理幅度）。

○　沟通线路合理：完成工作所需的沟通线路不至于过于复杂。

○　稳定性和适应性：要求组织有自我的适应性，过于激烈的变化往往是不利的。

○　自我更新：架构中的每个层级和岗位具有培养人的属性，组织有自我更新能力。

○　未来导向：要考虑未来业务的可能，加入组织的使命和愿景思考。

关于什么才是最适合企业的组织架构，要根据每家企业不同的情况来制定，我们很难知道什么是最适合的，但我们始终能够知道什么是不恰当的，以下七个问题就是常见的企业结构不佳导致的管理症状。

（1）管理层次过多。这是最常见和最严重的症状。首先，这种症状会影响企业的运作效率，尤其是会减慢企业对市场的反应速度；其次，当一个员工在企业中苦苦攀登的时候，由于层次过多，往往会看不到希望，人才就是这样流失的。

（2）当一个问题反复出现的时候。例如，因为部门壁垒过于严重，导致部门和部门之间发生激烈冲突，这种冲突并非偶然，而是屡次发生。

（3）文山会海。**“最理想的组织应该是没有会议而仍能正常运转的组织——就像最理想的机械设计应该是在机械中只有一个传动部件一样。”**会议是管理不完美的直接后果和补救措施，在现实之中，没有会议显然不现实，但不恰当的组织结构会使得需要沟通和协调的工作量大大增加，不得不通过过多的会议、文档、邮件来进行处理。德鲁克说：**“在任何时候，如果经理人员（不包括最高阶层的经理人员）花费在会议上的时间超过了他们工作时间的一小部分——可能是 1/4 或更少一些——那就是‘虚有其表’的组织不良症状。会议过多，就表明职务未予以明确界定、机构不够健全、责任不够分明。”**①

（4）管理层的关注点漂移。如果企业领导的关注点长期没有放在企业的决策和绩效成果上，而是放在诸如内部协调、班子建设或者忙于四处救火的时候，企业的组织模式或组织结构一定有某种问题存在。

（5）过于关注人际关系。国有企业往往有这样的倾向，存在过于关注“人”的现象，为人际关系耗费大量精力。如果每个员工的关注点长期没有放在对企业的贡献上，而是放在揣摩他人的感情和喜好方面，企业的绩效可想而知。

（6）“助理”职位泛滥（参考后文“关于职位设计的参考原则”第七条）。如果企业中“助理”职位过多，会出现比较大的问题。

（7）在规模充分扩大或战略目标发生重大变化后，未进行组织结构调整。

关于职位设计的参考原则

企业组织结构设计，尤其是职位设计有几个参考原则：

1. 在职位设计中，除了管理职责，必须要有专业工作

比如财务部经理的职位设计，除了计划、协调和人员管理等工作，还需要有他自己的工作，如经营分析等具体工作（哪怕是一个上百人的大部门）。这样做的好处是让他有工作的“质感”，不至于脱离一线工作，同时也没时间去给下属添乱，管一些不该管的事情。即使是非常繁忙的总经理也是这样，包括大型合同的谈判、重点人员的招聘、核心客户的关系维系等，都是每一位总经理需要定期参与的具体工作。

---

① 笔者认为葛鲁夫（Andrew S. Grove）在《经理人员的第一课》中的表述更加准确：“如果经理人将超过 25% 的时间放在任务导向会议上，这个组织就一定有了毛病。”即管理者的会议时间不能将过程导向会议也计算在内。

2. 每一个岗位，尤其是管理岗位要有足够的施展空间

在企业内部晋升是一个序列，但最终能得到晋升的人始终是少数，多数人会在一个岗位上工作很多年，直到退休。如果岗位设计太小，很可能几年之内就没有发展空间或者探索余地，如果没有晋升的可能，某些管理者会在不到 40 岁的时候就采取“退休策略”，即抗拒一切变化、不愿意再学习和进步。因此，在我们经常使用的岗位说明书上，建议加上一栏——“探索和专业”——告诉每一个岗位的人，价值不在于岗位，而在于人有无限的可能。哪怕是一个会计或者小技术员，都能对公司有巨大贡献。事实也是这样，我多次见过普通岗位的管理人员（甚至是操作人员）实际上对企业有着很大的贡献和影响。从另一个角度来看，不要把职位晋升设计得过快，这样会导致员工把晋升看作奖励，而且会让年轻人失去对工作和岗位探索的热情。

3. 管理层年龄的平衡

笔者多次提到企业是有机体，有机体的一大特点是新陈代谢。管理层也需要新陈代谢，有些企业，尤其是高科技企业，往往都是二十出头的年轻人组成，冲劲儿十足，当产品符合市场需求，企业获得巨大发展的同时，就需要有外部年龄稍长的管理者加入管理层进行年龄平衡。而一个企业管理层都是年纪超过 45 岁的人，就会稳重有余，对新思想、新方法的引入不足。一个企业如果完全由同龄人把控，会遇到很多具体的困扰。

4. 不要执着“以岗定人”或者“以人定岗”

我们从西方学习的管理思维是“以岗定人”，企业当然是以活动（任务）决定结构，以结构需求来决定招聘什么样的人，而不是以人决定结构。东方的实践则略有不同，在我之前工作的经历中，多次见到“以人定岗”的现象，而且似乎结果也不错。美国通用前总裁，伟大的斯隆（Alfred P. Sloan，Jr）也一定会“以人定岗”——发明家凯特林（Charles Kettering）希望他的职位是副总经理而不是什么研究室主任，斯隆就为他设立这样一个职位，当然，等凯特林一退休，斯隆就立即将该职位撤销。

5. 不要让职位具有某种气质

笔者曾用某个问卷程序对不少企业的管理人员进行过测评，以了解他们的个性倾向、管理特质等，其中最简单的一个问卷测评程序是 PDP（Professional Dyna-Metric Programs，行为特质动态衡量系统）。它把人按照

5种动物进行分类，分别是老虎、猫头鹰、孔雀、无尾熊、变色龙，对应人特质中的支配、精确、外向、耐心、整合五种类型。最典型的职位莫过于财务领域的财务总监或者财务经理。按照一般的理解，负责财务的人都应该对数字非常敏感而且为人谨慎，猫头鹰性格的人最适合这个岗位。据笔者在实际工作中的观察绝不是这样，甚至在某种情况下，老虎和孔雀型的人更适合财务总监的角色，变色龙型的人更适合财务经理的角色。因此，职位和个人的气质和特质基本上没有关系，不要让气质决定职位的归属。

6. 小心“寡妇制造者”职位

所谓“寡妇制造者”，是指在大帆船时代，总有一些帆船会莫名其妙地失控，使船员或乘客死于非命。在企业中，有一些职位看起来合理，但实际上不太可能干得好或者干得长，它会让人遭受挫败，这些职位也被称为“寡妇制造者”。德鲁克举了一个例子，宝洁公司有一个职位是负责市场营销（Marketing）和促销（Promotion）的经理，看起来职位符合逻辑，但实际上不然，因为市场营销关注的是消费者和商品，而促销要管理一批促销员，两者对管理人员的要求、具体工作的思路和绩效评定的方法完全不同。因此这个职位有先天的设计问题，容易成为“寡妇制造者”。

7. 尽可能不要设助理/秘书职位，即使有，也要让它成为一个快速轮换的岗位

这里说的不是西方传统的秘书，因为西方社会的秘书岗位有清晰的岗位职责界定。东方的助理和秘书则都没有明确的职责，他的工作完全来自上级的指派，甚至在某些企业或者组织中，助理成为领导的“管家”甚至是“保姆”，这个岗位让人堕落或无所适从。当然，它也能使得年轻人能够近距离接触优秀的领导者，获得快速学习的机会，但任何人在这个岗位上的持续时间绝不能长，建议不超过一年就需要轮换。

最后，**“不应该经常轻易地进行组织变革。重组是一种外科手术，即使是小的外科手术，也是有风险的。对于一有小毛病就进行组织研究或重组的要求，应该予以抵制。没有一个组织会是十全十美的，某种程度的摩擦、矛盾和混乱，是在所难免的”**。

第三十一章
从千万到百亿，企业凭什么能够成长

2007 年，河北旭阳焦化公司希望能以联想公司为模板，学习它的成长之道。当时旭阳焦化的销售额近 30 亿元，笔者所在的咨询公司为旭阳焦化服务，提供的研究题目就叫作“从 30 亿到 100 亿”。旭阳焦化管理层希望通过学习联想的管理之道，顺利跨越中型企业到大型企业之间的无形鸿沟。他们的努力显然是有成效的，到 2018 年末，旭阳集团营业额已经达到 205 亿元，成为中国焦化行业的龙头，同时，其 ROE（净资产收益率）为 45.37%，位列中国 500 强的第四名。

企业成长是一个永恒的话题，企业成长有没有秘诀，如何从千万级别的小企业成长为百亿级别的企业，跨越成长的鸿沟？

对此，德鲁克有明确的看法和意见。**“企业规模不会改变企业的本质和管理的原则，……规模却对结构有重大影响。管理机制必须以不同的行为和态度来管理不同规模的企业，而规模的变化（也就是成长）则比规模大小本身的影响更大。”**

企业的发展导致规模的变化，而规模的变化则对管理者、企业结构和管理机制提出了明确要求，这就是企业成长的本质。要对此有深入的认识，我们先要对企业规模有概念。

小企业、中型企业和大企业的主要区别是什么？

大多数人的回答集中在两个方面：一个是企业的销售额；另一个是企业的人数。这两个回答都不能算错，但有着无法回避的瑕疵。

举个例子，广东某企业是劳动密集的传统制造业，人数超过 2000 人，营业额上亿。但这家企业的市场和产品单一，客户比较集中，需要管理和决策的事情很少，创始人和几个副手就可以包办企业的所有核心事项，即使该企业的雇员数量很大，它仍然是一家小企业。我还接触过一家“三来一补”的企业，这家企业的工人数量和销售金额都不少，但企业的市场和产品“两头在外”（即产品端是客户来样加工，设计与企业无关；同时企业的客户负责面对直接的消费者，市场也与企业无关），这家企业甚至只能算是其客户的附属车间，它的管理者只是一个大车间主任而已。

大中小企业的规模怎么划分

在 MBA 教材《管理学》一书中，罗宾斯（Stephen Robbins）将小企业定义为“任何独立所有和经营的、追求利润的、雇员人数在 500 人以下的企业”。

不同规模的企业会遇到不同的问题、需要不同的管理结构、会对人才有不同的需求。如果无法定义规模，就像人照镜子一样，企业不会了解自己真正的样子和需求。在成长过程中，也会因此失去机会和遭遇危机。

至今，我见过划分企业规模的最佳标准依然是德鲁克提出的。他说：**“衡量企业规模唯一可靠的标准是管理结构，尤其是高层管理结构。公司需要管理结构有多大，公司就有多大。”**

“在真正的小型企业中，处于顶层的那个人用不着参考相关记录或询问同事就能够知道组织中担任关键职责的那几个人。”

需要对“担任关键职责”四个字下个定义，笔者的理解是，担任关键职责的人对企业有比较大的贡献。这个人不见得是在领导岗位上，不见得是某部门的经理，但他有特殊的技能可以给企业创造效益。举个例子，企业中一名老工人，别人做不出来的东西，他鼓捣鼓捣就能弄出来，虽然只是一名普通工人，但工厂里所有人都很钦佩他，而且一些技术攻关必须得要他出马；企业中有一个销售明星，虽然不担任销售经理职务，但公司1/5的销售额由他一个人完成；企业中有一个研发人员，突然单兵掘进开发出市场适销对路的新产品……当然，企业合伙人和企业的主要领导应该“担任关键职责”，毕竟关键岗位的干部如果没有给企业做贡献的能力，企业就会前景堪忧。

换句话说，小企业的概念就是不存在这样的情况——企业中有个核心骨干，老板却对他比较陌生，不知道他的脾气秉性、优势特点或者心中所愿。

考虑到人的精力有限，一个人真正能够深入了解和熟悉的人数不会超过 15 个人，中型企业的概念就呼之欲出了——**“一把手已经不再能够单靠自己就认识和了解企业中所有真正重要的人物了，他必须征询一下与自己最亲密的两三个同事……在中型企业里，对企业的绩效和成果有重要意义的关键人物可能有四五十人之多。”**

同理，大型企业的概念是“**在一家企业里，如果处于顶层的少数几个人不征询其他人的意见或参考相关记录，就难于了解企业中有哪些关键人物、他们在哪里、从哪里来、在做什么和可能到哪里去（可能做什么），那么这个企业就是一家大型企业**”。

国内某家主要从事人力资源管理咨询的企业，虽然员工仅有 200 人左右，但它无疑是一家中大型企业。在这家企业的网站上，仅仅是优势行业就超过了 15 个，而且承诺提供 20 种方案，从“混合所有制改革”到“市场化人力资源管理体系”等，其业务的复杂程度可见一斑。对于这样的企业而言，企业中的每一个独立顾问在管理难度上都相当于一个中层管理者，有相当数量的顾问具备合伙人的能力，这样的企业如果人数达到 200 人，核心的几个合伙人可能真的很难一一熟识。从这个角度来说，区区 200 人的管理咨询公司就可以算大企业了。

小企业最需要关注的管理问题是战略问题

这个观念可能超乎大多数人的想象，一般来说，很多人认为小企业不太需要管理，因为老板放眼望去，关键的事情和关键的人都能照看得过来。有点管理的需求也是规范一下管理制度，所谓让管理水平上个台阶，或者让团队里面的人更加职业化，而不是所谓的战略。

前文曾讲过明兹伯格（Henry Mintzberg）的战略维度，其中一个维度叫“战略学习”，即温州商人“脚踩西瓜皮，滑到哪儿算哪儿”，根据市场的需求随时调整自己。大多数小企业就是这么做的——找一个有利可图的市场，聚拢一批还行的人，定一个过得去的目标就开始做业务推广、工程建设或者其他具体工作，剩下的就是拼人品，等生意上门。

但是，小企业想要成长乃至长久生存，就必须有清晰的战略：

（1）在一个广泛的市场中成为众所周知的“专家”。

（2）在一个狭窄的“利基市场”中成为“领导者”。

以上两句话的意思是，小企业必须建立自身的明确优势才能快速成长。在利基市场中成为“领导者”的含义强调的不仅仅是销量，还包括产品质量。小企业注定只能提供范围很窄的服务或者产品（具体情况各行业差别很大），这些服务或者产品需要具备突出优势。否则，企业很难成长起来，甚至生存都成问题。

当前的企业界投资界流行一个词叫“独角兽企业”，对于投资公司是指估值很高、潜力很大、成立时间不长同时未上市的企业。借用这个概念，笔者理解的独角兽企业几乎都是成功地找到自己的利基市场，并迅速占领领导地位，从而获得快速成长的动力。比如在互联网产业平台领域有一家企业叫找钢网，这家企业2012年才成立，至今已经经过六轮融资，进入互联网企业100强。要知道，钢铁产业是严重产能过剩的传统行业，尤其是2011年开始钢材价格猛烈下挫，全产业链叫苦不迭。找钢网在这样的行业、这样的时间点崛起，让很多人大跌眼镜。

钢铁是一门非常特殊的生意。长期以来的卖方市场，以及影响钢铁价格的因素众多，使得钢铁价格痛苦而扭曲，传统钢铁贸易交易链条冗长，中间环节包括比价、议价、寻价、锁货等，相当复杂。从2008年开始，中央政府4万亿元基建资金的投入大大刺激了钢铁生产，钢铁市场在很短的时间内供过于求，在这种情况下，解决扭曲的价格体系成为产业链的痛点。找钢网准确地抓住了这个机会，开创了钢贸的网上平台，一方面不断扩大上游厂商数量；另一方面用免费撮合的方式提升流量。2013年，找钢网成为全国钢铁B2B交易平台的第一名。到2018年，找钢网的合作钢厂已经达到115家，注册用户累计超过10万家，员工人数超过1300人，顺利跨入中型企业的大门，并成为独角兽中的佼佼者。

找钢网已经成为一种成功模式，各个领域的B2B电商争相模仿，在塑料、化纤、棉纺、煤炭等领域都诞生了大量模仿找钢网的“找×网”，如找塑料网、找化工网、找煤网、找浆纸网、搜布科技，等等。

从找钢网的案例来看，小企业最好是“创新型”的，而不是“问题型”的。这两者的区别在于，“问题”往往存在于当前市场，市场需要什么就干什么，比如同样在钢贸市场上有着大量的中间贸易商，在解决钢材供销两难的“问题”，这些贸易商在生存危机的驱使下努力拼缝，期待“多收个三五斗”。这些“问题型”的贸易企业无法正常发育自身的能力，难以持续成长。找钢网则抓住了网络时代的机会，用新技术和新模式解决长期存在的价格扭曲、贸易链冗长的行业难题——做一个“创新型”的小企业，这是持续成长的前提。

作为一个小企业领导者，必须提出和回答这样一个问题：**“我们的业务是什么，以及它应该是什么？”**这个问题的思考和回答并不需要花费太多时间，甚至由于核心人员少，在团队中达成共识也不难。难点在于坚持，找钢网的创始人王东在初期天使投资花完之后，仍然坚守原有的生意模式，用免费撮合的方式进行流量放大，如果没有这份坚持，也就不会有找钢网后来的快速成长。

小企业的其他管理问题主要是人才问题，尤其是缺乏优秀的人才，由于薪酬待遇和发展平台问题，优秀的人才总是留不住或根本就不会来。所以小企业一方面要有清晰的战略，用发展吸引人才；另一方面小企业必须要做好准备，“用二流人才做一流的事情”，让普通人展现超凡的绩效。

中型企业需要关注人才成长、管理提升和组织演化

1993 年，联想的营业额达到 30.15 亿元人民币，当时联想不到 1000 人，其中包括编制还在中科院计算所的 300 人。业务是由代理国外品牌的代理收入和自营品牌收入构成，其中代理收入 20 多亿元，自有品牌 PC 收入仅有 1 亿元。

此时联想是标准的中型企业，如何更上一层楼，是摆在柳传志和联想高层面前的一道难题。要知道，从 1984 年联想成立开始，柳传志就逐渐形成了“三步走”的战略思路：

○ 第一步，1985—1988 年：以联想汉卡为突破口，带动相关产品销售，摸索市场经验。

○ 第二步，1988—1990 年：以国际化带动产业化，成立香港联想，以国内市场的培养带动企业的发展。尤其是通过“贸”来探索“工”，以代理国外产品为核心积累了大量相关经验，对国内计算机市场越来越熟悉。同时在开发自己的联想板卡产品，逐渐熟悉生产环节。

○ 第三步，1990—1994 年：主推自有品牌，拓展渠道，成为国产电脑的领导者。

第二步是联想从小企业跨越到中型企业的关键阶段，柳传志坚定地将贸易代理定位为联想的主要方向（这也是他和倪光南之间矛盾的源头），规模和利润都得以保证，进而获得了国内电脑生产的入场券。中间有一个插曲是 1991 年底爆发的全球电脑产业“黑色风暴”，联想的板卡生产遭遇重大危机，当时在香港生产电脑板卡的厂家如雪崩一般倒闭了 40 家。联想则是“堤内损失堤外补”，得以继续前行。

“1991 年联想卖了 26000 台 AST 电脑，赚了 2 亿元。同时还卖出 3000

台喷墨打印机、1200 台激光打印机、588 台绘图仪、300 台扫描仪和 100 台工作站。这些东西大都来自惠普、Sun 和 IBM 公司。这些外国货的代理利润弥补了公司亏损，还带来了盈利。”①

到 1993 年左右，联想的第二步战略目标基本完成。但第三步战略目标，成为国产电脑的领导者未能完成，截至 1993 年，联想的自有品牌 PC 在国内仅仅排名第六。

从 1990 年到 1993 年，联想在业务和管理两条线开始不断有大问题出现，包括孙宏斌事件对公司管理形成的冲击、外资品牌大举涌入且自建分销体系、贸易业务利润下降、内部规章制度混乱、新人老人之间的关系处理、自有品牌如何发展、倪柳之争也开始愈发激烈。这些问题解决得好，联想就能跟进一步。如果解决不好，联想也依然能够存活，只是泯然于中关村的众多企业之中。

仔细分析当年联想面临的困境，采取的破局手段，以及随之而来的百亿突破，主要是在团队成长、管理有序两个方面进行了系统化的提升。

一是团队的新老交替做得极其到位，在企业内部培养起一大批新的骨干，老员工也可以根据其能力量才适用。与此同时，老员工尽心尽力地辅佐新人成长，其原因在于激励机制到位和“产业报国”这个有温度的企业理念。二是让一批年轻人扛起大旗，任命杨元庆、郭为、王平生等一批年轻人担任公司主要领导岗位，极大地激发了企业活力。尤其是对杨元庆的选择，《联想风云》的作者凌志军对杨元庆的评价很高：“坚定、执着、无私无畏、百折不挠、充满激情、常怀民族大义，又把公司的利益当作身家性命。”三是开始在管理方面系统提升、展开组织演化的进程。以杨元庆和郭为为首，联想开始向美国惠普公司全面学习管理，高层像小鸟啄食一样，如饥似渴地学习自成体系的惠普之道，把惠普内部的各类管理课程列为联想经理人的必修课。惠普公司（HP）当时是全球管理水平最高的企业之一，在相当长的时间内，惠普比今天的谷歌公司（Google）在硅谷的地位还高，是绝对的领头羊。联想在这个时期狠抓制度建设，形成了一批管理制度，理念文化也开始丰富起来，走出了管理混乱的局面。与此同时，联想开始了剧烈的组织调整进程，按柳传志的话讲叫“由大船模式到舰队

① 凌志军．联想风云［M］．北京：中信出版社，2005 年。

模式”，由高度集权的组织向类事业部、事业部、类母子公司制转变。

1999年，华为虽然销售额已经达到120亿元，但在全球电信设备市场上，与思科、爱立信、诺基亚等企业相比，仍然只是一家中小型企业（美国汽车公司在1966年被政府小型企业管理局裁定为小型企业，尽管它的销售额有10亿美元，员工约3万人。但由于它在美国汽车市场的占比不超过4%，仅占通用汽车的1/20、克莱斯勒公司的1/7。政府的裁定也不无道理——它在汽车行业仍然是中小企业）。华为自1999年起引入IBM的IPD（详见上一讲），IPD的引进对华为的意义和联想系统学习惠普的意义相似。

接下来的故事就是一马平川——1997年，联想集团销售额达到125亿元，自有品牌PC的国内市场占有率达到10%，稳居国内PC第一品牌，成为国内信息企业的龙头老大。2008年，联想以167.8亿美元的年销售额首次进入《财富》世界500强，成为中国内地首个上榜的民营企业。虽然其中也有种种风险和波动，但总体来说，1993年到1997年是联想完成鹞子翻身，成长为大型企业的关键阶段。

中型企业是企业界里面最舒服的一个群体，在市场中有一定的地位，又没有迫在眉睫的生存问题，创始人和高层团队（中型企业的高层必须是一个团队）年富力强，在企业资源支持下，产业的各类机会都有可能去尝试。与此同时，中型企业的问题也很突出。在从中型企业到大型企业转型的过程中，人才成长是核心问题：

○ 从小型企业发展到中型企业之后，有一批人员的知识和视野过时，跟不上企业发展。

○ 主要干部和外界接触不足，对社会趋势和管理问题没有感觉。

○ 年轻干部得不到足够的锻炼和成长机会，优秀人才流失。

○ 由于制度建设和管理不健全，新员工得不到足够的培训和关怀，成长缓慢。

面对难解的人才问题，德鲁克给出了两个建议：

（1）“**必须尽最大努力，将外部观点引入主管会议中，以扩散管理层的愿景。**”引入外部独立董事、外部咨询顾问及参与各类外部活动，对于中型企业正当其时。

（2）如果企业是家族企业，千万不要给家族成员特权。“**任何家族成员都必须靠自己的能力争取职位。**”

除此之外，“**中小型企业的最高管理层每年至少应该拨出一个星期的时间来参加规划和检讨会议，而且会议应该在办公室之外的地方举行，每一位高层主管都应该参加**”。

大型企业最大的管理问题在于长久生存

小型和中型企业还是类似的，因为管理层仍然可以经过和“担任关键职责”的人进行密切联系来发挥个人影响力，推动企业的关键绩效发展。大企业则完全不同，无论其高层团队有多少人，都已经很难了解每一个“担任关键职责”的人并和他们保持密切联系了。

大企业有很多问题，其中最重要的问题是生存。要知道，在经济体系中，破产、倒闭概率最高是大型企业和小微企业，中型企业最安全。很多人会认为，大企业有着高等级的人才和完善的管理制度，在行业中一般有举足轻重的地位，这些企业应该是最安全的才对。不过，有两个近乎无解的问题令大企业的生存境遇受到挑战。

第一，生物进化的进程是从单细胞生物开始，从单细胞到多细胞，从多细胞生物组织再到生物器官，等等。单细胞生物有细胞膜，细胞膜自然而然就可以和外界交换信息和养分。到了生物组织，细胞和细胞之间紧密地挤在一起，已经没有空间和外部接触——这就是大企业为什么会面临危险的原因——当生物的大多数细胞都必须依靠别的组织器官才能进行新陈代谢的时候，生物对外界的敏感度就会极大下降。大企业对外界的危机反应迟缓，当危机来临时，最后知道危机的往往是总裁或高层团队。

第二，大企业“**中央幕僚严重阻碍了企业绩效**”。所谓中央幕僚，就是企业总部的专业幕僚，这些人都是领域专家，他们有建言的权力，却不用负责任——与外部咨询机构类似，但同时是企业的内部人。

由于这些人有技术或专业的能力，往往还有技术或专业的偏爱，他们倾向在大企业这台复杂的管理机器上实施更多的“专业计划”，致力于管理工具和技巧的雕琢而不是企业绩效的增加。尤其是他们不是外部的顾问机构，要知道外部顾问由于是乙方，必须要从企业绩效出发来思考问题，同时不可能在内部拥有权力。而幕僚由于有内部人的身份，且与高层的关系极为密切，往往由此具备了某些权力——某些不用负责任的权力！只要下层管理者的晋升通道由某些幕僚把持，企业就不可能生发出真正的绩效文化。

这两个问题只能缓解而不能从根本上解决。随着通信水平的提升，大企业必将致力于从组织上将自身拆分，成为多家独立主体的网状联合体(即前文所说的系统结构或动态网络结构)，既保有所在行业的领导地位，又能够拥有中型企业甚至小型企业的优势。

从千万级企业成长为百亿级企业的秘诀

“就企业规模而言，我们面对的并非古典物理学的渐进过程，而是量子现象。……企业如果要成功地成长，先决条件是管理层必须能够大幅改变基本态度和行为。”

先解释一下量子现象和古典物理学。古典物理学认为一切都是连续的，比如温度，气温从25度升到29度，那么中间一定是经过了26度、27度和28度（以及中间任何一个你能写得出来的度数），这种连续性的假设是牛顿力学、麦克斯韦物理学的基础。而量子力学的基本假设是能量在发射和吸收的时候，不是连续不断的，而是分成一份一份的。

换句话说，企业的规模也不是连续的，而是跳跃式的，从小企业跳到中型企业，再从中型企业跳到大型企业——在不同规模的企业之间有鸿沟存在。

跨越鸿沟的秘诀就是管理层改变“态度”和“行为”。

俚语云，世界上有两件事最难：

（1）从客户的口袋中拿出钱。

（2）改变自己脑中的想法。

与第二条相比，第一条似乎还容易得多。不少企业家喜欢谈论新的经营之道、新的组织结构，认为自己已经在发生“蜕变”等。可是不管企业家怎么说，你会发现真正的改变往往非常少，即使企业调整了组织结构和一些制度，但企业家脑子里的观念却兜兜转转，数年过去几乎没有变化。这种情况很多。

这也不能怪企业家，要知道普通人的观念很难转变，而企业家在人群之中往往属于“信念坚强”的人，在他取得了初步成功之后，一些观念被加固了，过去的成功反而变成了成长路途上的阻碍。观念决定态度、态度决定行为——即使企业家本人感到这样做不对，同时又有足够的激情也无济于事——德鲁克告诉我们：**“善意、直觉和热情无法取代态度、愿景和能力上的改变。”**

除了企业家，企业的高层和中层同样难以改变，在跨越鸿沟的同时，有一批老的企业功臣会跟不上企业发展，一定会掉队，他们会严重压抑企业的成长进程，如何处理这个问题对于中小企业至关重要。

究竟应该怎么做？德鲁克在西尔斯公司的大案例中曾给出过一个好例子（在现实中我们极难看到这样不同寻常的魄力）。

朱利叶斯·罗森沃尔德（Julius Rosenwald）从理查德·西尔斯（Richard Sears）手中接管理了西尔斯公司，然后用10年的时间把西尔斯公司从濒临破产的小企业经营成为全国性的优秀企业。20世纪20年代中期，罗森沃尔德意识到西尔斯公司及其管理模式需要有一次飞跃，而且他也清醒地意识到，这次飞跃的带头人不可能是自己。于是，他开始寻找继任者，最终找到罗伯特·伍德（Robert Wood）将军。伍德在“一战”期间曾任美国陆军的军需局长，退役后成为西尔斯公司最大对手华德公司的销售副总经理。在仔细观察之后，罗森沃尔德决定聘请伍德做西尔斯的总裁。不过接下来的故事有点不同寻常——罗森沃尔德带着一批原来西尔斯的管理团队集体引退！

再接下来，西尔斯建立了新的分权制的组织结构，向零售商店拓展并创新商场选址……直到1954年春季卸任西尔斯公司董事长，伍德将军率领西尔斯开创了一个新的零售时代。

集体引退不是一个常见的做法，也不是本书的提议，但它充分说明了成长的难度。如果企业家和高层不能从根本上想清楚这个问题，那么一切的理想、美好的愿望、坚持的努力都没有太大的用处。

最后，成长并不是企业的目标！真正的目标是取得更高的绩效、变成更好的企业，成长只是过程中的副产品。

投资公司喜欢投资高速成长的企业其实是一个误区，如果是随时会有接盘侠出现的短期投资也许没有问题，稍长期的投资就需要谨慎。按照惠普公司管理之道的理念，一家企业最佳成长速度是在年增长20%以内，这样大概4年时间销售规模翻倍，而4年时间恰恰是一个人成长晋级所需的时间。所以，凡是超过此速度成长的企业，都在“流血奔跑”，企业组织会变得脆弱而难以管理，如果外界环境一旦意外变化，就可能有重大风险出现。这方面的例子举不胜举。

在国内的市场环境和较为浮躁的投资心态驱使下，“风口上的猪”成为资本趋之若鹜的对象。不过就像阿里巴巴集团创始人马云所说：“风过去了，摔死的都是猪。”在比速度的赛道上，极难判断哪些企业会成为最终的领先者。真正起作用的因素都是看不见的，其中一个最重要的因素是“**企业管理当局对企业成长进行管理的能力，以及制定出在淘汰过程中能够占有领先地位的战略的能力**”。

第三十二章
让员工成为“关键先生”

随着知识工作者（包括技术工人、半技术工人和“知识型”服务工作者）占劳动人口的绝大多数，员工的工作意愿和工作效能已经成为一家企业是否能在市场上获得绩效的最基本、最重要的要素。关于如何激发员工的积极性在企业界是老生常谈，虽然如此，似乎也没有真正能让所有人服膺的办法。

虽然家用电器和各类工具致力于将人类从繁重的劳作中拯救出来，但企业中知识工作者的工作时间反而越来越长，关于“996”“加班文化”“床垫文化”的报道不绝于耳。背后的原因在于，今天社会的进步、生活水准的提升是以不断创新为前提的，而创新对知识工作者的工作时间有直接的需求。如果时间短促，创新就不可能实现。何况“**人力资源是所有经济资源中，使用效率最低的资源**”。提升员工的工作效率，使员工成为“关键先生”也就成为企业的头号大事。

计件工资制

前文中曾经讲过19世纪欧洲的“卢德主义”，工人担心机器抢走自己的生计而四处捣毁机器，仇视技术进步。现实的工厂中仍然有同样的情况存在——大量的企业采取计件工资制，即以工作量来确定工作报酬的方法。这就需要制定标准工时，即所谓一个普通熟练的工人用正常的速度完成标准作业所需的时间，并以此来确定标准工资。工人由此开始抵制一切可能提高标准工时的事情。其实，工人总有办法可以提高工作效率，比如改动一些工作流程、制作一些工装卡具等，这些办法甚至可以让他们更轻松地完成工作，但他们完全没有意愿去做。一些老的工厂里，甚至有不成文的规矩限制生产率的提高。在这种制度下，工人甚至不欢迎科学管理之父泰勒所做的种种改进。由于棘轮效应（鞭打快牛）的存在，一方面能干的员工受到敌视，企业效率没法提升；另一方面企业销量上升时员工的就业和士气都不错，销售额一旦下降，员工的工资立即直线下跌，就业缺乏保障，企业也必须拿出更多的成本用于招聘和解聘员工（员工招聘解聘的成本比想象中高得多）。

在美国中西部一家大型的糖果厂里，对包装工人每天的超额产出的奖励是累计的，也就是超出越多，单位的奖励也越高。在这种制度下，这家工厂的每个包装小组宁愿每周只保证有一天能够生产出数量惊人的糖果盒，以便拿到最高的奖金。而在其他工作日，就生产数额刚好达标的盒子，保证不被扣工资。这样做比每天都超额完成任务一点的报酬总额要多得多。而且这样做还能阻止企业提高每天的生产任务要求。实际上，工人们采取的应对措施是，在某个小组超产的那天（这一天通常在一周内都是相对固定的），其他小组成员都会前来协助该小组实现这一天的“惊人产出”。①

中华人民共和国成立之后，参照前苏联的经济模式，开始在所有国有企业中逐渐推行计件工资制，到1957年，实施计件工资制的工人总数已经占到42%，有310多万人，大大提高了劳动生产率。1958年该制度被全面叫停。

取代计件工资制的是工时制，在当时的情况下“完成任务的得奖，没有完成任务的也得奖，超额多的和超额少的奖励都差不多”——我们非常熟悉的“大锅饭”——随之而来的是劳动生产率明显下降。“半计件工资制”应运而生。

半计件工资制很好理解，就是一半的报酬按工时领，另外一半报酬按计件来算。这也是当前很多工厂仍然在采用的薪酬制度。而工人对此的态度让我们对人性有了更清晰的认识。

对于半计件工资制的实行情况，多数工人的意见反映是“积极拥护”，认为“出头日子来了”，举双手欢迎。他们表示，原来质量超过指标，产量再高也是白超；现在这个办法好，越做越有劲儿，“现在做多少拿多少比较合理，半计件是有一分拿一分，做多少拿多少，只要拿出力量来，人人有希望”。在256位“半计件工人”之中，有219人表示赞同，无所谓21人，不欢迎的17人。车间管理人员也表示，半计件工资制实施之后，工人生产时间“争分夺秒”，生产进度“得寸进尺”。有车间主任表示：“现在车间内工人你穿来、我穿去，真像梭子一样，干劲儿十足。”还有工长说：“四年多来，工人从来没有像这次积极过。”②

---

① 彼得·德鲁克（Peter F. Drucker）. 新社会（The New Society：The Anatomy of Industrial Order）［M］. 北京：机械工业出版社，2009年。

② 林盼.《既要效率，也求均等：20世纪60年代半计件工资制的实施》。

第一次工业革命以来，特别是泰勒的科学管理大行其道以来，计件工资制就成了工厂的主旋律，无论是上面这个例子讲的半计件工资或一些工厂搞的各种激励措施，都是万变不离其宗，即以个体的“多劳多得”为原则进行薪酬计算和发放。

IBM 公司打破了这一点，它在 1936 年取消了计件工资制，按照与职能人员类似的做法，直接给工人发固定工资（有少量的浮动部分，如津贴、加班费等）。生产速度和节奏由工人和主管共同制定，每个人都在上司协助下，计划自己最有效的工作方式和效率最高的工作流程。这种方式采用之后，令人意想不到的是 IBM 的生产率稳步上升，而且持续上升了很多年。这种制度之所以有效，一方面是 IBM 的机器生产并不太适合计件制——工人操作的设备比较昂贵，对质量的要求也比较高，IBM 必须防止因为加快生产速度造成的品质事故和设备故障（需要指出，流水线生产企业也不适合计件制，福特汽车在老福特时代就已经开始使用计时制工资了）；另一方面在于 IBM 当时实施的“不裁员”政策，这让员工不会因为产能的提高而失业，当工人心中对失业的恐惧和不安消除后，能更加专心地提升自己的工作效率。

与“不裁员”政策相应的，是 IBM 的“工作丰富化”政策，即让工人尽可能多地掌控不同种类的工作，工人们不但会开叉车，还能做机器设置和成本检验。这样不仅提升了生产力，还改善了员工的态度，增强了员工的在企业工作的自豪感——“瞧，我是一个有本事的工人，并不是一个可有可无的螺丝钉”。

人性并非倾向好逸恶劳，人的表现与制度设定有很大的关系。计件工资制之所以有效，是它激发了人本性之中“公平”“按劳取酬”的基本理念，如果工人是独自生产，计件制就是最好的计算薪酬的方法。无论是生产哪种产品，员工都有社交和群体认同的需求，由于工人群体在和管理当局的博弈中处于弱势状态，因此自发地组织起来限制产能，以阻止当局提高标准工时定额是很正常的行为。同时，计件付酬的政策过于简单，无助于在企业内形成共同体的文化氛围。

此处有必要讨论一个底层逻辑——企业如果是按提供给市场的产品数量得到收入，那么企业是否也是一个计件存在的经济体？

从企业的本质来看，在聚拢资源的同时，企业通过创新满足社会的经济需求，因此，企业是一个有机体而非机械物，它并非计件存在。与此类似，员工同样不是计件生存的机械物，员工同样有创新的能力和潜力，因此必须要找到合适的方式，就像上文中的IBM公司那样激发出员工的潜力。对于大多数企业而言，计件工资制只是一个过渡性质的制度，难以适应当前时代的需求。

最后要说明的是，处在初级阶段的业务很可能适合计件工资制。前提是企业满足如下三个特点：

（1）产品相对简单，品质问题不会造成严重后果。

（2）设备相对便宜，同时不需要过多地维修维护。

（3）人工成本占整体生产成本的比重很大。

工作究竟是什么

我们为什么要工作？

对于中国人来讲，工作又为什么如此重要呢？

这与儒家的教化分不开，儒家的基本教义是“有为”“以天下为己任”“修身、齐家、治国、平天下”。深通中国文化的作家林语堂认为，儒家是中国人的“工作姿态”，而道家是中国人的“游戏姿态”。儒家的背后是人性的本源——人需要在有为的过程之中寻找存在的感受、寻找生命的真谛。

举个例子，有一些人辞职移民去加拿大，本意是在积蓄的支撑下从此安稳过寓公的生活。可几个月过后，多数人就开始想办法找工作，继续过原来朝九晚五的生活，原因何在呢？

按照亚伯拉罕·马斯洛（Abraham Maslow）的需求层次理论，即使有足够的钱，不需要用工作所得获得存活之资，你也需要在工作中收获归属感、获得别人的认同和实现自身的价值，这是休闲和娱乐无法提供的。

在拙著《认知学习》中，详细阐述了唯有在工作中，才能凝结出来一些能够超越时间的东西，我们方能借此获得大平静和大喜悦。

在各类文字中，庄子描绘得最生动：“庖丁为文惠君解牛，手之所触，肩之所倚，足之所履，膝之所踦，砉然向然，奏刀騞然，莫不中音。合于《桑林》之舞，乃中《经首》之会……提刀而立，为之四顾，为之踌躇满志。”即使是一个杀牛的屠户，也能借由自身的工作达成至高的成就和内心的满足。

最终，我们可以说，工作是一种独特的人类活动，它是人用来界定自己的价值、衡量自己的价值和发展自己价值的一种方法。“**如果不工作的话，大多数人都会面临精神和身体的崩溃瓦解。**”因此，对于企业而言，应该像IBM那样放开对人的束缚，让员工有足够的空间去发展自己的价值，使工作能够获得更高的绩效。实际上，工人对于技术改进相当感兴趣，也有足够的能力来更好地完成自己的工作，不过，如果是在计件工资的前提下，他们不会这么做，因为他们为此会遭到身边同事的批评、行政当局会因此提升他们的标准工时定额。

塞氏企业的故事

有这样一家企业，它从水泵产品起家，今天你上它的网站，它的主业居然变成了环境咨询、设施管理、房地产经纪和库存支持。它是巴西最好的多元化企业，也是巴西年轻人的应聘首选。这样一家公司，企业里除了一本广为人知的员工手册（也极为简单），居然没有规章制度、没有审计部门，甚至没有组织结构图。它成立于20世纪60年代，但今天互联网企业口中津津乐道许多管理原则和方法是它早已用过的。至今，与其模式完全类似的企业在全球仍然一家都没有。它是员工眼中的最佳雇主，多年以来离职率低于1%，包括IBM、西门子、通用汽车、海尔等顶尖企业的高管们都慕名排队参观，却难以借鉴——这就是巴西的塞氏企业。

塞氏企业变成今天的模样，源于塞氏企业的领导人塞姆勒（Ricardo Semler）一些非常特别的理念：

○ 他是塞氏企业的老板，但却喜欢让自己成为多余的人。

○ 他对员工保持最高度的信任和尊重，甚至让他们给自己定工资。

○ 他相信自己的职责就是把水搅混，甚至在船上戳几个洞，让他的船员们来想办法解决。

○ 他希望更彻底的民主，这样做的结果是他不再从财务上拥有这家企业。

○ 他认为最伟大的资源就是人。泰勒的工作分析法限制了员工的潜力，束缚了他们扩大工作范围的可能性，并降低了他们的积极性。

关于塞氏企业，可以讲的故事很多，但普通企业可以直接借鉴的制度方法非常之少，它的经理人晋升/聘任的模式也许是其中最具普适性的。

大约在20年前，塞氏企业制订了一项计划，让员工甄选他们的主管。为此，企业管理者编制了一个表格，让员工可以用它来给他们的经理打分，一年两次。表格大概有30多道题，分别评价老板的领导能力、工作能力和技术能力。拿几道题举例如下：

(1) 被调查者的部门达到了较高的生产率，他通常：

A. 自己居功

B. 表扬作出贡献的人

C. 将整个部门作为团队进行表扬

(2) 被调查者使他的团队感到：

A. 畏惧、不安

B. 被漠视、无所谓

C. 安全、稳定

(3) 被调查者：

A. 总是提醒别人他是老板

B. 偶尔提醒别人他是老板

C. 很少显示出自己是老板

调查问卷用匿名的方式填写，结果会加权并计算出一个得分，并且分数会公布出来。大部分经理可以得到80~85分，得分低的经理并不会被解雇，但会对他本人是一个巨大压力并会促使改进。

曾经有一个部门经理，主管一个大部门，业绩也非常好，高层对这位经理也很认可。但问题是员工给他的打分只有40分。在仔细调查后，塞氏企业高层发现员工是正确的，这个人的销售能力很强，但却是一个糟糕的领导者，即使没有他，部门员工也一样能取得成功。最后这位经理换了岗位，让他的销售才华得以更好地展现——原来的部门，在换了经理之后业绩比原来又提高了一层。

接下来，塞氏企业将这套程序用在更高层次经理的聘用上，在高层经理上岗之前，让所有的下属面试他，而后打分，如果分数超过70分，才会继续聘用程序。

阿纳托利是塞氏企业一家饼干厂的经理，经营得还不错，接下来类似的饼干厂又开了几家。塞氏企业决定，成立一个独立的分部，提拔阿纳托利做总经理，按照塞氏企业的惯例程序，他需要被他的下属们面试通过。但由于阿纳托利性格严厉，他与许多人的关系并不好。他的员工分为三部分：第一部分是工程师，挑头反对他，其中最有才华的阿尔米尔认为他处事不公，他甚至说如果阿纳托利做总经理，他们就可能辞职；第二部分是部门行政人员，他们中的很多人和阿纳托利吵过架，大概率也会反对他；第三部分是工厂主管，由于阿纳托利的生产管理有一套，主管们都支持他。这样看起来，2/3 的人都反对他，阿纳托利任职的可能性并不高。

塞氏企业的高层决定尊重员工打分的结果。当结果出来的时候，看起来分数会非常低的工程师队伍却并不低，他们的对阿纳托利在人际关系上低分被他在技术上的高分抵消了。而工厂主管和工人的分数都很高。结果得分是 74 分，阿纳托利得以继续任职，不但如此，他还推荐阿尔米尔为首席工程师，最终他们一起为部门制订预算和计划。饼干部门成为塞氏企业经营得最成功的部门之一。

巴西这个国家非常特别，在奥地利作家茨威格（Stefan Zweig）的笔下，巴西是一个天堂，国民善良、优雅而热情，虽然人种混杂却看不到种族歧视，虽然人口众多却异常安静（狂欢节除外）。大自然为巴西人提供了足以生存的条件，既没有冬天的严寒也没有饥饿的困扰，赋予了巴西人独特的精神气质。

“为什么要在今天做完所有的工作，而不能等到明天？为什么要在这样一个天堂般的世界生活得如此紧张？在这里，时间具有很大的弹性，所有的表演、会议都会比约定推迟十五分钟；如果能够适应这一点，就永远不会迟到。在这里，生活本身比时间更重要。我听许多人说过，领完工资便旷工是这里的普遍现象。他们勤勤恳恳地完成了一周的工作，得到的这些微薄工资足以勉强维持两天的花销。那为什么还要工作呢？尽管这些工资无法使他变得富有，却能够让他享受两天的舒适生活。也许只有看到这里优厚的自然条件，我们才能理解这一点。在欧洲那片伤感无趣的国土之上，只有劳动才能将人们从悲伤里解救出来。这里的植物如此繁盛，物产如此丰富，能够许人以美好幸福，所以这里的人们也不像欧洲人，没有那般强烈的致富欲望。在巴西人眼中，财富并非来自勤劳节俭，也非由于竭尽全力。金钱就像梦幻，只能从天而降。而在巴西，彩票便是上天。对于这些外表平静的人来说，彩票是少有的能唤醒激情的东西，是千百万人平日的希望。摇奖每天都在进行……”①

塞氏企业实际是一个社区，它由上千人组成，虽然去塞氏企业参观的人发现，塞氏企业似乎无序而混乱——机器摆放乱七八糟、人员自行其是——对于社区来讲，“乱”恰恰代表着活力。政府形容某个地区不好的典型词汇是“脏乱差”，笔者看来，一个区域一定不能“差”，最好不要“脏”，但适度的“混乱”是极为必要的，它代表了创新和思想的涌动。在塞氏企业这个社区里面，一切都是自组织、自协调，包括上班时间、工作方式和工资发放数量。同时又鼓励公开、透明、开放，唯其如此，社区的每一个人又受到无形而有效的约束，具备自我激发的强劲活力。

释放员工的潜能，让员工成为关键先生

IBM 公司有一个极棒的“最佳实践”②。因为一个偶然事件，导致某型号的 IBM 新型计算机不得不在工程设计还没有完成之前就必须开始生产。在这种情况下，最后的详细设计不得不由制造工人参与进来，没想到的是，该产品的设计居然异常出色——不但总体成本降低、而且生产过程简单，最终的产品品质也非常好。后来 IBM 每到推出新产品，都会请负责生产的工人参与详细设计，并请生产的领班主管作为设计项目的负责人，最终完成设计和生产计划。也就是说，是生产现场的领班和工人最终主导了产品的详细设计和生产规划——这种模式一再被验证，凡是这样做出来的设计，后续无论是在产品成本、质量还是生产效率方面都大大提升，而且随之提升的是工人的自豪感和满意度！

这个实例说明人的潜力无穷，作为管理者非常有必要给员工“加戏”“加任务”“加责任”，让他们成为“关键先生”。企业管理内训行业有一

---

① 斯蒂芬·茨威格（Stefan Zweig）. 巴西：未来之国（Brasil，País do Futuro）[M]. 上海：上海文艺出版社. 2013

② 最佳实践是一个管理学概念，认为存在某种技术、方法、过程、活动或机制可以使生产或管理实践的结果达到最优。

家独角兽企业叫基业长青，董事长刘日明对此有切身感受，在他的企业中，通过给员工“压担子”，一线员工的潜力被充分激发出来。在他的文章《遥忆当年非典时》中这样描写：

“这件事对我的启发是，其实人在危急时刻迸发出来的才是他的真实能量，平时大概分布在正负50%的区间，只有危机才能让人触发上限。金庸先生《天龙八部》中的大理小王子段誉在王语嫣遇险时，六脉神剑总能使出神力。如果人们平时都能在能量上限区间发挥，那么无疑会比一般情况下的自己更优秀。企业不可能闲着没事制造危机，让员工去灭火，但是可以通过制造饥饿感的绩效文化、通过引进外部人才的鲶鱼效应、通过人员逆向淘汰等机制等激发员工的潜能。

“这些年据我观察，其实很多人都具备‘关键先生’的能力，但是大多数会因为恐惧、有依靠、别人可能比我强等理由而逃避，久而久之自己会甘于平常，会被打上不能担当的标签。在少数成为‘关键先生’的人群中，很小一部分是源于自信甚至无知者无畏，大部分是在悬崖边被踹了一脚，慌乱中发现自己居然会飞了。相信学游泳的人不少是在呛过水之后才发现游泳很轻松。人力资源工作的目标是把更多的普通员工变成‘关键先生’，所以要学会关键时候踹一脚。由此更能理解慈不掌兵、管理是严肃的爱的道理……”

德鲁克的看法也与此类似：**“管理者应该设法挑战员工。最违反人力资源本质的莫过于试图找出‘一般员工’的‘平均工作量’。……把运用人力的工作变得不需要技能、努力或思考，结果工作无法提供任何挑战，员工即使技能高强、工作动机强烈，也和傻瓜没有两样。”**

释放员工的潜能具体可以从五个方向进行尝试：

1. 对员工提出高标准的工作要求

笔者见过很多公司的领导者对下属提出的要求非常低，同时不断抱怨下属的能力不足——其实是领导在内心中不相信下属有潜力，下属则无从展露潜力。另外一种情况是企业中有一种异乎寻常的温情文化，认为不应该给员工以压力，而要保持企业中亲如一家的氛围。这两种情况都是错误的。

中国文化中强调“己所不欲，勿施于人”“严于律己宽以待人”“以责人之心责己，以恕己之心恕人”，这些文化基因深深地影响了中国企业中的管理者，有时“宽厚”“仁德”成为好领导的标志性评价——阻碍了我们对员工提出高标准的要求——“苛求”“严厉”明显是贬义词。不过，如果从更深层去思考中国文化，会发现有“立己达人”的概念，即严于律己的同时成就他人——成就他人最好的方式是对他提出高要求。

> 夫仁者，己欲立而立人，己欲达而达人。
>
> ——《论语·雍也》

比如给员工一个极为困难的任务，定出明确的目标，但同时给予他足够的支持，让他有机会调动资源去完成不敢想的任务。一旦完成，员工就实现了蜕变（同样的概念团队也适用）。就像美国盲女作家凯勒（Helen Keller）在《假如给我三天光明》中所说：“然而这种冲动不可小觑——心里想翱翔高空的人不会满足于匍匐而行。”

即使任务完不成，员工也会快速成长——人只会在高标准的要求中快速成长。作为企业的管理者，要明白，企业的和谐氛围和高绩效要求完全是两件事。

2. 让员工自己做主

激发潜能的第二点是，管理人员只需要负责定目标，尽可能把事情怎么做全程交给员工。员工只要有相应的经验和能力就可以放权，包括财务权和人事权（稍稍失控的感觉也许是好的，这是系统进化的开始注）。独立自主的感受，会让员工深受鼓舞。

美国政府希望生产出自动驾驶的军用汽车，于是向通用汽车等几家大企业发标，耗时 5 年且耗资巨大，最终的成果却令美国国防部倍感失望。于是，主持者改变了策略，公开征集能在 10 小时内跑完莫哈韦沙漠中指定路程的自动驾驶汽车。结果只花了数百万美元和两年的时间，就由斯坦福大学的几位学生组成团队完成了这项工作。

每个人、每个团队都有不同的做事方式，作为领导者，最好不要将自己的工作风格套在下属身上。只需要向他提出明确的要求和目标即可，如果有必要，设置监督和风险管理流程。如果还有必要协助和介入，也要让员工来掌控时间和节点。

3. 激发员工的动机

很多管理人员都反复表达，其下属没有成长和把事情做好的动机。尤其是90后乃至刚走上工作岗位的00后，在工作态度和工作意愿方面都无法让人满意。

哈佛商学院教授阿马比尔（Teresa Amabile）和同事对此进行了深入研究，通过分析多个行业员工的1.2万篇电子日志，她发现人类对成就感的需求大于其他需求。也就是说，当我们向既定目标前进的时候会更加快乐。这与《心流》的作者契克森米哈赖（Mihaly Csikszentmihalyi）告诉我们的完全一样——在尽自己最大努力去达成目标的过程中，能产生一种叫“心流”的东西，这种东西才是人一生所能达到的最佳体验。

如果人和动机都不是问题，那么真正有问题的就是工作本身。换句话说，工作需要再设计才能激发动机。我们可以从几个角度来思考工作再设计的问题：

○ 工作轮换：让员工有机会发挥多种才能、获得新的机会、掌握新技能。

○ 工作扩大化和丰富化：效仿前文IBM案例中的“工作丰富化”。具体执行可以包括垂直授权、全程授权、直面顾客、自然团队，等等。

○ 工作时间人性化：从弹性工作制开始，强调目标管理下的员工自我控制。

○ 工作岛：未来的社会中，工作组织的方式必然向工作岛转移，即由自主的工作团队独立完成既定目标。

○ 红利共享：把员工当作企业的合伙人，共同享有工作的外部成果。这条并非是简单的“财散人聚”，而是要通过机制让企业的外部成果和内部成果建立联系。

如果工作本身让员工感到兴奋和意义，那么不需要他人鞭策，做好工作的愿景自然会牵引他向前而行。

4. 提供足够的相关信息给员工（透明化管理）

很多管理者希望保持神秘感和权威性，为此他们对重要的信息秘而不宣，下属由于缺乏足够的信息做判断，只能对上级言听计从。这是员工得不到信息的一个主要原因（而不是因为信息分级或需要保密）。

如果希望员工能够承担起绩效的要求，希望释放员工的潜能，使员工从单纯的劳动力提供者转变为企业经营中的“关键先生”，企业领导者就必须提供足够的信息。这不是一件简单的事情，需要意识的转变和艰苦的付出。

○　建立一个简单而有效的团队信息平台。腾讯公司的故事墙是一个很好的案例，在软件项目的开发过程中，腾讯团队会把每天的一些重要信息采用故事的方式在一块白板里面画出来或写出来，团队里的每个人每天都能看到整个项目的所有重要信息。这种方式也可以采用团队简报的方式来完成，内涵与故事墙相同。

○　经营数据的透明化。将经营结果外部化的信息直接反馈给员工，具体办法之一就是经营数据的透明化——将企业收入、产品生产、采购数据、费用支出情况等经营数据直接公布出来。当然数据要经过精心的加工和简化，要不然所有人都会一头雾水，为此要精心准备，用不长的篇幅将企业经营中的重点数据清晰地展现出来。这件事情真正困难的是意识的转变——我们真的要把信息公开给员工吗？当信息可能具有一点点“战略性”或“商业机密”存在，绝大多数企业都会保密。实际上，企业应该实现经营数据的透明化——除非有非常清晰的理由证明这样做损害到了企业利益（而不是某一个领导人因此不舒服）。

○　关键事件的信息。这也是我们传统意义上认为只有高层管理者才能掌握的信息。有些事件对企业非常重要，可能是财务数据、技术事件，可能是趋势分析，也可能是客户的重大动向……各个层级都可能拿到这样的信息……关键是这些信息会对谁有用？传统上我们默认对领导有用，所以大部分关键事件信息都会上报到高层的案头，等待他们有时间来认定事件的重要性并加以处理。事实上，达到一定规模的企业（知识工作者在100人以上？）就应该设立专门的岗位来处理这些关键事件的信息（而不是把它们提交到高层案头吃灰）和经营数据透明化。把数据转化为有效的信息并尽可能大范围地传播，同时不会因此引起群体事件，需要有人对此负责。

5. 打造制度环境

首先，要把建立“绩效文化”作为制度环境的首要因素。在绝大多数情况下，必须坚持“企业利益第一”或“绩效第一”；其次，要建立合理的考核制度，直属上级必须要承担起评估和反馈的责任，奖励和惩罚都要及时有效；再次，要建立合理公平的晋升制度。

以上五点是释放员工潜能必须要搭建好的基础制度环境。

除此之外，需要一些创新的制度来更好地完成企业激励员工、释放潜能的任务，比如按照游戏的方式来做一些特别的制度建设（制度本质也是一种游戏规则）。

福建网龙公司的任何一名员工随时可以向公司提交意见，这个意见在内部叫“Bug”，可以是向公司的建议，也可以反映具体问题。有一套方法流程保证能让这些“Bug”受到高度重视，并且给员工增加“积分”。除此之外，还有悬赏系统和竞拍系统，在这些系统里，积分都是硬通货。员工可以拿出积分挂出自己的“悬赏”，或者到竞拍系统里用积分买下各种好东西。另外，把文化融入勋章系统也是一件充满游戏乐趣的事情，网龙公司的人戴的工牌能显示出每个人的“江湖地位”，你在公司的多数表现都会成为勋章的一部分，比如工龄、积分、GDA 考试，内部讲师、知识分享、社团活动、业务创新，等等。这些真正决定了一个人在公司是否扬眉吐气，不在于职位而在于贡献。

让员工成为“关键先生”的关键在于管理者如何认识员工的价值，把人力资源当作人、当作劳力或当作有创造性的资源，德鲁克说：**“我们不能只是雇佣‘人手’，而必须连双手的主人一起雇佣。”**

第三十三章
人力资源部为什么毫无建树

如果说国内企业中有哪个职能部门最没有发挥出应有的水准和效能，笔者认为是人力资源部。

人力资源部给人的印象是企业的核心部门，它与企业中每一个人都相关。它制定的各项政策，包括招聘、晋升、考核和薪酬政策，决定着多数人的利益和命运；它与老板和企业高层密切接触，有机会将对很多事和很多人的看法传递到与一线近乎隔绝的高层团队耳中。它与基层员工深层互动，一方面了解员工的具体需求；另一方面处理与员工相关的各种纠纷。这样一个部门，理应对企业的发展起到至关重要的作用，而且受到大部分员工的尊敬和爱戴。

现实却并非如此，笔者深度接触过许多公司的人力资源部，高层管理者只是把人力资源部当作重要的"维生系统"和助理来用，用它来处理一些和人有关杂七杂八的事情，尤其是劳资纠纷。普通员工也没觉得人力资源部有多么了不起，认为它干得就是一些"文书工作"，对它缺乏足够的尊重（国有企业人力资源部的职能有时分为两个部门，即人事部和劳资部）。换句话说，所有人都会口头承认人力资源部的工作非常重要，可心中却不以为然。甚至 HR（Human Resoure）部门的从业人员，对自己的工作也缺乏认知和热情。

这些现实和三类具体情境直接相关：

（1）多数国内企业市场导向严重，在企业家的认知之中，对企业最重要的不是员工，而是能否牢牢把握住顾客的需求，提供适合的产品和服务。

（2）人力资源部尚未摆脱传统人事部的窠臼，把自己定位在处理文书，以及处理由员工雇佣带来的种种杂事和麻烦之中，包括薪酬发放、保险福利和劳资纠纷。

（3）领导者并未意识到人力资源对企业生死攸关，没有意识到必须让人力资源部发挥出应有的功效。

今天企业人力资源部的组织架构和基本构想，来自半个多世纪前的一些基本观念，这一点与德鲁克在 1954 年的说法惊人的相似：**"今天随便找一本有关人力资源管理的教科书，里面所谈的内容，几乎都可以在人事管理理论的创始人之一托马斯·斯帕茨（Thomas Spates），于 20 世纪 20 年代初期所发表的文章和论文中找到。"**

当前与半个多世纪前的最大区别是人力资本①本身的变化。美国经济学家舒尔茨（Theodore Schultz）认为："在当代美国的经济发展中，人才资本已占据了显著的地位。例如本世纪以来，美国90%的产品更新，依靠的是人才的智力，而不是传统的劳力或资本。"在笔者接触过的企业中，有一个现象非常清晰——企业越优秀，它的人力资源部门越强大，人力资源主管的级别越高。通用电气前总裁韦尔奇（Jack Welch）甚至认为，CHO（Chief Human Resource Officer，首席人力资源官）应该是企业的二把手。这并不是说应该给人力资源的主管升职，而是说明了关键在于企业高层领导者的观念，这些观念影响了人力资源部门是否能在企业中发挥作用。

○　我们应该怎么管理员工？

○　人力资源部的核心工作职责是什么？

以上两个问题需要在大多数企业中提出来，并萦绕在企业最高管理层的脑海之中。毫无疑问，我们应该提升员工的能力，发挥出人力资本的潜力，并以此提升企业的经济效益。人力资源部的核心工作职责就是"视员工为资本，推动员工不断成长"！唯有真正负起这个责任，人力资源部才能发挥出应有的效力、在企业中有所建树。唯有如此，HR的从业者才会真正为自己的所作所为自豪不已。

把员工视为资本，给人力资源部正名

如何理解人力资本？

举个例子，某个研发项目投入5000万元，并任命某技术人员作为项目主管。在项目进行到一半的时候，另一家企业挖角，以200万元年薪将项目主管挖走。尽管该主管签有竞业禁止协议，项目数据也不会被带走，但由于掌握全部情况的项目主管离开，投入巨资的研发项目为此延迟了一年多的时间，由于这个原因，企业新产品无法及时推出，预估损失达到2

① 人力资本是经济学的概念，与"物质资本"相对。它指存在于人体之中的具有经济价值的知识、技能和体力（健康状况）等质量因素之和。按照西奥多·舒尔茨的分类，人力资本的能力分为五种，即学习能力、完成有意义工作的能力、进行各项文娱体育活动的能力、创造力和应付非均衡的能力。

亿元。

企业发展到一定规模，能给企业带来巨大影响的骨干人员数量众多，这时，人力资源部最核心的职能会浮出水面——管理企业的人力资本，关注并管理所有骨干人员，同时将普通员工培养成为骨干人员。

在上面这个案例中，责任不在研发部门的主管，而在人力资源部——人力资源部未能做好人力资本的风险控制工作，导致公司遭受重大损失——多数人力资源部的负责人不会同意这个判断——因为人力资源部已经和项目主管签订了竞业禁止协议，他们的职责到此为止！应该为此负责的不是人力资源部，问题的根源在于公司的高层领导未能给予足够激励及研发部门疏于管理。

要讨论这个问题，需要先梳理一下人力资源部门的角色：

○ 档案管理员：员工档案、员工合同、法律协议。

○ 制度设计者：人事制度设计，以及相关表格的规范设计。

○ 执行人：根据各部门需求进行招聘，根据领导要求进行调查、发放薪酬等工作。

○ 组织者：组织开展培训、绩效考核等工作。

○ 传声筒：员工意见收集、领导意见传达。

○ 救火队员：离职纠纷、合同纠纷、其他人事纠纷。

如果不从传统的劳动关系、招聘、培训、绩效与薪酬等角度进行分析，就可以清楚地看到——HR 部门涉及的工作很多，但大都属于“杂务”，其中真正重要的是制度设计和组织者两个角色，其主要关注点体现在三个方面：

（1）管理人的待遇：定薪、涨薪、股权激励。

（2）管理人的成长：招聘、培训、轮岗、培养和晋升、降职。

（3）管理人的贡献：绩效文化、绩效考核。

本书在“如何让普通人展现超凡绩效”章节中强调企业的六项实践，除第五项之外，都应该是人力资源部的核心职责（参看前文）。从上面的案例来看，人力资源部应该主动和公司高层沟通，提前和那位项目主管签订股权激励协议或者利润分享协议，保证他不会因为200 万元年薪被挖角。

这与传统企业人力资源部的定义大相径庭，其中关键的是人力资源部似乎侵占了总经理和其他业务管理人员的权限范围。企业的主要领导会问："人力资源部都管了，我管什么?"

管理有自身的路径依赖。现在的企业管理制度是从几十年前的企业制度逐步衍变而来。而几十年前的企业员工绝大部分都是体力劳动者，从事体力劳动的员工可能拥有一些劳动经验，但他不掌握机器和原料。但是今天的知识工作者完全掌握生产资料——他们自己的大脑。储存在大脑的知识、经验和技巧是巨大的固定资产，且易于流动，因此我们的人力资源管理观念和政策必须进行重大调整。

这种观念和政策的调整要求规模稍大的中型企业必须给人力资源部放权——CHO（Chief Human Resource Officer，首席人力资源官）或人力资源总监应运而生（科技类企业叫CHO的多一些，传统类企业称之为总监）。

人力资源总监必须是企业高管团队中的一员，他应该直接管理人力资源部。而总经理必须给他授权，让他有权决定（或提议）和企业员工相关的事情，包括规划、薪酬、股权激励、培训、轮岗、晋升和培养绩效文化等，从而将人力资源部的角色转变为：

○　规划者：企业文化规划、人力资源组织模式、发展规划和核心制度。

○　管理者：关注和推动各级干部和骨干的成长过程。

○　决策者：待遇和薪酬、晋升和降职等。

○　组织者：组织开展培训、绩效考核等工作。

○　服务者：积极协助各部门解决员工问题。

特别需要关注的是"规划者"的角色。我们一般认为的"人力资源发展规划"往往只关注人力资源管理部门内部的计划和工作，这是本末倒置！人力资源总监必须要思考整体企业怎么将"业务和人连接起来"，即企业整体人力资源的组织模式——包括企业应该采取什么样的组织架构、集权和分权的尺度、如何最大限度地激发员工的潜能而又不至于失控。这部分工作才是人力资源部的核心工作。

原有的人力资源部的时间更多地耗费在解决由于人员管理不善而产生的问题，"头痛医头，脚痛医脚"，没有能够系统地对员工进行管理。只有重新定位部门并给予部门足够授权，才能逐步培养起专业能力，真正达到“管理人力资源”的目的。

培养绩效文化从高层开始

企业文化看似虚无缥缈，但它无时无刻地影响着每一个人的行为，企业真正需要的文化是“高绩效文化”，只有在这种文化中，企业才能更好地完成自身使命。德鲁克认为，创造顾客是企业存在的唯一理由，创新能力和营销能力是企业的两大基本职能，企业以此来持续满足顾客对低价、优质、优秀服务的需求。

创新和营销能力在企业内部的体现就是高绩效文化。

○ 企业能否持续创新决定了企业的绩效质量。

○ 企业能否持续营销决定了企业的绩效表现。

所有优秀企业的核心理念都有一个共同点——强调有温度的高绩效文化。比如“IBM 力争取胜”“吉利汽车做中国的奔驰”“GE 追求完美”等，都强调要做“最好的××”。与此同时，优秀企业的核心理念都是有温度的，比如“产业报国”“享受使用汽车的乐趣”“人类十年内登上月球”，这些理念是高绩效文化的核心（没有温度的高绩效文化将退化为绩效主义）。

对每一个企业员工来讲，只有在高绩效文化下订立自身目标才是正确的：

○ 个体行为与企业绩效将高度一致。

○ 个体订立高绩效目标并且创造高绩效才能获得成就感和存在价值。

企业内部缺乏高绩效文化的首要原因在高层。对于多数企业来说，企业高层的文化影响一切。如果高层缺乏高绩效文化，企业的高绩效文化就是无源之水。因此，无论是理念还是具体绩效评估（考核）、绩效沟通和反馈、绩效结果使用，都需要企业高层身体力行。

如何管理高层是一个大问题。人力资源部在得到授权的前提下，可以考虑定期召开务虚会和专门的研讨会（务虚会环境轻松、议题发散，研讨会环境正式、议题集中），用这种方式凝聚高层的共识，统一高层的思想。

高层应该就企业的高绩效文化进行讨论，采用的议题可以是“我们是否强烈渴望胜利，用一切努力追求绩效”，如果答案是否定的，企业就不可能建立起真正的高绩效文化。如果答案不统一（这是常态），就需要根据实际情况多次研讨，在高层大多数内心认可后，高绩效文化的推行才会顺利。

普通中小型企业推进高绩效文化的难点是文化障碍。高绩效文化与中国社会的传统文化不符，传统文化追求“以和为贵”“执两用中”，而高绩效文化追求凡事做到极致；传统文化要求“适可而止”“难得糊涂”，高绩效文化要求问责到底——这就要求企业高层起到带头作用，如果自己都抹不开“面子”去追求高绩效，如何要求下级做到？

此外，高绩效文化强调分权。在知识工作者为主、竞争充分的大环境下，必须要将经营重心尽可能下沉，让一线人员承担更多的责任，更好地实现“人人都知道什么才是高绩效，每个人的责权利都与绩效挂钩”的基本目标。这需要人力资源的管理者在组织模式和绩效管理模式上下功夫，仔细研究并与高层和骨干反复讨论。

在打造高绩效文化的同时，要谨防绩效“主义”。日本索尼公司是一个很好的反面案例。2007 年，索尼前常务理事、机器人研发负责人土井利忠用“天外伺郎”的笔名发表了一篇在网络上传得沸沸扬扬的文章，文章名字叫《绩效主义毁了索尼》。土井的观点是，20 世纪 90 年代中期，索尼开始实施以绩效考核为中心的“美国式绩效主义”，在“激情集团”消失的情况下扼杀了索尼曾经的“挑战精神”和“团队精神”，导致索尼在新时代的溃败。

土井利忠讲道：“因实行绩效主义，索尼公司内追求眼前利益的风气蔓延。”“绩效主义企图把人的能力量化，以此做出客观、公正的评价。但我认为事实上做不到。它的最大弊端是搞坏了公司内的气氛。上司不把部下当有感情的人看待，而是一切都看指标、用‘评价的目光’审视部下。”由于缺乏有温度的核心理念，只能强调冷冰冰的数字，所以真正的创新在索尼无法推行。比如 VAIO 电脑，开发这个系列的初心来自出井伸之，他希望将 VAIO 打造成为当年和 Walkman 一样的创新产品，但由于业务部门面对短期利润的压力和内部冷漠的考核文化，创新被抛在了脑后，而是什么挣钱做什么——VAIO 电脑从惊艳一时到销声匿迹、无疾而终。

从索尼的例子可以看出，只强调考核的绩效主义模式会导致短期主义、本位主义和功利主义，对企业有不小的害处。与索尼类似的是苹果公司的著名案例，斯卡利（John Sculley）与乔布斯（Steve Jobs）之争就是典型的绩效主义与有温度的高绩效主义之争，幸好，乔布斯最终取得了胜利。由于不了解这点，国内许多企业盲目实施 KPI 绩效考核制度和末位淘汰制度，将绩效主义视为科学管理方式。这也是我在企业中强调用“绩效管理”代替“绩效考核”的原因，考核是短期、功利的，绩效管理则需要长期化、系统化，并根据企业情况尽可能加入绩效文化、绩效沟通和员工成长的维度。企业的人力资源部门，需要做好顶层设计，谨防用简单机械的绩效考核来管理业务和骨干人员。具体而言，这个工作可以从五个方面着手。

○　强调有温度的核心理念，强调既有远大梦想，又专注与创造高绩效价值观。

○　在组织架构中设计总控层，在实施分权后仍然有专门的机构去思考和推动企业长期及总体的战略、业务发展工作。

○　在组织结构中更多地应用横向型团队，打破部门壁垒和本位主义。

○　公司人力资源一盘棋，从总体发展的角度思考人员调配和成长问题。

○　强调高绩效文化、目标体系、绩效沟通、绩效评估而非单一的绩效考核。

总的来说，培养高绩效文化从高层开始，要在内部不断研讨达成共识；高层需要抛开传统文化的束缚，以身垂范推行高绩效文化；需要做好分权设计，让一线承担起更多责任；注意高绩效文化要有温度，时刻谨防绩效政治化，变成简单机械的“绩效主义”；系统思考绩效管理，强调高绩效文化、目标体系、绩效沟通和绩效评估。

韦尔奇（Jack Welch）对于发挥高绩效文化，从而让绩效管理发挥作用有本质的认识，他说：“我们的活力曲线之所以能有效地发挥作用，是因为我们花了 10 年的时间在我们企业里建立起了一种绩效文化。”当高绩效文化成为共识，在企业中管理变革的阻力就会大大降低，无论是末位淘汰、组织调整还是流程优化，只要有利于绩效提升企业就能够顺利推广，同时在这种文化影响中，员工会自动自发地提高个人能力以提升绩效。

人员的选拔和安置要用人所长

“招聘是宇宙间的头等大事。寻觅人才和保持超高的用人标准，高于世间其他的一切。”

——《Valve 新员工手册》

“伟大的团队是，每一位成员都知道自己要去往何方，并愿意为此付出努力。建立伟大团队，不需要靠激励、程序和福利待遇，靠的是招聘成年人，渴望接受挑战的成年人，然后，清晰而持续地与他们沟通他们面对的挑战是什么。”

——帕蒂·麦考德《奈飞文化手册》①

在企业管理的历史上，企业管理者一直把员工当作成本和费用，这一点从我们的财务报表结构中可以看到，在报表中的资产项有现金、机器等有形资产和商标权、应收账款等无形资产，企业中人员却和资产无关，反而是人员的工资一直放在“三项费用”之中。

如果从这个角度看，招聘就绝对不可能是“宇宙间的头等大事”。管理者一定要认识到，企业管理已经从过去对物的管理完全转向了对人的管理，招聘绝不是一件简单的事情，实现有效招聘能让企业拥有源源不断的人才，其重要性无论如何强调也不为过。以下几个是人力资源部需要提出的重要问题：

○ 什么样的人是本公司最适合的人才？他的毕业院校、专业方向、成长经历、心性品格大致如何？

○ 招聘这件事的需求从哪里来？是从用人单位还是人力资源部？

○ 招聘流程应该怎么走？应该有哪些人参与这件事？谁来最终决策？

第一个问题是人才观问题。招聘难点在于适时招到符合应聘条件的

---

① Valve 公司和 Netflix（奈飞）公司均为卓越的科技企业，其对人才招聘的思考是企业未来的方向，值得所有企业借鉴。

人，以及人员进入后的适岗程度和留任程度低（招聘成本比我们想象得要高得多）。为降低招聘成本，提升招聘效率，人力资源部需要牵头研究“我们的人才究竟长什么样”，给适合企业的人才画像，并与高层和各部门主管达成共识。

第二个问题涉及人力资源部的定位。人力资源部需要在招聘这件事上更加主动，而不是被用人单位呼来喝去。具体场景不是“技术部需要两个工程师，下个月这个时间必须到岗，你们人力资源部能不能做到”。场景应该是“人力资源部按照我们共同制定的招聘规划，给技术部招了两个新手工程师，参加新人培训后下周一到岗。需要技术部按计划提供上岗培训，并按师徒计划安排好指导员”。

第三个问题涉及招聘工作的组织。如果把招聘工作看作是人力资源部的一项职能，按职能制的组织架构，该工作应该是在部门内完成。但招聘工作是一项特殊的工作，需要按照小组制对该工作进行组织和实施。即建立工作小组，人力资源部抽调人员与用人单位共同组成临时团队，信息共享，共同决策。

无论是招聘还是使用人才，都要用人所长，从人力资源部的角度出发，无论是招聘、使用、安置、调配人才，必须要符合用人所长的原则。在现实中，不是每一位主管都有“立己达人”之心。换句话说，在如何用人方面很多主管并不合格——这正是人力资源部可以有所建树的工作范畴。企业的人力资源负责人应该向美国名将马歇尔（George Marshall）学习如何任用人才。

“马歇尔将军的故事，是如何发挥长处的最佳说明。20 世纪 30 年代中期，马歇尔将军出任要职之前，美国陆军几乎没有堪当重任的年轻将官……第二次世界大战期间，经马歇尔将军提拔而后来升为将军级军官的人选，在当时几乎都是些默默无名的年轻军官。艾森豪威尔将军就是其中之一，当时他官拜少校，年龄 30 来岁。到了 1942 年，由于马歇尔将军的用人得当，已替美国造就了一批有史以来为数最多、才干最强的将领。”

马歇尔提拔的将军多数都是有瑕疵的，比如马歇尔非常不喜欢性格粗暴的人，但他选任了著名的巴顿将军（George Patton Jr.），巴顿的性格粗鲁野蛮，但马歇尔却说：“一有装甲部队，立即交给他指挥。”在马歇尔麾下，巴顿能够充分发挥他的作战指挥才能。

人力资源总监需要建立企业的人才档案，对企业人才进行摸底调研，了解每一个骨干的长处和短处。当某个任务（机会）出现，某个人的长处极为适合该任务，人力资源部有责任（同时有适当的权力，比如在高层会议上提案）调任此人。如同前文所述，人力资源部的核心职责是充分利用企业资源培养人才，用人所长，让员工完成之前不敢想的任务。

在企业实践中，有经验的人会指出，如果人力资源要发挥自己的作用一定会遇到部门的巨大阻力。比如有些部门经理会跳出来说“部门少不了某人”，强烈反对，甚至提出如果人力资源部把他调任会引起不良后果。遇到这种情况，最大的可能是该部门经理本人有强烈的本位主义，甚至部门隐藏着严重问题。德鲁克的建议是需要对该部门进行审核，甚至对该经理进行调任。这时，如果人力资源部没有授权，对此就毫无办法。人力资源部之所以毫无建树，往往就是因为部门缺乏足够授权或人力资源总监缺位。

为了使人力资源部的工作卓有成效，还有以下四个方面需要注意：

（1）思考企业的工作组织和设计。

在泰勒（Frederick W. Taylor）的科学管理理论中，他特别强调动作分解，之后工业制造企业将动作分解深入应用到企业实践，卓别林的《摩登时代》对此有精彩的演绎。动作的分解催生了装配线、流水线和大规模生产，创造了一个时代。德鲁克举过一个很有意思的例子：

“第二次世界大战期间，毫无技术的黑人女工却生产出最复杂的飞机引擎零件。这项工作需要八十多个不同的作业，但是所采取的方式不是由一个人负责一项操作，而是出于冶金学的原因，由同一位作业员负责一项完整的工作。通常在这种情况下，都会把这类工作交由技工处理，但是当时根本找不到技工，而且需要的零件数量庞大，时间又太紧迫，根本不可能组织起合格的技术人力。于是这批非技术性女工——当时唯一可用的劳力——必须承担起这项工作。他们把每项工作都分解成80项步骤，依照逻辑顺序安排好作业流程后，每位女工都拿到一张详细的操作说明图，指示她们每个步骤应该完成的作业，之前应做的动作，以及过程中应该注意的事情。出乎所有人意料之外，采取这个方法后，和过去雇佣技术高超的技工或采取传统装配线作业的经验比起来，生产作业反而变得更有效率、品质更好、产量更大。”

然而，随着时代发展，过于强调动作分解的工作组织方式已经落后了，今天的工作组织模式正在发生新的变化，其前置环境如下：

○ 人工智能和机器人开始逐渐取代人工，例如工业机器人和 RPA（机器人流程自动化）的大量应用。

○ 专业高度分化和知识工作者的工作相对独立。

人力资源部的职责之一是需要思考企业整体工作的组织和设计。无论是制造业企业还是其他类型的企业，人力资源总监都有必要为此花时间召开会议，与总经理和研发、生产、销售、服务等部门的负责人讨论工作组织和设计，通过流程拆解、工作分析等工作，明确为了提高整体效率，哪些工作可以引入自动化处理，哪些工作可以逐步外包，以期从整体业务组织的角度提高组织效率。

工作分析和业务流程分析应该由各个部门自己完成，由人力资源部进行总体组织和推动（前提是企业没有负责此事的专职部门）。上文黑人女工的例子中，要将工作分解然后再整合，即动作分解、程序分解、时间分解的工作需要由人力资源部督导各部门完成，然后整合的工作由人力资源部和用人部门共同确定，最终形成完整的岗位说明书和工作流程（与精益思想 Lean Thinking 有相似之处）。

（2）不要将计划和执行完全区分开。

IBM 的“最佳实践”案例中，IBM 将新型计算机最终的详细设计和生产规划结合在一起，取得了意料之外的绩效。这个案例指出了泰勒（Frederick W. Taylor）科学管理的第二个盲点。

在泰勒之前，人类的工作都是一边摸索、一边操作，规划者同时也是执行者。而在泰勒之后出现了不同，弗雷德里克·泰勒发现计划和执行截然不同，如果能在执行之前，将计划做得尽可能周详，执行起来就能更加高效。从而他将计划独立出来，成为工作中一个完整的环节，这是泰勒科学管理的基石之一。这一点深深地影响了现代社会，于是，西方的“精英主义”开始抬头——精英做计划、百姓做执行——前苏联的缔造者列宁（Vladimir Ilyich Ulyanov）是泰勒的信徒，他将这种思想引入了国家治理之中，这就是由斯大林（Joseph Vissarionovich Stalin）启动的前苏联全国性五年经济计划。

对于中国人来说，计划和执行相分离的模式和泰勒无关，它简直是天经地义！《三国演义》中对诸葛亮的过度神化让很多中国人认为，丞相诸葛亮做计划，蜀汉“五虎上将”关张赵马黄来执行，这是最佳搭配模式——“羽扇纶巾，谈笑间樯橹灰飞烟灭”，这也是中国千年以来精英文化不断灌输的结果。

无论是对企业还是对社会来说，**“计划和执行是同一项工作的两个不同部分，而不是两项不同的工作”**。一个不做执行的人做不好计划，一个不做计划的人也干不好执行。哪怕是最机械化的工作，工人在执行的时候如果只考虑死板地执行，那么他不会成为一个好工人；同理，一个“十指不沾阳春水”的管理人员也不可能是一个好的管理者。很难想象，毫无军事经验、躬耕于南阳的诸葛孔明一上来就奇计连连，带领一帮久经沙场的老将打败战争经验同样丰富的敌军。事实上，“宰相必起于州部，猛将必发于卒伍”，诸葛亮自辅佐刘备以来，一直在做内政的工作，直到蜀汉后期，刘备关羽等人相继离世，诸葛亮才得以军政大权集于一身。《三国志》中，陈寿对诸葛亮的评价是：“识治之良才 ，管、萧之亚匹矣。然连年动众 ，未能成功 ，盖应变将略 ，非其所长欤。”即使陈寿出身蜀国，对诸葛亮钦仰有加（以管仲、萧何与诸葛同列），他也同样指出诸葛亮将略不足的弱点。

此外，大部分工作岗位都应该包括计划职能。对职场上的每个人，无论是高层、中层还是基层，哪怕是清洁工人，也需要有更多的计划工作……知识工作者尤其如此。例如，记者不能只在主编的命令下写稿件，而是必须做计划，成为媒体的策划人和执行者。

（3）让员工和他们的工作具有重要性。在此基础上进行人员安置是人力资源部门需要思考的工作。

（4）利用团队模式完成庞大、复杂和繁重的工作。

无论是长期团队还是短期团队，已经成为主流的人员组织模式。在现代企业中，问题越来越复杂，专业越来越细化，专业化的知识需要和其他人的知识结合在一起才能产生效用。无论我们是要拍一部纪录片还是要开发一个 App 都是这样。**“应由一群人以有组织的团队形态来完成工作，而不是用机械化的方式把一群人连接在一起。”**

把这些专业知识组织起来，并发挥最高效用的组织模式是团队模式。同时，它又是一种要求很高的、难于组织和管理的结构，并非是包治百病的灵丹妙药，一旦团队失败，对于企业的骨干员工还是企业本身都是很大的打击。

由人力资源部来推动团队制在企业内部的组建，对于大多数企业而言是适合的做法，原因如下：

○ 从“锻炼人”的角度出发而不单纯是“完成事”，对于团队而言，拥有更宽松的环境，反而更有利于完成任务。一旦事情失败，企业也并非毫无所得。

○ 人力资源部往往是第三方，和团队直属领导和团队成员沟通有自身的优势。

○ 未来的工作组织和企业架构越来越灵活，人力资源部应该为此负起责任。

这些都是人力资源部应该管的事情吗？回答是确定的。在任何一家企业中，应该只有两个核心部门：一个是人力资源部；另一个或是销售部，或是研发部，或是生产部。在一家中型或大型企业中，最顶层的高管班子应该有人各自负责一个核心部门的总体运作。企业人力资源部必须“视员工为资本，推动员工不断成长”，并据此改造现有的部门结构和职能。

第三十四章
股权、利润和工资

今天的社会是一个由组织实体，而非个人构成的社会。每一个组织都需要在社会中找到自己的定位，其中企业组织的定位是社会的经济器官，它需要以经济交换为前提获得生存的条件。同样，多数人都需要找到属于自己的企业组织，生活的主旋律变成了为企业工作，在企业中获取劳动收入。

在这种情况下，弄清楚个人和企业之间的关系就显得非常重要。

在经济学理论之中，从斯密（Adam Smith）和李嘉图（David Ricardo）开始的劳动价值论，演绎出来劳方和资方的关系是一种买卖关系—— 一方出卖劳动力、另一方则让渡工资——这也是马克思资本论的基本假设。直到今天，绝大多数人仍然是这种看法。

德鲁克则有完全不同的观点。

他的看法是在现代社会中，个人无法依靠自己完成生产活动，只有当为数众多的各类专业操作组合在一起，形成一种模式，产品才能生产及交付给最终的顾客，其中的设计、生产、销售、市场的组织工作之复杂精密远远超出了我们之前的时代。正因为如此，“在工业社会中，人们一旦失去组织，他就变成了一个无用的‘零件’，他不可能完全依靠自己完成生产……工业社会的公民无法理解、也无法控制这股将他们抛离社会、剥夺他们体面的公民生活的力量。只有当现代工业社会设法驾驭好这种力量，它的社会成员才会认为这是一种可接受的或合理的社会形态。否则，这样的社会就会沦落成为毫无意义、缺乏理性、群魔乱舞的社会，最终变成挥之不去的噩梦”。①

有个美国艺术家在2009 年想自己不依赖外部力量做一台烤面包机，他应该怎么做呢？首先，他至少需要五种原材料：铁、铜、镍、塑料和云母（绝缘材料）。只是这几种材料非常麻烦。他想办法搞了一些铁矿石，但又炼不出铁……塑料是石油中提炼出来的，自己去钻探石油？……其他三种矿产不好弄到，同样不好提炼……最后，这位艺术家通过作弊的方式搞来了原材料，花了不少钱终于做出了一个烤面包机，但质量外观都极差——要知道，这样一台烤面包机在美国只卖 4 美元。

---

① 彼得·德鲁克（Peter F. Drucker）. 新社会（The New Society：The Anatomy of Industrial Order）［M］. 北京：机械工业出版社，2009 年。

通过以上描述可以看到，个人和企业之间不应该是单纯的买卖关系，而应该是一种“共同体”的关系——员工和企业共同构成了这个工业社会。如果企业按照传统经济学的单纯买卖关系去最大限度地盘剥员工，那么工业社会将会难以为继。

如果工人拿着微薄的收入，生产出海量的产品，会出现什么情况呢？最大的可能是全社会购买力严重不足导致企业产能过剩，从而反过来使得企业开工不足、人员大量失业，同时贫富极端分化，在短时间造成社会矛盾急剧恶化——实际上这就是第二次世界大战前全球主要工业国的基本情况，而“二战”的爆发与此有直接的因果关系。

所谓“共同体”，即个人和企业是共生的关系。个人需要依靠企业提供生活的保障和心灵的归宿；企业则需要个人持续提供创造性和主动性以获得真正的利润（真正利润的唯一来源），从而作为社会经济器官完成企业的使命。

如果要谈企业的利润分享和股权激励，就必须对以上内容有深入的理解。人的观念具有强大的惯性，它仍然带动多数人按照百年前的方式来理解企业和利润——整整100年前老福特在做的事情，今天的企业家仍然在做，而且不见得比老福特做得更好；200年前李嘉图对经济领域的认识，仍然在深深影响着我们每一个人。时移世易，而企业的利润不来自盘剥员工而带来的“剩余价值”，而来自企业家的资源重构、知识工作者的创新及科学管理带来的红利。由此，企业中的员工也不能只是一个“零件”，而是带动企业不断前行的“发动机”。

不能只用股权来激励员工

2001年，著名的互联网技术杂志《红鲱鱼》（Red Herring）在美国加州克莱蒙特采访了德鲁克，里面谈到关于上市公司用认股权证（即期权）来激励员工的问题。德鲁克鲜明地表示，这种激励机制非常不可靠，它并不能防止员工离职，关键是因为这样一来，短期经济利益就成为员工的主要工作动力，这是非常不正确的事情。

这和多数企业管理者的观念不同。对今天的创业企业，尤其是科技企业来说，股权激励已经成为常态。企业领导者对于“财散人聚、财聚人散”这样的说法也耳熟能详，很多创业者在创业初期，都会在公司的股权中预留一部分股权池，用于激励企业成员。目的是让员工把公司的事业当作自己的事业，激发员工的主动性和活力——而且似乎效果也不错。

笔者曾在多家创业企业观察股权激励的效果，总体而言，效果比较好的是期权激励和虚拟股激励①。核心员工的流失率的确在下降，老板和员工对话时常说：“咱们现在是一体的，公司估值要是上去了，你那部分到时候值一两百万。”员工对此也很满意，对工作也更加上心了。看起来是双赢的局面。

可问题仍然存在，员工和企业的关系依然不清晰。

尽管都实施了期权计划，但创业企业中员工流失率不尽相同。有的企业很好，离职率低，员工积极性和满意度都很高。有的企业尽管在上升期，用户数量急剧上升（产品是手机 App），也实施了期权计划，但员工和企业的关系相当紧张，企业中充斥着不安的空气，大家关心的除了工资就是未来的期权承诺是否能够兑现。这与德鲁克在《新社会》中讲的故事非常相似：

> 我最近跟一家高科技公司讨论，过去50年来，我看着这家公司从非常小的企业变成了一家大公司——年营业额达100亿美元的大公司。……虽然他们的公司不在硅谷，可是员工流失率已经高得吓人。在我们这次会面之前，他们已照我的建议，寻找已经离职的高级研究人员和技术人员，询问他们离开的理由，得到的答案是：“每次无论我找你们当中的哪一位，你们所谈论的话题只有一个，就是股价。……我在中国跟3位我们公司的大客户在一起待了差不多6个星期的时间，回国后，我去找国际技术服务部门的主管，我在那儿坐了1小时，想跟他讨论我在中国看到的重大商机，但他只对我们的股票前一天跌了8个点感兴趣。”

德鲁克绝非不同意用股权的方式来激励员工，他只是担心，如此一来就会将管理者和知识工作者的眼光聚焦在短期利益，而致力于短期行为，争取去兑现自己的股票期权。在这样的心态下，企业究竟未来是死是活和

① 股权激励有三类模式：第一类是实股，即通过工商登记，成为企业的实际股东；第二类是期股，即约好在未来达成某条件的情况下，在某一时间段以某特定价格购买企业股票的激励方式；第三类是虚拟股，它不是真正的股份而是模拟的股权，包括分红股、身股、干股、股票增值权等。

员工没有关系。有了期权之后，企业和个人的关系反而变成了纯粹的买卖关系。因此，许多拿期权来激励核心骨干的企业，期权在过了高收益区之后，员工会选择离职或怠工（即使企业实施滚动期权，同样也有高低不同的收益区）。

给企业核心骨干实股，一样面临很多问题。如果企业每年分红，小股东有盼头还会努力工作；如果企业多年不分红，小股东也一样没有动力。小股东如果选择离开或者干脆就不参与经营，会带来更多问题。

利润分享计划中的利润是什么

股权激励有问题，那么利润分享激励怎么样？

把企业当期的利润拿出来进行再分配就是企业利润分享计划。这种激励模式大致可以分为两类：一类是利润比例分享，即从当期利润中拿出一个比例分给管理层和员工；另一类是超额利润分享，即预定一个保底利润金额，凡超出此金额的利润将以此为基数给管理层和员工进行分享。

今天企业利润分享的思路和方法和 100 年前通用汽车总裁斯隆（Alfred P. Sloan Jr.）所做的别无二致，没有新的东西。斯隆的利润分享计划面向通用汽车的管理者（4000 多人，不到员工人数的 10%），其目的是让这些管理者成为公司事业的合伙人，一起分享公司的利润增长。

> “自 1918 年以来，通用汽车红利计划就成为我们管理理念和组织的一个组成部分，并且我相信，这个计划是公司不断前进发展过程中的关键要素。……红利计划使每个管理者有可能获得与他自身工作业绩相当的报酬……要最好地服务于公司和股东的利益，就需要使关键员工成为追逐公司繁荣兴盛的同伴，每一个这样的人都应该获得与他为事业部和整个公司所作出的贡献相对应的奖励。”①

在西方企业之中，利润分享计划较之股权激励更加广泛，成功的例子也多。与股权激励相比，利润分享计划更直接地将员工行为与企业利润挂钩（而不是不可控的股价），责权利相对更加清晰。但仍然存在“负盈不

① 小艾尔弗雷德·斯隆（Alfred P. Sloan Jr.）. 我在通用汽车的岁月（My Years With General Motors）[M]. 北京：华夏出版社，2005 年。

负亏”的老问题。即使企业与上年相比并没有增值，仍然需要拿出工资之外的钱发给员工。如果企业亏损，员工也并不负责，该拿的工资一分钱都不能少——共同体依然未能成型。

利润分享计划的问题出自“利润”的概念，关于这点我们在前文已经有过论述。但为了强调，我们需要从不同角度来看利润究竟是什么，以及利润到底从何而来?

和前面劳方资方的关系一样，关于利润的传统观念也有很大问题。利润并不是某种“值得向往的美好东西”，而是企业的生存条件，如果企业没有创造出继续经营所需的利润，企业就会难以为继。

举个例子，某企业某年利润达到50亿元，按照我们一般的理解，这家企业这一年挣了50亿元，这些钱是经过企业全员的努力挣出来的价值，企业不但可以继续生产，而且可以进行利润分配和其他投资。但实际情况并非如此！假设这家企业资本总额达到上千亿，就算加权资本成本（自有资金和外部资金的平均成本）只有6%，这家企业实际也是亏损的。简单来说，这些钱拿去干其他事能挣到的钱比投入企业还要多，这家企业已经失去继续生存的价值了。

除了上文所说的加权资本成本，企业未来的生存所需还有三项需要预先准备:

- **作为补偿企业继续存在的成本的“风险报酬”。**
- **作为支付未来工作费用的资本来源。**
- **作为创新和经济增长的资本来源。**①

解释一下“风险报酬”，企业在经营中会遇到很多风险，比如货卖不出的风险、账收不回来的风险、手中的现金贬值的风险、（由于不再投入广告）品牌一天比一天不值钱的风险等，未来需要有钱为这些风险买单，这也是今天的会计报表上能够看到“计提准备金”的来源，比如坏账准备金、存货跌价准备金等（有些在报表上仍未体现，比如商誉减值和摊销）。

此外，每年的研发投入必然会摊薄利润，那么企业是否可以不再投入？假设一家企业应该每年投入研发5000万元，但实际投入只有2000万

① 彼得·德鲁克（Peter F. Drucker）. 管理：使命、责任、实务（Management: Tasks, Responsibilities, Practices）[M]. 北京：机械工业出版社，2006年。

元，似乎利润一下就多出了3000万元，但是，这是真正的利润吗？所以，需要认真审视我们的财务报表，用收入减去未来的生存所需，才会产生真正的利润，使企业有继续生存下去的希望和可能。这和我们在会计报表看到的，以及惯常理解的并不相同。

日本百年以上的企业是世界上最多的，有3.5万家。为什么会怎样？原因只有一个——日本企业几乎都是自有资金，根本无惧市场动荡带来的风险。京瓷公司的董事长稻盛和夫曾经讲过，京瓷公司即使7年不赚钱也不会死。日本各类企业都不缺现金，企业取得利润后会作为安全贮备金，绝不盲目投资，确保遇到市场的惊涛骇浪，企业也能活下来。中国中小企业贷款千难万难，而日本的中小企业根本就不愿意从银行借贷，哪怕日本商贷利率只有1.2%。换句话说，日本企业存活率高的原因在于它们真正理解企业的生存所需或者真正的利润到底是什么。

强大的“共同体”利润分享计划

西方经济界和企业界从20世纪90年代开始流行“EVA”思想①，就是在财务报表的净利润项中扣除资本成本和大量可能的风险折算（Stern Stewart财务顾问公司列出了160多项可能需要折算的项目），剩余部分才是真正的价值创造。

德鲁克认为EVA反映了管理人员能够创造和提高价值的所有方面。同时，EVA的思想逐渐得到越来越多企业界人士的认可，甚至开始作为大型国企的标准绩效考核指标（仅仅引入资本成本的概念）②。

如果将个人与企业视为一个共同体，思考这个共同体的价值创造，集合EVA的思想内涵，我们是否能够创造出一种最佳的利润分享模式？

人民大学教授黄卫伟是华为公司的长期顾问，他为华为做的一个成功案例说明了这种模式的存在，并在企业实践之中获得了极佳的效果。

---

① EVA是经济增加值模型（Economic Value Added）的简称，是Stern Stewart公司开发的一种新型的价值分析工具和业绩评价指标。

② EVA思想在德鲁克的早期著作中就有体现，他在《管理：使命、责任、实务》一书中对企业利润的限制条件和资本成本进行了详细的描述。而米勒（Merton Miller）论文时间更晚，而且多是经济学意义上的论述，而非企业管理学和会计核算方面的思考。

1997年，华为公司的一家子公司华为电气公司（2001年为出售改名为安圣电气），主要产品是通信电源，公司大约有1400人，需要单独做薪酬激励的设计。黄卫伟经过和任正非的交流，设计了“全年可分配价值”的概念——把企业作为一个共同体，设计的是企业共同体全年“增值”的分配！

全年可分配价值 = EVA + 员工当期薪酬（包含基本工资 + 奖金 + 福利津贴等）

其中，EVA是企业所创造的资本回报（已减去原有报表中的工资福利项），员工当期薪酬是员工的劳动所得。两部分加起来，就是企业作为一个共同体的增值部分（还需减去前文中提到的未来经营所需资金，主要包括研发投入、再生产投入、对外战略投资等，在财务科目中体现为盈余公积的计提）。企业和员工约定好一个分配比例，在未来几年中，确定双方在“全年可分配价值”中的分配比例不变。

在《管理的实践》及德鲁克的其他著作中，他一直强调要缓解员工对利润的敌意，但同时又说员工对利润的抗拒是根深蒂固的，其原因是利润的概念本身就是资本的回报而非员工劳动的回报。

“全年可分配价值”是来自共同体的概念（未来财务报表的形态必然将向这个方向靠拢），概念本身同时包含了企业组织化的回报和员工个人劳动回报两部分。这种机制从本质上解决了企业激励“负盈不负亏”的问题。当企业“共同体”经营不善，其中“可分配价值”中资本和员工的比例是预定好的，则全体员工的薪酬总额必然下降。也就是说，不但奖金没了，所有人的基本工资会下降！但是，在全员认可的“共同体”概念下，所有人都能够接受降薪的现实。

华为电气开始试行这种机制及更加细化的管理政策——将机制和每个员工挂钩，每个岗位都知道自己的业绩怎么和“共同体增值”相关——存货增加了，应收账款增加了，就会增加资金占用，对最终“可分配价值”产生负面影响。如果确定了员工分配比例，每个员工几乎可以立即计算出来某项工作行为对自己薪酬分配的影响——把细账算下去，每人都知道自己怎么去做贡献，在“可分配价值”中的贡献有多大，薪酬因此发生什么变化！

按照黄卫伟的统计，在制度实施一年之后，华为电气销售收入从12.5亿元增长到21亿元，增长了67.3%，经营净利润整整翻了一倍。公司原来有一条100多人的产品线，平均利润只有3%，本来计划是要砍掉的，结果一年下来，不仅收入大幅增长，其利润率也达到了30%，比之前翻了10倍！除此之外，一些日常经营数据也有很大的提升，包括市场返修率下降54.2%、产品开发计划完成率提高29.7%、物料采购成本减少8.1%（减下来的都是净利）——最终，华为电气“全年可分配价值”比上年增长了55.2%。

2000年，由于全球互联网泡沫、电信行业危机，以及受小灵通业务急剧下滑的影响，华为遭遇了企业危机（2000年底，任正非写下了著名的《华为的冬天》），为此高层决定将所有非核心业务剥离，将全部资源投入电信核心设备。被剥离的主要业务就是华为电气，2001年，华为电气作价7.5亿美元（等于总资产的4倍）卖给美国爱默生电气公司（Emerson），为当时身处严冬的华为加上了一件宝贵的小棉袄。

有意思的是，华为电气卖给爱默生之后，由于爱默生采取的是西方传统的薪酬管理模式，结果高速增长的企业被踩了一脚刹车。华为电气的管理层（艾默生只派了几个人来进行整合，管理层依然是原有的团队）给爱默生总部打报告，要求恢复原来的激励模式。由于该模式在西方也没有先例可循，最开始爱默生高层并不支持，但经过了解情况和仔细测算，爱默生在第三年批准了这个激励模式，于是企业又开始高速增长，并很快成为爱默生公司的主要利润来源。直至2016年，艾默生以40亿美元的价格将艾默生网络能源公司（即原华为电气）出售给美国白金资产管理公司（Platinum Equity）。

还有一点值得一提，员工离职创业是很平常的事，优秀企业的前员工创业往往会创下不俗的业绩，被称为“××系”。比如联想系的融创、每日优鲜、神州易桥等，阿里系、腾讯系更是有一大堆不错的互联网创业企业。在电力电子和工业控制领域里，有一支非常有名的离职创业队伍，即“华为电气—艾默生”创业系，这个创业群体居然超过联想系和BAT系中任何一家，其A股上市公司多达10家，除此之外还有一家被施耐德电气以6亿美元并购——一家不到2000人的企业，何以能有如此之强的活力？

这支队伍如此厉害的原因一方面是他们具有难能可贵的“土鳖”+“国际范儿”，即民企强烈的生存意识+外企规范的管理能力；另一方面笔者认为和华为电气采取了“共同体”的管理和激励模式有关。在这种激励机制之下，员工没有被雇佣的心态，而是在一个共同体内大家搭伙一起干，以为共同体所做贡献作为基础进行价值分配。

绝大多数优秀企业的员工仍然是被雇佣的心态，于是在离职创业之前都会有重重挣扎——自己是否要抛弃现有旱涝保收、风光体面的职位去冒创业的风险？于是，华为电气的创业群体在创业之初就有了心态上的优势，使他们能够更轻松、更开放地去做自己想做的事，而且能够得到来自群体（昔日伙伴）更多的支持。

工资最高的时候成本最低

福特汽车公司的老福特（Henry Ford）有一个理念，他认为老板应该具有的野心是，自己公司的雇员的工资要远高于别的同类企业。高多少呢？1914 年 1 月，老福特将工人的日工作时间从 9 小时调到 8 小时，22 岁以上工人的日工资从 2. 34 美元涨到 5 美元（需要养家、家有寡母、弟弟、妹妹的年轻工人待遇与 22 岁以上的工人待遇等同），是业界标准薪资的两倍。除此之外，老福特还搞了利润分享计划，给工人利润分成注。当时的汽车之城底特律为福特汽车的“日薪五美元”全城轰动，上万工人涌向福特工厂，工人甚至创作出蓝调（Blues）歌曲歌颂老福特的工薪政策。

老福特之所以这么做，是因为他认为企业中人与人之间是伙伴关系而并非劳方和资方的关系。他计算工资的视角并不是站在资方角度，不是从企业成本和利润获取两个角度出发去思考工资如何发放，以及如何去刻意压低工资以提高利润。老福特是从每个员工的生活开支、教育费用乃至家庭收入、家庭支出计算——如果一个员工的工资覆盖不了孩子的教育经费、支撑不了妻子在家的支出（当时多数女性不出去工作），那么工资就是不合理的。换句话说，企业支付的工资和每个人的家庭负担有关。如果企业能够支付得起这样的工资，就必须支付，如果企业支付不起员工养家糊口所应该拿到的报酬，那么企业就没有存在的必要，或者说企业就会有生存危机。

老福特认为，一个能将工作完成得最好的人必是一个过着美好生活的人，可以说老福特是工业世界中第一个认识到员工工资和企业效益之间能动关系的人。他认为这个工资绝对不会让产品的成本上升，恰恰相反，如果满意的工人让机器的效率提升10%，流水线就将创造巨大的效益。

30层的高楼和5层楼的占地面积是一样的，倘若不改变那种守着5层楼的思维，那么5层楼的房主就会损失25层楼的利润。同时，如果12000名员工每人每天少走一步，那么节省的就不仅仅是被浪费的50英里的运动，还少损耗了相应的能量。①

事实也完全证明了老福特的预测，在大规模生产方式和员工积极性高涨的共同作用下，福特公司当年的人均效率达到其他汽车工厂的47倍，随着公司成本大幅度下降，1914年，老福特将一辆T型轿车的售价降至360美元（T型车的售价曾高达4700美元）！

老福特认为，为伙伴支付一定的报酬，使他在为企业尽心尽力工作之时无任何的后顾之忧，这是企业降低成本、提升经营管理效率最有效的途径。当然，他绝对不支持工资过高，工资过高会增添人的贪婪而使他的能力反而降低。

以上这些理念在河南许昌的一家商贸公司得到了验证。这家公司叫河南胖东来商贸集团有限公司，其所在行业是商业，主营商场和超市，而且这家企业只在河南的三线城市开店。这样一家企业，却被马云称为是中国企业的一面旗帜。被雷军称为在中国零售业是神一般的存在。

胖东来2005年在河南新乡开新店。新店选址的隔壁是一家台湾企业丹尼斯，当时的丹尼斯是河南商业企业中的老大，年销售额已经过百亿元。新店旁边还有一家国内商业企业中的佼佼者世纪联华，不远的地方还有一家沃尔玛在筹备。而且胖东来新乡店的物业居然没有停车位，这个新店的选址对于百货业简直就是死地，要知道，停车位是商超的核心竞争力之一，何况旁边已经成熟的竞争者非常强大。

---

① 亨利·福特（Henry Ford）. 向前进（Moving Forward）［M］. 北京：当代中国出版社，2002年。

结果，一年不到，隔壁的丹尼斯门可罗雀，不得不关门大吉。又过了不久，世纪联华也不得不关门，将店铺卖给胖东来。不是这些商超不行，而是顾客认准了胖东来，有胖东来的地方其他商超根本不去。即使是全球第一的沃尔玛，在新乡筹备多年后卯足勇气开业，结果不到4年也只能黯然关店离开新乡市场。

胖东来为什么有这么强的竞争力?

胖东来的创业者于东来有着和老福特一样的理念：“一个能将工作完成得最好的人必是一个过着美好生活的人”。

在“996”盛行的今天，于东来要求所有中高层干部，每周只许工作40小时，相当于每天工作8小时，要知道，胖东来所在的零售业晚上和周末都是要上班的，但胖东来的每个干部都有倒休，保证每周只工作40小时，而且下班后不能安排工作，打一次电话罚款200元。他还规定，每周必须跟父母吃一次饭，每月必须带着家人出去旅游一次，每年强制休假20天。

员工的美好生活诠释了胖东来和其他商超的本质不同。胖东来新乡店打扫卫生的女工一个月2200元，工作8小时，还不含另算的三险一金。这个工资在河南新乡可不得了，当地的保洁女工工资普遍在600~800元，而且工作时长普遍在12小时。所以在胖东来超市里面，地面、墙面、收银和能看到的地方都很干净。顾客能看得见的是胖东来商超地面整洁、商品有序、质量无忧，购物时处处都能享受到“家人式”的服务，同时经常被胖东来员工发自内心的热情所感染。后台则是理货、采购、促销、收银、商管等环节的基层队伍极为用心地工作，强有力的支撑着胖东来前端近乎完美的表现。

“996”是知识工作者工作属性和工作特色在今天外部环境下的体现。在外部要求“创新”的大环境下，对工作质量的要求越来越高，尤其是知识工作者需要思考、设计和规划、需要沟通和影响他人、需要安排计划和指导工作，因此，知识工作者对时间的要求比体力工作者多得多。在多数优秀企业中，各类管理人员和技术人员都忙得不可开交，即便如此仍然满足不了效率和质量的要求，就只能延长工作时间，“996”由此逐渐成为常态。

不过要知道，对于员工而言，用心工作和用脑工作是完全不一样的状态。德鲁克在著作《卓有成效的管理者》中讲过一个例子——罗斯福的机要顾问霍普金斯（Harry Lloyd Hopkins）因为身体原因，每隔一天才能工作几个小时，但这丝毫无损其有效性，英国首相丘吉尔对霍普金斯钦佩有加，赞美他是一位盖世奇才。

从机制的角度来讲，满足伙伴的基本物质需求，免去他们的后顾之忧，让伙伴能够过上美好生活，这时候企业的真实成本就会降低。因为真实成本等于有效工作时间乘以工作效率——多数情况下，知识工作者每天的有效工作时间并不长（关于这一点并没有令人信服的统计数据，但就许多人的感受而言，多数人在 8 小时工作制下的有效工作时间不超过 3 个小时）。因此，从某种意义上来说，工资最高的时候成本最低。

需要指出的是，老福特的理念可以溯源至科学管理的开山鼻祖泰勒（FrederickWinslow Taylor），泰勒认为，工人的工资应该比正常情况多 30%～100%。只有这样，企业成本才能降下来。

大多认为，雇主和雇员的根本利益是必然对立的。科学管理正相反，坚信二者的真正利益是一致的；如果没有雇员的富裕，雇主的富裕无法长久持续，反过来也一样；而同时给予双方最想要的——雇员的高工资和雇主的产品低劳工成本——也是可以实现的。这些正是科学管理的基础。①

本质上，工资属于收益分配，收益的主要来源是劳方的资源投入和创新，如果把劳方和资方视为对立，资方拿走收益的绝大部分，劳方只是混个温饱，从责权利一体的逻辑上是说不通的 。仔细想一想，把员工的工资分配部分提升起来意味着什么？意味着把权力和责任分担出去，让员工成为伙伴，共享企业成长的收益。

企业的目的是什么？

这是一个最难的问题，它不但包含创业者和企业家对企业的认知，还包含员工对企业的认识。如果员工认为企业的目的就是挣钱、获得利润，那么“共同体”就不可能形成，个人利益和企业利益之间就是对立和博弈的关系。如果员工认为，企业存在的目的是获得外部顾客的认可，从而保障他们能够组合在一起，持续付出劳动以换取报酬、持续创造价值以换取美好生活，他们才有可能和企业一起成为一个共同体。

---

① 弗雷德里克·泰勒（Frederick Winslow Taylor）. 科学管理原理（THE PRINCIPLES OF SCIENTIFIC MANAGEMENT）［M］. 北京：北京理工大学出版社，2012 年。

企业家要学会从利益分配的角度思考和行动，必须在“**企业的成功与员工的工作保障之间，建立直接而明显的关系**”。“**必须由管理者采取明确的行动，让企业的目的和员工的目的趋于一致，同时建立起双方互惠的关系和对充足利润的共同依赖，才是根本之道。**”

第三十五章
怎么管好基层经理

需要说明的是，本章中的基层经理[1]是指直接管理一线工作者的人。他们在军队里被称为连长或班长，在车间里被称为班组长或车间主任，在政府中被称为科长或股长（政府级别设置没有股级干部的设定，不过该级干部普遍存在），在商场超市被称为主管或课长、在酒店被称为领班、主管或其他名称。

企业是否能高效运转由两股力量决定的，一股力量是设计的力量，即企业的目标和计划设计、工作和岗位设计、组织和架构设计、薪酬和激励设计乃至企业文化和精神设计等；另一股力量是现场的力量，即现场作业目标和计划、一线人员的作业意愿和能力、现场的设备情况、作业规范和执行情况等。

以下是某制造业企业的基层经理自己写的现场案例：

“检修开始后第二天全公司停电两天，泵房内部处于拆除外运的关键过程，为了不影响整体施工进度，车间人员采用肩挑背扛的方式将20台旧泵（每台泵约300kg）从泵房里搬运出来，同样的方式将20台新泵运进去，有效地保证了检修正常进行。”

“检修期间车间全部停产，车间温度在零下5度至零下11度，为了尽快完成任务恢复生产，所有参与检修人员没有一个请假，尤其是上夜班人员冒着严寒连续工作12个夜班，部分人员得了重感冒依旧坚守在检修岗位上，经过12天持续作战提前3天圆满完成检修任务，恢复生产后设备效率显著提升，产能提高了接近20%。”

这是企业中最鲜活的奋战场景，也是现场力量的表达。企业如果缺乏这样的现场奋战，无论战略计划制订得多么完美，在实际竞争中也会一触即溃。可以说，基层经理是一家企业的基石，承担着最繁重的工作，和一线员工紧密连接在一起。这批人是否得力，决定了企业现场的力量是否强大，决定了企业真正的运营效率。

但在实际工作中，基层经理却不太起眼，来自企业外部的人和某些企业内部的人会有些看不起他们，认为这些人无足轻重。甚至有一些企业家觉得基层人员无足轻重，招人是“分分钟的事”，这也是企业的观念误区，

① 德鲁克在《管理的实践》中的用词是supervisor，英文含义为（制造业）主管，这是多年前的习惯用法，以德鲁克的原意表达为基层经理更加容易理解。

即过于看重顾客价值而不重视基层员工价值。

让基层经理拥有人事权

每一个人，从社会上、从家庭中、从学校里走入企业，并不是天生就具备某种禀赋，可以很快熟悉工作的规则和要求、成为一个职业化水准很高的人。他需要有人指导、有人帮助、有人关怀，这是基层经理的职责。如果没有人能够承担起这个职责，企业大厦就如同地基打在沙滩上，稍有晃动就会土崩瓦解。此外，大量刚出校门的新世代工作者涌向工作岗位，他们追求的东西和父辈不同，他们对工作的成就感和个性的表达要求更高，但社会化惰性①的因素并未消失。从而对基层经理提出了更高的要求。

按照一般管理原则，必须让基层经理有相应的权力，这个权力集中体现在人事权方面。具体来说，就是让基层经理拥有一线员工推荐、招聘、培训、工作安排和解雇的权力。

在许多企业中，基层经理只拥有其中的部分权力，人力资源部在招聘完成后，将新员工分配到相关部门，基层经理只有用人权和评价权，人事决策权并不在基层经理手中。以招聘为例，如果基层经理没有参与招聘计划的制订并最终拥有决定权，就会造成一些无法解决的问题，导致离职率提高、满意度下降：

问题一：基层经理不能挑出他们觉得适合的人。

“这不是我挑的人，是人力资源部那些人塞给我的。”“我更清楚什么样的人适合这个岗位，但是招聘的时候我的员工却不让我去亲自挑选。”

问题二：新员工不能得到关于工作岗位的准确信息。

“人力资源部的人告诉我待遇和福利很好，但没和我说过现场是这个样子！”“我的领导怎么是这种风格，和我想象的完全不一样。”

问题三：基层经理的威信受到影响。

---

① 社会化惰性（social loafing）即团体中的个人表现如果不能被独立评价时，人们就会倾向更少的付出。

“我觉得你的管理方式有问题，我要去人力资源部投诉你！”

按传统的观点，车间的班组长、事业单位中的科长、军队里班长、商超中的课长，虽然名义上是管理岗位，但似乎和更早的监工或者工头一样，是一线的监督者甚至是操作者（很多基层经理都是操作的高手），他们的工作和真正的管理工作不太一样。不过，德鲁克指出：**“主管工作必须是真正的管理工作。”**只有赋予基层经理以人事权并对他提出更高的要求，企业的效率才能得到保证。

对基层经理提出更高的要求

“真正的管理工作”包括设定目标、工作设计和组织、绩效评价和沟通等，一般的理解是需要升到更高级的职位，也就是中层经理的职位，企业才会对干部提出这些要求。

事实上，除非是管理流水线作业“一个动作，一项工作”这样的劳动者，基层经理都需要做大量的管理工作。“上面千条线，下面一根针”，企业的所有决策、规定、政策、措施要落实到每个人的身上，执行是否到位、是否高效完全要看基层管理者的能力和工作效率。如果基层经理不负责任，在很多情况下，由于上下沟通不畅，就会导致著名的“盥洗室之斧”的情况发生！

“美国西北部一家铁路公司刚上任的会计主管注意到，每年公司都花一笔超额的费用来为火车站盥洗室更换新的门。他发现如果按照规定，小车站应该锁上盥洗室的门，有人要用盥洗室时，再去向售票员拿钥匙。但是为了省钱，他们只发给每位售票员一把钥匙——一位早就卸任的总裁在位时颁布了这个节约措施，还沾沾自喜于一下子为公司省了200美元。因此，每次有旅客上完盥洗室，忘记归还钥匙时——而这种情形总是一再发生，售票员就没有钥匙可以开门。但是，花两毛钱来配一把新钥匙被视为‘资本支出’，必须得到总公司旅客服务部的领导批准，而且文件往来要耗掉6个月的时间。另一方面，售票员却可以自行动用‘紧急维修’费，并且直接从现金账户支付这笔费用。还有什么事情比盥洗室的门破了还要紧急呢？于是，每个小车站都准备了一把斧头，可以随时破门而入！”

这个故事听起来很荒谬，但可以肯定地说，类似的情况在企业中屡见不鲜。企业的现实往往比想象得更加离奇。

造成这种情况的究竟是什么原因？

原因并非是基层经理不想负担起相应的责任，而是意愿不足或权限不足。就像“盥洗室之斧”这个案例中，如果售票员的经理有权限批准一把两毛钱的备用钥匙，就不可能有这么荒谬的事情发生。

结合上一节“让基层经理拥有人事权”，我们会认识到，必须给基层经理权限，把基层经理当作真正的管理人员。在赋予权限的同时对他提出更高的要求，具体包括：

要求一：制订更合理的目标和计划，以达成更高的绩效标准。

只有压力传导到了基层经理，企业的绩效才有可能提升。压力传导的首要工作是信息传递，首先要将公司的目标和要求告诉基层经理。

“我发现有一家公司甚至向领班提供一份详细的说明，让他不但了解自己的目标，也了解公司的整体目标和制造部门的目标，结果发挥了很大的功效。尽管由于公司规模太大，领班的个别生产绩效和公司总产量相比，有如九牛一毛，但结果聚沙成塔，公司的总产量仍然大幅提升。”

作为企业基石的基层管理者，往往手头同时处理着40~50件事情，究竟哪件事更加重要，基层经理自己也不知道。德鲁克认为，基层经理应该**“通过构成管理的要素来管理员工，而不再通过人际关系来管理员工”**。在授权到位的前提下，企业必须基层经理群体提出要求——要求他们结合上级的要求，自行制订各种更合理的目标和计划，采用计划、组织、领导、协调等基本管理职能来推动工作以达成更佳绩效。

要求二：了解自己的下属，进行优秀的工作组织和工作安排。

要求基层经理深入了解每一位下属的天赋、意愿、技能和性格，合理分配他们的工作。一线工作的兼容性更好，天下没有没用的人，只要基层经理愿意去发现，就能更好地发挥出下属的潜能。

西贝餐饮集团北京公益西桥店的厨师长是一个典型脑子慢的“笨”人，别人讲一遍就懂的东西，给他讲三遍，他还会一脸迷茫地看着你，一句简单的“学艺先学理、理不清则艺不明”12个字的话，他硬是学不会，重复不下来。这样的人怎么能当一家大店的厨师长呢？但这个人有他的特点，就是做事勤、不惜力。西贝的支部经理和支部总厨看到这点之后，升任他当分店厨师长。事实证明，“笨”人也能把事做好。对每一个人来说，企业必须要用其所长，强调这个人能够干什么，而不是他不能干什么，建立用人所长的绩效文化。

要求三：解决日常工作中遇到的种种问题。

解决好日常工作问题有三个方面的条件：个人威望、相关权限（招聘和解聘权、工作安排的权限、适当的财务权）、深入了解问题原因。赋予基层经理以人事权和适当的财务权，是企业日常运营高效的基础条件。

可能有人会觉得不能给基层经理财权，担心会失控。背后是人性假设的问题，前文中曾经讨论过海底捞餐饮创始人张勇给员工免单权的例子，为什么张勇不怕基层员工假公济私？关键是他认为大多数人在被尊重的前提下能够自律，真正有问题的人是少数。中国古话有云：“君之视臣如手足，则臣视君如腹心。”这句话放在企业里不见得合适，但它充分说明了信任是对等的，如果不能给予基层经理足够的信任，那你也不要期盼现场问题能得到足够重视和完美解决。

要求四：培养副手、培训员工。

IBM 有一个“工作指导员”的职位，类似于企业中的“师徒制”中的师父的角色，在新人进入之后由工作指导员近距离指导。一般来说，为基层经理设置副经理或者类似岗位是非常必要的，如工作指导员或者副经理绩效表现优秀，可以直接提拔为基层经理，而不是由招聘的高学历毕业生来直接担当基层经理。这对企业管理层的有序发展非常有帮助。

要求五：对下属进行绩效评价和激励。

员工为什么离职？这与他的直接领导密切相关。要想把人管好，首先要给予员工准确的绩效评价，同时了解员工所需，并以此进行激励。在这点上，对基层管理者的要求和对中高层管理者的要求有所不同。

对基层管理者而言，许多人是靠个人权威和私人关系进行管理，同时由于考核基层员工的指标和奖励措施相对简单，所以绩效评价和激励往往不太正式。这时候，企业应该要求基层管理者制定正式的评价标准和激励内容，尽可能用规范的制度对员工进行要求。比如对保洁员的要求，可以规范为“每分钟行进 70 步，完成清扫动作 6 次，一小时内迂回于负责区域 N 次”。这样制定任务标准和细节后，才容易对下属进行绩效评价和激励。同时，基层经理如果能很好地应用绩效评价管理工具，在升职之后，也能够很快适应新的岗位。

需要注意的是，对中高层经理的要求恰好相反，他们对下属的考核最好不要单纯依靠考核指标和奖惩指标，而是需要仔细倾听下属的想法，多一些个人的影响、少一些死板的指令。

总体而言，企业高层必须要将基层管理者纳入企业管理层的队伍，只有认知到这一点，才会从实践层面真正懂得怎么培养基层管理者，合理授权，并用一整套制度来保证相关理念和机制的顺畅运行。

第三十六章
应该如何管理专业人才

本书曾就专业人员（professional employee）做过清晰的定义。专业人员不同于管理者，他是个体的贡献者，其工作的目标、内容、标准都要根据专业的标准来制定。他与管理者的核心区别在于，管理者需要对组织负有贡献的责任，专业人员只为自己的贡献负责。

比专业人员略低一些的称谓是技师（technican）和技术工人（skilled worker），他与专业人员的主要区别在于技师和技术工人的目标和考核标准主要来自企业内部，而专业人员则应该用来自企业外部的专业考核标准进行考核。但从本质而言，专业人员、技师、技术工人之间的概念并非完全独立，而是互相包容和交叉，尤其是在现代社会中，它们的边界更加模糊。

从以上概念中可以看出，所有专业人员都是知识工作者，掌握特定技术，拥有理论知识和操作技能，并以此技能为企业作出贡献。

专业人员的贡献领域更窄、研究更精深

对专业人员和管理人员、技师和技术工人的管理方式（包括目标、计划和考核等内容）并不相同，我们有必要在现实中用两种方式将之甄别出来：

1. 专业人员的贡献领域更窄

“重视贡献”是德鲁克一以贯之的思想，贡献意识和贡献能力是区分专业人员和管理者的重要维度。

要知道，专业人员并不只是单打独斗，和管理者一样，专业人员经常同时肩负“专业工作”和“团队运作”的责任，比如某企业实验室的主任，可能有几十个或上百个研究员下属。那么，如何判断他到底是专业人员还是管理人员。这时候要看他的贡献意识和贡献能力，如果他不能突破“企业贡献和专业贡献”的界限，看清企业内外部环境和顾客的真正需求，那他的贡献领域是非常窄的（不是大小，而是宽窄），从而只是一个专业人员。

联想集团早期的总工倪光南是一个好例子。倪光南是联想汉卡的开发者，视技术为生命，对联想早期发展起到了决定性作用。但他的所有兴趣点都在技术开发上，对市场需求和外部环境视而不见。

例如，1992年联想“九型汉卡”在技术上完美无缺，但遭遇市场寒流。原因很简单，它不符合顾客需求，九型汉卡将汉字功能和显示功能集

于一身。但当时所有微机的配置已经有显卡了，当时的联想董事长曾茂朝（曾任中科院计算所所长）对倪光南说："你要用户插上你的汉卡，难道让他拔掉原装的显示卡吗?"

1994 年，倪光南与柳传志发生严重的路线之争，之后更是铁下心来要将柳传志拉下马。从联想的发展实际情况来看，倪光南对于企业的贡献领域是非常窄的，属于典型的专业人员。

但是，如果这个实验室主任不但深通技术，而且能把握住客户真正的需求，那他就是不可多得的管理人员。即使不是这样（既能把握客户需求又懂技术的人太少了），他如果愿意参加公司高层的决策会议，并能提供专业的意见，那他也是一个管理人员，因为他有贡献的意识和贡献的能力，他的贡献范围明显比其他专业人员大。

需要指出一点，面对很多现实问题，管理人员可以做到委曲求全，因为他们明白，世界上的多数事情不在于一时一事的公正或者公道，大局往往更加重要。相对而言，专业人员偏爱"秉直道而行"，容易不顾大局意气用事。

2. 专业人员的研究更精深

如果我们把产品技术简单分为理论和应用，专业人员的研究会更接近理论，而技师和技术工人的工作更接近应用。对于复杂的企业现实，这种分法显然太过粗略，不过也能说明一些问题。此外，很多企业的研发部门研发的内容与理论无关，最多只能算比较复杂的应用技术，而技术部门的工作只是解决实际工作中的技术支持而已。

如果我们要区分企业中的专业人员，有一个模糊的标准可以使用——如果企业里多数人都搞不懂某人的工作内容到底是什么，或怎么完成，那么这个人就是专业人员。

常见的专业人员包括企业内部的首席经济学家、化学家、各类研究员、律师、税务筹划师、成本会计师等，在普通企业之中，除了研发部和财务部的一些岗位之外，专业人员并不多。在科技企业中，越来越多的知识工作者拥有自己专精的知识、工具、观念和术语，离专业人员的距离越来越近。

软件程序员是不是专业人员？多数人不清楚的是，软件企业中有四类岗位都可以对应软件程序员这个称呼，它们分别是编码员、程序员、开发人员和软件工程师。编码员不是专业人员，他们更接近“码农”；软件工程师基本都是专业人员，他们有能力理论联系实践、创建软件操作系统、进行网络分配、开发编译器等；程序员和开发人员介于两者之间，两者没有明确的界限，相对而言，企业要求开发人员的能力更强一些，懂得精深的算法，可以凭一己之力来完成软件的设计和开发。

之所以要费力甄别出专业人员，是因为相对于企业中的其他人员，对专业人员需要采取不同的管理模式。

对专业人员的管理认知和管理方式

在企业中，恐怕没有哪两个部门像研发部和销售部这样针锋相对，彼此火药味十足。笔者对此不但亲眼得见，且因为曾先后担任过两家公司的销售总监，还有亲身的体会。

1989 年，联想汉卡打开了销路，但遇到了一个新问题，就是由于以倪光南为首的研发人员热情高涨，新版本新型号以极快的速度推出，由于柳传志远在香港地区鞭长莫及。导致旧版本的钱还没挣到多少新版本就出来了，令客户目不暇接。同时，由于新版本推出得太快，问题百出，经常不能稳定运行，收到客户大量投诉。

除了这个大问题，研发部和销售部的沟通极为不畅。汉卡在销售部的机器上有时会死机，但把问题反映过去，研发人员说插在研发部的机器上没问题。两个地方骑自行车 5 分钟就到了，但由于当时两个部门闹得极僵，谁也不肯去对方的地盘看看到底是怎么回事。最后一个老资格的技术管理人员来到研发部，发现了主板的型号不同导致这个问题——汉卡存在兼容性的问题，同时要求研发部的新型号不要出得太快，否则市场会受不了，客户不满意，但研发部根本不买账——最后双方居然达成了一个匪夷所思的解决办法——销售部只卖老版本，同时在自己的柜台上让出一块地盘，研发人员自己站柜台去卖新版本。

在企业里，很多员工对研发部没有直接的感受，打交道比较多的是财务部门。在打交道的过程中，无论是走流程报销还是其他的事情，总会有别扭不通畅的感受——“走完报销流程，拿到报销款，总会有长出一口气的感觉”。

事情背后的原因出自财务部办事人员的自我认知不准确。由于历史原因，以及从事财务的人员多数谨慎内向的性格特征，财务部被误解为是一个专业人员为主的部门。按照上一节的判断我们知道了分辨专业人员和非专业人员的尺度，实际上，财务部里面相当比例的人员不是专业人员，除负责管理会计职能的少数人员可能是专业人员，负责出纳、负责融资（有的企业投资职能也在财务部）、负责日常账务处理、负责预算决算等财务会计职能的人员只是知识型服务工作者。如果需要明确财务部的主要目标，它应该是“更好地为公司各部门的财务需求服务”，而不是“财务专业化”。换句话说，财务部的本质是服务部门而非专业部门。

2015 年，华为公司内部刊物《管理优化报》发表了一篇名为《一次付款的艰难旅程》的文章，其中仔细描写了一次简单的预付款遇到流程界面不友好、审批多、流程复杂的问题，引发华为员工的热烈讨论。任正非对此给予严厉批评：“据我所知，这不是一个偶然的事件，不知从何时起，财务忘了自己的本职是为业务服务、为作战服务，什么时候变成了颐指气使（皮之不存，毛将焉附）。”

研发部则不同，研发部的部门目标应该是“研究出更好的技术和产品，为企业发展服务”，这说明研发部的本质是一个专业部门。

再举一个大型企业的例子，美国杜邦公司在 20 世纪的崛起主要依靠尼龙材料的发明，尼龙的发明人卡罗瑟斯（Wallace Carothers）原本是哈佛教授，后来入职杜邦公司，他虽然管着杜邦的高分子材料研发团队，但他与公司的经营完全不搭界，只是埋头研究基础材料和相关产品，最终研发出尼龙和氯丁橡胶，作为一个专业人员他对杜邦公司居功至伟，但他始终不是一个管理人员。

如何管理好专业人员涉及一个关键认知：不能要求他们像管理人员一样，从企业绩效的目标出发思考问题！

为了理解这一点，我们来看一句德鲁克的原话：“**如果公司破产的话，称赞销售部门表现优异，根本毫无意义。但是无论公司经营绩效如何，称赞公司聘请的化学家、地质学家、税务律师、专利律师或成本会计师在专**

业上表现卓越，却完全无妨。”

这句话非常清晰地说明了专业人员和管理人员的工作目标不同，管理人员的目标是公司绩效，专业人员则有自己的专业目标。以上文的杜邦为例，卡罗瑟斯的目标是开发出尼龙，至于杜邦是否破产与他无关。而卡罗瑟斯的上级，研发部的主管博尔顿（Elmer Bolton）则必须为杜邦的业绩负责。

管理专业人员可以从五个角度去思考：

1. 用公司愿景（而非经营目标）来影响专业人员的目标

在杜邦的案例中，博尔顿的一项主要工作就是用杜邦的愿景影响卡罗瑟斯的专业目标，正是在博尔顿的影响下，1934 年，卡罗瑟斯开始了为寻找合成纤维而努力，这才有后续尼龙产品的出现。

2. 对专业人员提出要求，要求他们用各种方式让别人了解自己的工作

公司中的专业人员不是“科学怪人”，专业人员同样“有责任让别人了解自己”。企业管理者应该对专业人员提出要求，让他们主动让外部了解自己在干什么，因为专业人员的产出要和其他部门的产出无缝衔接，才能有好的绩效产生。

“为便于你为机构做出贡献，你需要我做些什么贡献？需要我在什么时候，以哪种形式，用什么方式来提供这些贡献？”

做过研究的人都知道，从研发出的“实验室样机”到“量产产品”之间有一道鸿沟，这就要求专业人员不能仅仅沉浸在自己的世界中，必须要问出上面的问题，才能够得到外部的适当协助以实现自己的专业目标。“制药工厂的生物化学家问了这样的问题，也会发现他的研究报告应该采用临床医师熟悉的语言，而不能采用生物化学的语言。生物化学家的研究是否能发展成为一种新药，是要经过临床试验才能决定的。”①

此外，笔者认为，另一个可行的方式是在专业人员聚集的部门中多安排一些非专业人员的岗位，这些人员可以作为公司内部沟通的桥梁。

拿上文的联想研发部门举例，如果在倪光南主导下的研发部门中，有几个专门负责产品化的技师或助理，由他们来解决兼容的技术问题及快速响应其他部门的需求，专业部门和其他部门的沟通就会顺畅很多。

---

① 彼得·德鲁克（Peter F. Drucker）. 卓有成效的管理者（The Effective Executive）[M]. 北京：机械工业出版社，2009 年。

3. 从招聘源头把关，而不仅是把人招进来之后加强管理

由于专业人员和管理人员在基本目标上就有所不同，因此管理者不能寄望将自己的绩效目标强加于专业人员身上，这样的结果往往“双输”——政府的许多工程项目都是如此，要赶在某时间之前“献礼”，结果就是该花的钱一分不少、工程质量恶劣、百姓风评不高。德鲁克指出：**“要让高级专业人才发挥实际效益，唯一的办法是网罗优秀人才，然后让他们做好自己的工作。”**这和美国顶尖游戏公司 Valve 的思路完全吻合，Valve 公司中大部分人员都是专业人员，编程高手、心理学家、小说家、计算机图形学泰斗、电影视觉效果大师甚至还有经济学家，如何让这些怪咖在一起发挥效益，Valve 公司总裁纽维尔（Gabe Newwell）的方法就是“让招聘成为宇宙间的头等大事”，将一流人才招入公司然后放手不管。

4. 提供独立的升迁渠道和激励机制、管理模式

大部分企业做不到 Valve 公司的程度，这就需要在企业管理的原有体系之外给专业人员再建立一套独立的管理体系。包括独立的晋升、绩效、薪酬和激励模式。

个体贡献者如何体现自身价值，它绝不能按照行政晋升的来做，而是需要仿效咨询企业的做法，设立“顾问”“高级顾问”“资深顾问”“知识总监”这样的独立发展序列，使专业人员即使不能晋升“研究室副主任”，也可以得到相匹配的地位和薪资。

5. 提出高要求，帮助专业人员在企业内外部都取得成功

与“绩效文化”类似，企业中需要培养专业人员的“高标准文化”。对专业人员提出要努力成为“全国乃至全球水平最高的××师”，这对于塑造企业精神非常有益，强调专业、追求专业才会产生创新，使各个业务领域都得以提升。

有一点要指出，某些科技企业中会发生以非绩效的专业目标来衡量自身工作的情况，这些部门的领导人和骨干员工过于强调自身工作的“专业性”，甚至拿出政府、专业协会等的规范压制企业高层对自己部门提出的成本、交期、沟通方面的需求。由于这些部门并非是真正的专业人员，其目标仍然是绩效目标，因此这么做非常危险。**“职能经理人员对手艺的合法愿望如果不加以节制，就会变成一种离心力量，把企业撕得四分五裂，变成一个职能网络的松松垮垮的联合。”**

第三十七章
卓有成效的管理者

关于管理者的话题，几乎在每一讲之中都有涉及，在这一讲中，我们对企业和管理者的话题作一个简要总结。

首先，企业是社会的经济器官，社会赋予了企业经济使命，而管理者是企业中背负这一使命的唯一阶层，从而给企业带来生命、注入活力。原因在于管理者能够带来资源的嬗变，能够将资源组织起来形成“1 + 1 >2”的效应，体现了通过经济变革来争取人类进步和社会正义的理念；其次，企业唯一使命是创造顾客，主要的两项职能是创新和营销，这也完全依赖管理者来实现；最后，企业生存需要经济绩效，源于管理者能够抓住外部机会，设定目标、自我控制并带领员工完成任务，最终达成经济绩效。

因此，卓有成效的管理者是企业经营发展最重要的资源，而“卓有成效”作为一种方法和习惯是可以学会的。

时间管理

时间是最公平的。每个人一天都是24小时，一年都是365天，但是不同人的产出却是天差地别。人和人的差距为什么这么大？很多人错把忙碌当高效，实际上许多忙碌根本就是瞎忙。

笔者早年间阅读过《卓有成效的管理者》，当时就对书中所说的“每一位管理者的时间，都有很大部分是被浪费掉的”感到好奇，于是拿出一些精力，认真地统计了自己在每一件事上耗费的大致时间（需要立即记录，否则很快就变得模糊，即使如此，也很难做到精确），坚持了两个月。然后把这些事情分为两类，一类是有效工作，另一类是无效工作。

说到有效无效，其实也不准确，比如和某同事沟通半个小时，可能沟通的内容与工作关系不紧密，所以是无效时间，但它可能拉近了彼此的距离，下次有事的时候一个电话就能解决大问题。但总的来说，对工作绩效没有直接帮助的工作都可以暂时划为无效。此外，事后看没有必要但当时觉得有必要的工作，笔者也将之划入无效工作。

统计的结果让我非常吃惊，在每天工作时间超过10小时的情况下，平均到每一天的有效工作时间只有1小时35分钟！

后来笔者在德鲁克论述基础上对此进行了仔细研究，发现人类的产出和时间长短无关，而与专注度及“深度状态”直接相关。同时，管理者可以用时间管理工具部分解决这个问题。

如果你希望自己卓有成效，就必须按照德鲁克说的分三步走：

（1）**记录时间。**

（2）**管理时间。**

（3）**统一安排时间。**

你可能不会相信自己每天只有 1.5 个小时的有效工作时间，建议每一位读者（尤其是需要和他人频繁接触的人）准备一个小本子，记录自己每天超过 15 分钟的工作（其他时间加总作为碎片时间，碎片时间的有效性往往很低），然后每天以成果为校验做一下分类，2 周下来你就会对自己的工作有准确而真实的把握，你会发现，记录自己的时间安排真正的好处不仅仅在时间管理。

关于怎么管理时间，有如下三点建议：

○　找出工作中屡次出现的问题，争取从根源上解决它。

如果某个事件一再发生，每当发生就会引起关注。如果这样的事件不能用例行的方式处理，就会耽误大量时间。“同一个危机如果重复出现，往往是疏忽和懒散造成的。”海尔总裁张瑞敏对此深有感触，他读德鲁克的著作就被这点深深打动——真正管理好的工厂，一定是平静无波的。如果一个工厂总是忙得不可开交，那么一定是管理不善。因为凡是可能发生的危机和问题都已经被好的管理者预见到，并已经把解决方案内置入工作流程之中。

○　掌握与上司和下属的沟通之道，提高沟通效率。

无论是和上司还是下属沟通，都需要提前计划好。包括定期撰写“给上司的一封信”，同时要求自己的下属也定期撰写“给上司的一封信”，信的内容包括设定自己的目标、节点和工作具体计划，也包括对上司目标的理解，以及自己能够在哪些方面提供助力。在实际工作中，与上司和下属的沟通需要花费最多的时间，如果能够定期（每半年）用这种方式进行深入沟通，就会极大地提高沟通效率，节省日常沟通时间。

对于管理者而言，成功的标志之一是上司的升迁。因此，**“善用时间的管理者也花很多时间思考上司的问题，以及思考他对上司、对整个企业的成功可以有什么贡献”**。

○ 减少会议时间，尽可能健全组织机制。

在企业管理中，会议往往是例外管理，是组织缺陷的补救，一定不能视为必然的结果。如果你的会议时间占据总体时间的25%以上，一般来讲，要么是你的时间安排有问题，要么是你所在的企业“组织不健全”（如果你是最高层的几个人之一，就必须关注组织不健全的问题）。典型的例子是两家企业合并后很长的一段时间，必须用无休止的会议来促使组织的融合。作为普通管理者，虽然无法影响大环境，但要尽自己所能改造小环境，尽可能减少会议时间完全可以做到。

关于统一安排时间，有如下两点建议：

○ 有效沟通需要在一个小时以上。

笔者见过很多管理者在和下属讨论一件重要工作的时间很短暂，十几分钟就说完了，而且他自己觉得已经把缘由、必要性及怎么做说得很清楚了，甚至表示下属也一定听明白了。如果这时把下属叫回来，多半的情况是这件事情双方完全没有达成共识，只是说了一个大概而已（有些领导喜欢安排15分钟以内的沟通和汇报，同时自认为效率很高）。

有效沟通的一个特点是如果希望能够深入理解对方的想法，并且影响对方，那么时间至少需要一个小时。这也是我在一些企业内部推行“三个一小时”绩效管理办法的主要原因。凡是重要会谈和沟通，尽可能安排在一个小时到一个半小时之间（超过一个半小时效率会降低），而且最好中间不要有其他事情插入，比如最好找单独的会议室或者咖啡厅，让手机静音等。

○ 将零散时间集中使用。

“时间如果能集中，即使只有一个工作日的1/4，也足以办理几件大事。

反之，零零碎碎的时间，纵然总数有3/4个工作日，也是毫无用处。”①

其原因在于人脑的特点，大脑在处理信息的时候用的是短期记忆，同时，大脑的短期记忆容量极小，不能同时记太多东西。如果中间被打断，就会出现“任务切换耗散”。这是心理学的术语，意思是当你同时处理两个任务时，在两个任务切换之间，人脑的认知能力会剧烈消耗。导致本来在非常专注的情况下，集中三个小时就能写好的报告，如果在纷杂的工作环境下，可能就需要七天时间，总计花十几个小时才能完成，质量也剧烈下降——如果在工作环境中，你不停地被各类事件打扰，有效性会剧烈下降。

德鲁克提到了一个效用很高的案例：“这位管理者每天上午上班前，总有90分钟留在家里，不接电话，专门从事研究工作。”这个方法我已经尝试了多年，效果非常好，当环境适宜的情况下，这90分钟甚至可以让人快速进入“深度学习”的状态。

要事为先

这真是我人生中转折性的一刻。我从来没有想过一个简单明了的解决方案居然有这么大的威力，能扭转整个公司的困境。同样让我吃惊的是，我一直以为自己已经足够专注了，却没想到我根本不够专注，因为真正的专注是指只专注一件事。

通过这几次的困境经验，我开始总结成败与行为之间的关系，结果发现了一个非常有趣的现象：每次获得巨大成功的时候，都是我专注一件事的时候；我专注的点也随着目标的变化而变化。发现这个成功的秘诀后，我对未来的生活充满了信心。②

这个世界的本质是“稀缺”，每个管理者主要的资源是自己的精力，如果希望能达成较高的绩效，必须集中使用能量。德鲁克在《卓有成效的

---

① 彼得·德鲁克（Peter F. Drucker）. 卓有成效的管理者（The Effective Executive）[M]. 北京：机械工业出版社，2009年。

② 加里·凯勒（Gary Keller），杰伊·帕帕森（（Jay Papasan）. 最重要的事只有一件（The One Thing）[M]. 北京：中信出版集团股份有限公司，2015。

管理者》中强调要事为先，而且一次只做一件事。在德鲁克之后，有很多的著作也都对此进行描写，其中比较优秀的包括柯维（Stephen Covey）《高效能人士的七个习惯》、斯特纳（Thomas Starner）《全神贯注的方法》、麦吉沃恩（Greg McKeow）《精要主义》，等等。

卓有成效的管理者能够把自身的能量像探照灯一样聚焦起来，守精要主义之心，利出一孔、力出一孔！具体的做法可以参照以下三点：

1. 目标聚焦

导致执行不力的主要原因是目标不够聚焦或者不够清晰。比如你一天8小时需要开两个会、需要回15封邮件、需要和老板沟通一次、需要给客户打若干电话等，并不是说要减少这些事，而是要缩减你心目中重要事项的数量。你需要明白，真正的绩效不是来源于日常工作，而是来源于重要事项的完成情况。

有效的管理者知道这个世界上不止有一件事等着他们去做，但在一段时间内，只可能做好一件事，而这件事总是最重要的事。

有一个相关的故事，一个总裁想提高所有人的做事效率，他找了一位咨询师询问，咨询师在详细了解了他的意图之后告诉他一个办法，就是每天早晨按顺序写下当天要干的三件事，然后依次去干，即干完一件再干另一件，绝不能几件事一起干。咨询费按照效果收取。半年之后，企业效率大大提升，咨询师也收到了高额的支票。故事很简单，其中的方法也很好实践，完全可以在现实工作中试一试（需要注意的是，任何方法都要给予足够时间进行实验和改进）。

2. 大刀阔斧地减少不必要的工作

请设想一下，如果你突然身患某种病症，每天只能工作3个小时，那么你会怎么做，一年之后你的成果和绩效会不会大幅下降？

人类总是会高估自己（地球真的是在围着自己转），觉得某件事情如果不是自己做，效果就会不好或者自己不出马绩效就会无法维持，其实真正需要你完成的事情并不多。我们看很多传记，有一个发现——最重大的成果往往是被迫待在医院、被流放到乡间、被疫情逼在家中（大科学家牛顿的《自然哲学的数学原理》就是被鼠疫逼迫在家中闲居的成果）时完成的。所以，一个知识工作者（体力工作者不同）必须大刀阔斧地砍掉自己手中半数以上的工作，将实践聚焦自己应该做的事，才可能变得卓有成效。

参考以下时间管理四象限，如图 37－1 所示，我们必须压缩其他三个象限的工作，把时间集中到左上角重要不紧急的工作中。

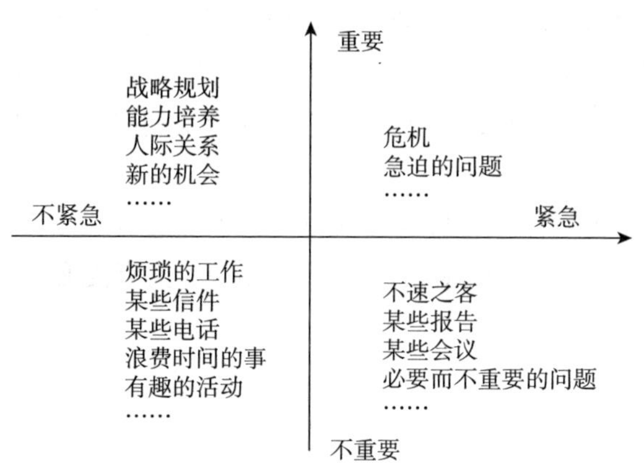

图 37－1　时间管理四象限

□重要不紧急象限：静下心来减少干扰去做。

□重要紧急象限：赶紧去做，但要用系统方法压缩本象限的时间。

□紧急不重要象限：尽可能交给别人去做，尽量压缩。

□不紧急不重要象限：完全砍掉、不去做。

3. 把关注点转移到成果和外部世界

有人会有这样的问题："什么性格的人会是一个好的管理者?"这是一个伪问题，因为问题的关注点是人的性格而不是成果。

要知道决定管理者成效的是外部的世界（人的本体以外，包括外界市场环境和企业内部环境），成果只源于外部的机会和内部的决策，因此正确的问题是："管理者应该怎么做才是高绩效的?"在企业中，有些领导八面玲珑，对下属也非常好（性格和善、乐于助人），但所在部门的绩效并不高。原因就是他的关注点并不在成果和外部世界。

如果我们真的能够关注成果、关注外部世界，那么以下四点需要做到：

□诚实正直。它源自人的品格，也是管理者能获得最大绩效的基础。

□专注定好目标，并严格要求自己和下属。

□建立高标准的绩效要求，绝不苟且。

□对事不对人，标准绝不因人而异（包括对自己）。

管理学家柯林斯（Jim Collins）是德鲁克的粉丝，从他的著作中可以看到德鲁克对他深深的影响。2001 年，柯林斯在《从优秀到卓越》中提出“第五级领导”的概念，起初大家并不认同，公众的看法是最优秀的领导人都是魅力四射、八面玲珑的大咖，怎么可能是拥有一些职业理念的普通人呢?

不过现实告诉我们，德鲁克和柯林斯是正确的（以上四点要求与第五级领导完全吻合)，某个要求很高、律己甚严、正直无私的普通人正是卓有成效的管理者之一。

第三十八章
如何做好决策

一支数万人的部队在夜间行军，途中遇到一条大河、水流湍急，工兵部队的领导必须尽快明确在什么地方架一座浮桥，浮桥用什么方式搭建，争取在尽可能短的时间内完工，让大部队迅速通过。

“架浮桥”是决策的一种类别，倾向即时解决问题（问题就摆在眼前，用单向思考的方式进行选择的决策模式），本文要讨论的决策模式不是这一类，因为在企业中，更常见、更复杂也更重要的决策是“战略性决策”，这一类决策有非常明确的特点——问题是什么总是不清晰的！

“战略性决策无论幅度、复杂度或重要性如何，都不应该通过问题解决方式来制定。”

不要被“战略”两个字吓倒，在企业中凡是和目标达成、组织、人力、市场营销相关的决策多数都是战略性决策，这类决策的决策者既可以是高层，也可以是中层和基层的管理者（当然，越是高层，战略性决策就越多）。试着列几条战略性决策如下：

○ 制订未来3~5年的发展目标。
○ 规划并批准新的资本支出计划。
○ 新办公地点（厂址）的选择。
○ 应该录用某甲还是录用某乙。
○ 半年度的营销策略调整。
○ 整体或部门组织架构调整。
○ 部门工作分配调整。
○ 人员晋升或调动。
○ 绩效考核流程调整。
○ 制订预防性设备维护计划。
○ 确定未来一年的员工培训计划。

作为管理者，为了不在工作中浪费时间，必须要学会做决策的正确方法，“**做决策是管理者解决时间运用问题的最佳工具**”。人的行为并不理性，在我们的身体中藏着“自动化思维”的基因。企业的管理者需要摆脱基因限制，用理性思维思考，运用好自己的时间，真正去思考战略性决策的问题。

谁来做决策

这个话题似乎不言而明，但其实不然。

在当前中国民营企业的现实中，不少企业家既是所有者，又是经营者，一个人或几个人把持董事会和总经理办公会，一呼百应，决策就是一个人的事情。在企业规模比较小的情况下，这种决策模式反应速度快，一旦决策正确企业就能迅速发展起来。但当企业发展到一定规模，这种押宝式的决策模式会给企业带来风险。

著名企业家史玉柱在巨人集团失败之后，曾说过这样的话："巨人的董事会是空的，决策是一个人说了算。因我一人的失误，给集团整体利益带来了巨大的损失。"除史玉柱之外，三株集团吴炳新、三九集团赵新先、托普集团宋如华等企业家的失败基本都是同样的原因——一个人，浑身是铁能打几根钉！

从2004年开始，任正非认识到了这一点（同样是拥有惨痛教训之后），在他的建议下华为成立了EMT（经营管理团队），由任正非、孙亚芳、费敏、徐直军等九个人组成，实行集体决策模式（2011年后，华为下属的业务集团也成立了EMT）。与华为类似，腾讯采用总办会议制度进行集体决策，由腾讯的五位创始人和核心部门的负责人组成。集体决策模式能够集思广益，听到不同的声音、做出不一样的决策。华为和腾讯两家顶级企业的顺利发展与此息息相关。

在传统管理模式中，一把手做决策，下面跟进理解和执行。而在今天管理者面对高专业性、高复杂度的决策时，最好是让了解情况的人参与进来（让听得见炮火的人来指挥战斗）——谁提出、谁决策、谁执行、谁负责。

因为科技和信息在不断加速之中，随着时间的推移，岁数大、经验丰富的人往往对新技术的理解大不如前，甚至可能远远不如刚刚进入职场的小年轻。换句话说，知识的"折旧速度"在不断加快，因此，必须采取与此前不同的决策模式（尤其是科技企业）。

界定要决策的问题——问题到底是什么

“现实人生中没有任何问题（无论在企业经营或其他领域）呈现的面貌可以让我直接据以做决定。许多问题，我们乍看之下，以为找到了关键因素，实际上这些因素却多半既不重要，也不相干，充其量只是症状而已。”

我们在企业中直接看到的问题多数都是表面问题——看到的是管理者个性不合，其实是组织结构不当；看到人员招聘工作做得不好，其实是高层人才观念问题；看到部门内部人员不够敬业，其实是目标制定不合理导致……为了解决这个问题，丰田公司发明了著名的“丰田五问”，在《丰田生产方式》中，丰田前副社长大野耐一对此进行了描述。

(1)“为什么机器停了?”

“因为超负荷保险丝断了。”

(2)“为什么超负荷了呢?”

“因为轴承部分的润滑不够。”

(3)“为什么轴承部分的润滑不够?”

“因为润滑泵吸不上油来。”

(4)“为什么吸不上来油来呢?”

“因为油泵轴磨损松动了。”

(5)“为什么磨损了呢?”

“因为没有安装过滤器混进了铁屑。”

“丰田五问”的目的是寻找问题表象下的“真问题”。在找不到“真问题”的情况下，我们会止步于“换保险丝”而不是最终“安装过滤器”，结果一段时间后保险丝会再次断掉乃至会出更大的事故。所以，不要过于着急去寻找问题的答案。换句话说，不要用“第一反应”去解决问题。

一家物业企业在管理一栋有点年头的写字楼。这两年有不少租户开始抱怨电梯的速度太慢了，于是管理人员请了一位电梯专家来做诊断，专家的意见是可以换一部新电梯，提高运行速度，由于建筑结构和新电梯造价的问题，电梯拆换的成本很高。

这个问题作为一项议题放到了物业企业管理层的会议上进行讨论。会上有人问这部老电梯到底有多慢呢？由于缺乏现场的数据，总经理决定大家一起去感受一下，在亲自体验了这部电梯之后，大家都觉得有点慢，但完全在可以接受的范围。客户抱怨的“真问题”究竟是什么？围绕着它，管理者一点点澄清和询问，有一个问题逐渐浮现出来：也许不是电梯慢，而是等电梯的时候过于无聊。

从这个思路出发，物业公司给出一个简单的方案——在电梯间装了一个 LED 屏，用来放新闻，中间插一点广告（LED 屏不用物业公司投入）。一个月后，当物业公司再次试着询问客户意见的时候，关于电梯慢的抱怨神奇地消失了。从更换电梯的大投入到转变思维之后完全不用投资，发现“真问题”的力量是巨大的。

我们在企业现实中遇到的问题大多与此相似，只是不见得能找到这么戏剧性的解决方案。看似简单的案例涉及一个重要的问题：

决策的实质是什么？

在这点上，日本人和美国人的看法有不同的角度。日本人认为，决策的实质是“界定问题”，当“真问题”出现，问题的答案会随之而浮现。美国人认为（也是国内当前多数管理者的看法），“找到答案”才是决策的实质。

由于人思维中先验的因果论，在遇到问题时，我们的思维方式并不是搜集资料→分析问题→提出不同的解决方案→选择并决策，而是先根据模糊的经验和直觉提出观点→搜寻证据支撑→论证（推翻）观点→提出某个方案→向他人推销自己的问题答案。当遇到与自己的答案不一致的意见，我们又会出于自我保护本能地予以回击。每个人的关注点都在问题的答案上，而不是问题本身，这种情况几乎主宰了企业的决策会议。

在决策会议上，我们经常会出现激烈的争论，争论的源头在于最终答案，究竟是“换电梯”还是“装 LED”，而不是“电梯真的慢吗，租户的想法到底是什么”。最终，“抉择”成了决策的代名词，似乎我们不得不在多个难以抉择的方案之间挑一个！

不得不说，日本企业管理者的做法更符合事物本身的规律。

日本人“由于不用做出抉择，所以在整个过程中都可以把注意力集中在探求这项决策到底是关于什么事情的，而不是关注应该是怎样的决策”。① 在历史上，日本人经常做出不可思议的决策，包括“放弃基督教”“明治维新”“脱亚入欧”等（在中国人看来，都属于自己否定自己的奇怪决策），这些决策不但能制定出来，而且都能顺利实施。这就是因为日本人能将精力集中问题本身，导致这些决策的制定和执行往往出奇的有效和顺利。

将精力集中“界定问题”还有一个巨大的好处，就是不用再去推销你的观点和解决方案。当真问题出现后，解决方案随之显现，就和上文例子中的“丰田五问”一样，要做的当然不仅仅是“更换保险丝”，还需要“安装过滤器”。也许我们遇到的问题更加复杂，无论如何，当真问题出现后决策的制定和执行都会顺畅得多。

现实问题多是复杂问题，可以从各个维度去理解、去表述、去思考。根据经验，我们可以提出各类观点，这些观点的角度各异、要点不同，甚至针对的问题实际上是不一样的，这就给我们的决策造成了非常多的困扰。

所以，必须先离开自己的答案，回到问题和假设，并且尝试对问题作出不同表述，多问几个为什么。

○ 租户为什么会嫌电梯慢？
○ 租户烦躁是由什么引起的？
○ 上下班高峰时电梯是什么情况？
○ 电梯有标准速度吗？我们的电梯速度是真的慢吗？
○ 别的电梯是什么情况，比这部电梯速度更快吗？
○ 电梯的按键反应有些迟缓，能调整吗？

丰田生产方式有一个说法是“三现主义”，如果不去现场看，问不出“丰田五问”，你就会对问题本身没有直观感受。要知道大多数情况下，文本和数据没有太大作用甚至会起误导作用。只有到现场，问题问得越具

① 彼得·德鲁克（Peter F. Drucker）. 管理：使命、责任、实务（Management: Tasks, Responsibilities, Practices）[M]. 北京：机械工业出版社，2006 年。

体、越精细才越有效，收获可能完全出乎预料——“真问题”和解决方案（而不是唯一答案）会自己浮现出来。

汽车制造企业规模巨大，这也导致相关领导很难有机会在现场了解情况。比如关于汽车的安全设计，在以前的汽车行业是用“每百公里交通事故数量”来衡量，这个数字低就说明汽车的安全性能较好。从逻辑上看并没有问题，但实际上，如果领导者能经常去事故现场了解情况，就会知道，“每百公里人体伤残情况”或者“每百公里人体某部位伤残情况”也许是更好的指标，这些指标将会促使汽车变得更加安全。

先界定要决策的问题，不要着急给出答案——这种思维方式看起来简单，在工作中用起来并不容易。要知道，最重要的事情都藏在看不见的地方，要求管理者跳出自己的第一反应，用真正的理性和逻辑去寻找真问题。

在自己能够决定的最高层次思考问题

花园的小鱼池发出恶臭，我们要解决这个问题，于是我们把水都排干，把发臭的池底弄干净，重新铺上新的沙子，种水草，注入干净的水，放入活鱼。在一整天的劳作之后，池子不再发臭了……两个月后，鱼池再次发出恶臭。

例子虽然简单，但背后的原因并不简单。首先，我们要找到真问题——并非是某一部分物质在发臭，而是因为鱼池修得过深，水在其中不循环，厌氧菌得以在池底迅速繁殖并发出味道。所以不要着急去排水铺沙子，而是要从系统角度，明确决策的目的和至少要完成的目标——使厌氧菌无法繁殖，鱼池长期不发臭。同时建立循环生态，让鱼和水草能长期存活。

最终我们给出的解决方案可能是在池底安装一个水泵，使厌氧菌不再繁殖；安装一个鱼池过滤器，保持水质的长期清洁；选择水草和鱼的种类，使之能适合这个小环境。这是在更高的层次上系统思考问题的方式。

企业中的问题都是多面和复杂的，所以管理者必须要系统地思考问题，找到问题的主要矛盾和矛盾的主要方面，争取“一次把事情做对”。

否则，接踵而来的各类问题将逐渐将决策者包围。

工厂的地上有一摊油污，怎么办？如果你是工厂的厂长，你会怎么处理这件事？大部分厂长会立即派人清理干净，还有部分厂长会叫车间主任过来，叮嘱他注意地面卫生，但问题仅仅处理到这个程度是不够的。大多数情况下，我们深挖下去，就能够看到更高层次的问题。

地面有油污——机器在漏油——机器的油箱质量不好——油箱的材质比较差，稍微一碰就漏油——买这种油箱是因为便宜——考核采购员的指标是根据每个月节省的开支定的——这会导致什么问题——这符合我们质量第一的要求吗——激励考核方式是否需要调整。

很多表面问题都与背后的机制有关，作为管理者，需要在自己能够决定的“最高层次”思考问题并决策问题（如果需要更进一步的决策，则有必要向上一层次汇报）。

在最高层次思考问题，意味着尽可能做大决策、少做小决策；尽可能做战略决策、少做战术决策；以及尽可能少做决策，很多可做可不做的决策暂时不要做。

○ 如果利益大大超过成本和风险，就要采取行动。

○ 或者采取行动，或者不采取行动，但绝不要模棱两可或采取折中办法。①

本章开头提到的“架浮桥”的决策是一种“战术决策”，这类决策的特点是问题就摆在眼前，简单、直接，需要一个解决方案。

在企业运行的过程中，真正的“战术决策”数量并不多，绝大多数都是“战略决策”，正是因为我们不愿消耗大脑能量去做“战略决策”的工作，才导致会有大量“战术决策”出现。之所以要做架浮桥的“战术决策”，是因为之前没有人去做“战略决策”。在这个案例中，“战略决策”是制定行军状态下，工兵部队在遇到相关情况时的预先处置方案——一支数万人的部队在夜间行军，途中遇到一条大河、水流湍急，工兵部队按照预案迅速选择地点架设军用舟桥，预计时间 5 个小时，并已按预案通知相关部队的指挥官。

---

① 彼得·德鲁克（Peter F. Drucker）. 管理：使命、责任、实务（Management: Tasks, Responsibilities, Practices）[M]. 北京：机械工业出版社，2006 年。

做决策为什么能够真正节省管理人员的时间，因为管理者需要亲自处理的只有例外事件，凡是能够预料到的事件都应该由之前的“战略决策”搞定。所以管理好的企业都应该平平淡淡，绝大多数事件用预先确定的例行方式进行处理。当例外事件出现，如果它是频繁发生的，管理者才需要在仔细考量后再进行一次“战略决策”。

德鲁克亲身经历的一个例子从另一个角度谈这个问题：**“我曾经观察过一家日本公司如何处理一家著名的美国公司（日本公司曾与该公司有过多年的业务往来）提出的创办合资企业的建议。在开始的时候，这些东方人甚至没有讨论有关合资企业的问题，而是开始讨论这样的问题：‘我们必须改变我们的基本业务方向吗?’结果，他们得出了一致意见，觉得有必要做出改变。于是，管理当局决定放弃一些原有的业务并开发一些新技术和开辟一些新市场，而该项合资企业就是新战略中的一项要素。在没有确定这的确是有关业务方向的决策，而且必须做出这样一项决策以前，他们甚至一次也没有讨论过合资企业是否可行或他们准备提出什么条件等问题。”**

日本企业甚至不去管是否合资这类很大的战略决策，而是直奔更高层次的主题——“是否改变业务方向”，实在是令人震惊和钦佩。

从这个角度出发，企业中有一些看起来很复杂的决策也许并没有那么令人生畏（当把问题的层次提高，问题的答案也会慢慢浮现）。举个例子，推行 ERP 对于多数企业都是一件大事，面对这件事，企业的一把手应该怎么做决策呢?

只要提升一个层次就会发现，真正的问题实际上只有一个，就是：“我们真的需要 ERP 吗?”接下来就是研究 ERP 究竟会给企业带来哪些方面的帮助，又会造成什么新的问题。当了解到 ERP 的本质并不是一套软件，而是一套自带管理理念的信息化工具时，就会自然提出更深入的问题：

○ 企业是否要从手工化过渡到信息化?

○ 企业的管理理念是否需要按照 ERP 的管理思想进行调整，在物料管理、文件管理、信息管理等方面进行重要变革?

这些才是企业一把手应该考虑的问题，当这些问题明确之后，答案会自然浮现出来。当决定要上 ERP，一把手还需要把握时机，认真思考企业现状与 ERP 之间的差距，使 ERP 推行不会过于影响现实业绩。如果经过评估，当前推行 ERP 的风险过大，先不要做决策，也不着急拿出折中方案——比如拿出预算的 1/5 先去试水。

至于激起员工参与的愿景（重要）、具体的选型决策（也很重要）和项目计划审批、预算审批的决策则不要做，这是项目总负责人（一般是公司副总担任）应该在他的最高层次思考和决策的问题。

只有经历了这个过程，才不会因为 EPR 起效慢，不能够立竿见影而使得 ERP 项目实施失败。可以说，企业中稍大的变革项目实施都需要经历一个痛苦而漫长的过程，如果高层没有这样的决策思考过程，项目失败的概率会大大增加。

在最高层次思考问题并做决策是一件难度很大的事情。

提出“丰田五问”的日本丰田汽车公司，在 2009 年曝出“脚垫门”丑闻，为此丰田的掌舵人丰田章男不得不低头，接受美国国会议员的质询，全球丰田品牌也受到了前所未有的伤害——很显然，至少丰田管理层在 2009 年前的数年间未能将“在最高层次思考问题”贯彻到底！

在没有“不同观点”的时候，不要做决策

在某个重要决策会议上，有一项重要的项目决策需要讨论，W 总给大家讲解了 A 方案，方案逻辑清楚、事实和数据非常清晰、有力地论证了 A 方案的可行性，得到了与会者的一致赞赏。大家一致同意批准实施 A 方案。

这是许多管理者的脑海里都会有的理想决策场景。传统管理教科书中说，我们要从事实出发而不是从假设出发，先搜集数据、分析事实，然后在数据和事实的基础上提出解决方案，这个逻辑看起来很对，但在实际工作中完全行不通，因为“没有人能从事实出发”，或者说“**管理者永远都不可能获得所有应该掌握到的事实**”。

有经验的管理者都知道，我们对一件事情的思考往往不是从搜集材料开始，而是从观点（假设）开始，然后在此基础上搜集数据并得出答案。

每个人只能从自己的观点（假设）出发去思考问题，所以在决策会议上，真正需要讨论的不是最终的答案，而是每一个人的观点（假设）：

○ 租户烦躁是因为写字楼楼层高，在电梯里无聊引起的。

○ 租户烦躁是因为上下班高峰时人太多。

○ 我坐过那部电梯，和另一个写字楼的电梯比较，我觉得真的有点慢。

○ 这个写字楼租户年轻人多，有点抱怨不用过于当真。

○ 电梯速度倒不是太慢，但是里面显得比较老旧。

○ 在电梯里安装镜子是很多写字楼通行的做法。

在管理咨询公司的项目中，新的管理顾问经常会陷入困惑的境地：企业现实纷繁复杂，怎么找到合适的思考路径去解决顾客的问题呢？有的顾问在阅读了超过几十万字的资料，并与企业人员深入访谈后仍然一筹莫展，笔者会告诉他去试着给出一些观点（之前要建立思考框架，这是基本功），然后围绕观点组织信息和数据，并一一求证。这些观点最好是多角度的，甚至可以互相矛盾、互不兼容。这与企业决策的场景非常类似。

显然，本节最开始的那个“重要决策会议”的场景有问题，如果一个会议只有单一观点，没有不同观点（解决方案）的出现，先不要做决策。

“通用汽车公司总裁史隆先生曾在该公司一次高层级会议中说过这样一段话：‘诸位先生，在我看来，我们对这项决策，都有了完全一致的看法了。’出席会议的委员们都点头表示同意。但是他接着说：‘现在我宣布会议结束，此一问题延到下一次会议时再行讨论。我希望下次会议时，能听到反对的意见，我们也许才能对这项决策真正了解。’一个月后，这次会议中提到的案子被否决了。”

越是成功、越是聪明的企业管理者越容易陷入单一思维的陷阱，某些领导喜欢在管理会议上说：“如此明显的‘事实’你为什么会看不到（背后的含义是你如果持反对观点，那么不是愚蠢就是不安好心）？”这种说法直接造成了决策会议的低效和决策错误。太多人都有过由于观点和领导不同而受到斥责的经历，加之从众心理，在管理会议上尽量不发言简直是最符合人性的选择。

如果企业管理者希望决策能够有效，需要容忍不同意见，仔细去听不同观点，因为哪怕是真的笨人，也可以给管理者不同的视角——必须要假设持不同观点的人，是由于他看到了不同的事实。

在某个会议上，某位不谙世事的年轻人提出一个看似很愚蠢的问题。不过，在开放的会议氛围下，经常能使我们独辟蹊径地找到问题的新思路。这不是假想，而是许许多多管理场景中不断发生的事情。

华为公司为了能够听到不同意见（更重要的是形成容忍不同意见的开放氛围），特意打造了两个决策意见体系。一个体系以技术为中心；另一个体系以客户需求为中心。围绕同一个问题，由这两个体系各自提出观点，进行激烈的辩论——决策在此基础上逐渐形成。

在决策形成的会议上，形成开放氛围很重要，因此，决策讨论会最好有独立的主持人，最高领导一定要把发言放到最后，如果不需要当场拍板，最好全程不发言（据我观察，绝大多数领导都忍不住会发言。真正能忍住的，都是最优秀的管理者）。同时，不要一上来就围绕解决方案讨论，而是要求每一个参与决策的管理者围绕问题本身事前准备自己的观点，当对不同的观点真正深入讨论的时候，“真问题”才会逐渐浮现。

讨论不同的观点是一个提升管理者“视野”的方式。令人惊讶的是，视力正常的人会对身边的很多事情视而不见，比如窗帘的颜色、家务事、某人的优点及某一个产品的显著缺陷。企业决策需要有不同的观点，需要准备多个可行的方案正是为了拓宽管理者的视野，确保我们深思熟虑，拥有替代方案，比如：

- 方案A：给电梯加装LED屏，与广告公司签约。
- 方案B：给电梯三面加装镜子。
- 方案C：给电梯加装移动信号放大器，让电梯内部可以使用手机。
- 方案D：电梯内外做更新处理，并定期更换内部海报。

针对某一个真问题的解决方案绝不应该只有一个，当我们激动地奔着一个目标奔跑的时候，往往对路边的情景一无所知，这是人类认知的“盲点”，也是需要警惕的问题。

日本决策模式：把行动的承诺包含在决策之中

笔者经历过柯达公司（Kodak）的鼎盛时期，也曾经是柯达冲印店的常客。当年的柯达，占据了全球模拟影像市场的2/3和90%左右的利润。但随着数字影像的崛起，柯达的好日子一去不回，市值从1997年的310亿美元一路滑落到2018年的1.28亿美元。巨头的崩塌使得后人在读商业案例的时候会感慨：柯达的领导者怎么就看不清楚商业趋势，做不出正确的决策呢？

故事完全不是这样，恰恰相反，2000年正式就任柯达CEO的邓凯达（Daniel Carp）聪明而开放，深度了解市场趋势的同时对柯达内部也极为了解（1970年加入柯达）。他力主拥抱数码时代，制定了大胆清晰的决策，2003年，他在纽约宣布柯达的重心将从传统胶片业务向数码业务转移，并希望三年之后数码业务的销售额能超过传统业务。

但是邓凯达期望的一切都没有发生，直至2005年彭安东（Antonio Perez）接替他的职位。2012年，昔日的影像巨头不得不申请破产保护。

为什么决策无法执行？不是因为邓凯达看不清楚趋势，也不是没有制定决策，而是柯达的决策无法将行动的承诺包含进去。

在柯达走向成功的路径之中，化学研究是高质量模拟影像的重要因素，因此柯达的高管层大部分是化学家，既有的利益格局和认知格局早已形成，这造成对新决策的理解不准确，以及一个巨大的基本难题——由谁来执行新的决策？

不过以上的分析仍然没有击中要害，柯达真正的问题是决策模式问题！

21世纪初，和柯达情况极为类似的是一家日本企业——富士胶片控股株式会社。在市场的惊涛骇浪之下，原有利基市场全面崩塌，富士公司的表现能优于柯达吗？事实上，富士从2000年开始的转型之路堪称企业界的传奇，在20年左右的时间里，富士公司的核心主业几经变迁，从胶片影像转向数字影像，又从数字影像转向液晶配件，继而从液晶配件转向生命健康科技（富士品牌面膜在市场上极受欢迎）。如今的富士，已经是一家全球顶级的综合性医疗保健科技企业，它是世界 IPS 细胞（诱导性多能干细胞）生产设备最大的专利拥有者，未来数年内，以 IPS 细胞治疗为核心的治疗模式将会引领世界走向器官再生治疗阶段。2017 年，富士的营业额超过万亿日元（约合 1436.44 亿元人民币），利润过千亿日元。

如果仅仅是富士一家企业，还不足以说明问题。和富士一样，索尼、NEC（日本电气）、佳能、奥林巴斯等一大批企业都成功转型。索尼公司从电子硬件提供商转型为音乐、游戏等内容供应商，同时进入电子元器件市场，其传感器目前占据了全球 53% 的市场份额，2018 年，索尼公司深耕电子和娱乐领域，利润达到 20 年以来的峰值；NEC 是日本最早做商用电脑的公司，现在是顶级的电子服务商，在全自动驾驶系统、空间通讯等领域全球领先；佳能转型医疗设备事业和宇宙产业（小型卫星），拥有全球最先进的 CT 系统；奥林巴斯由数码影像转型医疗事业，目前奥林巴斯的医疗业务已经占到公司整体销售额的 70% 以上。

纵观日本企业变迁，会发现不仅是近年来的电子电器企业转型成功，再早的煤炭、水泥、纺织、钢铁等传统企业的转型一样成功，比如日本东丽公司原来是世界首屈一指的纺织品企业，现在则转型成为世界第一大碳纤维制造商，是波音主流飞机的机体材料供货商（波音 787 飞机的机身材料是碳纤维组成，机体由三菱重工提供、机头由富士重工提供、电子系统由松下提供，因此日本人认为波音飞机是日本准国产飞机）。为什么日本企业在危机之下的转型如此成功？这与日本企业的决策模式有非常大的关系！

与日本相比，多数西方优秀企业的转型有很大问题。与柯达错过数码影像时代类似，施乐（Xerox）错过了 PC 电脑时代、诺基亚（Nokia）错过了智能手机时代、微软（Microsoft）错过了搜索引擎时代、谷歌（Google）错过了社交平台时代……今天的谷歌依然屹立于潮头，但 50 年后谷歌公司是否还存在的确是一个问题。在李·艾柯卡（Lee Iacocca）将克莱斯勒公司从倒闭边缘拯救过来、路易斯·郭士纳（Louis Gerstner）带领 IBM 这头大象重新翩翩起舞的传奇背后，太多的美国优秀企业一经挫折就沉沦不起。

日本 NHK 电视台拍摄的纪录片《日本企业长盛不衰的奥秘》中说道：

“超过200年寿命的企业，美国有14家，中国只有9家，而日本竟然超过3000家（百年以上的企业多达50000家）。这也说明了是文化和机制因素而非偶然因素推动了日本企业的成功转型。”

日本的决策模式被称为“U型模式”，即由领导层提出决策方案和计划，然后将计划下发基层管理者和普通员工进行讨论，然后由基层和员工提交修改意见，同时注重横向交流和协调，最终由最高领导层拍板决定。比如日本企业要和某西方企业公司建立合资公司，日本企业高层会让每一个员工写下这个决策会对他的工作产生什么影响，员工不用表示支持或反对，但必须自己用心思考决策对自身的影响。在这种情况下，企业高层、中层和基层就对问题和决策有全面的了解，最终，企业决策由高层管理做出，并由全员努力推进。

这种模式的特点是能够达成“上下共情”“上下同欲”，令计划者和行动者融为一体，最大限度地保证有人在行动！

相对而言，这种决策模式的耗时长，效率低，普遍被认为不适合新经济条件下快速变化的市场环境。但从以上分析可以看到，这种模式不但不过时，而且非常适合环境急剧变化下的市场。日本企业界流行“安全驾驶”的说法，无论是现金的充裕度还是转型决策的模式，的确都很好地体现了这一点。

任何模式和思考都离不开文化因素。美国文化强调“个人主义”，所以美国企业决策的主体是某一个CEO或几个高管团队，一般中低层管理者和普通员工不参与决策，决策后果由高层自行承担。这类决策的长处是权力集中、责任明确、动作迅速，劣势在于造成决策和执行分离的情况，这是柯达和诺基亚等企业无法转型的原因；中国文化强调家族或家庭，根据血缘和亲疏分成小团体。企业决策的主体是一个小圈子，其决策模式基本上和美国企业类似，中低层管理者和员工仍然没有参与决策的机会；日本文化则不同！虽然日本文化从中国文化中借鉴了许多内容，但它从本质上与中国文化不一样，它不强调家庭而强调“社群”！美籍日裔学者福山（Francis Fukuyama）称之为“家元团体”（仿佛家庭一样的社群），正因如此，它形成了以群体为导向的特有团队精神以及所有人都参与的“U型”决策模式。

从日本企业决策的“U 型模式”中，我们可以学到如下三点：

（1）决策和执行必须一体化，必须把“**行动的承诺包含在决策之中**”。

（2）**“坚定地询问‘什么是正确的’，而不是询问‘谁是正确的’”**。在决策的过程中（尤其是上下交流和部门交流的过程中）不做肯定或否定的“价值判断”，尽可能只将自己的观点表达出来，只做“事实判断”。

英国哲学家休谟（David Hume）在《人类理解研究》中提出关于人类知识分类的基本看法。以此衍生出人类的知识和命题的分类，即“事实命题”和“价值命题”，比如“企业增加了二氧化碳的排放量。我们应该限制二氧化碳的排放”这句话，前一句表达了“是”，是事实命题；后一句表达了“应该是”，是价值命题（著名的休谟问题即：由“是”推导不出“应该”）。由“事实命题”和“价值命题”分别引出的观点即为“事实判断”和“价值判断”。

美国学者西蒙（Herbert Simon）在《管理行为》中指出：“我们对世界的事实知识积累得再多，也不可能完全说明这个世界应该处于的状态。”“‘我们应该再引进一条更廉价的生产线’的含义是这样的生产线有广阔市场，我们如果引进的话，就能增加利润。”

换句话说，在讨论决策的过程中，我们尽可能不要给出解决方案“应该增加廉价生产线”，而是强调“廉价生产线有广阔的市场，如果在某时间之前引入，就可以获得大约×××的销售额和×××的利润额”。

（3）以共识来凝聚“**利益共同体**”。

如果在上述“事实判断”中，有很多针锋相对的情况或观点怎么办？通过前面的分析我们知道，有效的决策会在冲突的观点中产生，因为它能给我们带来思考、创意和真正的协作。

我经常在企业中强调通过研讨达成“共识”，共识并非是意见完全一致，它本质就是一个不同利益诉求的群体达成决策的方式。

很多企业的一把手认为他们内部有共识，其实不然。由于创业成功，企业一把手往往自信爆棚，表达充分，并自觉不自觉地对不同意见表示轻蔑。这导致在企业实际工作中，下属和其他人逐渐不再提出和老板不一致的意见，于是“共识”轻松达成——实质上，一把手自得的“共识”只不过是皇帝的新衣。

真正的共识需要有效的会议管理。企业中的无效会议大致有三种情况：

（1）一人讲，众人听。领导在上面侃侃而谈，下面则表现各异，要么正襟危坐心思却云游天外，要么低头玩手机，要么干脆干自己的事情（这也是传统培训效力不高的原因）。在这种情况下完全没有共识产生。

（2）议程混乱、议题漂移。参会人员都是想到哪儿说到哪儿，会议主持形同虚设。由于讨论内容过于发散，往往是议而不决，很难达成共识。

（3）强势表达、利益交换。如果会议组织得当，有可能在会议上能够通过（激烈）争论，最终得到某些成果。但如果大家仍然是根据自身利益进行"价值判断"的强势表述，比如"我认为应该……"，最后在争论之中达成妥协而不是真正的共识，这种共识只是伪共识。

我在企业中尝试过一种有效的会议研讨方式，其中要点如下：

○　议程议题需要非常明确和清晰。

○　预先明确会议主持人：外部顾问人员为佳。

○　引导发言，对要讨论的议题详细阐述，并说明两种判断的区别。

○　提前给参会者发资料，要求参会者仔细阅读并准备发言。

○　尽可能减小发言压力（不许批评、畅所欲言），鼓励各方充分表达自身的"事实判断"和由此而来的部分"价值判断"。

○　归类梳理，将事实结构化归类，并按重要性排序。

○　参考事实，针对核心问题展开讨论（如人数多可以分组）。

○　主要领导不得作评判性发言，一把手除总结和回答提问外全程不发言。

在信息的交汇、事实的陈列、观点的互动下，参与会议的人会逐渐触摸到别人的利益诉求和出发点，从而产生"理解"，继而在某些问题上达成一致。这种会议能真正增强企业内部共识程度，对于决策推行效果极佳。需要指出，这种会议不是"求真求实"的过程，而是"求同存异"的过程（求真求实的会议是另外一种形式）。

"求真求实"则需要另一种会议类型，它要求管理层不能从妥协的角度思考问题，他们必须不断追问"什么才是对的"，而不是"什么才是他人能够接受的”。在得出答案之后，再通过“U 型”决策模式推动正确决策的进行，尽可能在企业上下达成共识，将行动承诺包含到决策之中。

“决策模式”是最重要的，无论在企业中还是在人生中，某类决策场景总是一再发生。因此，相对固定的决策模式和决策原则就非常重要。它可以缩短和有效决策的距离。

除了以上思考和讨论，还有几点重要的原则如下：

（1）学会顶住压力，做不受欢迎的决策。

要追问“什么才是对的”而不是“什么才是他人能够接受的”。真正的战略性决策都会让一部分人很难受，因为它要么会改变现有制度和流程，要么会让人走出舒适区，要么让人增加工作量。所以有效决策并不是每一个人都欢迎——清理地上的一摊油污很容易，改变采购考核的制度就是一件很麻烦的事情。

笔者最开始做企业顾问的时候，喜欢拿自己思考后的方案去挨个儿征求企业领导和主要部门的意见，后来发现大家的意见总是千差万别，如果按照意见进行修改，那么最后提交给企业的方案将是一个“四不像”的东西——既不能解决问题，也难以让各个部门满意。因此，无论是作为顾问还是其他角色，都应该只提出自己认为“正确的事”即可，然后在此基础上追求最大范围的共识。同时万事万物都有代价，要为决策付出代价。一方面要能顶住压力；另一方面要学会妥协赢得支持。最后，“**如果决策是正确的，无论他们最初喜不喜欢决策的内容，终究还是会接受这个决策**”。

（2）把握反馈，坚持现场主义。

反馈本来是一个物理学概念，运筹学和管理学用它来代指“及时的评价”，让决策者能及时了解决策的有效性。要知道，绝大多数决策在执行的过程中都有各种纰漏，如果没有反馈，你根本不知道会有什么问题，以及离预定的目标还有多远。反馈越清晰、越准确，决策的调整就越及时，决策的效率就越高。因此，所有的决策都会要求执行者给出反馈，这也是各种总结、报告漫天飞的原因。

德鲁克指出：“**反馈是决策的一个组成部分，并且必须在决策过程中加以确定。**”也就是说，用什么形式反馈、反馈什么内容应该在决策制定之时就已经确定了。

除了报告和数字之外，管理者需要坚持“现场主义”，这个概念源自丰田的“三现主义”现场、现实及现物。其中，现场是生产经营活动发生的场所。为什么强调现场主义，是因为信息经过层层报送，与现场真实的情况可能相去甚远，时效性也有问题，如果根据失真、滞后的信息反馈来做决策的调整，不啻盲人骑瞎马。这也是高层领导要不时地去基层访问和调研的原因，如果经常去现场，不仅可以找到决策的反馈线索，还可能获得意外的启示。当然，如果决策者就在一线，那么现场反馈会扑面而来，决策和执行会变得鲜活无比。

反馈是“世间因果”的具象化①。对于企业决策者，需要建立正确的反馈机制和规律问责制。一些有效的方法如下：

○　采用“引领性指标”，让反馈的节点尽可能频繁，尽可能提前。

○　决策的目标或节点用可衡量的方式进行描述。如果目标没法用数字描述，那就把完成的节点状态非常明确描述出来。比如“五月底之前完成 LED 屏的安装，使之可以正常使用”。

○　为某些可行的项目制作视觉反馈物，把目标和完成情况写在上面，细致明确、简单直观为好。

○　定期检查完成情况，对未能完成既定目标的情况追责。

（3）智能决策前瞻。

我们已经进入了大数据和人工智能时代，数据搜集和分析的速度和广度都是之前无法想象的，这些情况深入地影响了企业的决策。以下从数据资产、数据挖掘、决策支持三个方面进行简述。

与以前不同，数据开始成为企业的资产和竞争优势，并且其速度越来越快。随着各类数据设备和软件应用的开发使用，海量数据源源不断地快速生成，包括各类交互数据、交易数据和传感数据等，这些数据拥有巨大的社会价值和商业价值，而且这个价值正在以无法想象的加速度被放大。

世界上拥有数据资产最多的企业，莫过于亚马逊（Amazon）和谷歌（Google）。亚马逊拥有超过 26 亿顾客全部的购买行为数据记录，包括页面

---

①　注：对人类物种而言，因果律是先验的却未必正确，可参看亚里士多德和休谟的相关表述，以及美国心理学家斯金纳（Burrhus Skinner）的鸽子实验等。

停留时间、关键词搜索和商品选择等，与腾讯公司以“流量驱动”为核心类似的是，亚马逊的业务核心电子商务（拥有1200万种商品和服务）和AWS云计算业务是以“数据驱动”为核心的。可以说，数据资产已经成为世界级巨头亚马逊公司的核心资产。

大数据和AI技术将数据的有效挖掘利用带到了一个前所未有的高度。顾客数据和经营数据往往是杂乱无章、高度复杂的，如何将数据变为宝库，通过数据挖掘来洞察市场需求和某些关键要素？这是有意思的一件事，同时对企业的创新能力和获利能力至关重要。

阿里巴巴旗下的阿里小贷、网商银行、蚂蚁小贷、蚂蚁微贷都是以大数据挖掘为核心的贷款平台，其特点都是无需抵押、快速审批。要知道，小额贷款公司的前身都是民间借贷，属于金融系统中的最底层，资金规模巨大，但大企业在其中很难运作，其原因在于该业务模式无法摆脱关系业务。即只能通过并不清晰的社会关系，包括地缘、血缘和朋友关系对信用风险进行评估。今天，则可以通过大数据挖掘的利器，对商家和个人风险进行精准评估，在不见面、无抵押的情况下放款，据说不良率可以长期维持在1%以内。大数据挖掘和决策的方式既能解决小企业和个人的痛点，普惠企业和个人的同时，金融企业也获得高回报率，这在以前是不可想象的。

数据挖掘对于互联网企业来说，已经成为最基本业务形态和核心竞争要素。那么对于传统企业怎么样呢？举个例子，某家传统的电气销售公司，顾客主要是中型企业，公司希望进入后期设备运维市场，具体怎么做呢？该公司并没有数据资产，只有运营了多年的ERP数据。通过并不复杂的数据挖掘工作，根据电气设备的更新换代和维护特点，公司对老顾客进行大规模回访活动，仅此一项，就获得了相当金额的电气设备维修订单，企业顺利地进入后期设备运维市场。

使用大数据和AI（人工智能）辅助决策已经不再是新鲜话题。时至今日，计算机模拟决策已经达到相当高的水平，德国心理学家德尔纳（Dietrich Dorner）在《失败的逻辑》中讲到用电脑软件模拟复杂系统下的社会，并以此对决策的后果进行校验。

2018年，由IBM公司开发的AI机器人Project Debater与国际顶尖辩论冠军就“是否应当资助太空探索”“是否增加远程医疗的使用”两个议题展开辩论，虽然人类获得胜利，但AI机器人展示出条理清晰、令人信服的观点。IBM的专家指出，Project Debater被IBM赋予了三大核心能力：首先是数据驱动下的强大的表达能力；其次是识别人类口语中观点的理解能力；再次是通过模拟困境来提出制定原则性论点辅助人类决策的能力。

与2016年Alpha Go战胜围棋世界冠军李世石一样，AI已经具备了极为强大的辅助决策功能，无论是协助辩论、下棋还是企业决策，人工智能都已经足够强大。例如，企业遇到某个难题，可以用AI扫描海量的网络信息，从中找出与问题相关性最高的某些观点，并通过结构化算法剔除无用信息，最终提取出有说服力的观点。由于机器更加全面和中立，它可以提供更多更全面的“事实判断”，从而提供有效支持。

随着AI和大数据技术进一步发展，它将对企业的业务判断和决策产生无法想象的影响。美国洛杉矶的一家企业宣称从全球夜景的历史数据出发，通过深入挖掘后，作出了精准的全球房地产投资和消费研究报告。换句话说，对市场和顾客预测是管理者进行决策判断的主要依据，而在未来，对市场和顾客预测将主要由大数据和AI提供给企业的管理层。

结语：抓住正在演化的未来

这个世界不能被预测，我们只能依据正在发生的未来，去寻找明日地标（landmark of tomorrow）。

幸好，我们还能够有所凭借，通过观察“发生在身边的历史”，去抓住正在演化的未来。

问题的提出

极端不确定成为摆在全球企业领导者面前的问题。无论是马斯克（Elon Musk）还是创办于公元5世纪的日本企业金刚组株式会社的前社长金刚正和，他们面临的都是快速变化的外部形势（战争、瘟疫、科技进化、全球贸易、金融和其他经济环境）和不确定的未来。社会的分化和异化速度加快，新生代的消费需求、对生活和工作的认知也在发生快速的变迁，纷繁复杂的市场理论和管理思想又给诡谲莫测的未来蒙上一层青纱，这一切都给各类组织和企业带来了前所未有的不安全感。

社会中的个人也是如此。多数人需要找到一个企业组织或“社会部门”（social sector），在其中工作并获取收入，并借此确定自己在社会中的定位。对每一个人来说，个人和组织的关系至关重要。西方经济理论中，最早的劳动价值论告诉我们个人和组织是劳方和资方的关系——今天绝大多数人仍然这么认为。正因为如此，在企业组织或“社会部门”中工作的人，尤其是在传统组织中的人，无论取得了什么样的成就，多数人仍然身心疲惫、郁郁寡欢，个人梦想距离现实无比遥远，这真的是我们想要的工作和生活吗?

100多年前的西方，大学学位是一种装饰品，富贵人家的子弟可以上哈佛大学或者剑桥大学，在里面愉快地消磨时光和结识同龄人。学到的知识乃至学位与任何人一生的工作或事业都没有太大关系。这种情况一直持续到第二次世界大战之后，突然之间，大学学位成为好工作的敲门砖，唯有受过良好的大学教育，才会被社会和企业认可。

时至今日，大学学位几乎成了多数工作最基本的要求，如果不是211或985大学①毕业，想在大城市企业中找到一份体面工作都有一定的难度，不少学生为此不得不在学校再待几年，拿到硕士学位后再去求职。

背后原因很简单——知识成了这个时代的关键经济资源。这种资源只

① 指国内的211工程和985优势学科创新平台。中国教育界公认的211大学有116所，985大学有39所。

有经过系统学习才能得到，而提供系统学习的场所只有大学或专门的技术学校。在今天的环境下，一个一无所有的年轻人去从事体力劳动，那么他的社会地位和经济收入只会在底层徘徊。如果他对金融或科技产业有着准确的认知，并拥有一定的金融知识或者娴熟的编程技巧——当然，优质的敲门砖（名牌大学学位）必不可少——那么资本和企业都将对他敞开大门，既不需要拥有土地，也不需要拥有特别的生产资源，就能拿到高年薪乃至期权，打拼数年之后轻松进入中产阶级的行列。如果天赋异禀，在某个专业上有极高的水准，即使刚刚走出校门也可以尝试在谷歌、华为等科技企业拿到行业顶薪。

房间里的大象

一头大象安静地和我们在同一个房间里，我们却对它视而不见。就像当年的资本主义。

资本主义强调私人拥有资本并掌握收益分配权。不过千年以来，无论是手工业者还是各类商贩，始终在各国社会的底层徘徊，私有资本对社会的影响微乎其微。直到16世纪末，“有限责任公司”这种特有的经济体被发明，它爆发出难以想象的巨大力量，使得资本主义用300年的时间迅速征服了世界。数百年来，随着资本主义制度的不断完善，以私有产权神圣不可侵犯为标志的资本主义社会被认可。人类的经济制度、法律制度和政治制度都不是凭空而来或亘古存在的，现代社会中的各类制度，其前提都必须充分适应私有产权及充分鼓励私人投资。

自古以来，知识（对精神世界和物质世界的认知）就伴随着我们。无论是古希腊的智者们还是中国春秋诸子，他们都认为知识代表着人的道德和对世界的探索——苏格拉底（Socrates）和柏拉图（Plato）更加关注外部世界和精神智慧；孔子更加关注道德和社会伦理；普罗塔哥拉（Protagoras）强调知识是逻辑、语法和修辞，他认为“人是万物的尺度”。这些智者的共同点是，他们都认为“知识”是一种和“技能”相对的东西，它有关人的思想、道德和教养，但却不能拿来直接用于现实生产和生活。知识是洛克（John Locke）的“主权在民”，是斯密（Adam Smith）的“看不见的手”，甚至是李贺的“吴丝蜀桐张高秋，空山凝云颓不流”……从原始社会一直到近代，知识的最大应用是解决了东西方精英政治中的精英认证问题。尤其是东方的科举制度，成功解决了精英政治中的阶层固化问题。

14 世纪到 16 世纪，古希腊、古罗马文化和艺术的传播，以及稍后印刷术的发展（谷登堡印刷术）推动了知识在欧洲的传播，这直接导致了文艺复兴和其后资本主义的大行其道；16 世纪到 20 世纪初叶，知识在企业的推动下也发生了根本性的变化——从哲学上的“存在”① 直接转变成了经济资源和生产资料——知识应用于工具和生产，带来了机械设备和工具的大规模推广；知识应用于工作研究，带来了科学管理思想和实践。社会生产力因知识的应用得到前所未有的大发展，人类的生活因此而改变，这种改变在里德利（Matt Ridley）的《理性乐观派》中有着精彩描述。

随着资本主义的发展，分工进一步细化、生产率不断提升，各行业都开始对细分技能的“方法学”产生巨大需求，“专业知识”越来越重要，“科学”由此产生！古代的匠人，无论是石匠、猎户、木工、瓦匠还是卖油翁，都需要经验和技能，但这些经验和技能难以进行规模性地学习和教授。现代科学则是分科之学，它把知识分为许多“学科”，这些“学科”与传统的“技能”相对应，并将“技能”转化为可以通过系统教育方式高效传播的“方法学”。比如与瓷器烧制相关的学科就有物理学、化学、机械制造、电子工程学、管理学，等等。

普鲁士皇帝威廉三世（Frederick William III）和学者洪堡（Wilhelm von Humboldt）据此重新改革了普鲁士的义务教育制度，使普鲁士国力在极短的时间内迅速提升并得以剑挑群雄，德意志地区由分裂走向统一。普法战争结束后，普鲁士元帅毛奇（Helmuth Karl Bernhard von Moltke）说：“普鲁士的胜利，在小学教师的讲台上已经奠定了。”西方社会由此开始认识到教育的重要性并普遍推行普鲁士教育体系。

第二次世界大战结束后，知识的创造、传播和应用又一次发生了巨大的变化，互联网使得人类知识传播速度和广度超出了所有人的想象，任何人都可以从网络上搜寻到所需要的大部分知识。这导致“专业知识”开始超越了土地、资金和劳动力，成为最关键、最重要的经济资源和生产资料，这是人类历史上从未发生过的事情。

---

① 古希腊哲学的核心问题是存在（Ontos）问题，近代哲学将认识论（即人类个体的知识观）问题作为核心，包括黑格尔的宗教哲学、波普尔的科学哲学，都是有关知识问题的讨论。

在农业经济时代，土地和劳动力是第一生产资料；在工业经济时代，资本是第一生产资料；在知识经济时代，知识（有知识的人）成为第一生产资料。历史在不可逆地单向发展。

农业经济增长本质取决于可开垦土地和劳动力的增加值；工业经济增长的本质取决于新增资本的投入，即资金、土地、劳动力和技术资源的投入，用“大规模生产”“新市场开拓”等方式取得超额利润；知识经济更进一步，它将知识应用于“知识本身”，用系统的方法（知识）找出应用现有知识的最佳方法，用“营销”和“创新”取得超额利润。举例为证，美国零售商塔吉特（Target）通过大数据分析，精准地预测出它的女性客户中哪些人怀孕了，甚至比准妈妈们更早知道她们的孕情，从而用精准营销的方式推出更加适合的商品和服务（孕期商品及婴儿床等）。

今天，知识和知识工作者已经成为绝大多数行业中的第一生产力。中国彩色电视机的产量已占到全球60%以上，但利润的90%被国外厂商攫取，其原因就是知识凝结物——专利并不归属于我们。此外，某些行业的产出品直接就是知识凝结物，比如制药行业，无论是药片、胶囊还是针剂，实际上都是知识的外在包装——它实际上销售的是人类对疾病认知和应对的知识——未来随着3D打印和相关技术的演进，越来越多的行业不再需要产品制造输出，企业直接输出知识凝结物即可。十年前开始的互联网+产业狂欢，大量风口企业尚在亏损中甚至在没有销售数据的情况下就被投资商疯狂追捧，从市盈率到市梦率，资本追逐的不是土地、劳工和垄断资源，而是对这个世界的新认知。据世界银行的相关报告指出，发达国家以知识为基础的行业产值已超过GDP的50%，知识工作者阶层已经成为社会的主导阶层。

有很多科幻小说、电影乃至经济社会理论对未来进行预测和描述——包括布热津斯基（Zbigniew Brzezinski）的“电子技术时代”、贝尔（Daniel Bell）的“后工业社会”、托夫勒（Alvin Toffler）的第三次浪潮，以及媒体口中的互联网时代和人工智能时代。这些说法各有道理，但基本无用，因为我们无法去描述和预测未来会怎样，我们只能把握现在并顺应大势（虽然我们热衷科幻小说和科幻电影，但事实证明，我们对未来的猜想只有极少的部分靠谱）。按托夫勒自己的说法，以上预测未来的命题没有一个是合适的；而公认的未来学家奈斯比特（John Naisbitt）则明确表示自己绝不是未来学家，给不出未来的答案，他只是喜欢研究大家在做什么，以及努力阐述如果这么做的话会发生什么。

我们真正要做的是找出房间里那头大象，即那些已经发生并且将会产生重大影响的事件，并以此为依据来决定我们今天应做什么及如何去做。

试举几个会对未来会产生重大影响，并与本书主题相关的事件：

○ 劳动力结构已经发生重大变化。

农业从业人口比例急剧下降，以及工业蓝领人口比例逐渐萎缩，“自带生产资料”的知识工作者和服务工作者（服务领域的“蓝领”）人口快速上升，翔实数据难以统计，不过就公开数据推测，发达国家知识工作者加服务工作者的占比应该已经达到就业人口的70%以上，单独知识工作者的占比已经超过就业人口的1/3。

○ 人口结构已经发生重大变化。

人口结构的变化主要围绕人口的数量和年龄结构。在过去的100年，人口数量暴增，今天全球人口已经超过78亿人。同时，人口的平均寿命大大延长（日本女性的平均寿命已经到了87岁），而单身潮和少子化引致的全球老龄化问题，是世界历史上从未出现过的。

○ 产业正在围绕知识和信息进行重组。

无论是德国“工业4.0”、美国“工业互联网”还是中国提出“中国制造2025”，本质都是从生产制造的角度围绕知识和信息进行产业重组。相对于生产制造业，服务业重组的速度更快。淘宝、微商、物流、直播带货及手机上层出不穷的App都在深度重组整体产业链并改变我们的生活。

○ 全球知识和信息查询、存储和交换的便捷性大大提高。

由于互联网的出现，“信息不对称”实现了经济学意义上的边际突破，极大地降低了商品交易成本。原有社会化生产的组织模式被打破，资本、土地、劳动力这些传统要素投入的重要性降低。举个例子，我们在超市里买一斤苹果需要8元，但在互联网上购买同样质量的苹果只需要4元，这是因为超市需要资金投入、土地租赁和劳动力雇佣。互联网让生产者拥有了直面消费者的能力，知识的重要性进一步提高。追逐极致化体验和口碑的“互联网精神”是知识深度应用的一个表征，以知识经济为依托的商品买卖头部效应和长尾效应越发明显。

○ 企业成本的外部化已经极大地损害了我们的世界。

300年前，英国古典经济学家曼德维尔（de Mandeville）提出了著名的悖论——“私利邪恶成了公共利益”，意为追求私利的行为反而会促进公共利益的增长。休谟（David Hume）和斯密（Adam Smith）等一批先贤继承了曼德维尔的思想，但却未能看到由此造成的外部性。20世纪20年代，英国经济学家庇古（Arthur Cecil Pigou）等提出外部不经济的概念，表明自私自利的“经济人”和只关注利益的企业行为会对外部公共利益产生损害。时至今日，我们已经看到了太多历史上不曾发生的问题——核战争阴影、环境资源赤字、资源被无止境地消耗、劳动者权益无人管控、恐怖主义四处猖獗、公共安全不堪一击——这些问题绝大多数来源于组织/企业成本的外部化。举个例子，无论是政府开发核能资源、企业私自倾倒污染废水还是“莆田系医院”风波，都极大地损害了公众利益。今天，我们所知道的资本主义仍然建立在以“个人私利邪恶”为基础的大厦之上，这也是资本主义社会必将没落的原因——没有任何社会能够长期建立在作恶（be evil）的信条之上。欧洲的不少企业已经深刻认识到这一点，例如谷歌多年来秉持“不作恶”的企业准则，即便如此，最发达的国家也无法解决企业成本外部化这个重大问题。企业是社会的经济器官，300多年来，企业整体成本的外部化已经造成了非常显著的恶果。人类在享受了由企业带来的经济福利，基本减缓了饥饿的威胁并大幅延长了寿命的同时，地球的生态环境已经被不可逆地改变。

○ 村落/宗族的功能被企业/组织所取代。

百年以前，中国人大量时间是待在村落中或者祠堂中，和同村、同宗打交道。而现在大量时间是在以企业为主的各类组织中，和没有亲缘关系的陌生人打交道，这是社会结构的大变化。中国古圣贤强调“以孝治天下”，强调“修身齐家”方能“治国平天下”，是因为村落/宗族负担起了绝大多数社会责任，包括经济、教育、文化、健康、医疗等功能，让社会能安全运转。但工业革命以来，村落/宗族无法再负担起相应社会责任，年轻人不得已背井离乡来到城市，成为组织/企业的一分子——以企业为核心的组织社会已经完全取代了以村落为核心的传统社会。

○ 知识不稳定造成产业更新速率加快。

按照柏拉图（Plato）的说法，“知识是证明了的真的信念”。而被广泛接受的波普尔（Karl Popper）学说则认为，只有能被证伪的知识才是科学，否则就是宗教或伪科学。由于知识的本质就是不断被证伪，不断迭代，因此与技能相比，知识极端不稳定——烧制陶瓷的作坊可以将其传统工艺传承千年，作为其升级版的陶瓷企业，其烧制陶瓷的技术和工艺必须不断更新，否则数年之后（按这个时代的发展速度，该数字不超过两位数）企业就会面临倒闭破产的命运。今天的工匠精神与百年前不同，它要求从业者必须不断更新自己知识以跟上时代的脚步，IT 产业的工程师对此应该深有感触。这是知识的特性和本质，它直接造成了产业更新速率加快。

○ 关于企业目标的基本假设已经发生重大变化。

将“为股东挣取利润”作为企业的唯一目标是马克思（Karl Heinrich Marx）诟病资本主义的主要原因之一。今天的企业，尤其是有一定规模的企业已经开始意识到了其他目标的存在，不过由于基本假设带来的巨大惯性，大多数企业管理者依然对此一无所知。

因此，德鲁克（Peter F. Drucker）从他 1939 年的第一本著作《经济人的终结》开始，就对此大声疾呼，要求企业“成为社会的有效器官，为社会贡献繁荣、为社群贡献和谐和成长、为成员实现自身价值搭建平台”。1954 年，德鲁克《管理的实践》出版，其中明确提出了企业目标的八个关键领域。1994 年，《基业长青》出版，柯林斯（Jim Collins）和波拉斯（Jerry Porras）在书中研究了 18 家全球最优秀的企业，并以德鲁克关于企业本质的假设和事业理论为前提提出了愿景学说，要求企业提出自己的宗旨、使命和愿景，并以此构建企业的目标体系。他们在书中明确指出：

“纵观这些高瞻远瞩公司的历史，‘尽量增加股东的财富’或‘追求最大利润’一向不是主要的动力或首要目标。高瞻远瞩的公司追求一组目标，赚钱只是目标之一，而且不见得是最重要的目标……但有趣的是，高瞻远瞩的公司要比纯粹以盈利为目标的对照公司赚更多的钱。”

关于企业目标的基本假设非常重要，它决定了企业的运作方式，决定了每一个战略或策略的制定，也决定了企业生存和发展的基本路径。同时，它甚至决定了我们每一个人的人生轨迹和整体社会的福祉。

房间里的大象默不作声，它存在并深深地影响着我们身边的一切事物。不过由于路径依赖的强大力量和人类的思维特性，多数人会选择性地视而不见。这是当前社会问题、企业问题和每一个人自身问题的根本来源。

知本主义的到来

《华为基本法》中的一条内容是“人力资本增值的目标优先于财务资本增值的目标”，这句话很好地说明了这个时代人类创造财富的方式发生了变化，以知识为基础的经济模式取代了以资本为基础的经济模式。微软、谷歌、华为、阿里巴巴等知识企业的财富创造能力已经超过大部分国家，知识创造财富、资本竞逐知本！

资本主义社会有一个普遍问题是人的物化（Verdinglichung）。简单来说，对于资本家而言，雇佣劳动者只是雇佣了他的一双手作为生产工具，用来生产和装配产品。但是德鲁克（Peter F. Drucker）说得好：“你要雇佣一个人的手，就得雇佣他整个的人。”① 德国哲学家康德（Immanuel Kant）则表达得更为深刻：“人（以及每一个理性存在者）就是目的自身，也就是说，人永远不能被某个人（甚至不被上帝）仅仅当作手段来使用……”② 对劳动者个人而言，在资本主义社会中，不得不作为机器和垄断资源的附庸而被物化和工具化，而在今天，人脑中的知识成了最佳的生产资料和生产工具，人和工具自此不再分离。可以带宠物上班的公司越来越多，而“血汗工厂”

---

① 彼得·德鲁克（Peter F. Drucker）. 卓有成效的管理者（The Effective Executive）[M]. 北京：机械工业出版社，2009 年。

② 伊曼努尔·康德（Immanuel Kant）. 实践理性批判（Practical rational criticism）[M]. 北京：人民大学出版社，2010 年。

则被口诛笔伐。知识让人类从“经济人”真正回归成为“自然人”，知本主义取代资本主义只是时间问题。

当今世界的主要矛盾之一是“充分发展的知本主义和资本主义制度及残余资本主义意识之间的矛盾”，这些矛盾在四个领域体现得比较突出，即教育领域、组织/企业管理领域、关键经济制度领域、政治制度领域。

首先来看教育领域，现行的教育体制采用18世纪初叶普鲁士教育制度的变体，它将分科之学和工业化模式引入传统的学徒式教育体系（方法学），从而快速产出大量受基础教育的劳动力。它有如下三个特点：

○ 覆盖全民、普及教育。

○ 采用双轨制模式——和大学接轨的中学制度，以及和技术工作接轨的职业教育制度。

○ 将学习模式固定下来，即标准化的课程表、标准化的课本及标准化的学习方式（学生在课堂听讲、回家做作业）。该模式给资本主义社会提供了大量合格守序的工人和专业人员，以此为支撑，私有产权制度和企业爆发出了巨大力量。可以说，普鲁士率先推行的教育制度是资本主义社会的核心制度，今天仍在全球绝大多数国家推行。

但这种教育制度与知识经济并不匹配。知识经济要求将知识应用于知识本身，使知识能够直接应用于我们的生活和工作，也使得新知产生的效率更高。而普鲁士教育制度为适应工业体系对人才的要求，其底层设计是用于大规模生产人才的“教育流水线”，还有着普鲁士等级思想的残余，遏制独立思考和新知的产生，其学习的目标单一、学习的内容一致、学习的方式雷同。此外，源自中国的东方传统科举制度仍然有巨大的影响，科举制度积极的一面是打破阶层固化，借由统一考试使寒门子弟有出头之日；消极的一面是放大了应试教育的弊端。明清“八股”甚至对文体、格式、字数乃至观点①有严格要求，极力压制思想和创新。当今亚洲的主流教育制度是普鲁士教育制度和科举制度的糅合，导致亚洲学生普遍陷入一种教育悖论和巨大困境之中。

20世纪90年代末，北欧五国（芬兰、丹麦、瑞典、冰岛和挪威）不约而同地进行了基础教育课程改革，采取了更适应知识经济的教育模式，也被称为“北欧模式”。其核心是“bildung（德语）”，背后理念是希腊式

① 明清“八股文”考试中，文章的观点要求以程朱学派对《四书》和《五经》的校注为准。

“教化”和“更丰富的内心世界”。面对未来的新社会，人需要具备更加丰富的内心世界。这与传统普鲁士教育制度产生了巨大分歧。两者的不同点主要体现在以下几个方面：

○ 看待世界的方式不同。

普鲁士教育制度强调将知识划分为明确的“学科”，即让学生将事物区隔开来，从不同学科的专业角度来看问题。比如看同一个产品，学营销的只看如何买卖，学生产的只看如何制造，学技术只看如何设计。而北欧模式则强调改变学生看待世界的方式，让他们更加容易从一体化的角度思考世界，看清复杂事物之间的联系，养成用跨学科的方式去思考解决实际问题。①

○ 培育人才的方式不同。

普鲁士教育体制强调用制式化、标准化的方式进行教育，相同的课程、相同的讲授方式和学习方式，以便更加快速地“制造”出一批专才。在这种模式下，每个学生能做的只是在同样的指挥棒下去考试和竞争，去冲刺更好的排名，唯有如此，才能上更好的大学；北欧模式则更加个性化，个性化体现在多个方面。没有统一的课程和教材，没有一致的教学方式，鼓励对不同孩子因材施教。在具体学习的内容上，有项目式学习和主题式学习方式，鼓励学生向不同方向发展。

○ 对教师的管理模式不同。

普鲁士教育体制强调在教育体系内用同样的指标进行问责式考核，包括对学校考核和对教师考核，确保整体模式的实施。北欧模式则充分实施了德鲁克的目标管理模式，即基于信任的目标管理责任制。这点至关重要，在K12（kindergarten through twelfth grade）阶段，老师对学生的影响

---

① 北欧教育制度在分科的基础上更加强调七种横贯能力，内容包括思考与学习的能力；文化识读、互动与表达能力；自我照顾、日常生活技能与保护自身安全的能力；多元识读能力；数字化能力；工作生活能力与创业精神；参与、影响并为可持续性未来负责的能力。

是巨大的，如果仅仅将分数提升作为老师优劣的评价标准，社会将会受到严重伤害。作为知识工作者的老师必须受到社会的信任，这种信任建立在对教师的管理模式之上，唯有如此，教育才能致力于启发学生的心智、提升学生的品质。

○ 受教育的机会不同。

普鲁士教育体制本身就是在等级社会中建立的，因此无论是在中国还是在美国，择校问题都是让学生的家人头疼不已的问题。不同的地域、不同的经济条件、不同的家庭背景、不同的学习成绩，最终能够选择的学校都不同，而不同学校间教育资源差异巨大——竞争无处不在，学生受教育的机会千差万别。北欧模式下，大部分学校都是公立学校且教育资源差距不大，不同经济条件和家庭背景在上学这件事上没有太大差异。此外，从小学到高中，所有学杂费和餐费全免。在这种状况下，社会上的每个人都有学习和成长的机会，让群体人力资源得以充分开发。

当前，企业和各类组织对人才的需求发生分化。一方面仍然对制式教育下的知识技能人群/阶层有需求；另一方面它更多地对知识工作者的独立思考能力、识读能力（literacy）、科学素养和人文底蕴提出了要求。自我引导、自我激励、有好奇心和创造力的终身学习者被各类组织/企业欢迎，社会需要他们能够提升知识工作的效率和效能。在这一点上，普鲁士教育体系与此背道而驰。

值得一提的是，在北欧教育制度加成下，北欧五国社会几乎成为当代的“世外桃源”，其人类社会发展指数、社会的平等程度、人民幸福指数、政府的廉洁指数，乃至经济的竞争能力和人均 GDP，都在全球排到前列——芬兰是全球经济竞争力冠军常客，在信息科学、生命科学、能源和再生能源科学、新材料、海洋科学等领域拥有尖端技术；瑞典的军事科技、汽车制造业和航空业居于世界前列；丹麦则拥有世界上最好的商业投资环境和高水准的生物制药行业。

在管理领域，知本主义和资本主义的矛盾也很明显。“二战”以后，全球范围内的经济增长主要是依靠知识在全球的发明、应用和扩散，但在企业管理领域，多数企业却仍然在延续着工业革命以来的传统管理模式。

从组织的性质到对利润的看法，从目标管理到决策管理，从管理管理者到管理员工，从战略管理到绩效管理，从董事长到总经理的职责，从组织架构到股权激励……知识经济下的管理和工业经济下的管理存在不同的理念、有着不同的做法。幸好，我们有德鲁克（Peter F. Drucker），他以极强的社会使命感，陆续出版了横跨世纪的四十一本著作，为社会的转型、组织/企业的管理指明了方向。是他最早深入阐述了“管理”“目标管理”“知识工作者”“服务工作者”“知识经济”“知识社会”“私有化（非营利组织）”“利润中心”等概念，并在其后的40多年中从不同角度进行论述。

知本主义和资本主义在关键经济制度领域和政治制度领域也存在巨大矛盾。这两个方面都值得探究，但其内容超出了本书的主题。不过有一点值得一提，即当前世界主流的经济制度和政治制度已经和知识经济乃至知识社会的诉求之间发生了现象级的冲突，这在西方发达国家中表现得更加突出。例如，以金融资本为核心的产业集团和资本精英仍然把持着西方发达国家的政治权力和经济权力，货币和金融资本引发越来越频繁的经济危机和社会问题（按孔子的说法是“德不配位，必有灾殃”），已经崛起的知本阶层对此非常不满，美国“占领华尔街”运动、法国的“黄背心”运动、西班牙的反紧缩运动就是这种矛盾的集中体现。西方未来的衰落必将肇因于此。

德鲁克和《管理的实践》

想要深入认识一个思想体系，最好的方法不是仰视或崇拜，而是了解作者的人生脉络，并站在一个更高的视角俯瞰才能真正对其有所认识。

彼得·德鲁克（Peter F. Drucker）1909 年生于维也纳，2005 年的 11 月 11 日去世。祖籍为荷兰，后移居美国。德鲁克被称为现代管理学之父，他不但是管理学这门学科的奠基者，还将管理学从一门边缘学科发展成为时代的显学，并真正用管理学影响了追求改变社会的学者和企业家们。全球顶级企业家大多对他交口称赞，或者自称为他的学生。

笔者佩服的不仅是德鲁克先生的学识，还包括他的勇气、情怀和学习力。在德鲁克的年代，政治学和经济学是显学，一个学者去企业研究管理，就和现在的牙医放着大好前途却去研究修脚一样，简直是自毁前程。1929 年的美国经济大萧条及第二次世界大战对德鲁克的世界观和初心有很大影响，创造美好社会成为他一生的追求。他在20多岁写出了被纳粹禁毁的《德国犹太人问题》，随后又写出《经济人的末日》和《工业人的未来》，这两本书奠定了德鲁克社会理论的基础。抱着同样的梦想，他一头扎进通用汽车公司（他认为政治学、经济学研究不足以支撑未来社会秩序重组，企业和组织才是未来社会的主角），深入研究企业、管理和社会发展的关系，并将企业和组织管理作为一生的主题。德鲁克一生从事过很多工作，他不仅仅埋首书斋，还为许多企业做管理顾问、深入研究管理实践。同时他毕生持续学习，直到80岁高龄，仍然坚持每天至少花两个小时阅读大量新信息，与不同的人交流，研究新的主题和新的社会现象。以至于在90岁高龄还能写出《21世纪的管理挑战》这样的好书。

从德鲁克的人生轨迹来看，他真正关注的是我们社会的走向和未来，他的管理学是把人和企业组织放在社会这个大环境中研究，围绕着这个主题，他一生写下了四十一本书。德鲁克极为简朴，一套衣服可以穿数十年之久，年近九十岁仍然自己开一辆老旧的丰田汽车，但他并非没有钱，而是将自己每笔收入的90%捐献出去直至2005年去世。在我看来，他就像是行走在大地上的圣徒，为建立“地上的天国”而孜孜不倦。

在德鲁克眼中，管理是一门“自由的技艺”（liberal art）①，而不只是一种用于盈利的工具。每个有知识的个体都是管理者，通过自由地发挥潜能和才智（可与北欧先行的教育类比），不断从自然科学、人文科学和社会科学中汲取营养，并将之用于各种社会实践和企业实践，从而成长为更好的人——德鲁克指出了这个时代管理的本质。

《管理的实践》是德鲁克在企业管理领域的集大成之作，也是世界上第一本系统论述管理在各个领域作用的著作，同时深入论述了从资本主义向知本主义进发过程中，企业在自身性质、战略、创新、组织、绩效、决策、个人成长等方面需要进行系统转变的著作。

需要指出的是，德鲁克在20世纪60年代末就提出了“知识经济”和“知识社会”②，德鲁克之后的一系列著作都是从不同角度，围绕如何打造

① 彼得·德鲁克（Peter F. Drucker）. 管理新现实（The New Realities）［M］. 北京：东方出版社，2009年。原书中将“自由的技艺”译为“博雅艺术”，“自由的技艺”采用的是邵明路先生的译文。

② 彼得·德鲁克（Peter F. Drucker）. 不连续的时代（The Age of Discontinuity）［M］. 北京：机械工业出版社，2020年。

更好的“知识社会”进行思考和阐述。本书是一本管理学书籍，之所以谈未来演化和社会变迁，就是希望从社会视角俯瞰管理学。如果只是就管理谈管理，如同步行进入原始森林，唯有从“知识经济”如何影响社会发展和企业发展这个角度俯瞰，观察德鲁克的人生轨迹和思想脉络，才能把握和理解德鲁克的理论精髓，跟上德鲁克思想的步伐。

参考文献

1. 彼得·德鲁克（Peter F. Drucker）. 管理的实践（The Practice of Management）［M］. 北京：机械工业出版社，2006 年

2. 彼得·德鲁克（Peter F. Drucker）. 管理：使命、责任、实务（Management Tasks，Responsibilities，Practices）［M］. 北京：机械工业出版社，2006 年第一版

3. 彼得·德鲁克（Peter F. Drucker）. 新社会（The New Society：The Anatomy of Industrial Order）［M］. 北京：机械工业出版社，2009 年

4. 彼得·德鲁克（Peter F. Drucker）. 已经发生的未来（Landmarks of Tomorrow）［M］. 北京：东方出版社，2009 年

5. 彼得·德鲁克（Peter F. Drucker）. 卓有成效的管理者（The Effective Executive）［M］. 北京：机械工业出版社，2009 年

6. 彼得·德鲁克（Peter F. Drucker）. 管理新现实（The New Realities）［M］. 北京：东方出版社，2009 年

7. 彼得·德鲁克（Peter F. Drucker）. 管理未来（Managing for the Future）［M］. 北京：机械工业出版社，2009 年

8. 彼得·德鲁克（Peter F. Drucker）. 德鲁克经典管理案例解析（Management Cases）［M］. 北京：机械工业出版社，2009 年

9. 彼得·德鲁克（Peter F. Drucker）. 不连续的时代（The Age of Discontinuity）［M］. 北京：机械工业出版社，2020 年

10. 彼得·德鲁克（Peter F. Drucker）. 非营利组织的管理（Managing The Non-Profit Organization）［M］. 北京：机械工业出版社，2009 年

11. 伊曼努尔·康德（Immanuel Kant）. 实践理性批判（Practical rational criticism）［M］. 北京：人民大学出版社，2010 年

12. 卡尔·马克思（Karl Heinrich Marx）. 资本论（Das Kapital）［M］. 上海：上海三联书店出版社，2011 年

13. 亚当·斯密（Adam Smith）. 道德情操论（The Theory of Moral Sentiments）[M]. 安徽：安徽教育出版社，2008 年

14. 弗雷德里克·泰勒（Frederick Taylor）. 科学管理原理（The Principles of Scientific Management）[M]. 北京：理工大学出版社，2012 年

15. 本杰明·富兰克林（Benjamin Franklin）. 穷查理年鉴（Poor Richard's Almanack）[M]. 台北：柿子文化事业有限公司，2011 年

16. 切斯特·巴纳德（Chester I. Barnard）. 经理人员的职能（The Functions of the Executive）[M]. 北京：中国社会科学出版社，1997 年

17. 乔治·梅奥（George Elton Mayo）. 工业文明的人类问题 [M]. 北京：电子工业出版社，2013 年

18. 杰弗瑞·克雷姆（Jeffrey A. Krames）. 走近德鲁克（Inside Drucker's Brain）[M]. 北京：机械工业出版社，2009 年

19. 威廉·科恩（William A. Cohen）. 德鲁克的十七堂管理课（A Class With Drucker）[M]. 北京：机械工业出版社，2015 年

20. 埃里克·施密特（Eric Emerson Schmidt），乔纳森·罗森伯格（Jonathan Rosenberg），艾伦·伊格尔（Alan Eagle）. 重新定义公司：谷歌是如何运营的（How Google Works）[M]. 北京：中信出版社，2015 年

21. 查尔斯·汉迪（Charles Handy）. 大师论大师（Guide to The Gurus of Management）[M]. 北京：中国人民大学出版社，2007 年

22. 迈克尔·哈默（Michael Hammer）. 再造奇迹（Faster Cheaper Better）[M]. 北京：北京科学出版社，2012 年

23. 鲍勃·班福德（Bob Bamford）. 下半场赢家（Game Plan）[M]. 江西：江西人民出版社，2005 年

24. 马特·里德利（Matt Ridley）. 理性乐观派（The Rational Optimist：How Prosperity Evolves）[M]. 北京：机械工业出版社，2011 年

25. 纳西姆·塔勒布（Nassim Nicholas Taleb）. 反脆弱（Antifragile：Things That Gain from Disorder）[M]. 北京：中信出版社，2014 年

26. 理查德·泰德罗（Richard Tedlow）. 影响历史的商业七巨头（Giants of Enterprise）[M]. 北京：机械工业出版社，2003 年

27. 小艾尔弗雷德·斯隆（Alfred Pritchard Sloan，Jr）. 我在通用汽车的岁月（My Years With General Motors）[M]. 北京：华夏出版社，2005 年

28. 斯蒂芬·茨威格（Stefan Zweig）. 巴西：未来之国（Brasil，País do

Futuro）［M］. 上海：上海文艺出版社，2013 年

29. 里卡多·塞姆勒（Ricardo Semler）. 塞氏企业传奇［M］. 北京：中国人民大学出版社，2007 年

30. 马克思·韦伯（Max Weber）. 经济与社会（Wirtschaft und Gesellschaft）［M］. 北京：北京出版社，2008 年

31. 约翰·科特（John Kotter）. 总经理（The General Managers）［M］. 北京：机械工业出版社，2013 年

32. 凯文·凯利（Kevin Kelly）. 失控（OUT OF CONTROL）［M］. 北京：新星出版社，2010 年

33. 凯文·凯利（Kevin Kelly）. 必然（THE INEVITABLE）［M］. 北京：北京电子工业出版社，2016 年

34. 拉姆·查兰（Ram Charan）. CEO 说（What the CEO Wants You to Know）［M］. 北京：机械工业出版社，2016 年

35. 卡尔·波普尔（Karl Popper）. 科学发现的逻辑（The Logic of Scientific Discovery）［M］. 北京：中国美术学院出版社，2008 年

36. 史蒂芬·列维特（Steven Levitt），史蒂芬·都伯纳（Stephen Duber）. 魔鬼经济学（FREAKONOMICS）［M］. 广东：广东经济出版社，2006 年

37. 托马斯·赫胥黎（Thomas Huxley），严复译. 天演论［M］. 北京：中国青年出版社，2009 年

38. 沃尔特·艾萨克森（Walter Isaacson）. 史蒂夫·乔布斯传（Steve Jobs：A Biography）［M］. 北京：中信出版社，2011 年

39. 吉姆·柯林斯（Jim Collins），杰里·波拉斯（Jerry I. Porras）. 基业长青（Built to Last）［M］. 北京：中信出版社，2006 年

40. 理查德·帕斯卡尔（Richard Tanner Pascale）. 日本企业管理艺术（The Art of Japanese Management）［M］. 北京：中国科学技术翻译出版社，1984 年

41. 詹姆斯·马奇（James G. March），蒂里·韦尔（Thierry Weil）. 论领导力（On Leadership）［M］. 北京：机械工业出版社，2018 年

42. 稻盛和夫. 活法［M］. 北京：东方出版社，2005 年

43. 稻盛和夫. 干法［M］. 北京：东方出版社，2005 年

44. 丹尼尔·卡尼曼. 思考，快与慢（Thinking，Fast and Slow）［M］. 北京：中信出版社，2012 年

45. 基思·斯坦诺维奇（Keith E. Stanovich）. 超越智商（What Intelligence Tests Miss：The Psychology of Rational Thought）［M］. 北京：机械工业出版社，2015 年

46. 凌志军. 联想风云［M］. 北京：中信出版社，2005 年

47. 张维迎. 博弈论与信息经济学［M］. 上海：上海人民出版社，2004 年

48. 王健林. 万达哲学［M］. 北京：中信出版社，2014 年

49. 吴晓波. 激荡三十年［M］. 北京：中信出版社，2007 年

50. 周桦. 褚时健传——影响企业家的企业家［M］. 北京：中信出版社，2015 年

51. 黄铁鹰. 褚橙你也学不会［M］. 北京：机械工业出版社，2015 年

52. 郭威. 巴纳德组织理论研读［M］. 北京：企业管理出版社，2018 年

53. 张建华. 向解放军学习：最有效率组织的管理之道［M］. 北京：北京出版社，2005 年

54. 钱穆. 中国历代政治得失［M］. 北京：生活·读书·新知三联书店，2001 年

老板·创业			
一、经理人			
书名	**内容**	**书名**	**内容**
老总有想法，高层有干法 王清华　著	企业将、帅之间的定位问题、角色问题、方法问题、思维问题、管理问题等	**历史深处的管理智慧1：组织建设与用人之道** 刘文瑞　著	通过历史鉴照当今企业选人用人、二代接班人、创业团队管理等问题
历史深处的管理智慧2：战略决策与经营运作 刘文瑞　著	通过历史鉴照当今企业决策、战略规划、战略冒进、决策监督等问题	**历史深处的管理智慧3：领导修炼与文化素养** 刘文瑞　著	通过历史鉴照当今企业的领导修养、用权、管理风格等问题
老板经理人双赢之道 陈明　著	经理人怎么选平台、怎么开局，老板怎样选/育/用/留		
二、用人			
用好骨干员工 王敏　著	系统化分享关键人才打造与激励方法	**领导这样点燃你的下属** 孟广桥　著	领导者如何才能让员工积极主动地工作
让用人回归简单 宋新宇　著	帮助管理者抓住用人的要害，让用人变得简单	**激活新生代员工** 史量　孙斌　著	走进新生代的世界，一套行之有效的管理、激活90后、95后、00后的方法
三、转型·创业			
创业要过哪些坎 董坤　著	15年创业咨询经验总结的创业遇到的问题及办法	**高潜牛人** 董坤　著	创业和事业发展中如何找到牛人
成为下一个SaaS独角兽 崔牛会　主编	19位SaaS领专家，7个不同的视角总结SaaS行业实践	**创模式：23个行业创新案例** 段传敏　著	CEO社群23位企业家的思考与实践分享
重生——中国企业的战略转型 施炜　著	本书对中国企业战略转型的方向、路径及策略性举措提出了建议和意见	**7个转变，让公司3年胜出** 李蓓　著	企业估值、业务模式、营销、生产制造、客户服务、用户黏性、组织管理7个转变
企业二次创业成功路线图 夏惊鸣　著	五步骤给出了一幅企业二次创业经营突破、管理提升的成功路线图	**跟老板“偷师”学创业** 吴江萍　余晓雷　著	如何通过“偷师”学习与积累当老板的阅历
公司由小到大要过哪些坎 卢强　著	企业成长路线图，现在我在哪儿、未来还要走哪些路都清楚了	**跳出同质思维，从跟随到领先** 郭剑　著	66个精彩案例剖析，帮助老板突破行业长期思维惯性
极速增长：企业扩张策略 董坤　著	以“8shoes扩张法则”为思考框架，帮助处于这个阶段的创业公司及以创业公司形式孵化的变革型项目做出清晰的战略选择		
企业经营			
经营打造你的盈利系统 高可为　著	选择最有效的经营策略，打造属于自己的商业模式	**中国企业的觉醒** 王涛　著	企业告别自私、野蛮，转向善良、爱，才会赢得消费者
成为敏感而体贴的公司 王涛　著	未来有竞争力的企业，一定是那些敏感而体贴的公司	**有意识的思考** 王涛　著	对头脑中固有观念保持觉察，从而超越它们的局限
简单思考 孔祥云　著	著名咨询公司（AMT）CEO创业历程中的经验与思考	**写给企业家的公司与家庭财务规划** 周荣辉　著	以企业的发展周期为主线，介绍各阶段企业与企业主家庭的财务规划

续表

书名	内容	书名	内容
从10亿到100亿的企业顶层设计 刘建兆　著	重新定义企业成长方式，有效益、有效率、有效能、有效果、有品质的良性成长	活系统：跟任正非学当老板 孙行健　尹贤　著	造活系统，使系统活，靠系统活，活的系统
宗：一位制造业企业家的思考 刘建兆　著	发展20年营业额近亿元制造业企业家的思考与心得	使命：驱动企业成长 高可为　著	用大企业发展轨迹及企业家的心路历程，揭示企业成长的基因、做事的逻辑
让经营回归简单 宋新宇　著	战略、客户、产品、员工、成长、经营者的经营法则	边干边学做老板 黄中强　著	86个案例讲述中小公司成长过程中遇到的问题和方法
盈利原本就这么简单 高可为　著	跨越业务与财务边界，为企业提高盈利水平提供方法	战略参谋：写出管用的战略报告 蔡春华　著	企业对自己、市场、行业其实了解更深，助你高质量完成战略规划
不战全胜：给企业家读的孙子兵法 王吉坤　杨伟霞　著	从《孙子兵法》提炼和总结了帮助企业打造行业龙头品牌的体系	公司离不开的全栈运营高手：产品运营与推广获客 王虎　著	涉及运营案例、思维理论、实操复盘、管理方式、推广策略等，是作者八年运营推广经验的浓缩
公域引流　私域经营：这样经营用户关系 王庆云　汪洋　著	为大中型企业提供私域建设的顶层和全景式框架，探索不同业务特性可能适配的不同私域模式	平台生态：价值创造与价值获取 彭毫　罗珉　著	厂商之间的竞争已经从产品转到平台，如何创造新的价值创造和获取模式，是企业最想得到的答案
合伙制经营：有效激励，而不丧失控制权 胡八一　著	重点阐述实施合伙制的流程，通过四步为企业家提供一种有效激励而不丧失控制权的工具和方法	机制创造人才 彭剑锋　尚艳玲　著	华夏基石专家团著作，为个体赋能，经营人成就人，进行机制创新和价值管理
管理·管理学			
一、企业管理			
让管理回归简单 宋新宇　著	从目标、组织、决策、授权、人才、老板自己等提供方案	管理的尺度 刘文瑞　著	西医式的体检化验，又要施加中医式的望闻问切
管理：以规则驾驭人性 王春强　著	人性驾驭角度权度运筹安排的可兑现性，管理有效性	看电影，学管理 刘文瑞　著	十六部电影的解读，揭示电影内含的管理之道
好管理　靠修行 曾伟　著	从佛法、道法思想中寻找管理智慧	公司大了，怎么管 金国华　著	成长型企业发展中的共性问题，通过案例实录解开
低效会议怎么改 王玉荣　葛新红　著	从梳理公司会议体系的层面改变低效会议的现状	年初订计划年尾有结果 郭晓　著	总结七步落地方案让战略计划切实落地实现
分股合心 段磊　周剑　著	围绕股权激励，详细介绍相关知识和实行方法	员工心理学超级漫画版 邢磊　著	以漫画形式对组织中个体心理的全面介绍和深入探讨
让投诉客户满意离开 孟广桥　著	投诉法律法规，应对各种投诉技巧等提升客诉能力	管理就是定计划，抓落实 张国祥　著	员工“看了就会、拿来就用”的计划制订操作指南
不读韩非子，怎么当老板 王春强　著	通过集中分析有关人性的内容，引导现代管理者更深理解人性是如何影响企业运行，以及管理者应如何因人性而实施管理	重新想象组织 彭剑锋　尚艳玲　著	华夏基石专家团著作，通过组织变革逐步进化，找到成长之道，让企业可持续发展

续表

书名	内容	书名	内容
战略管理有方法 和恒咨询 著	结合中国企业实践总结的一套独创性、实操性的战略方法，100+工具轻松做战略	高管如何为公司创造高增长 彭剑锋 尚艳玲 主编	战略驱动着企业成长，企业又该如何突破增长的瓶颈
二、管理思想			
管理学的奠基者 刘文瑞 著	近代以来的管理思想发展揭示管理思想的演化奥秘	巴纳德组织理论研读 郭威 著	深度研读巴纳德《经理人员的职能》，帮你理解和看懂
管理学在中国 刘文瑞 著	科学看待管理学流入中国，对继承发展进行深入的阐述	德鲁克管理学 张远凤 著	以德鲁克管理思想发展为线展示20世纪管理学的发展
德鲁克与他的论敌们 罗珉 著	德鲁克与马斯洛、戴明等诸多管理大师论战的故事	德鲁克管理思想解读 罗珉 著	全面解构德鲁克思想的精髓与实践价值
治论：中国古代管理思想 张再林 著	深入分析中国古代哲学基本精神的基础上，梳理分析了儒法墨三家的管理思想	流程经理10年案例笔记 王焕东 著	用自身工作和生活中的鲜活案例及思考后的心得呈现不一样的流程管理思想
透过决策看组织 李慧才 著	对西蒙管理行为进行贴近企业的通俗化解析和阐释	为什么高管爱读德鲁克 王鹏 著	辅助深读德鲁克、提升管理认知
营销·销售			
一、企业销售			
大客户销售这样说这样做 陆和平 著	大客户销售活动的十大模块，68个典型销售场景	向高层销售 贺兵一 著	销售人员与客户高层打交道需要重点掌握的知识、技巧
资深大客户经理 叶敦明 著	将大客户经理必须具备的规划、策略、执行三种能力运用自如	成为资深的销售经理 陆和平 著	让销售经理成功把握销售管理的6个关键点，并提供工具
销售是个专业活 陆和平 著	据客户采购流程拆分销售过程十阶段，讲解方法技巧	学话术 卖产品 张小虎 著	手机、电动车、家电、食品等消费品的一线销售话术
工程项目大客户销售攻略 陆和平 著	三十八讲循序渐进，全方位透视工程大项目拿单的奥秘，通俗易懂，看了就能用	大客户销售谈判：获得利润的最快途径 陆和平 著	从不会谈判到成为谈判专家，帮助你在与大客户的谈判中轻松说服对方，实现从一次成交、成本价成交到高价成交、持续成交的转变
二、企业营销			
新营销组织力 迪智成 著	适应最新数字化外部环境，系统化协同组织能力建设	营销按钮 老苗 著	讲述存在于人性及各个营销环节中的“按钮”
精品营销战略 杜建君 著	“精品营销战略”核心逻辑与营销组合策略	360°谈营销 王清华 古怀亮 著	营销是立体的，从不同角度观察不同企业的营销精髓
互联网精准营销 蒋军 著	互联网时代整体策划、包装品牌和产品	招招见销量的营销常识 刘文新 著	做好基本的营销动作都可以提高销量、降低成本
用数字解放营销人 黄润霖 著	用数字说话覆盖营销工作的方方面面	用营销计划锁定胜局 黄润霖 著	让营销计划落地，营销人员只需解决两个问题：基数与概率

续表

书名	内容	书名	内容
我们的营销真案例 联纵智达研究院　著	五芳斋粽子、诺贝尔瓷砖、利豪家具、保健品、娃哈哈	**中国营销战实录** 联纵智达研究院　著	51 个案例，46 家企业，46 万字，18 年积淀
弱势品牌如何做营销 李政权　著	产品与物流通道、服务通道、促销互动通路，提供方法	**解决方案营销实战案例** 刘祖轲　著	十大工业品作者实操案例解码解决方案营销
升级你的营销组织 程绍珊　吴越舟　著	根据企业的实际情况建立有机性营销组织	**变局下的营销模式升级** 程绍珊　叶宁　著	十年大量案例归纳三种核心驱动要素、三种升级方向
老板如何管营销 史贤龙　著	十六个招式，理论与案例相结合，高段位营销方法	**孙子兵法营销战** 刘文新　著	理解《孙子兵法》原意的同时，还可体悟到营销之用
新营销 2.0：从深度分销到立体连接 刘春雄　公方刚 牛恩坤　等著	立体连接打通三度空间，在互联网时代诞生快消品领域的超级巨头		
三、品牌			
中国品牌营销十三战法 朱玉童　著	深度演绎最符合企业品牌营销策划的十三套实战战法	**中小企业如何打造区域强势品牌** 吴之　著	从如何建立强势品牌的角度解析扩张难题
小众战略：小资源打造强势品牌 吴修利　著	从品牌观念、市场调研、竞争机会、内部调整等角度，对产品、渠道、传播等核心原则进行了系统梳理	**把品牌建在顾客心里：4 步实现品牌 IP 化** 张学军　著	让品牌自带话题，自主传播
四、营销策划			
这样写文案，就没有卖不动的产品 秦剑　刘安丽　著	术、法、道三个层面由浅至深培养商业文案创作能力	**洞察人性的营销战术** 沈坤　著	介绍了 28 个匪夷所思的营销怪招，大部分可以直接运用
双剑破局：沈坤营销策划案例集 沈坤　著	双剑公司 8 年来的实操案例，每个项目诞生过程、策划角度和方法	**社区团购就这么干：供应商 • 平台 • 团长 • 用户** 陈海超　杨顶刚　著	分享最新实践经验，一看就懂，照着就能做
企业案例			
鲁花：一粒花生撬动的粮油帝国 余盛　著	鲁花如何成长为优秀的带动农业产业发展的品牌，鲁花你一定学得会	**金龙鱼背后的粮油帝国** 余盛　著	以金龙鱼为脉的一部中国粮油行业的史诗
你不知道的加多宝 曲宗恺　牛玮娜　著	以时间为轴线，详细叙述了加多宝品牌的发展历程	**静水流深** 黄治国　著	作者在美的十五年对何享健内部讲话资料的整理
娃哈哈区域标杆 罗宏文　快车君 赵晓萌　寇尚伟　著	讲娃哈哈豫北市场如何成为娃哈哈全国第一大市场、全国增量第一的市场	**借力咨询：德邦成长背后的秘密** 官同良　王祥伍　著	德邦将自己积累的与咨询公司发展共赢的合作逻辑和盘托出
六个核桃凭什么从 0 过 100 亿 张学军　著	全视角深度解读养元企业的裂变成长，复盘十年蜕变轨迹	**像六个核桃一样** 王超　著	六个核桃为什么卖得这么好，产品畅销的 6 大要义 36 条简明法则

续表

书名	内容	书名	内容
中国首家未来超市 IBMG 集团　著	对乐城超市的掌门人及内部员工的采访详细阐释了乐城的经验	**三四线城市超市如何快速成长：解密甘雨亭** IBMG 集团　著	甘雨亭的许多关键经营指标均高于行业标准，学习其成功的方法
集团化企业阿米巴实战案例 初勇钢　著	作者在某酒厂推行阿米巴经营模式的心得		
经销商			
新经销：新零售时代教你做大商 黄润霖　著	探访近 100 位经销商在传统营销手法上的创新，传统营销微创新和新营销本地化	**商用车经销商运营实战** 杜建君　王朝阳 章晓青　著	对商用车经销商的经营与管理、4S 店运营做了全方面的总结
跟行业老手学经销商开发与管理 黄润霖　著	从管理耐用消费品经销商角度提炼了 48 个代表性问题并给出解决办法	**快消品经销商如何快速做大** 黄润霖　著	经销商如何通过经营实现规模，通过管理实现规模效益
建材家居经销商实战 42 章经 王庆云　著	经营管理的心法和战法，帮助经销商成为"业务妙手"和"管理能手"	**成为最赚钱的家具建材经销商** 李治江　著	针对建材家居行业的经销商，从销售模式、产品、门店、市场等方面给出方法
白酒经销商的第一本书 唐江华　著	对经销商如何选择厂家、合作、运营品牌等问题给出建议	**快消品招商的第一本书** 刘雷　著	从招商理论到招商动作进行系列化分解，化繁为简
大商方法：榜样经销商与厂家的合作之道 唐道明　著	洞察厂商合作的核心，为经销商提供可行的方法，手把手教你做大商	**快消品经销商成功密码** 舟谱商学院　著	通过 8 个真实经销商案例，分享快消品经销商成功经验与方法
中小企业			
中小企业如何打造区域强势品牌 吴之　著	从如何建立强势品牌的角度解析扩张难题	**用流程解放管理者** 张国祥　著	8 个板块构成，共 66 篇文章，14 幅流程管理图
用流程解放管理者 2 张国祥　著	对中小企业规范化流程管理进行系统的阐述	**弱势品牌如何做营销** 李政权　著	产品与物流通道、服务通道、促销互动通路提供方法
本土化人力资源管理 8 大思维 周剑　著	用最贴近中国中小企业现实管理情境的案例讲述周围人的"家事"	**中小农业企业品牌战法** 韩旭　著	农业企业需要全产业链视野，更需要品牌实战方法
门店管理			
门店销售冠军复制系统 王吉坤　著	门店型企业如何打造可复制的销售冠军系统	**新零售动作分解与实操：建材·家居·家具** 盛斌子　著	对泛家居行业趋势、店面管理、团队管理、促销推广、五感营销等提供策略
家具建材促销与引流 薛亮　李永锋　著	对泛家居营销执行模式和工具、关键环节等进行汇总	**建材家居门店 6 力爆破** 贾同领　著	产品力、导购力、形象力、推广力、服务力、组织力
家具行业操盘手 王献永　著	总结家具终端门店发展的现状及问题并给出策略	**手把手教你做专业督导** 熊亚柱　著	系统梳理督导的核心技能，岗位职责、工作流程及技能

续表

书名	内容	书名	内容
手把手帮建材家居导购业绩倍增 熊亚柱　著	针对建材家居门店的业务人员，用案例故事还原场景教你成为好导购	**10步成为最棒的建材家居门店店长** 徐伟泽　著	梳理店长管理的核心工作职责、店面管理规范，帮助销售人员成长
建材家居门店销量提升 贾同领　著	9个板块讲述建材门店一个单店如何做到经营的良性循环	**总部有多强大，门店就能走多远** IBMG集团　著	五大方向综合阐述连锁零售企业总部如何提升管理能力
赚不赚钱靠店长，从懂管理到会经营 孙彩军　著	注重专卖店的经营思路拓展、门店管理细节方面能力的提升	**新医改了，药店就要这样开** 尚锋　著	从药店定位的思考，内部和会员管理等方面探讨中小型药店发展方向
电商来了，实体药店如何突围 尚锋　著	新时代药店经营的三驾马车：药学专业服务、会员贴心服务和精准定向促销	**引爆药店成交率1：店员导购实战** 范月明　著	药店人的零售工作，怎样接待顾客，完善销售技巧
引爆药店成交率2：药店经营实战 范月明　著	从药店经营角度建立改善门店现状的实用标准	**引爆药店成交率：专业化销售解决方案** 范月明　著	从简单的拿药服务到提供多角度的专业解决方案
口腔门诊盈利倍增：精益口腔 杨伟霞　王吉坤　著	为口腔门诊定制业绩提升管理系统并落地实施		
互联网			
一、互联网转型			
画出公司的互联网进化路线图 李蓓　著	18个“可以……吗”的问题作为产品、客户和价值方面的指引牌	**7个转变，让公司3年胜出** 李蓓　著	企业估值、业务模式、营销、生产制造、客户服务、用户黏性、组织管理7个转变
重生战略移动互联网和大数据时代的转型法则 沈拓　著	四个重生战略对应四个法则，告知传统企业的转型重生之路	**创造增量市场：传统企业互联网转型之道** 刘红明　著	为读者提供了寻找这些互联网的切入点和接触点的具体方法，带来增量市场
互联网+变与不变 本土管理实践与创新论坛　著	61篇精华文章，聚焦传统行业如何互联网+时代转型	**今后这样做品牌** 蒋军　著	顶层设计、营销创新、产品战略、渠道变革、品牌策略
移动互联新玩法 史贤龙　著	立足现实，剖析新时代背景下的移动互联趋势与热点	**互联网时代的成本观** 程翔　著	多维组合成本的互联网精神和大数据特征及应用
正在发生的转型升级实践 本土管理实践与创新论坛　著	100多位本土管理专家当年对最新一年的思考和实践	**1000铁杆女粉丝** 张兵武　著	如何让普通女性成为忠实追随的铁杆粉丝，磁力点、情感结、甜蜜区、信任圈
混沌与秩序Ⅰ：变革时代企业领先之道 彭剑锋　施炜　苗兆光 王祥伍　孙波　夏惊鸣	新环境下企业面临变革应如何应对，企业家如何坚守并与企业共同成长	**混沌与秩序Ⅱ：变革时代管理新思维** 彭剑锋　施炜　苗兆光 王祥伍　孙波　夏惊鸣	对处于时代变革下的企业管理新机制、人力资源管理新思维，组织与人的新型关系，结合案例提出优化建议
消费升级：实践·研究 本土管理实践与创新论坛　著	从经营、管理、行业三个方面记录消费升级下的实践	**互联网精准营销** 蒋军　著	互联网时代整体策划、包装品牌和产品
智能推荐：让你的业务千人千面 刘国昊　周波　著	从资讯、电商、文娱行业来详细讲解智能推荐的应用，用户时间的争夺战	**制造业外贸营销网站建设** 宋金亮　著	介绍整个网站从无到有的实现过程，从分析思路、撰写内容到规划页面，列举了大量正反面实例，帮助读者理解和投入实践

续表

二、抖音、微信微商、电商			
书名	内容	书名	内容
抖音营销系统 刘大贺　著	抖音系统的实战营销知识，上百个从0做大的案例	**金牌微商团队长** 罗晓慧　著	微商团队长创业实操的指导工具书
微商生意经：真实再现33个成功案例操作全程 伏泓霖　罗晓慧　著	精心挑选的33个微商成功案例，阐述具体操作过程	**快速见效的企业微信营销方法** 孙巍　著	站在微信生态的立体高度系统讲述企业微信快营销方法论
阿里巴巴实战运营：14招玩转诚信通 聂志新　著	产品定位、阿里巴巴排名因素、数据分析、标题优化等	**阿里巴巴实战运营2：诚信通热卖技巧** 聂志新　著	打开诚信通运营的金钥匙，十大具体运营技巧
三、行业新营销			
餐饮新营销 杨勇　程绍珊　著	聚焦餐饮企业转型，系统的餐饮企业营销管理体系	**新零售进化路径** 李政权　著	预先复盘新零售及商业的未来，找到方向
珠宝黄金新营销 崔德乾　著	珠宝业新营销/新品牌/新产品/新零售/新连接/新场景/新服务/新传播/新管理	**新经销：新零售时代教你做大商** 黄润霖　著	探访近100位经销商在传统营销手法上的创新，传统营销微创新和新营销本地化
新零售动作分解与实操：建材·家居·家具 盛斌子　著	对泛家居行业趋势、店面管理、团队管理、促销推广、五感营销等提供策略	**新营销** 刘春雄　著	让品牌商和渠道商掌握获得独立流量的能力，能够与平台商博弈
快速见效的企业网络营销方法 B2B　大宗 B2C 张进　著	数据和案例90%来自作者服务的中小企业，快速全面地学习企业网络营销方法	**移动互联下的超市升级** 联商网专栏　著	超市未来的发展趋势，对社区超市、生鲜、全渠道建设、O2O等提出观点
百货零售全渠道营销策略 陈继展　著	零售行业的竞争重点、行业本质、战略转型、未来趋势、经验和案例	**互联网时代的银行转型** 韩友诚　著	银行业在互联网金融变革浪潮中所做的积极应对和转型布局
触发需求：互联网新营销样本·水产 何足奇　著	通过鲜誉案例解读阐述水产行业如何进行互联网转型	**新农资如何弯道超车** 刘祖轲　著	从农业产业化、互联网转型、行业营销与经营突破四个方面阐述农资企业转型
新零售　新终端 迪智成　著	将新零售系统打法做梳理并落地在新终端建设上		
医药医疗			
一、药店			
新医改了，药店就要这样开 尚锋　著	从药店定位的思考、内部和会员管理等方面探讨中小型药店发展方向	**电商来了，实体药店如何突围** 尚锋　著	新时代药店经营的三驾马车：药学专业服务、会员贴心服务和精准定向促销
引爆药店成交率1：店员导购实战 范月明　著	药店人的零售工作，怎样接待顾客，完善销售技巧	**引爆药店成交率2：药店经营实战** 范月明　著	从药店经营角度建立改善门店现状的实用标准
引爆药店成交率：专业化销售解决方案 范月明　著	从简单的拿药服务到提供多角度的专业解决方案	**连锁药店新风口：资本　智能　大数据** 动脉网　著	对我国连锁药店的市场环境、行业现状等进行分析，给出对连锁药店未来发展趋势的预判
药店导购关联销售技巧与成交话术 范月明　著	以药店情景案例导入，介绍常见疾病的导购销售话术与顾客心理分析，进而提供关联销售解决方案		

续表

<table>
<tr><td colspan="4">二、药品销售</td></tr>
<tr><td>书名</td><td>内容</td><td>书名</td><td>内容</td></tr>
<tr><td>医药第三终端：从控销到动销 诊所 基层医疗
王祥君 张芳文 著</td><td>用大量案例来梳理药企落地动销的策略、方法和技战术</td><td>医药营销：诊所开发维护与动销
张江民 著</td><td>从六个方面系统阐述基层诊所市场营销攻略</td></tr>
<tr><td>处方药合规推广实战宝典
赵佳震 著</td><td>对处方药推广体系搭建、推广人员岗位内容等六个方面进行阐述</td><td>医药代理商经营全指导
戴文杰 著</td><td>从产品选择、价格体系设计、路径管理等维度描述代理商产品操作的基本策略</td></tr>
<tr><td>处方药零售这样做
田军 著</td><td>处方药零售的重要性及做市场的具体措施和方法</td><td>OTC 医药代表药店开发与维护
鄢圣安 著</td><td>一位从初级 OTC 医药销售代表成长起来的销售经理的经验分享</td></tr>
<tr><td>OTC 医药代表药店销售 36 计
鄢圣安 著</td><td>以《三十六计》为线，阐述 OTC 医药代表向药店销售的技巧与策略</td><td>做医生信赖的医药代表
邹晓徽 宁剑锋
朱文虎 著</td><td>医药代表如何在合规要求下做好药品推广工作的操作工具书</td></tr>
<tr><td colspan="4">三、药企转型</td></tr>
<tr><td>药企战略·运营与医药产业重构
杜臣 著</td><td>医药产业的深度认知与发展趋势结合，战略思考与经营操作相统一</td><td>医药行业大洗牌与药企创新
林延君 沈斌 著</td><td>围绕创新介绍医药行业，介绍近百家医药企业创新实践案例</td></tr>
<tr><td>医药新营销
史立臣 著</td><td>从药企最关心的八个方面阐述制药企业、医药商业企业营销模式转型</td><td>医药企业转型升级战略
史立臣 著</td><td>从商业模式转型、管理转型、定位转型、运营模式转型和跨界转型五方面阐述转型</td></tr>
<tr><td>新医改下的医药营销与团队管理
史立臣 著</td><td>立足新医改相关政策的解读，为中小医药企业出谋划策</td><td>在中国，医药营销这样做
段继东 著</td><td>时代方略在医药营销领域思想、方法文章的精选合集</td></tr>
<tr><td colspan="4">四、新医疗</td></tr>
<tr><td>成为医疗器械领军者
王强 著</td><td>中小医疗器械生产企业和代理商怎样转型</td><td>新型诊所经营与创新
动脉网 著</td><td>对新型诊所从标准化管理、经营方式、团队建设、连锁模式四个方面进行解读</td></tr>
<tr><td>医美新风口：颜值经济下的亿万市场
动脉网 著</td><td>详细介绍中国医疗美容行业的发展趋势、现状及医美产业链等</td><td>互联网医院：正在发生的医疗新变革
动脉网 著</td><td>介绍互联网医院的建设与运营、管理，发展模式和市场布局，以及发展规律</td></tr>
<tr><td colspan="4">快消品</td></tr>
<tr><td colspan="4">一、快消案例</td></tr>
<tr><td>中国快消品营销这些年
史贤龙 著</td><td>一本书浓缩快消品营销 15 年的实战历程与前沿思考</td><td>这样打造大单品
迪智成 著</td><td>通过 13 个大案例帮助企业梳理打造大单品的路径</td></tr>
<tr><td>你不知道的加多宝
曲宗恺 牛玮娜 著</td><td>以时间为轴线，详细叙述了加多宝品牌的发展历程</td><td>娃哈哈区域标杆
罗宏文 快车君 赵晓萌
寇尚伟 著</td><td>娃哈哈豫北市场如何成为娃哈哈全国第一大市场、全国增量第一的市场</td></tr>
<tr><td>六个核桃凭什么从 0 过 100 亿
张学军 著</td><td>全视角深度解读养元企业的裂变成长，复盘十年蜕变轨迹</td><td>像六个核桃一样
王超 著</td><td>六个核桃为什么卖得这么好，产品畅销的 6 大要义 36 条简明法则</td></tr>
</table>

续表

书名	内容	书名	内容
5 小时读懂快消品营销 陈海超 著	20 年快消品市场风云洞察解码，丰富的案例解析		
二、快消品区域经理			
快消品营销团队管理 刘雷 伯建新 著	快消品团队管理相关的 20 余个工具 +20 余个案例	这样打造快消品区域标杆 罗宏文 牛玉龙 著	分两篇解决如何成功打造标杆市场和进行持续增量管理两大问题
成为优秀的快消品区域经理（升级版） 伯建新 著	作为区域经理的“速成催化器”，升级版增加 11 篇内容	快消老手都在这样做：区域经理操盘锦囊 方刚 著	一线成长起来的资深快消品营销人“压箱底”绝活
快消品营销人的第一本书 刘雷 伯建新 著	针对一线厂家业务员工作中常遇到的问题给予建议	销售轨迹：一位快消品营销总监的拼搏之路 秦国伟 著	一个普通营销人的故事，16 年背井离乡的职场拼搏之路
快消品营销：一位销售经理的工作心得 2 蒋军 著	从市场操作、团队管理、传播推广、营销的具体策略和战略等方面提供方法		
三、快消品动销			
动销：产品是如何畅销起来的 余晓雷 著	从怎么被消费者买走和竞争对手是谁这两个原点解决动销问题	动销操盘：节奏掌控与社群时代新战法 朱志明 著	用七个章节阐述关于动销操盘的要诀，节点、节奏、主次、条件匹配性等问题
动销四维：全程辅导与新品上市 高继中 著	从产品、渠道、促销和新品上市四个方面详细讲解提高动销的具体方法	快消品经销商这样做才赚钱 张宇 著	从全新的角度，解读经销商的经营困境，并提供可实操的解决方法
四、快消品渠道			
深度分销 施炜 著	渠道价值链、模式选择、渠道策略与管理、零售经销商管理、最佳实践、团队建设	通路精耕操作全解 周俊 陈小龙 著	对康师傅的制胜法宝通路精耕进行系统的介绍与说明，图表和完善入微的操作方法
酒水饮料快消品餐饮渠道营销手册 朱伟杰 著	对餐饮渠道深入挖掘，建立适合餐饮渠道发展的服务模式和组织保障措施	快消品经销商如何快速做大 杨永华 著	经销商如何通过经营实现规模，通过管理实现规模效益
快消品营销与渠道管理 谭长春 著	解决日常涉及的渠道管理、市场、产品等营销事务	快消品招商的第一本书 刘雷 著	从招商理论到招商动作进行系列化分解，化繁为简
采纳方法：化解渠道冲突 朱玉童 著	21 个最新的渠道冲突案例立体地介绍渠道冲突的现象和方法	快消品促销管理与方案：规划 技能 工具 张荣举 著	涵盖促销规划、打法、具体落地执行的细节和终端人员技能及训练，结合线上线下运作，提供全套方法
五、快消品企业战略			
重构：快消品企业重生之道 杨永华 著	从战略、品牌、市场、产品、营销、系统、管理 7 个方面进行重构	变局下的快消品实战策略 杨永华 著	从 5 个角度针对快消品企业如何应对行业变局给出答案
新营销 刘春雄 著	让品牌商和渠道商掌握获得独立流量的能力，能够与平台商博弈	采纳方法：破解本土营销 8 大难题 朱玉童 著	破解困扰营销人的八大难题，给出解决方法
白酒营销培训宝典：复制高业绩 刘孝鞅 著	总结白酒营销人员系统运作市场的要点，转化为易学可复制的动作和工具表单	酒水饮料快消品餐饮渠道营销手册 朱伟杰 著	对餐饮渠道深入挖掘，建立适合餐饮渠道发展的服务模式和组织保障措施

续表

白酒			
书名	内容	书名	内容
白酒营销的第一本书 唐江华　著	多角度阐释白酒一线市场操作的最新模式和方法	白酒经销商的第一本书 唐江华　著	对经销商如何选择厂家、合作、运营品牌等问题给出建议
白酒到底如何卖 赵海永　著	多角度阐释白酒一线市场操作的最新模式和方法	白酒到底如何卖2：从市场培育到动销 赵海永　著	系统化、标准化、模式化的促成动销的实战操作方式和方法
变局下的白酒企业重构 杨永华　著	白酒企业重构期的营销战略与实操策略6大方法	酒业转型大时代 微酒　著	酒水营销、新闻资讯及行业分析、预测的知识宝典
区域型白酒企业营销必胜法则 朱志明　著	以36条法则从战略、营销、推广、产品线、品牌、市场、战术等方面提供方法	10步成功运作白酒区域市场 朱志明　著	从市场攻守、产品攻略、新品上市、占领渠道、促销等十个层面阐述
白酒营销1：中小酒企操盘与崛起 徐伟　徐涛　著	深入分析品牌与行业、操作方法，提供营销实操宝典	白酒营销2：品类创新策略升级 黑格咨询　著	立足行业现状，建立品类创新、营销模式创新路径，提供市场建设方法、营销策略与工具案例
茶·调味品·油·乳业			
营销中国茶：2小时读懂茶叶营销 史贤龙　著	中国茶营销的“困局”“破局”和“创举”	中国茶叶营销第一书 柏龑　著	纵览中国茶叶市场的全局，并且有针对性地提出问题并阐述解决方法
调味品营销第一书 陈小龙　著	15年监控中国市场50个中外著名调味品品牌市场运作、管理等的经验总结	调味品企业八大必胜法则 张戟　著	提炼了调味品企业八大规律性的关键成功要素
食用油营销的第一本书 余盛　著	从小包装油行业概述到产品的基本知识，从基本执行动作到品牌整体策划等	鲁花：一粒花生撬动的粮油帝国 余盛　著	鲁花如何成长为优秀的带动农业产业发展的品牌
金龙鱼背后的粮油帝国 余盛　著	以金龙鱼为脉的一部中国粮油行业的史诗	乳业营销的第一本书 侯军伟　著	区域型乳品企业如何才能稳健发展
调味品经销商公司化运营 张戟　著	调味品和快消品经销商如何从“个体户”到“公司化”，一步步推进的具体方法		
工业品			
一、工业品销售			
大客户销售这样说这样做 陆和平　著	大客户销售活动的十大模块，68个典型销售场景	销售是个专业活 陆和平　著	据客户采购流程拆分销售过程十阶段、讲解方法技巧
成为资深的销售经理：B2B工业品 陆和平　著	让销售经理成功把握销售管理6个关键点，并提供工具	一切为了订单：订单驱动下的工业品营销实践 唐道明　著	以订单流程的三个环节为主线讲述工业品营销管理新思路
订单是这样拿到的 郑文洲　著	作者近10年销售生涯的回顾，真实销售故事和成功经验分享		
二、工业品营销			
工业品营销管理实务（第4版） 李洪道　著	是信任导向工业品营销体系的深化版、工业品营销管理体系优化咨询的升级版	工业品企业如何做品牌 张东利　著	为当下中国制造的品牌化转型提供经过实践证明的理念、方法和体系

续表

书名	内容	书名	内容
工业品市场部实战全指导 杜忠　著	解决职能不清、市场部五大职能如何运作、职业发展路径等具体问题	**解决方案营销实战案例** 刘祖轲　著	十大工业品作者实操案例解码解决方案营销
资深大客户经理：策略准　执行狠 叶敦明　著	将大客户经理必须具备的规划、策略、执行三种能力运用自如		
三、工业品企业			
变局下的工业品企业7大机遇 叶敦明　著	探索工业品企业成长的新机会，7大战略与战术性机会	**两化融合管理体系贯标流程与方法** 戴勇　著	融合五十多家企业在两化融合贯标过程的经验，总结重点与举措
丁兴良讲工业4.0 丁兴良　著	多角度阐述中国在工业4.0的机遇和挑战		
建材家居			
一、建材家居门店			
家居建材促销与引流 薛亮　李永锋　著	对泛家居营销执行模式和工具、关键环节等进行汇总	**新零售动作分解与实操：建材·家居·家具** 盛斌子　著	对泛家居行业趋势、店面管理、团队管理、促销推广、五感营销等提供策略
家具行业操盘手 王献永　著	总结家具终端门店发展的现状及问题并给出策略	**手把手教你做专业督导** 熊亚柱　著	系统梳理督导的核心技能、岗位职责、工作流程及技能
手把手帮建材家居导购业绩倍增 熊亚柱　著	针对建材家居门店的业务人员、案例故事还原场景，教你成为好导购	**10步成为最棒的建材家居门店店长** 徐伟泽　著	梳理店长管理的核心工作职责、店面管理规范和帮助销售人员成长
建材家居门店销量提升 贾同领　著	9个板块讲述建材一个单店如何做到经营的良性循环	**建材家居门店6力爆破** 贾同领　著	产品力、导购力、形象力、推广力、服务力、组织力
二、建材家居经销商			
新经销：新零售时代教你做大商 黄润霖　著	探访近100位经销商在传统营销手法上的创新，传统营销微创新和新营销本地化	**建材家居经销商42章经** 王庆云　著	经营管理的心法和战法，帮助经销商成为“业务妙手”和“管理能手”
成为最赚钱的家具建材经销商 李治江　著	针对建材家居行业的经销商，从销售模式、产品、门店、市场等方面给出方法		
三、建材家居企业			
定制家居黄金十年 韩锋　翁长华　著	对中国定制家居行业20年发展历程进行深度、系统、专业的解读	**建材家居营销：除了促销还能做什么** 孙嘉晖　著	探索家居建材行业营销的革命，发现行业“营销天花板”的突破口
建材家居营销实务：新环境、新战法 程绍珊　杨鸿贵　著	针对建材家居市场特点提出以客户价值为基础的整体营销价值链	**全屋整装　高利润运营手册** 翁长华　陈平　著	十大维度解决实际问题，是0到1极具操作性的整装指南
零售·餐饮·服装·影院·美容院			
新零售进化路径 李政权　著	预先复盘新零售及商业的未来，找到方向	**新零售　新终端** 迪智成　著	梳理新零售系统打法并落地在新终端建设上

续表

书名	内容	书名	内容
移动互联下的超市升级 联商网　著	超市未来的发展趋势，对社区超市、生鲜、全渠道建设、O2O等提出观点	**百货零售全渠道营销策略** 陈继展　著	零售行业的竞争重点、行业本质、战略转型、未来趋势、经验和案例
超市卖场定价策略与品类管理 IBMG 集团　著	零售企业的市场拓展与商品定位、商品结构与商品陈列、毛利分析与库存分析	**连锁零售企业招聘与培训破解之道** IBMG 集团　著	围绕零售企业组织架构、培训体系建设等内容进行探讨
总部有多强大，门店就能走多元 IBMG 集团　著	五大方向综合阐述连锁零售企业总部如何提升管理能力	**三四线城市超市如何快速成长：解密甘雨亭** IBMG 集团　著	甘雨亭的许多关键经营指标均高于行业标准，学习其成功的方法
中国首家未来超市：解密安徽乐城 IBMG 集团　著	对乐城超市的掌门人及内部员工的采访详细阐释了乐城的经验	**零售：把客流变成购买力** 丁昀　著	通过大量的实际案例对中国零售业态的升级转型之路提出思考
餐饮新营销 杨勇　程绍珊　著	聚焦餐饮企业转型，系统的餐饮企业营销管理体系	**电影院的下一个黄金十年** 李保煜　著	介绍了中国电影产业的运作模式及电影院的开发、设计思路
餐饮企业经营策略第一书 吴坚　著	阐述餐饮企业产品之道、市场之道、顾客之道及盈利之道	**赚不赚钱靠店长，从懂管理到会经营** 孙彩军　著	注重专卖店的经营思路拓展，门店管理细节方面能力提升
时装买手自学通 范敏娜　编著	从流行趋势调研、商品企划、采购渠道、数据管理到店铺销售等时装买手需要具备的能力与操盘技巧	**美容院/养生馆高盈利经营模式** 陈鹏飞　著	5 步实现店铺高盈利方法与策略
农牧业			
一、农资			
饲料营销有方法 陈石平　著	饲料营销的 7 大核心命题	**农资营销实战全指导** 张博　著	在农资市场行之有效的营销策略和工具
新农资如何弯道超车 刘祖轲　著	农业产业化、互联网转型、行业营销与经营突破		
二、农牧企业			
中国牧场管理实战 黄剑黎　著	对牧场管理标准、管理制度、操作规程做出剖析和指引	**中小农业企业品牌战法** 韩旭　著	农业企业需要全产业链视野，更需要品牌实战方法
变局下的农牧企业 9 大成长策略 彭志雄　著	为农牧企业量身打造了 9 个立足现在、展望未来的成长策略	**农产品营销实战第一书** 胡浪球　著	针对 33 个农产品营销的核心问题提供具体招数
农产品全网营销 吴之　著	帮助全国农业合作社、家庭农场打造农产品品牌		
地产·汽车			
一、地产			
中国城市群房地产投资策略 吕俊博　刘宏　著	挖掘主要城市群的现状特征、发展因子、演化趋势、竞争关系等，给出分析建议	**产业园区/产业地产：规划、招商、实战运营** 阎立忠　著	从认知、规划、招商、运营四方面系统解读产业园区的建设精要和运营技巧
人文商业地产策划 戴欣明　著	“全球化视野（创意）”+“人文+”思维	**产业园区/产业地产 2：系统化经营与操盘攻略** 阎立忠　著	全方位系统解析产业园区运营策略
从零开始打造产业园区 刘晓君　著	全流程，系统化，注重细节，多角度教你打造产业园区		

续表

二、汽车			
书名	内容	书名	内容
商用车经销商运营实战 杜建君　著	对商用车经销商的经营与管理、4S店运营做了全方面的系统总结	**汽车配件这样卖** 俞士耀　著	适合轮胎、机油、维修、快保、美容、洗车等汽车服务业态销售实操办法
润滑油销售：这样说，这样做更有效 张金荣　著	总结润滑油销售面对三大客户常遇到的200余个营销问题解决方法	**润滑油品牌营销** 张金荣　著	没有说教，只有方法，适合小微企业、代工品牌、经销商、营销人阅读
投资理财·收购资本			
交易心理分析 马克·道格拉斯 【美】　著	一语道破赢家的思考方式，并提供了具体的训练方法	**财报背后的投资机会** 蒋豹　著	零基础轻松掌握财务报表的相关知识，快速入门
写给企业家的公司与家庭财务规划 周荣辉　著	以企业的发展周期为主线，介绍各阶段企业与企业主家庭的财务规划	**分股合心** 段磊　周剑　著	围绕股权激励，详细介绍相关知识和实行方法
成功并购300问 浩德并购军师联盟　著	系统学习资本运作和企业并购知识的金融工具书	**并购名著阅读指南** 叶兴平　著	从全球5000多本并购图书中精选200本并进行评价
避开股权合伙这些坑 苏変静　著	根据创始合伙人、外部合伙人、内部合伙人等方面的实际案例做归纳和梳理	**产业并购操盘手** 张军杰　著	15个案例，11个范本，38个图表，拿来即用
科创板IPO上市全流程指导 丁先云　刘海旭　著	不仅有各项制度的深入剖析，更有各种问题和解决方案的详细论述，配合案例，轻松操作		
阿米巴			
阿米巴经营的中国模式 李志华　著	基于阿米巴经典理念提出了适合中国本土的员工自主经营的“1532”模型	**集团化企业阿米巴实战案例** 初勇钢　著	作者在某酒厂推行阿米巴经营模式的心得
中国式阿米巴落地实践之激活组织 胡八一　著	划分原则、裂变与整合、组织管控、重新定位、巴长竞聘和组阁	**中国式阿米巴落地实践之从交付到交易** 胡八一　著	从6个方面阐述经营会计，从交付到交易是成功实施阿米巴的标志
中国式阿米巴落地实践之持续盈利 胡八一　著	企业做成平台、平台做成阿米巴、阿米巴做成合伙制		
人力资源管理			
一、绩效·薪酬			
回归本源看绩效 孙波　著	从目的和概念帮助企业梳理绩效管理与经营的关系	**走出薪酬管理误区** 全怀周　著	从7个常见的薪酬误区入手为企业提供一套系统解决方法
曹子祥教你做绩效管理 曹子祥　著	作者核心授课课程的还原，掌握绩效管理的核心内容	**曹子祥教你做激励性薪酬设计** 曹子祥　著	作者28年咨询经验总结，如何进行科学的薪酬体系设计
把招聘做到极致 远鸣　著	资深招聘经理多年工作心得的提炼	**把招聘做到极致2：灰度招聘全攻略** 黄渊明　李伟倩　著	从实战需求出发，兼容并包各种优秀的招聘理论、方法、经验与工具，并进行创新性的应用

续表

书名	内容	书名	内容
二、招聘·面试·培训			
书名	**内容**	**书名**	**内容**
把面试做到极致 孟广桥　著	一套实用的确定岗位招聘标准，提升面试官技能方法	**世界500强资深培训经理人教你做培训管理** 陈锐　著	构建培训体系、培训组织、培训文化、开发培训资源，教你做培训管理
人才评价中心漫画版 邢雷　著	用漫画形式写成的人才测评专业书籍		
三、HR高管·劳动法			
经营型HRD 黄渊明　著	总结企业HRD如何支撑企业经营，抓好七件关键事情	**人才供应链：实现高绩效均衡的人才管理模式** 许锋　著	打造人才供应链的四大支柱、十项修炼的完整体系
新任HR高管如何从0到1 新海　著	到互联网创业型企业担任HRVP，从0到1建立较完善的HR体系	**人力资源体系与e-HR信息化建设** 刘书生　陈莹　王美佳　著	6大框架、28个关注点、5大目标、6大优势、166个交付物咨询体系和盘托出
集团化人力资源管理实践 李小勇　著	针对集团型企业人力资源管理的问题提出科学建议	**我的人力资源管理笔记** 张伟　著	第三方咨询视角跳出“技术方法”看人力资源管理
人力资源的5分钟劳动法 李皓楠　著	入职管理、在职管理、离职管理中遇到的劳动法问题及应对	**海外人力资源管理：帮企业成功“走出去”** 黄渊明　著	弥补了中国企业海外人力资源管理实践体系建设的空白，具有开创性意义
从零开始学：胜任力模型建模与应用 林丽萍　著	手把手教你做胜任力建模，并通过大量的企业案例拆解介绍模型在各个方面的落地应用	**上市公司总经理助理工作笔记** 黄娜　著	40个案例，教你从小白助理到资深总助
用好任职资格体系 杨序国　著	以某企业为案例，系统地介绍了企业HR如何通过任职资格体系帮助员工成长		
四、HRBP			
HRBP是这样炼成的之菜鸟起飞 黄渊明　著	作者在初步转型HRBP两年时间里摸索实践的亲身经历与总结	**HRBP是这样炼成的之中级修炼** 黄渊明　著	结合作者亲身从事HRBP的工作经历，总结HRBP的作战故事
HRBP高级修炼 黄渊明　著	故事方式，HRD角度深度呈现运用HRBP的思维、方法		
企业文化			
企业文化落地本土实践 王祥伍　著	华夏基石“知信行”模型描绘企业文化落地路线图	**企业文化的逻辑** 王祥伍　著	从文化起源深刻剖析文化、效率、企业、企业文化联系
企业文化定位·落地一本通 王明胤　著	企业文化理念传播和落地聚焦的17种方法，解读了近100个实战案例	**36个拿来就用的企业文化建设工具** 海融心胜　著	汇集整理了36个通用的企业文化实践工具
企业文化激活沟通 宋杼宸　安琪　著	系统阐述沟通与企业文化的关系，给予企业提升沟通效能的企业文化解决方案	**企业文化建设超级漫画版** 邢雷　著	用漫画形式写成的企业文化建设专业书籍，理论体系和29个具体的操作方法
在组织中绽放自我 朱仁建　著	个人与组织之间的关系，文化对组织化形成的影响	**用企业文化提升经营绩效** 彭剑锋　尚艳玲　主编	企业要想在竞争中利于不败之地，就不能没有能打胜仗的企业文化与领导力
流程管理			
营销·研发·供应链业务架构与流程管理 谭勋晖　著	营销、研发、供应链三大业务流程变革实践经验总结	**打造集成供应链** 王春强　著	第一用力在“集成”上，梳理内外部相关模块及其依赖关系
人人都要懂流程 金国华　余雅丽　著	50幅流程管理漫画，内部对流程价值理念的高度共识	**用流程解放管理者** 张国祥　著	8个板块构成，共66篇文章，14幅流程管理图
用流程解放管理者2 张国祥　著	对中小企业规范化流程管理进行系统的阐述	**跟我们学建流程体系** 陈立云　罗均丽　著	在《跟我们做流程管理》的基础上丰富了标杆实践案例

续表

质量管理			
书名	内容	书名	内容
16949 质量管理体系落地与全套文件汇编 谭洪华 著	对 IATF16949 每个条款讲解采用理解、作用、落地、模板、成功案例模块解析	**ISO9001：2015 制造业文件模板全集** 贺红喜 著	五篇内容组成的完整的质量管理体系工具文件
精益质量管理实战工具 贺小林 著	四个方面对精益质量管理进行了全方位介绍和解读，并提供大量的方法工具	**五大质量工具详解及运用案例** 谭洪华 著	APQP、FMEA、MSA、SPC、PPAP 五大质量工具的具体运用
IATF16949 质量管理体系详解与案例文件汇编 谭洪华 著	针对 IATF16949 的标准原文做详细解说，同时提供大量的表单案例	**SA8000：2014 社会责任体系认证实战** 吕林 著	将 SA8000 多版本及 10 多年的体系实战经验汇编成书
ISO9001：2015 新版质量管理体系解读与案例文件汇编 谭洪华 著	对 ISO9001：2015 新版标准理解和运用操作进行详细解读	**ISO14001：2015 新版环境管理体系解读与案例文件汇编** 谭洪华 著	ISO14001：2015 改版后的差别和操作运用进行详细讲解
我在世界 500 强做供应商质量管理 宋华 著	分享汽车行业成熟的供应商质量管理体系和方法，都是作者的亲身经历	**ISO45001 职业健康安全管理体系落地+全套案例文件** 谭洪华 著	每个条款清晰讲解，内容完全落地，轻松运用
五大质量工具之 FMEA（2019 第五版）详解及运用落地 谭洪华 著	对 2019 年 6 月修订的第五版 FMEA 标准进行详解，提供落地操作方法和全部案例文件，可直接套用		
精益生产			
一、精益·JIT·IE			
精益思维：超越对手的力量 刘承元 著	以尊重人性的精益思想为切入点，分别从管理者的精益理念、精益思维、精益实践、精益中国制造等方面进行独到的分析	**比日本工厂更高效** 刘承元 著	管理提升无极限+超强经营力+精益改善里的成功实践
计划与物流精益改善之道 于晓光 著	围绕“计划与物流战略咨询的方法论”进行解析，提供方法论和案例	**300 张现场图看懂精益 5S** 乐涛 著	通过日本丰田、上市企业案例，用 300 张现场图系统讲解 5S 管理
3A 顾问精益实践 1：IE 与效率提升 党新民 苏迎斌 蓝旭日 著	系统、全面地介绍 IE 工厂管理技术，提高效率创造价值	**3A 顾问精益实践 2：JIT 与精益改善** 肖智军 党新民 著	系统、全面地介绍 JIT 生产方式，并加入实践案例
高员工流失率下的精益生产 余伟辉 著	从三方面论述推行精益管理时如何应对员工流失	**让员工爱上 6S 管理** 肖智军 著	提供了众多企业的原版资料、案例，还汇集了一些企业骨干的推行感想、感悟及反思
200 张图表学精益管理：IE 工厂效率提升方法 刘秀堂 著	IE 工程师视角，全是一线经验。精益落地的实操方法，大量图表工具让你上手就能做		
二、生产管理			
化工企业工艺安全管理实操 黄娜 著	围绕化工工艺安全 14 要素来展开分析	**手把手教你做专业生产经理** 黄娜 著	生产经理如何在信息流、物流、资金流三大流中开展工作

续表

书名	内容	书名	内容
欧博心法：好工厂　靠管理 曾伟　著	从管人篇和管事篇帮助读者解决人难管、事难控	**欧博工厂案例1：生产计划管控对话录** 曾伟　曾子豪　著	工厂管理生产计划管控模块的8个全景细节大案例
欧博工厂案例2：品质技术改善对话录 曾伟　曾子豪　著	工厂管理品质、技术、效率管理模块的10个全景细节大案例	**欧博工厂案例3：员工执行力提升对话录** 曾伟　曾子豪　著	工厂管理人员管控模块的5个全景细节大案例
工厂管理实战工具 曾伟　著	中国传统文化指导下的工厂管理工具	**制造业成本倍减42法** 王天江　著	42种经过实际验证有效的成本降低方法，用61个真实案例说明
制造企业上10亿其实并不难 杨小林　著	年产值1亿~10亿元中小制造企业在工厂经营和管理上的业务指导		
三、班组长			
全能型班组：城市能源互联网与电力班组升级 国网天津电力公司　著	从互联网时期的班组转型升级出发，对新型班组组织模式和运行机制进行设想	**国网天津电力全能型班组建设实务** 国网天津电力公司　著	聚焦天津电力公司在探索全能型班组转型升级时的优秀实践
咨询·培训师			
培训师事业长青之道 廖信琳　著	培训师自我管理的“洋葱模型”、十项内容与五个层级	**管理咨询师的第一本书** 熊亚柱　著	深度剖析初级入行咨询师在工作中遇到的问题
资深管理咨询顾问工作心得 张国祥　著	使用手册讲述咨询师如何操作项目、老板如何选择咨询师、企业如何自主落地	**手把手教你做顶尖企业内训师** 熊亚柱　著	从开、控、收、编、制、用的角度去履行培训师的职责
TTT培训师精进三部曲上 廖信林　著	手把手教你“深度改善现场培训效果”的一招一式	**TTT培训师精进三部曲中** 廖信林　著	建构一整套培训课程设计与开发的认知架构和方法体系
TTT培训师精进三部曲下 廖信林　著	通过“沉淀职业功力的六度模型”，帮助培训师在职业技能上持续精进		
产品·研发			
研发体系改进之道 靖爽　陈年根 马鸣明　著	取材数十家企业研发改进的咨询实践，提炼一套实操的改进步骤与工具	**新产品开发管理，就用IPD（升级版）** 郭富才　著	把产品经营的思想凝结在新产品开发管理机制中，升级版更丰富
产品开发管理：方法·流程·工具 任彭枞　著	结合超过300家企业的实际研发管理方法，总结问题和方法，大量表格	**资深项目经理这样做新产品开发管理** 秦海林　著	采用过程管理方法，对新产品开发的四大过程进行分析，主要针对小电器产品
产品炼金术Ⅰ：如何打造畅销产品 史贤龙　著	打造畅销产品的四个方法	**产品炼金术Ⅱ：如何用产品驱动企业成长** 史贤龙　著	从经营者视角重新认识产品，快速诊断产品现状
快消品产品开发方法：打造快消爆品 张荣举　著	提供整套实战性的思维、方法、技能和工具，直接带有表格及公式，一看就能上手